최신 호텔시설관리

김영진 · 윤여송 공저

백산출판사

Preface

호텔을 운영하는 경영자들에게는 어떻게 하면 매출을 많이 올릴 수 있을 것인가와 어떻게 하면 비용을 조금이라도 줄일 수 있는가의 두 명제가 가장 큰 연구대상이다. 호텔경영에 직접 참여했고 호텔경영분야를 강의하는 입장에서, 호텔경영의 수지개선에 조금이나마 도움을 드리고자, 1998년에 발행됐던 <호텔시설관리>를 중심으로 현대화된 시설물과 제 법규를 정리해 보았다.

<성공하는 사람들의 7가지 습관>(The 7 Habits of Highly Effective People, Stephen R. Covey) 중에 "상호이익을 추구하라"는 습관이 의미하는 것처럼 아는 것도 중요하지만 다른 사람들과 변화된 지식을 조금이라도 공유하는 것이 바람직하다는 생각에서 전반적으로 정리하는 계기가 되었다.

이 책은 호텔의 최고경영자를 비롯하여 관리회계책임자, 시설담당자 및 호텔경영분야를 공부하는 학생들에게 호텔의 비용을 줄이는 방법 중에서 인건비와 재료비를 제외한 가장 큰 비용항목인 수도광열비와 수선유지비 항목인 제 시설분야 관리에 실제적으로 활용이 가능한 방법을 모색함과 더불어 이론적 배경도 최대한 수록하려 노력하였다.

아직까지도 호텔시설관리분야에 관한 저서가 흔치 않아 이 분야에 관련된 강의를 하거나 종사하는 분들이 많은 어려움을 겪고 있기에, 호텔산업경영과 관련한 여러 선학들의 연구와 실재 근무자들의 의견을 바탕으로 시설관리에 관해 정리한 것이므로 현시점까지도 이론과 실제가 정확하게 정리되지 않았거니와 부족한 부분이 많으리라 사료된다. 앞으로 이 분야에서 좋은 교재가 나올 수 있도록 독자 여러분의 많은 충고와 편달을 바란다.

보잘것없는 기존 저서인 <호텔시설관리>를 재정리하여 새롭게 출판할 수 있도록 용기를 주신 백산출판사 진욱상 사장님의 후의에 감사드리고, 원고작성 및 자료수집을 위해 여러모로 도와주신 분들에게 진심으로 감사드리는 바이다.

저자 씀

Contents

1장 호텔시설관리의 개요

2장 시설관리 업무

5장 안전관리

제1장

호텔시설관리의 개요

제1장

호텔시설관리의 개요

제 1 절 호텔시설관리의 의의 및 중요성

호텔업은 고정자산의 시설투자가 높은 사업이며 시설 자체가 관광상품(tourist products)으로서의 특징을 지니고 있다. 그뿐 아니라 호텔의 상품인 시설은 고객의 호텔시설 이용과 관계없이 훼손, 진부화 현상을 나타낸다. 따라서 신축 건물로 개업하여 영업을 시작한 호텔도 각종 시설에 대한 지속적인 개·보수나 관리를 등한시하면 결국에는 시설이 낙후된 호텔로 전락하게 되는 것이다.

호텔에서는 시설관리의 중요성을 크게 두 가지로 나누고 있다.

첫째, 호텔상품의 질을 높여 고객으로 하여금 편안하고 안전한 느낌을 갖도록 하여 만족한 성과를 거두는 일로써 호텔 운영에 필요한 유틸리티 서비스(utility service: 전기, 온수, 냉·난방시설, 공기조절기 등)를 제공하는 일과 그 외에 관련시설물을 관리함으로써 최상의 컨디션을 유지하여 고객에게 제공하는 일이다.

둘째, 과학적이고 효율적인 시설관리로 에너지를 절감하여 경영상 필요한 비용을 최대한 줄여야 한다. 따라서 호텔시설관리자는 최소의 비용으로 최대의 효과를 올릴 수 있도록 노력하여야 한다. 또한 호텔운영에 필요한 유틸리티 서비스(utility service), 즉 전기, 온수, 스팀, 공기조절기 등의 비용은 수도광열비(energy cost)라는 계정으로 재무제표에 반영되며, 호텔의 건물 및 설비의 유지·보수를 위한 비용은 유지보수비(maintenance-repair cost)라는 계정으로 손익계산서에 반영된다.

호텔의 시설관리는 '에너지의 절약과 쾌적함의 공존'이라는 명제를 실천하는 행위이다.

제2절 호텔시설관리의 조직

1. 호텔시설부의 조직(organizing for engineering)

호텔조직은 특별한 형식이 있는 것이 아니고 A호텔에서 유효한 조직이 B호텔에서 유효하지 못하기도 하며, 소규모 호텔과 대규모 호텔의 조직이 같지 않다. 또한, 같은 규모의 호텔에서도 고객에게 판매하는 상품의 내용이나 서비스의 수준에 따라 그 조직은 다르다. 체인호텔과 개별경영호텔도 그 조직이 다르며, 체인호텔이라도 중앙집권적 조직이 있는 반면, 분권적 조직도 있다.

호텔의 직능별 부문은 직접수익을 생성하는 부문과 직접수익을 생성하지 않는 부문 등 두 개의 그룹으로 구별된다.

호텔이란 원래 여행자에게 숙박과 음식 그리고 운동·오락·휴양·공연 또는 연수에 적합한 시설 등을 제공하는 곳이며, 그 영업의 필요성에 따라 이루어진 조직이므로 다만 규모와 종류에 있어서 다소의 차이점이 있을 뿐이다. 그러므로 목적달성에 필요한 기능을 정비하고, 그 담당자에게 권한과 책임을 부여하여 경영상의 조직화를 추구해야 하는 것이다.

호텔의 실제조직은 그 호텔의 성격, 객실규모, 위치 등에 따라 다르겠으나, 원칙적으로 경영관리부서인 경우 사무와 여러 가지 관리의 간소화 및 자동화에 따라 최소인원으로 조직하고, 우수한 인재를 고용하지 않으면 안된다.

호텔경영의 조직구성을 <표 1-1>과 <표 1-2>에서 제시한 대로 300실 이하의 규모에 필요한 조직과 300실 이상의 규모에 필요한 조직으로 구성하였다. 가장 기본적이고 원칙적인 구성이라 할 수 있다. 따라서 저마다 주어진 업태의 실정에 맞도록 가감해서 구성한다면 합리적인 운영체제가 될 것이다.

<표 1-1> 미국 호텔의 시설조직표(200실 규모)

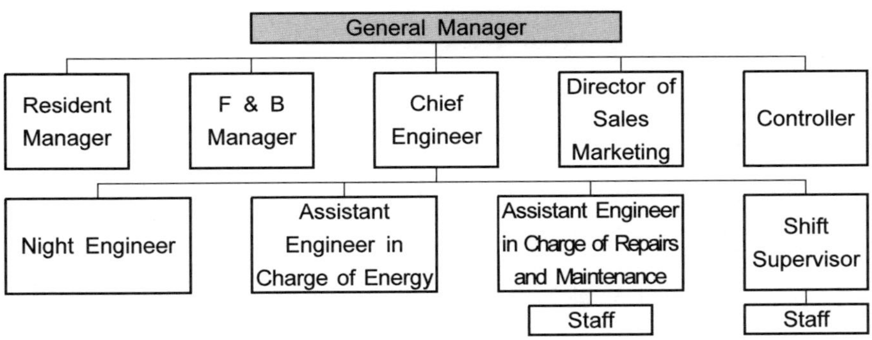

<표 1-2> 미국 호텔의 시설조직표(300실 이상 규모)

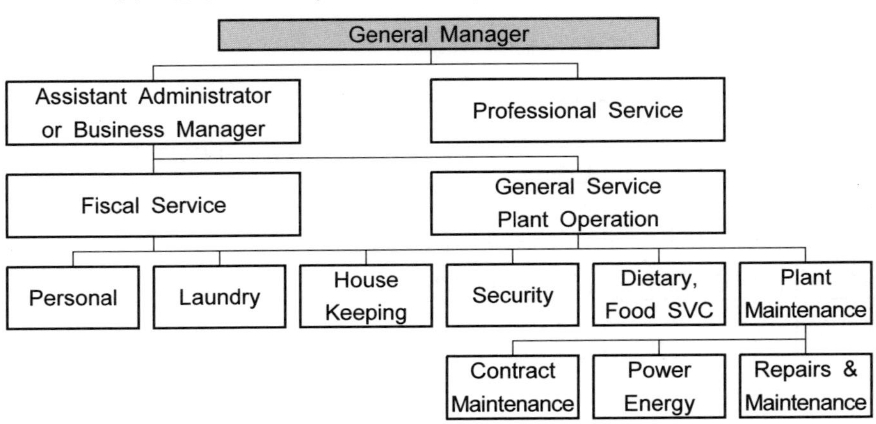

호텔경영을 담당하는 책임자를 총지배인이라 부른다. 호텔의 형태가 주식회사일 경우 지배인은 통상 상무의 직위이다. 체인호텔(chain hotel)의 지배인은 다른 도시에 있는 2~3동의 체인호텔 지배인을 겸임하기도 한다. 이런 경우 총지배인(general manager)과 주재지배인(resident manager)으로 구분한다. 따라서 중규모 호텔의 지배인의 업무는 다종다양하며 경영을 지휘・감독하는 일 외에 일반사무업무, 구매, 광고, 지급을 요하는 각종 구입・송장의 결재, 서신의 왕복문서 작성 등 다양한 일들을 처리해야 한다.

호텔의 지배인과 간부에게는 직무편제상 다음과 같은 업무가 규정된다.

① 호텔은 사장과 총지배인을 두어 사장은 회사를 대표하고, 총지배인은 호텔경영의 총책임을 맡아 호텔을 운영한다.

② 호텔은 경영상 종사원을 일반직과 기능 또는 기술직으로 구분한다.

③ 각 부서의 장은 총지배인을 보좌하고, 소속직원들을 감독・지휘하며, 영업의 원활한 수행을 기하며, 맡은 부서의 경영을 책임진다.

④ 직종의 변경 시에는 총지배인과 각 부서장으로 구성되는 호텔운영위원회를 통해 변경한다.

⑤ 시설부는 <표 1-3>과 같이 호텔 전체의 건물과 시설을 관리하며, 건물・기계・전기・열관리・통신・목공・도장・냉동・안전 등 각 전문분야별로 담당하면서 호텔업무에 불편이 없도록 측면에서 지원한다.

<표 1-3> 시설부 조직도

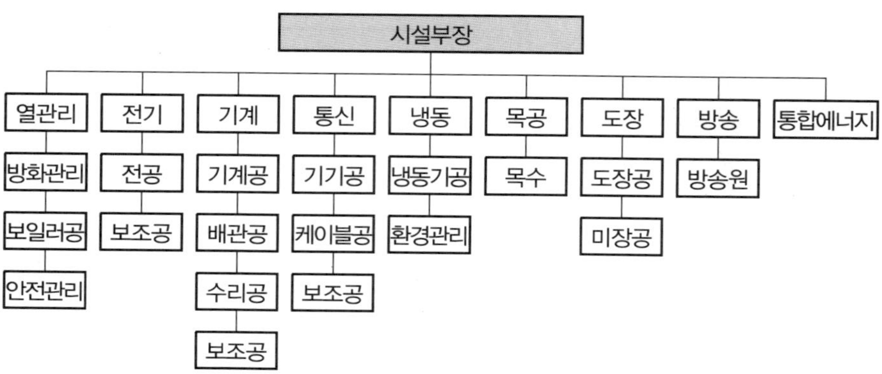

2. 호텔시설부의 직무

호텔 객실·식당과 같은 영업장과 부대시설의 전기시설, 냉난방시설, 기계설비, 방재 및 방화설비 등의 보수 및 수선·유지에 관한 업무를 담당하며, 시설부는 호텔영업을 기술적인 측면에서 지원하며, 효율적인 에너지관리로 비용절감 방안을 강구한다.

1) 시설부장(chief engineer)

시설부장은 호텔건물과 기계시설의 보수유지(repairs & maintenance)에 관한 책임을 지며, 비용절감차원에서 효율적인 에너지관리 및 시설부서 종사원의 업무를 지휘·감독한다.

2) 영선과(building & repairs section)

영선과는 목공(carpenters), 도장공(painters), 미장공(plasterer) 및 도배공(paperhanger)으로 구성되며, 호텔의 주요시설인 침대, 책장, 식탁, 식탁의자, 응접세트 등의 수선업무와 호텔건물의 도장, 객실도배, 기타 부대시설 개·보수 등의 호텔건물 및 시설의 미화와 정비를 한다. 영선과 책임자는 매일 영선작업일지를 상사에게 보고할 의무가 있다.

3) 전기과(electricity section)

호텔 전기실은 전기기사 1, 2급(electricians), 전기안전관리책임자, 전기기계공으로 구성되며 이들은 변전실, 발전실, 전기배선, 조명시설, 전기기계·통신기계의 보수·유지에 관한 업무를 수행한다. 또한 각종 기계장치의 정기적인 점검을 실시토록 하여 안전관리를 철저히 해야 한다.

4) 설비과(heat & plumber section)

설비과는 열관리사(heat controller), 보일러공(boilerman), 화부(stoker), 냉동기관리사(refrigerator controller), 배관공(plumbers) 등으로 구성되며, 이들은 보일러원동기, 냉동기, 급수관리, 저장시설, 환경관리, 연료저장탱크의 안전관리와 욕조시설, 배관시설의 업무를 담당한다.

5) 방재과(fire & exit section)

방재과는 호텔 재해의 사전예방과 긴급사고 발생 시 응급처리의 의무를 가지며, 호텔의 안전유지를 위하여 방화관리자를 두고 있다. 방화관리자는 자동화재경보기, 전기누선탐지기, 비상방송기기, 건물 내에 설치되어 있는 소화설비, 휴대용 소화기, 비상탈출용 기계 등의 유지·관리와 안전점검을 실시하고, 소방훈련의 업무를 담당한다.

제 3 절 호텔의 영업부문시설 및 기자재

1. 객실부문 기자재 및 비품

1) front office의 비품 및 기자재

① 룸랙(room rack)
② 키랙(key rack or key box)
③ 객실현황판(room indicator)
④ 각국시간 표시시계(wall clock)

⑤ 우편물함(mail box)

⑥ 귀중품 보관함(safety box)

⑦ 컴퓨터(computer)

⑧ 책상과 의자(desk & chair)

⑨ 메시지 기록부(message & bill register)

⑩ 로비용 코너 응접세트(corner sofa set)

⑪ 객실 전광패널(wake-up panel at guest room)

⑫ 데스크 패널(desk panel)

⑬ 복사기(recopy machine)

⑭ 금고(money safe)

⑮ 안전금고(safety deposit box)

⑯ 금전등록기(cashier register machine)

⑰ 서류함(document filing cabinet)

⑱ 전자계산기(electronic calculator)

⑲ 호텔 회계기(NCR posting machine)

⑳ 호텔 컴퓨터 시스템(hotel computer systems)

2) 유니폼 서비스의 비품 및 기자재

① 수하물 보관소(baggage room)

② 벨 데스크(bell man service desk)

③ 수하물용 손수레(baggage cart)

④ 수하물 운반용 왜건(baggage wagon)

⑤ 포터용 자동차(porter car)

⑥ 체크 룸(check room)

3) 전화교환실의 비품 및 기자재

① 전화교환실(telephone switch board center)
② 송수신기(receiver & microphone)
③ 전화기(room telephone)
④ 모닝콜(automatic morning call)
⑤ 책상 및 의자(work desk & chair)
⑥ 교환원 휴게실(rest room)
⑦ 팩스(fax)

4) 객실비품(guest room) 및 기자재

① 객실침실(bed)
② 소파(sofa)
③ 책상 및 의자(writing table & chair)
④ 화장대 및 의자(dressing table & chair)
⑤ 전화기(room telephone)
⑥ 텔레비전(television)
⑦ 나이트 테이블(night table)
⑧ 창문커튼(window curtain)
⑨ 융단(floor carpet)
⑩ 수하물 보관대(baggage stand)
⑪ 실내등(room light)
⑫ 옷장(wardrobe)
⑬ 옷걸이(coats hanger)
⑭ 서랍장(chest of drawer)
⑮ 객실 스탠드등(stand light)
⑯ 고객용 보온병(vacuum bottle)

⑰ 안전금고(safety box)

⑱ 미니바(mini bar stand)

5) 욕조설비(bath room)

① 욕조시설(steel & ware bathtub)

② 욕실샤워(bath shower)

③ 변기(lavatory)

④ 세면기(wash stand)

⑤ 거울(mirror)

⑥ 욕실용 매트(bath mat)

⑦ 비데(bidet)

⑧ 타월걸이(towel hanger)

⑨ 욕실커튼(bath room curtain)

6) 하우스키핑용 청소기구

① 청소용 손수레(room maid wagon)

② 진공청소기(vacuum cleaner)

③ 융단청소기(carpet cleaner)

④ 융단 세척기(carpet shampoo cleaner), 융단샴푸(carpet shampoo)

⑤ 청소용 광약(cleaning polish)

⑥ 창유리 청소기(window-pane cleaner)

⑦ 청소용 브러시(cleaning brush)

⑧ 기타 청소용구

7) 객실용 리넨류

① 규격 담요(standard blanket)

② 규격 시트(standard sheet)

③ 누비요(bed pad)

④ 침대커버(bed cover)

⑤ 베개 및 베개커버(pillow & pillow cover)

⑥ 타월(wash cloth, hand towel, bath towel, foot towel)

2. 식당부문 기자재 및 비품

1) 식당기자재 및 비품

① 식탁 2, 4인용(dining table)

② 식당의자(dining chair)

③ 회계 카운터데스크(cashier counter desk)

④ 컴퓨터 단말기 및 프린터기(personal computer & printer)

⑤ 식당 융단(floor carpet)

⑥ 식당 창문커튼(window curtain)

⑦ 조명기구(lighting fixtures)

⑧ 마이크(microphone)

⑨ 음악(music sound)

⑩ 식당 장식품(restaurant decorations)

⑪ 음식서비스용 손수레(food service wagon)

⑫ 커피 제조기(coffee machine)

2) 식당용 집기

① 물주전자(water pitcher)

② 포트(coffee, sugar, milk, sauce pot)

③ 샴페인 쿨러(champagne cooler)

④ 캐스터 세트(caster set)

⑤ 셰이커(shaker)

⑥ 버터접시(butter plate)

⑦ 수프 튜린(soup tureen)

⑧ 서비스 트레이(service tray)

⑨ 핑거볼(finger bowl)

⑩ 빵 바구니(bread basket)

⑪ 펀치 볼(punch bowl)

⑫ 얼음통(ice bucket)

⑬ 믹서기(mixer)

⑭ 레몬 스크류(lemon screw)

⑮ 잼 그릇(jam plate)

⑯ 냅킨통(napkin holder)

⑰ 계량컵(measure cup)

⑱ 캔 오프너(can opener)

⑲ 코르크스크류(corkscrew)

3) 식당용 은기제품

식당에서 사용되는 은기류는 은을 도장한 제품이 사용되며, 그렇지 않을 경우에 녹슬지 않는 크롬강(stainless steel)을 재료로 하여 만든 것이다.

식당기물(silver ware)은 색이 변하지 않아야 하며, 웨이터가 이 기물을 서브하거나 취급할 때는 쇳소리가 나지 않게 운반해야 한다. 은기나 은제품은 녹이 잘 슬기에 물로 깨끗이 씻은 후 반드시 마른 수건으로 닦고 건조시켜 보관하여야 한다.

① 테이블 스푼(table spoon 20cm)

② 수프 스푼(soup spoon, 19cm)

③ 테이블 나이프(table knife, 23cm)

④ 테이블 포크(table fork, 20cm)

⑤ 고기 써는 나이프와 포크(meat carving knife, 25cm/ fork, 27cm)

⑥ 생선 써는 나이프와 포크(fish carving knife, 25cm/ fork, 22cm)

⑦ 생선나이프와 포크(fish knife, 21cm/ fork, 19cm)

⑧ 과일나이프와 포크(fruit knife, 18cm/ fork, 15cm)

⑨ 샐러드 서비스 포크(salad service fork, 19cm)

⑩ 콜드 육류 포크(cold meat fork, 20cm)

⑪ 케이크와 디저트 포크(cake fork & dessert fork, 17cm)

⑫ 디저트 스푼(dessert spoon, 16cm)

⑬ 버터나이프(butter knife, 16cm)

⑭ 아이스 티스푼(ice tea spoon, 19cm)

⑮ 티스푼(tea spoon, 14cm)

⑯ 커피 스푼(coffee spoon, 12cm)

⑰ 아이스크림 스푼(ice cream spoon, 14cm)

⑱ 소스 국자(sauce ladle, 18cm)

⑲ 스푼 래들(spoon ladle, 30cm)

⑳ 얼음집게(ice tongs, 17cm)

4) 식당용 유리제품

① 물잔(water glass, 8온스)

② 주스와 콜라 글라스(juice & cola glass)

③ 와인 글라스(wine glass)

④ 칵테일 글라스(cocktail glass, 3~4온스)

⑤ 샴페인 글라스(champagne glass, 3~5온스)

⑥ 셰리 글라스(sherry glass, 3~4온스)

⑦ 위스키 글라스(whisky glass, 3~5온스)

⑧ 브랜디 글라스(brandy glass, 6~8온스)

⑨ 올드 패션 글라스(old fashion glass, 4~6온스)

⑩ 리큐어 글라스(liqueur glass, 4온스)

⑪ 사워 글라스(sour glass, 4온스)

⑫ 럼 글라스(rum glass)

⑬ 하이볼 글라스(high ball glass, 5~8온스)

⑭ 톰 콜린스 글라스(tom collins glass, 12온스)

⑮ 텀블러(tumbler)

⑯ 고블렛(goblet)

3. 주방부문 기자재 및 비품

1) 주방용 기계와 기구

① 조리용 스토브(oil cooking stove)

② 조리용 가스레인지(gas range)

③ 전기오븐(oven)

④ 브로일러(broiler)

⑤ 스티머(steamer)

⑥ 튀김기(fry kettle)

⑦ 음식 보온기(food plate warmer)

⑧ 조리대(cook table)

⑨ 싱크대(sink sets)

⑩ 믹서(mixer)

⑪ 육류절단기(meat slicer)

⑫ 고기다짐기(meat chopper)

⑬ 제빵기(baking oven)
⑭ 와플 제조기(waffle baker)
⑮ 식빵 믹서(bread mixer)
⑯ 제빵용 테이블(baker table)
⑰ 토스터기(toaster)
⑱ 냉동고(reach in freezer)
⑲ 냉장고(reach in refrigerator)
⑳ 냉수기(water cooler)
㉑ 음료수 냉각기(beverage cooler)
㉒ 아이스크림기(ice cream freezer)
㉓ 아이스크림 저장고(ice cream storage cabinet)
㉔ 감자 정선기(potato peeler)
㉕ 야채 절단기(vegetable cutter)
㉖ 식기 보온기(plate warmer)
㉗ 접시 닦는 기계(dish washer)
㉘ 전기용 구이판(griddle)
㉙ 접시 랙(plate rack)
㉚ 접시 디스펜서(plate dispenser)
㉛ 치즈 갈기(cheese grater)
㉜ 로스트 플래스터(roast plaster)
㉝ 타원 및 원형쟁반(tray round & oval)
㉞ 오르되브르 쟁반(hors d'oeuvre tray round & oval)
㉟ 케이크 팬(cake pan)과 파이 팬(pie pan)
㊱ 보온통(keeping warmth bucket)
㊲ 증기밥솥(rice boiler)
㊳ 기물통(utility caddy)

㊴ 소스통(sauce caddy)

㊵ 수프 컵(large soup cup)

㊶ 아이스크림통과 접시(ice cream bucket & dish)

㊷ 반죽 혼합기(whip)

㊸ 조리용 칼과 포크(cooks knife & fork)

㊹ 조리용 저울(kitchen scale)

2) 주방용 도기제품

① 서비스 접시(service plate, 12inch)

② 육류 접시(meat plate, 9~10inch)

③ 빵 접시(bread plate, 6inch)

④ 디저트 접시(dessert plate, 8inch)

⑤ 수프 접시(soup plate, 9inch)

⑥ 샐러드 접시(salad plate, 7inch)

⑦ 오트밀 접시(oat meal dish)

⑧ 타스 소서(tasse saucer)

⑨ 플래터(platter)

⑩ 커피컵(coffee cup)

⑪ 커피 소서(coffee saucer)

제2장

시설관리 업무

제2장 시설관리 업무

제 1 절 건물의 유지관리

1. 호텔시설관리의 의의

호텔건물 및 시설에 대한 깨끗하고 안전한 유지・관리는 항상 필요하다. 호텔건물과 각종 부대시설의 유지상태는 항상 품위 있고 청결하고 안정감을 고려한 장식과 환경을 조성하여 미화한다. 그러므로 호텔건물은 정기적으로 내부와 외부의 벽체, 타일, 창문, 유리 등의 세척공사를 하거나 도장공사를 실시하여 건물을 깨끗이 유지하고 미화하는 것이 건물관리의 요체라 할 수 있다.

2. 호텔시설의 감가상각

호텔의 시설과 기자재는 건물, 기계기구, 비품, 집기 등으로 유형고정자산을 지칭한다. 기계기구는 냉・난방설비, 에어컨디셔너, 냉장고와 같은 기계설비이며, 침대・응접세트・의자・식탁 등은 비품과목에 속한다. 그리고 집기류는 고정자산 감가상각 내용연수 5년 미만의 물품으로서 금속제품 기물류와 사기 및 도기그릇과 담요 · 커튼 · 식탁보(table cloth) 등을 들 수 있으며, 융단(carpet)은 호텔시설 면에서 볼 때 비품에 해당되나, 감가상각 내용연수를 3년으로 정하고 있는데 이는 융단의 소모율이 높은 점을 반영한 것이다.

1) 감가상각의 방법

법인세법시행령 제24조는 감가상각자산의 범위를 "건물, 기계 및 장치, 특허권 등 대통령령이 정하는 자산"으로 정하고 있으며, 동법 시행령 제28조는 "감가상각자산의 내용연수와 상각률은 기획재정부령의 규정에 의한다."라고 되어 있고, 동법 시행령 제26조에는 상각범위액의 계산방법을 규정하고 있다. 즉 감가상각자산별로 구분에 따른 상각방법 중 법인이 납세지 관할세무서장에게 신고한 방법에 의하여 계산한 금액으로, 유형고정자산에 대하여는 정률법 또는 정액법에 의해 계산할 수 있도록 하고 있다. 따라서 호텔의 유형고정자산관리는 고정자산 카드를 물품의 품목별로 카드화하거나 프로그램화하여 관리하는 것이 효율적이다. 동법 시행규칙 제15조 제2항에 따른 내용연수와 상각률은 <표 2-1>과 같다.

(1) 정률법

정률법은 순수한 체감상각법으로서, 매 회계연도 초의 미상각잔액에다 일정하게 정해진 상각률을 곱하여 기간별 감가상각비를 계산하는 방법이다.

$$\text{상각액} = (\text{취득가액} - \text{전년상각액}) \times \text{내용연수에 따른 상각률}$$

이 방법하에서 사용되는 정해진 상각률은 다음의 공식에 의거 계산된다.

$$\text{감가상각률} = 1 - \sqrt[n]{\frac{\text{잔존가치}}{\text{취득원가}}} \qquad n : \text{내용연수}$$

일단 상각률이 정해지면 체감하는 장부가액(미상각잔액)에 대해 연도별로 이를 곱하여 감가상각액이 계산되므로, 결과적으로 감가상각비도 해마다 체감하게 된다.

(2) 정액법

정액법은 각 사업연도의 상각범위액을 매년 균등한 금액으로 감가상각하는 방법이다.

$$상각액 = 취득가액 \div 내용연수$$

<표 2-1> 주요 고정자산의 기준내용연수 및 감가상각자산의 상각률

<table>
<tr><th rowspan="2">구 분</th><th rowspan="2">품 명</th><th rowspan="2">내용
연수</th><th colspan="2">상각률</th></tr>
<tr><th>정액법</th><th>정률법</th></tr>
<tr><td>1.
건설</td><td>철골 · 철근콘크리트조, 철근콘크리트조, 석조, 연와석조, 철골조의 모든 건물(부속설비를 포함한다)과 구축물</td><td>40년</td><td>할푼리
025</td><td>할푼리
073</td></tr>
<tr><td rowspan="13">2.
기계
기구</td><td>엘리베이터</td><td rowspan="2">18년</td><td rowspan="2">055</td><td rowspan="2">154</td></tr>
<tr><td>급배수, 위생설비</td></tr>
<tr><td>물탱크</td><td rowspan="3">15년</td><td rowspan="3">066</td><td rowspan="3">182</td></tr>
<tr><td>발전기</td></tr>
<tr><td>냉동기</td></tr>
<tr><td>냉난방 보일러설비</td><td rowspan="3">10년</td><td rowspan="3"></td><td rowspan="3"></td></tr>
<tr><td>전동기</td></tr>
<tr><td>양수기</td></tr>
<tr><td>누전경보기</td><td>15년</td><td>066</td><td>182</td></tr>
<tr><td>전기냉장고, 세탁기</td><td rowspan="4">8년</td><td rowspan="4">125</td><td rowspan="4">313</td></tr>
<tr><td>전기 가스기기</td></tr>
<tr><td>에어컨디셔너(윈도우 타입)</td></tr>
<tr><td>제빙기</td></tr>
</table>

구 분	품 명	내용연수	상각률	
			정액법	정률법
3. 비품 집기	금속제 가구	15년	066	182
	기타 가구류	8년	125	313
	침 대			
	책상 · 의자 · 탁자			
	응접세트			
	전기스탠드, 조명기구			
	융단 청소기			
	라디오, 텔레비전	5년	200	451
	자동판매기			
	담 요	3년	333	632
	융 단			

법인세법 시행령 제15조 참조

[별표 3] 무형고정자산의 내용연수표(제15조 제2항 관련)

[별표 4] 감가상각자산의 상각률표(제15조 제2항 관련)

[별표 5] 건축물 등의 기준내용연수 및 내용연수 범위표(제15조 제3항 관련)

[별표 6] 업종별자산의 기준내용연수 및 내용연수 범위표(제15조 제3항 관련)

3. 관광숙박업소의 시설관리의 중요성

관광숙박시설의 정비와 개선은 관광객 수용태세를 위한 신규시설의 건설과 병행하여 기존시설의 개・보수로서 시설의 현대화를 이룩해야 할 것이다. 관광시설의 현대화는 국민생활양식의 변화와 고객의 기호 및 욕구, 관광행동(tourism activity)의 변화로 인하여 불가피한 현상이며, 관광시설의 현대화는 서비스 개선에 기여한다.

호텔은 건물, 시설, 비품, 집기 등이 항상 깨끗하고, 청결・정돈이 요구되므로 고객의 취향에 맞고 편리하게 모든 시설을 유지・관리해야 한다.

호텔의 상품이 되는 각종 시설과 객실 및 식당의 부대시설은 기본적인 서비스(service)를 제공하는 시설로서 항상 깨끗이 정비하여 고객의 수용태세에 만전을 기해야 한다. 호텔의 현관 · 로비(lobby) · 객실 · 식당 · 주방 · 집기 등 호텔시설 전반에 걸쳐 정비 · 개선되어야 한다.

호텔의 냉방시설(heating systems and cooling systems)과 같은 기계시설의 현대화가 관리를 의미하는 것은 아니다. lobby, parking place, restaurant, 전화, room service, guest room, TV, 연회장, 화장실 등의 시설은 고객이 사용하기에 편리하도록 유지 · 관리되어야 한다.

4. 건물의 점검과 보수

건물은 장기간에 걸쳐 외부에 노출되고, 이용자가 사용함으로써 건물의 각 구성부분에 흠이 생기기 마련이다. 이러한 흠은 초기에 발견하여 건물의 내구연한을 연장시키는 데 그 목적이 있고, 이를 위해 발견된 흠을 신속히 보수해야 한다.

5. 건물에 대한 점검의 구분

시설부에서는 건물의 상태에 대하여 정기점검, 수시점검, 특별점검 해야 한다. 또한 점검결과에 따라 보수가 필요한 경우에는 지체 없이 보수해야 한다.

1) 정기점검

정기점검은 통상 6개월을 점검주기로 정하여 실시하며 건물의 구성부분이나 시설물은 정기점검카드를 비치하고 보수할 사항은 즉시 보수한다.

2) 수시점검

점검이 필요하다고 인정되는 경우에 점검한다.

3) 특별점검

우기, 월동기, 태풍주의보 등 자연재해가 예상될 때 점검한다.

6. 건물의 점검사항

1) 외부 점검사항

(1) 옥상

① 물탱크 내부 청결상태
② 옥상보호 모르타르의 보존상태
③ 옥상 방수상태
④ 배수구의 막힘 및 보존상태
⑤ 철재사다리 보존상태(건물 부착용)

(2) 쓰레기통

① 내부 막힘 확인
② 철문 및 시건장치 보존상태
③ 입구・배수구 보존상태

(3) 지하피트

① 내부배수관 연결상태
② 피트 내부 청결상태
③ 입구・배수구 보존상태

(4) 외벽

① 균열 발생 여부
② 외부 도장상태
③ 벽체 파손 여부

(5) 주현관

① 입구상부 배수상태
② 입구문의 유리 및 도장의 보존상태
③ 회전문, 자동문의 보존상태
④ 천장 및 바닥의 도색상태

2) 내부 점검사항

(1) 온돌방

① 바닥의 균열 유무
② 보온상태

(2) 도어 및 창문

① 출입문 작동 및 기능상태
② 창호기능 및 유리 보존상태
③ 창호의 시건장치 기능상태

(3) 내벽

① 내벽의 파손 및 균열 여부
② 도장 및 벽지의 보존상태

(4) 철재부착물

① 발코니 난간고정 및 도장상태
② 객실 및 욕실부착물 상태

(5) 배기덕트(ventilation ducts)

① 객실별 급·배기상태
② 옥상 굴뚝 배기 및 역풍상태

3) 건물의 보수

① 옥상, 벽, 천장, 관통배관 등의 누수되는 곳을 보수한다.
② 출입문, 창문, 도어의 이상으로 인한 개폐(開閉)곤란을 보수한다.
③ 건물 내부에서 발생되는 소리, 사람의 통행, 대화의 소음, 설비기계음 등의 소음을 보수하고, 주방·화장실·쓰레기장 등의 악취를 제거한다.
④ 조명, 위생설비, 냉·난방의 부조, 환기, 전력, 가스 등의 상태를 살펴 보수한다.
⑤ 태풍, 폭우, 홍수, 대설, 낙뢰로 인한 건물 사용상의 장애를 보수하고, 건물의 장기간 경과로 인해 각 시설과 외벽, 타일 등이 떨어지는 것을 보수한다.

7. 영선공사의 발생원인

1) 누수로 인한 원인

(1) 옥상 누수

방수층의 파손, 옥상 돌출부 주변 방수처리 미비

(2) 화장실 누수

위생기구 설치부분의 배수구부분 파손, 바닥 배수트랩 파손, 바닥방수층 파손

(3) 주방 및 다용도실 누수

바닥 배수트랩 파손, 싱크대 배수트랩 파손, 바닥방수층 파손

(4) 드레인 부분 누수

발코니 드레인 파손 및 파이프 탈락, 주방 등의 트레인 파손 및 파이프 탈락, 옥상의 드레인 파손 및 막힘

2) 벽체 균열로 인한 원인

(1) 설계상의 미비

① 기초의 부동침하
② 건물의 평면 및 입면의 불균형과 벽의 배치 불합리
③ 불균형 또는 큰 집중하중 횡력 및 충격
④ 벽돌벽의 길이, 높이, 두께와 벽돌벽의 강도의 부족
⑤ 문꼴크기의 불합리, 불균형 배치

(2) 시공상의 결함

① 벽돌 및 모르타르의 강도 부족(모르타르배합 불량)
② 벽돌벽의 부분적 시공결함
③ 이질재와의 접합부(기둥·보의 접합부 등)
④ 장막벽의 상부(콘크리트와 조적벽의 이음부분 등)
⑤ 모르타르 바름의 들뜨기

(3) 콘크리트 건축물의 균열

① 콘크리트의 재료와 배합에 의한 균열

Ⓐ 콘크리트의 건조수축

Ⓑ 시멘트의 이상팽창

Ⓒ 시멘트의 이상응결

Ⓓ 콘크리트의 침하

Ⓔ 골재의 품질저하

Ⓕ 시멘트의 수화열

② 시공과정에서 발생된 균열

Ⓐ 초기 동결과정에서 발생된 균열

Ⓑ 누수에 의한 균열

Ⓒ 골재분리현상에 의한 균열

Ⓓ 형틀의 조기 제거에 의한 균열

Ⓔ 굳기 전의 흔들림 또는 물건의 떨어짐

Ⓕ 장시간 반죽에 의한 균열

Ⓖ 빠른 타설 속도에 의한 균열

Ⓗ 철근의 휨 및 피복두께의 감소에 의한 균열

Ⓘ 이음면 처리의 불량

Ⓙ 타설 직후의 급격한 건조

Ⓚ 펌프공급 시 시멘트양이나 수량의 증가

Ⓛ 불균일한 타설

Ⓜ 지보공(支保工)의 가라앉음

③ **환경조건에 따른 균열**

Ⓐ 콘크리트 부재 양면의 온도・습도차에 의한 균열

Ⓑ 철근의 녹에 의한 균열

Ⓒ 동결・융해의 화학작용

Ⓓ 온도의 변화

Ⓔ 산・염류의 화학작용

Ⓕ 화재 및 표면가열에 의한 균열

④ **구조 및 외력에 관계된 균열**

Ⓐ 지진에 의한 균열

Ⓑ 구조물의 부동침하에 의한 균열

Ⓒ 과도한 적재하중에 의한 균열

Ⓓ 단면 및 철근양의 부족

◎ **콘크리트 균열의 보수공법**

① 표면처리 보수공법 : 균열이 있는 곳을 따라서 콘크리트의 표면에 방수성이 높은 피막을 만드는 공법

② 충전공법 및 주입공법 : 무기질계 재료 또는 수질을 균열 속에 충전하거나 주입하는 방법

③ 철물보강공법 : 균열의 진행을 멈추거나 내력의 회복을 꾀하는 데 목적이 있으며, 균열된 철재에 받침목을 대거나 접합시키는 방법

(4) 조적조 외벽의 균열

조적조 벽체의 균열은 구조체의 균열과 내외부 미장면의 균열로 나누어 볼 수 있다.

① 구조체의 균열

Ⓐ 창호 모서리의 대각선 방향 균열

문틀선재는 문틀 윗막이의 힘을 집중적으로 받으므로 그 힘이 창틀 밑막이에 전단응력으로 작용하게 되어 재료의 강도 부족 시에는 사선방향에서 균열이 발생한다. 또한 창 밑에 인방이 설치되지 않는 경우에는 이 전달력을 균등하게 배분할 능력이 없게 되고, 개구부 측면이 받는 응력과 창 밑의 응력이 불균형을 이루어 균열이 발생한다.

Ⓑ 보(保)와 기둥이 접하는 부분의 균열

벽돌 또는 블록과 줄눈 모르타르가 경화하면서 수축되어 균열이 발생하거나 벽돌 또는 블록 벽체 상단과 보 또는 슬레이트(slate) 밑은 미장시공이 부실하게 되어 이 부분에 진동 · 충격 시 균열이 발생한다.

Ⓒ 기둥과 나란한 방향의 균열

전기배선, 배관 등의 배관위치에 의하여 균열이 발생하고 창 밑의 인방설치 시 콘크리트 부어넣기 충격으로 인하여 균열이 발생한다. 또한 벽돌 또는 블록 조적공사 시 부어넣기 충격으로 인하여 균열이 발생한다. 또한 벽돌 또는 블록 조적공사 시 모르타르(mortar) 사춤 부족으로 인하여 균열이 발생한다.

② 미장면의 균열

조적조처럼 큰 균열은 아니나 미세한 균열이 자주 발생한다. 미장부분 균열의 발생원인은 다음과 같다.

Ⓐ 시멘트가 보수성이 없어 경화수를 뺏기는 경우
Ⓑ 경화 시까지 충분한 보양이 없는 경우
Ⓒ 바닥이 충분히 경화되지 않은 상태에서 시공되어 바탕의 수축이 있는 경우
Ⓓ 블록의 균열이 있는 경우
Ⓔ 미장 바름을 초벌 · 재벌의 구분 없이 시공한 경우

3) 결로현상으로 인한 원인

결로(結露)현상이란 겨울철에 실내외의 온도차이가 심할 때 실내공기층의 습기가 차가운 벽체나 천장에 이슬이 되어 맺히는 현상을 말한다. 건물의 실내에서 조치가 없는 외벽이나 외기에 접한 천장면에는 실내의 열과 실외의 찬 기온이 빨리 전달되므로 이 부분에 실내의 공기 중에 있던 습기가 이슬이 되어 맺히게 되며 이것이 빠른 시간에 건조되지 못하면 부패현상까지 발생한다.

◎ 결로(結露)방지대책

① 이중벽이나 단열재를 설치하여 외벽체로부터 냉대의 전도를 막아야 한다.
② 실내의 습도를 낮추도록 한다. 즉 빨래나 기타 습기가 있는 물체를 제거하고 적절히 환기시킴으로써 실내의 습도를 낮추는 방법을 강구한다.
③ 가구나 기타 통풍을 방해하는 물체를 벽면으로부터 10cm 이상 띄어 결로를 방지하고, 통풍 및 마른걸레질을 자주 실시하여 벽면에 있는 습기로 인해 부패되는 것을 막도록 한다.

8. 건축물 하자(瑕疵, flaw)의 법적 보호

1) 하자담보책임

하자담보책임기간 내에 하자가 발생할 경우 사업주체는 시공업자에게 하자의 보수를 요구할 수 있다.

▶ 건설산업[1]기본법 제28조(건설공사[2] 수급인[3]의 하자담보[4]책임) 제1항

1) 건설산업기본법 제2조(정의) 제1호에 의하면 '건설산업'이라 함은 건설업과 건설용역업을 말한다.
2) 건설산업기본법 제2조(정의) 제4호에 의하면 '건설공사'라 함은 토목공사 · 건축공사 · 산업설비공사 · 조경공사 및 환경시설공사 등 시설물을 설치 · 유지 · 보수하는 공사(시설물을 설치하기 위한 부지조성공사를 포함한다), 기계설비, 기타 구조물의 설치 및 해체공사 등을 말한다. 다만, 다음 각목의 1에 해당하는 공사를

수급인은 발주자[5])에 대하여 건설공사의 목적물이 벽돌쌓기식 구조·철근콘크리트구조·철골구조·철골철근콘크리트구조, 기타 이와 유사한 구조로 되었을 경우에는 건설공사의 완공일부터 10년의 범위 내에서, 기타 구조로 되었을 경우에는 건설공사의 완공일부터 5년의 범위 내에서 공사의 종류별로 대통령령이 정하는 기간 이내에 발생한 하자[6])에 대하여 담보책임[7])이 있다.

포함하지 아니한다.
가. 「전기공사업법」에 의한 전기공사
나. 「정보통신공사업법」에 의한 정보통신공사
다. 「소방시설공사업법」에 따른 소방시설공사
라. 「문화재수리 등에 관한 법률」에 따른 문화재수리

3) 건설산업기본법 제2조(정의) 제10호에 의하면 '수급인'이라 함은 발주자로부터 건설공사를 도급받은 건설업자를 말하며, 하도급관계에 있어서 하도급하는 건설업자를 포함한다.

4) 매매 또는 공사계약 등과 같은 유상계약에 있어서 매수인 또는 발주자 등 수령자의 과실 없이 알지 못하는 하자 내지 불완전한 점이 그 목적물에 있는 경우 매도인 또는 수급인 등의 인도자가 부담하는 담보책임(민법 제580·567조).

5) 건설산업기본법 제2조(정의) 제7호에 의하면 '발주자'라 함은 건설공사를 건설업자에게 도급하는 자를 말한다. 다만, 수급인으로서 도급받은 건설공사를 하도급하는 자를 제외한다.

6) 하자(瑕疵)란 목적물의 물질적인 결점을 말하며, 그 존부는 당해 목적물이 보통 가진다고 기대되는 품질·성질 또는 매도인 또는 수급인이 목적물에 관해 보증한 품질·성능을 결하기 때문에 목적물의 사용가치 또는 교환가치를 감소시키는 것을 의미한다.

7) 담보책임(擔保責任)이란 계약상 의무의 이행으로 급부한 목적물에 권리와 물건의 하자가 있을 경우 이에 대해 부담하는 책임으로 권리의 하자에 대한 책임을 추탈담보(追奪擔保)라 하고, 물건의 하자에 대한 것을 하자담보(瑕疵擔保)라 한다. 민법은 증여(제559조)·매매(제570~584조)·도급(제667~672조)·소비대차(제602조) 등에 관하여 규정을 두고 있으며, 매도인의 담보책임에 관한 규정은 다른 모든 유상계약에 준용한다(제507조). 담보책임의 내용은 매매의 경우 손해배상·대금감액 대신에, 도급의 경우 대금감액 대신에 하자보수청구권(瑕疵補修請求權)이 인정된다(Daum, 백과사전).

2) 하자담보책임[8])기간 및 담보방법

건설산업기본법 시행령 제25조(공사도급계약의 내용) 제1항에는 건설산업기본법 제22조 제2항에 따라 공사의 도급계약에 명시하여야 할 사항을 정하고 있으며, 제16호에서 하자담보책임기간 및 담보방법을 명시해야 한다고 되어 있다.

건설산업기본법 시행령 제30조(하자담보책임기간)에는 공사의 종류별 하자담보책임기간을 정하고 있으면 그 내용은 <표 2-2>와 같다. 또한 건설공사와 관련하여 하자보수보증(건설산업기본법 시행령 제56조 제1항 제5호) 등을 하기 위해 건설관련 공제조합을 운영하고 있으며, 공제조합의 보증대상 및 내용[9])을 규정하고 있다. 또한 동법 시행령 제57조 제1항에는 보증한도[10])를

---

8) 건설공사의 하자담보책임(瑕疵擔保責任)이란 건설공사의 하자에 대한 담보책임으로 건설공사에 대한 공사목적물이 설계서(設計書)에 정한 대로 시공되지 아니함으로써 목적물의 사용가치 또는 교환가치를 감소시키는 품질·성능상의 결함(흠)에 대한 담보책임을 말한다. 수급인(受給人)은 완공일로부터 일정기간 내에 발생한 하자를 보수할 책임을 지며, 이 책임은 공사도급계약의 유상성에 기인한 법적 책임이다.

9) 제56조(공제조합의 보증대상 및 내용)

① 법 제54조 제5항의 규정에 의하여 공제조합이 행할 수 있는 보증대상은 조합원이 다음 각호의 사업을 영위하는 과정에서 부담하는 의무 또는 채무를 말한다.

1. 법 제2조 제1호의 규정에 의한 건설산업
2. 「해외건설촉진법」에 의한 해외건설업
3. 「전기공사업법」에 의한 전기공사업
4. 「정보통신공사업법」에 의한 정보통신공사업
5. 「소방법」에 의한 소방설비공사업
6. 「문화재보호법」에 의한 문화재수리업

② 법 제56조 제1항 제1호의 규정에 의한 각 보증의 내용은 다음 각호와 같다.

1. 입찰보증 : 공사 등의 입찰에 참가하는 조합원이 입찰참가자로서 부담하는 입찰보증금의 납부에 관한 의무이행을 보증하는 것
2. 계약보증 : 조합원이 도급받은 공사 등의 계약이행과 관련하여 부담하는 계약 보증금의 납부에 관한 의무이행을 보증하는 것
3. 공사이행보증 : 조합원이 도급받은 공사의 계약상 의무를 이행하지 못하는 경우 조합원을 대신하여 계약이행의무를 부담하거나 의무이행을 하지 아니할 경우 일정금액을 납부할 것을 보증하는 것

규정하고 있다.

<표 2-2> 건설공사의 종류별 하자담보책임기간(제30조 관련)

공사별	세부공종별	책임기간
1. 교량	① 기둥 사이의 거리가 50m 이상이거나 길이가 500m 이상인 교량의 철근콘크리트 또는 철골구조부	10년
	② 길이가 500m 미만인 교량의 철근콘크리트 또는 철골구조부	7년
	③ 교량 중 ①·② 외의 공종(교면포장·이음부·난간시설 등)	2년
2. 터널	① 터널(지하철을 포함한다)의 철근콘크리트 또는 철골구조부	10년
	② 터널 중 ① 외의 공종	5년

---

4. 손해배상보증 : 조합원이 도급받은 공사 등의 계약이행 중 발생한 제3자의 피해에 대한 배상금의 지급채무를 보증하는 것
5. 하자보수보증 : 조합원의 건설공사 등 사업의 영위와 관련하여 발생된 하자의 보수에 관한 의무이행을 보증하는 것
6. 선급금보증 : 조합원이 도급받은 공사 등과 관련하여 수령하는 선금의 반환채무를 보증하는 것
7. 하도급보증 : 조합원이 하도급받고자 하거나 하도급받은 공사 등과 관련하여 부담하는 제1호 내지 제6호와 같은 채무를 보증하는 것

③ 법 제56조 제1항 제1호에서 '기타 대통령령이 정하는 보증'이라 함은 다음 각호의 보증을 말한다.

1. 인 · 허가보증
2. 자재구입보증
3. 대출보증
4. 납세보증
5. 하도급대금지급보증
6. 기타 조합원이 경영하는 건설업과 관련하여 그가 부담하게 되는 재산상의 의무이행을 보증하는 것으로서 정관으로 정하는 보증

④ 공제조합은 그가 행하는 각종 보증의 구체적인 내용 · 범위 및 조건 등에 관하여 약관을 정하여 시행할 수 있다.

10) 동법 제54조 제5항에 따라 공제조합이 보증할 수 있는 총 보증한도는 출자금과 준비금을 합산한 금액의 35배까지로 하되, 국토해양부 장관은 개별 공제조합의 재무건전성 및 보증위험을 고려하여 해당 공제조합의 보증한도를 고시할 수 있다. 다만, 금융기관 · 보험회사 또는 이와 유사한 기관의 보증이나 보험에 의하여 보장을 받거나 그 밖에 담보물을 받고 보증하는 경우에는 공제조합의 보증한도에 이를 포함하지 아니한다.

공사별	세부공종별	책임 기간
3. 철도	① 교량 · 터널을 제외한 철도시설 중 철근콘크리트 또는 철골구조 ② ① 외의 시설	7년 5년
4. 공항 · 삭도	① 철근콘크리트 · 철골구조부 ② ① 외의 시설	7년 5년
5. 항만 · 사방 간척	① 철근콘크리트 · 철골구조부 ② ① 외의 시설	7년 5년
6. 도로	① 콘크리트 포장도로(암거 및 측구를 포함한다) ② 아스팔트 포장도로(암거 및 측구를 포함한다)	3년 2년
7. 댐	① 본체 및 여수로 부분 ② ① 외의 시설	10년 5년
8. 상 · 하수도	① 철근콘크리트 · 철골구조부 ② 관로 매설 · 기기설치	7년 3년
9. 관계수로 · 매립		3년
10. 부지정지		2년
11. 조경	조경시설물 및 조경식재	2년
12. 발전 · 가스 및 산업설비	① 철근콘크리트 · 철골구조부 ② 압력이 1제곱센티미터당 10킬로그램 이상인 고압가스의 관로(부대기기를 포함한다) 설치공사 ③ ① · ② 외의 시설	7년 5년 3년
13. 기타 토목공사		1년
14. 건축	① 대형 공공성 건축물(공동주택 · 종합병원 · 관광숙박시설 · 관람집회시설 · 대규모 소매점과 16층 이상 기타 용도의 건축물)의 기둥 및 내력벽 ② 대형 공공성 건축물 중 기둥 및 내력벽 외의 구조상 주요부분과 ① 외의 건축물 중 구조상 주요부분 ③ 건축물 중 ① · ②와 제15호의 전문공사를 제외한 기타 부분	10년 5년 1년
15. 전문공사	① 실내의장 ② 토공 ③ 미장 · 타일 ④ 방수 ⑤ 도장 ⑥ 석공사 · 조적 ⑦ 창호 설치	1년 2년 1년 3년 1년 2년 1년

공사별	세부공종별	책임기간
15. 전문공사	⑧ 지붕	3년
	⑨ 판금	1년
	⑩ 철물(제1호 내지 제14호에 해당하는 철골을 제외한다)	2년
	⑪ 철근콘크리트(제1호부터 제14호까지의 규정에 해당하는 철근콘크리트는 제외한다) 및 콘크리트 포장	3년
	⑫ 급배수 · 공동구 · 지하저수조 · 냉난방 · 환기 · 공기조화 · 자동제어 · 가스 · 배연설비	2년
	⑬ 승강기 및 인양기기 설비	3년
	⑭ 보일러 설치	1년
	⑮ ⑫ · ⑭ 외의 건물 내 설비	1년
	⑯ 아스팔트 포장	2년
	⑰ 보링	1년
	⑱ 건축물조립(건축물의 기둥 및 내력벽의 조립을 제외하며, 이는 제14호에 따른다)	1년
	⑲ 온실설치	2년

* 비고 : 위 표 중 2 이상의 공종이 복합된 공사의 하자담보책임기간은 하자책임을 구분할 수 없는 경우를 제외하고는 각각의 세부 공종별로 하자 담보책임기간을 정한다.

9. 호텔의 주요시설 점검사항

1) 환경 및 청소

① 호텔 내부 및 주위환경 청소상태

② 주차장의 정돈상태

③ 건물 도장상태

④ 하수구 정리와 오물처리상태

⑤ 소독실시 여부

⑥ 일반창고, 식음료창고의 정리상태

⑦ 전등기구의 청결상태

⑧ 전기실, 보일러실의 청결상태

2) 객실(guest room)

① 벽이 갈라지거나 금이 난 곳의 유무를 파악

② 갈포지(葛布紙)나 벽지의 찢어지거나 훼손된 곳의 유무

③ 출입문의 안전관리상태

④ 옷장의 설비상태

⑤ 객실에서의 소음 유무 확인

⑥ 욕조 및 욕실바닥 타일의 파손부분 유무

⑦ 욕실파이프와 하수상태

⑧ 샤워꼭지의 이상 유무

⑨ 변기의 작동 및 관리상태

⑩ 세면대의 급수 및 하수상태나 거울의 이상 유무

⑪ 리넨류와 비누·화장지의 비치 여부

⑫ 전화기의 성능조사

⑬ 에어컨디셔너(air conditioner), TV의 이상 유무

⑭ 조명설비의 점검상태

⑮ 객실 융단(carpet)의 오염 및 훼손 여부

⑯ 침대 및 객실비품의 파손 유무

⑰ sofa 및 linen류의 훼손 유무

⑱ 객실 창문커튼(curtain)의 상태

3) 부대시설

① 식당 및 주방의 환기시설

② 식당·커피숍·연회실·식탁·의자의 파손 및 오염 여부

③ table cloth의 청결상태

④ 주방기구 설비의 정비상태

⑤ 식기류의 청결 및 정돈상태

⑥ 공동화장실의 변기고장 유무와 청소상태

⑦ 현관 lobby의 청소상태

⑧ 식당 창문 curtain의 설치상태

⑨ 식당 carpet의 청결상태

⑩ 각종 기계설비의 안전점검

⑪ 기타 부대시설(pool, sauna, health club)의 배관 및 설비의 작동 여부

제 2 절 우리나라 관광숙박업의 시설기준

1. 관광숙박시설의 개요

1) 관광숙박업의 의의

숙박업 본래의 기능은 사람을 숙박시키고 음식을 제공하는 데 있다. 그러나 오늘날 소득의 향상, 여가의 증대, 교통기관의 발달, 정보의 증대, 소비자 가치관의 변화 등 숙박시설을 둘러싼 온갖 환경이 변화함에 따라 숙박업의 기능도 다양화되고 있다. 현대의 숙박업 기능은 숙박기능과 음식제공기능 외에 사교의 기능, 운동 · 오락 · 휴양 등 레크리에이션 기능, 회의기능, 비즈니스 활동 등 다양한 기능을 수행하며, 여기에 수반되는 인적 · 물적 서비스와 정보를 제공한다. 미래에 숙박업은 더욱 고급화 · 대중화 · 기능화 · 편리화 · 오락화의 장소가 될 것이며, 이에 따라 보다 많은 서비스를 관광객에게 제공하게 될 것이다. 우리나라에서는 관광숙박업의 시설기준을 법령으로 정하여 행정지도를 펴고 있으며, 호텔업의 국제수준화와 관광객에 대한 서비스 개선 및

국제경쟁력의 강화에 의의를 두고 있다.

2) 관광숙박업의 종류

「관광진흥법」 제3조 제1항 제2호와 「제주특별자치도 관광진흥조례」 제3조 제2호에 따라 관광숙박업은 호텔업과 휴양콘도미니엄업으로 나누고, 호텔업은 동법 시행령 제2조 제1항 제2호 호텔업의 분류에 따라 관광호텔업, 수상관광호텔업, 한국전통호텔업, 가족호텔업, 호스텔업으로 구분하고 있다.

3) 관광숙박업의 등록과 선행절차

동법 제4조 제1항과 「제주특별자치도 관광진흥조례」 제4조의 규정에 따르면, 관광숙박업을 경영하려는 자는 특별자치도지사 · 시장 · 군수 · 구청장(자치구의 구청장을 말한다. 이하 같다)에게 등록하여야 한다고 되어 있고, 이에 앞서 동법 제15조 제1항과 「제주특별자치도 관광진흥조례」 제21조에 따라 관광숙박업을 경영하려는 자는 등록하기 전에 그 사업에 대한 사업계획을 작성하여 특별자치도지사 · 시장 · 군수 · 구청장의 승인을 받도록 하고 있다. 또한 동법 제17조 또는 「제주특별자치도 관광진흥조례」 제24조의 규정에 따라 관광숙박업 등록심의위원회의 심의를 받도록 하고 있다. 이는 관광숙박업이 규모나 시설이 국제수준과의 비교는 물론 투자규모나 사업범위가 매우 크기 때문에 사전에 충분한 계획을 세우지 않으면 실행이 어려울 뿐만 아니라 이용자에게도 피해를 줄 가능성이 있기 때문에 등록관청이 사업계획의 타당성을 사전에 확인하기 위한 조치라고 하겠다.

4) 관광숙박업의 등록기준

동법 제4조 제3항 · 제4항 및 동법 시행령 제5조 및 「제주특별자치도 관광진흥조례」 제3조에 의거 관광숙박업을 등록하거나 변경하려는 자는 대통령령으로 정하는 자본금 · 시설 및 설비 등을 갖추거나, 중요 사항을 변경하려면 변경등록을 하여야 한다.

(1) 관광호텔업

① 욕실이나 샤워시설을 갖춘 객실을 30실 이상 갖추고 있을 것
② 외국인에게 서비스를 제공할 수 있는 체제를 갖추고 있을 것
③ 대지 및 건물의 소유권 또는 사용권을 확보하고 있을 것. 다만, 회원을 모집하는 경우에는 소유권을 확보하여야 한다.

(2) 수상관광호텔업

① 수상관광호텔이 위치하는 수면은 「공유수면관리법」 또는 「하천법」에 따라 관리청으로부터 점용허가를 받을 것
② 욕실이나 샤워시설을 갖춘 객실이 30실 이상일 것
③ 외국인에게 서비스를 제공할 수 있는 체제를 갖추고 있을 것
④ 수상오염을 방지하기 위한 오수 저장 · 처리시설과 폐기물처리시설을 갖추고 있을 것
⑤ 구조물 및 선박의 소유권 또는 사용권을 확보하고 있을 것. 다만, 회원을 모집하는 경우에는 소유권을 확보하여야 한다.

(3) 한국전통호텔업

① 건축물의 외관은 전통가옥의 형태를 갖추고 있을 것
② 이용자의 불편이 없도록 욕실이나 샤워시설을 갖추고 있을 것
③ 외국인에게 서비스를 제공할 수 있는 체제를 갖추고 있을 것
④ 대지 및 건물의 소유권 또는 사용권을 확보하고 있을 것. 다만, 회원을 모집하는 경우에는 소유권을 확보하여야 한다.

(4) 가족호텔업

① 가족단위 관광객이 이용할 수 있는 취사시설이 객실별로 설치되어 있거나 층별로 공동취사장이 설치되어 있을 것
② 욕실이나 샤워시설을 갖춘 객실이 30실 이상일 것
③ 객실별 면적이 19제곱미터 이상일 것
④ 외국인에게 서비스를 제공할 수 있는 체제를 갖추고 있을 것
⑤ 대지 및 건물의 소유권 또는 사용권을 확보하고 있을 것. 다만, 회원을 모집하는 경우에는 소유권을 확보하여야 한다.

(5) 호스텔업

① 배낭여행객 등 개별 관광객의 숙박에 적합한 객실을 갖추고 있을 것
② 이용자의 불편이 없도록 화장실, 샤워장, 취사장 등의 편의시설을 갖추고 있을 것. 다만, 이러한 편의시설은 공동으로 이용하게 할 수 있다.
③ 외국인 및 내국인 관광객에게 서비스를 제공할 수 있는 문화·정보교류시설을 갖추고 있을 것
④ 대지 및 건물의 소유권 또는 사용권을 확보하고 있을 것

*** 휴양콘도미니엄업**

(1) 객실
① 같은 단지 안에 객실이 50실 이상일 것
② 관광객의 취사·체류 및 숙박에 필요한 설비를 갖추고 있을 것
(2) 매점 등
① 매점이나 간이매장이 있을 것. 다만, 여러 개의 동으로 단지를 구성할 경우에는 공동으로 설치할 수 있다.
(3) 문화체육공간
① 공연장·전시관·미술관·박물관·수영장·테니스장·축구장·농구장, 그 밖에 관광객이 이용하기 적합한 문화체육공간을 1개소 이상 갖출 것. 다만, 수개의 동으

로 단지를 구성할 경우에는 공동으로 설치할 수 있으며, 관광지·관광단지 또는 종합휴양업의 시설 안에 있는 휴양 콘도미니엄의 경우에는 이를 설치하지 아니할 수 있다.

(4) 대지 및 건물의 소유권 또는 사용권을 확보하고 있을 것. 다만, 분양 또 는 회원을 모집하는 경우에는 소유권을 확보하여야 한다.

2. 관광숙박업의 등급

1) 등급결정의 의의

관광진흥법 제19조, 「제주특별자치도 설치 및 국제자유도시 조성을 위한 특별법」(이하 「제주특별자치도 특별법」) 제171조의 2에 따라 문화체육관광부 장관은 관광숙박시설 이용자의 편의를 돕고, 관광숙박시설 및 서비스의 수준을 효율적으로 유지·관리하기 위하여 관광숙박업에 대한 등급을 정하도록 하고 있다.

2) 등급결정대상 관광호텔업 및 등급구분

호텔업의 등급은 관광진흥법 시행령 제22조 또는 「제주특별자치도 관광진흥조례」 제25조에 따라 결정하여야 하며, 관광숙박업 중 호텔업의 등급은 특1등급·특2등급·1등급·2등급 및 3등급으로 구분한다.

3) 호텔업의 등급결정

(1) 등급결정의 위임·위탁

「관광진흥법」 제80조 규정에 의거 문화체육관광부 장관의 권한은 대통령령으로 정하는 바에 따라 그 일부를 시·도지사에게 위임할 수 있고, 시·도지사 또한 문화체육관광부 장관으로부터 위임받은 권한의 일부를 문화체육관광부 장관의 승인을 받아 시장・군수・구청장에게 재위임할 수 있으며, 문화체육관광부 장관 또는 시・도지사 및 시장・군수・구청장 또한 권한의 전부 또는 일부를 대통령령으로 정하는 바에 따라 한국관광공사, 협회, 지역별・업종별 관광협회 및 대통령령으로 정하는 전문 연구・검사기관이나 자격검정기관에 위탁할 수 있도록 하고 있다.

(2) 등급결정법인의 요건

동법 시행령 제66조 및 제주특별자치도 관광진흥조례 제96조에 따라 등급결정권은 다음 각호의 요건을 모두 갖춘 법인 중 문화체육관광부 장관에게 등록한 법인에 위탁하도록 하고 있으며, 이 경우 문화체육관광부 장관은 등급결정권을 위탁한 법인의 명칭・주소 및 대표자 등을 고시하도록 하고 있다.

① 비영리법인일 것
② 관광숙박업의 육성과 서비스 개선 등에 관한 연구 및 계몽활동 등을 하는 법인일 것
③ 문화체육관광부령으로 정하는 기준에 맞는 자격을 가진 평가요원을 평가요소(동법 시행규칙 제25조 제3항에 의한 서비스 상태, 건축・설비・주차시설, 전기・통신시설, 소방・안전 상태, 소비자만족도)별로 10명 이상 확보하고 있을 것

4) 관광호텔업의 등급결정 신청

동법 시행규칙 제25조 제1항 및 제주특별자치도 관광진흥조례 제25조 제3항에는 동법 제4조 제1항에 따라 호텔업의 등록을 한 자는 다음 각호의 사유가 발생한 날부터 60일 이내에 동법 시행령 제66조 제1항에 따라 문화체육관광부 장관으로부터 등급결정권을 위탁받아 고시된 법인에 등급결정을 신청하도록 하고 있다.

① 호텔을 신규 등록한 경우

② 등급결정을 받은 날부터 3년이 지난 경우

③ 시설의 증·개축 또는 서비스 및 운영실태 등의 변경에 따른 등급 조정 사유가 발생한 경우

5) 호텔업의 등급결정기준 등

(1) 등급결정기준

동법 시행규칙 제25조 제2항 및 제주특별자치도 관광진흥조례 제25조 제4항에 따른 호텔업의 등급결정의 기준은 <표 2-3>과 같다.

<표 2-3> 호텔업의 등급 결정 기준

구 분	특1등급	특2등급	1등급	2등급	3등급
결정기준 (만점기준)	90% 이상	80% 이상	70% 이상	60% 이상	50% 이상

주 : 각 등급별 평정기준은 관광진흥법 시행규칙 제25조 제3항의 규정에 의하여 문화체육관광부 장관이 고시한 호텔업의 등급결정을 위한 평정기준에 의한다.

(2) 등급결정을 위한 평가요소

동법 시행규칙 제25조 제3항 및 제주특별자치도 관광진흥조례 제25조 제5항에 따라 호텔업의 등급결정을 하는 경우에는 다음 각호의 요소를 평가하여야 하며, 그 세부적인 기준 및 절차는 문화체육관광부 장관이 정하여 고시하도록 하고 있다.

① 서비스 상태

② 건축·설비·주차시설

③ 전기·통신시설

④ 소방·안전 상태

⑤ 소비자만족도

(3) 등급결정의 절차

동법 시행령 제22조 제3항과 동법 시행규칙 제25조 제3항 및 제주특별자치도 관광진흥조례 제25조 제5항에 따라 등급결정 기준 및 절차 등에 관하여 필요한 사항은 문화체육관광부령으로 정하도록 하고 있다.

(4) 호텔업의 시설 및 운영 실태조사

동법 시행령 제22조 제2항과 제주특별자치도 관광진흥조례 제25조 제2항에 따른 등급 결정을 위하여 필요한 경우에 관계 전문가에게 호텔업의 시설 및 운영 실태를 조사하도록 의뢰할 수 있도록 하고 있다.

제 3 절 건물 내 · 외장의 보존관리

1. 호텔내장(interior decoration)의 보존관리

1) 건물의 바닥(the flat)

건물바닥의 기능을 유지하기 위해서는 바닥을 깨끗이 청소하고 바닥에 깔린 재료를 보존하는 데 각별히 노력해야 한다. 바닥의 재료로는 칠하는 재료, 붙이는 재료, 까는 재료 및 바닥 밑재료가 있는데 이들에 대한 손상원인은 다음과 같다.

① 도장제의 손상 : 오손(汚損, stain), 수축 및 균열, 표층탈락, 부상결손 등

② 붙이는 재료의 손상원인 : 오손, 마모, 변색, 부상, 파손, 결손 등

③ 까는 재료의 손상원인 : 오손, 마모, 결손
④ 바닥 밑재료의 손상원인

고르지 못한 곳, 침하바닥이 처진 부분, 진동 등 바닥의 점검은 위험방지, 기능보존을 주목적으로 청소 시 주의하고 별도로 책임자를 지정해서 정기적으로 점검한다. 바닥점검에서 발견된 여러 문제 중에서 경미한 사항은 즉시 보수처리하고, 전문시공업자에게 의뢰할 것은 적절한 시기에 의뢰하여 부분보수나 전면보수를 하여야 한다. 여기서 부분보수는 손상된 부분만 갈아내거나 보수하는 방법이며, 전면보수는 일정한 시간이 지나면 전부 교체하는 방법이다.

2) 건물의 내벽(the wall)

건물의 내벽(간벽 포함)은 용도 및 기능에 따라 음향차단, 방음, 보온 등의 효과가 있으며 장소에 따라 내수, 내화가 요구되는 경우가 있다. 그러나 벽에 손모(損耗, wear and tear)가 생기는 원인은 비, 바람, 누수, 습기, 건조, 온도변화, 일사에 의한 퇴색, 노후화 등의 자연적 작용과 사람이나 물질의 접촉, 손모, 오염, 파괴 등으로 노후화하는 인위적 작용이 있어 이에 대한 개선이 요구되는 것이다.

3) 건물의 천장(the ceiling)

천장은 바닥, 내・외벽과 같은 실내공간을 구성하는 요소로서 미관상으로도 중요한 위치를 점할 뿐 아니라 기능적으로 음향차단, 보온, 음향흡수, 단열작용을 한다. 그러나 천장도 기일이 경과할수록 손모, 오염, 파손 등이 일어나는데, 대개 이러한 현상은 누수・빗물・결로・습기・온도변화 등의 작용이 많고, 천장 부근에 있는 설비기기・닥트・배관 등의 인위적인 것도 있다. 또한 강우량이 많은 야간에 창을 닫지 않아서 고온다습한 외기가 들어와 결로현상을 일으켜서 바닥, 벽, 천장을 습하게 하는 경우도 있다.

이러한 경우에는 천장을 점검해서 보수를 해야 하는데, 이때 유의할 것은 안전, 미관·위생 등의 기능에 지장을 주지 않는 범위 내에서 신중을 기해야 한다.

4) 건물 내의 계단(stairway)

건물 내의 계단은 교통로로서 중요한 기능을 갖고 있으며 비상시에 대피할 수 있는 비상구로도 이용된다. 그러나 계단도 보행자에 의해 인위적으로도 감모·손모되는데, 특히 계단은 무거운 물건을 운반할 때 접촉하여 오염, 파손, 부식 등의 현상이 나타난다.

2. 건물외장의 보존관리(interior of outside)

1) 건물의 지붕(roof)

지붕은 벽과 더불어 비, 바람 등과 같은 자연의 기후로부터 보호해 주는 기능을 한다. 지붕에 사용되는 재료는 부식되거나 녹이 나지 않아야 하기 때문에 도장을 해야 하는데, 특히 강관부분은 3~5년을 주기로 도장을 해야 한다.

(1) 방수(water proof)의 방법

① 아스팔트(asphalt) 방수
② 고분자 합성고무재 방수
③ 시멘트액체(cement) 방수
④ 금속계(metal) 방수
⑤ 시트 방수
⑥ 수밀(水密, watertight) 콘크리트 방수

⑦ 표면도포 방수
⑧ 우레탄(urethane) 방수 : 내화성 합성수지

(2) 지붕보수 시의 유의사항

① 방수 모르타르의 균열이 심하면 코킹(caulking)으로 때운다.
② 시트 방수 등에 결함이 있는 것은 부분적으로 대체하거나 잘라낸 후 교체한다.
③ 배수구, 지붕 물받이(roof trench)가 막힌 것은 비가 새는 원인이 되므로 자주 청소한다.
④ 금속성 손받이 등의 금속류는 녹슬기 전에 다시 도장한다. 또한 이미 부식된 부분이 있으면 즉시 보수한다.
⑤ 비보행용의 방수층위를 함부로 보행하거나 손상시키지 않도록 주의한다.
⑥ 방수층 위에는 한곳에 무거운 물건을 놓아두어서는 안된다.
⑦ 옥상에 놓아두어야 할 기계나 옥상을 가로지르는 배관, 닥트 등의 주위는 특별히 튼튼하게 시공한다.
⑧ 돌출부(expansion), 이음새(joint)부분은 신축성이 심하므로 그 주위를 세밀히 점검한다.
⑨ 두께 미달의 난간(parapet), 철근 부족, 콘크리트제품의 마지막 시공이 불충분하여 틈이 벌어져 방수층의 이면에 빗물이 침투하는 경우가 있다.
⑩ 마무리 콘크리트는 팽창과 수축으로 솟아나오는 경우가 있다.

(3) 건물의 외벽(外壁, outer wall)

건물의 외벽은 지붕에 비하여 누수염려가 적지만, 벽면에 생긴 균열은 누수현상을 일으키는 원인이 되기도 한다. 특히 이음새부분은 주의해야 한다. 외벽점검 시 주의해야 할 사항은 다음과 같다.

① 모르타르칠과 타일을 점검한다.

② 콘크리트로 마무리된 면을 점검한다.

③ 금속판 붙인 곳을 주의한다.

④ 빗물의 침투 여부를 점검한다.

⑤ 도장부분을 점검한다.

⑥ 물받이를 점검한다.

⑦ 건구류 등을 점검한다.

제4절 도장관리 업무(painting)

1. 도장의 목적

도장의 주된 목적은 벽면에 각종 도료를 칠하여 벽면을 보호하는 데 있으며, 도장의 효과로는 내습, 내수, 내식, 광택, 모양, 입체감 등을 부여함으로써 벽면을 미화시키는 데 있다. 우선 도장을 하려면 먼저 도료(塗料)의 종류, 도장공정(塗裝工程), 도장방법 등을 결정해야 하며, 이를 토대로 도장계획을 세워야 한다.

2. 도장공사 시 주의사항

① 도료의 품질을 조사하여 사용법을 알아야 한다. 예를 들어 도료를 희석할 때의 희석제 선정을 잘 해야 하고 계통이 다른 도료의 혼합도 피하도록 한다.

② 장시간 저장된 도료를 사용할 경우에는 잘 섞어서 내용물의 변화를 초

래하고 있는가를 조사하고 체 등으로 걸러서 사용하도록 한다.

③ 도장막(塗裝膜)이 너무 두껍지 않도록 칠해야 한다. 1회의 도장두께는 한도가 있으며, 유성페인트인 경우 약 0.05mm, 래커(lacker, lacquer)인 경우 0.015mm, 에나멜계(enamel)는 0.025mm이다. 도장은 얇게 몇 회로 나누어 실시하는 것이 좋다.

④ 도장을 여러 번 반복할 때는 반드시 매회 충분한 건조시간을 두어야 한다. 손가락 끝으로 도막을 세게 눌러 보아서 지문이 생기지 않을 때가 재벌 마름시기이다.

⑤ 저온다습을 피해야 한다. 기온이 5℃ 이하가 되면 도료의 건조는 급속히 늦어진다. 또한 습도가 85% 이상이 되면 건조가 일정하지 않게 되므로 도막의 표면이 흐려진다.

⑥ 도료의 성상(性狀)을 잘 알고 거기에 적합한 도장용구를 사용한다. 솔바르기는 도료의 점성, 건조속도에 적합한 솔을 사용하고, 또한 스프레이로 도장할 때에는 도료의 농도, 공기의 압력, 분무기의 사용법에 주의하지 않으면 안된다.

⑦ 인화(引火)의 위험에 주의하여야 한다. 도료와 스프레이할 때의 분무가스 등은 인화성 물질이기 때문에 특히 화재의 위험에 주의해야 한다. 또한 더럽혀진 걸레 등은 밀봉되지 않도록 처분해야 한다.

3. 낡은 도막의 처리

1) 노화가 심한 경우

이미 도료가 칠해진 부분에 대해서는 그 도막면의 상태를 조사하여 균열, 들뜸이 심하고 도막의 대부분이 붕괴되어 있을 때에는 이것을 전부 제거하지 않으면 안된다. 도막층을 제거하려면 낡은 페인트인 경우는 토치램프(가열기: torch lamp)로 연화시키거나 알칼리성제, 메틸알코올, 벤젠(benzene), 솔벤트

(solvent), 나프타 등의 용제를 발라서 도막을 연화시켜 제거하는 방법이 있다. 단, 알칼리성 수용액은 알루미늄이나 마그네슘 합금에 발라진 도막을 제거하는 데 사용해서는 안된다.

2) 도막의 노화가 심하지 않은 경우

낡은 도막에 균열, 벗겨짐 등의 징조가 없고 단순히 색, 빛이 퇴색한 정도라면, 새로 칠하려는 도막이 낡은 도막에 의해 변하는가를 확인한 뒤 실시한다. 같은 계통의 도료를 칠할 때에는 그다지 문제가 없으나, 유성도료 위에 합성수지재료를 바를 때에는 충분히 검토해야 한다.

오일 페인트인 경우 도막을 비눗물 또는 1~2%의 가성소다 용액으로 닦아 오손, 부착물을 제거하고 다시 물을 충분히 닦아내고 건조하여 흠집, 구멍 등에 퍼티막이를 하고 정벌바름으로 페인트를 1회 바른다. 유와니스의 경우는 연마지로 비비고 물로 닦은 뒤 정벌 바르기를 한다.

4. 도장방법과 솔(brush)의 종류

도료를 칠하는 방법에는 솔 바르기, 주걱 바르기, 솜방망이 바르기, 롤러 바르기, 스프레이 바르기, 핫 스프레이 바르기 등이 있다.

1) 솔의 양부(良否)

털에 광택이 있고 털의 상태가 좋으며, 절모(切毛)나 역모(易毛)가 없고 자루가 견고해서 털이 빠지지 않으며 솔을 물에 적셨다 뿌린 뒤에도 털이 가지런한 것이 좋다. 새 솔은 충해를 막도록 되어 있으므로 먼저 초벌 바르기로 사용하여 길들여서 사용하면 좋다.

2) 솔의 형상

두꺼운 솔, 평솔, 빗솔, 둥근 솔이 있으며, 솔의 크기는 모폭(毛幅)으로 알 수 있다.

3) 솔의 용도별 분류

① 페인트 솔 : 두꺼운 솔, 빗솔이 많으며 비교적 허리가 강하다. 도료를 함유하는 것이 좋으므로 마모(馬毛)가 사용된다. 그중 꼬리털은 상질에 속한다.

② 바니시(varnish) 솔 : 양모(羊毛), 돈모(豚毛)를 사용하고 허리가 약한 솔이며 평솔이 많다.

③ 래커(lacquer) 솔 : 양모, 산양모(염소) 등의 털을 사용한다.

④ 수성 솔 : 평솔을 사용하며 허리가 약하고 도료의 함유량이 많은 것이 좋다.

4) 솔의 보존

작업이 끝나면 사용한 도료에 적합한 용제로 충분히 도료를 녹여서 건조시킨 후 보존상자에 넣어둔다. 수성도료는 그대로 물속에 넣어둔다. 래커 솔은 시너(thinner)를 바닥에 넣은 밀폐용기 속에 두면 굳지 않는다.

5. 각종 도장

1) 페인트 칠

① 유성페인트 : 기름＋유성안료

② 에나멜 : 기름 바니시＋유성안료

2) 바니시(vanishing) 칠

① 기름 바니시(oil vanishing) : 수지(樹脂)를 건성유에 녹인 것

② 휘발성 바니시 : 수지를 용제에 탄 것(래커, 찬니스, 속건 바니시)

③ 래커 : 유도체(질산섬유소)를 용해하여 수지가 소재이고 연화제를 가한 도료

3) 수성도료 칠

① 카세인(casein) : 아교, 전분, 단백을 교착제로 한 것

② 합성수지(synthetic resins plastics) 도료 : 유성페인트를 유화한 것

4) 방부제(preservative)

① 목재방부제 : 크레오소트(creosote)유, 폐유

② 철제녹막이 : 광명단, 아연분말, 징크로메이트, 역청질도료, 알루미늄도료

5) 옻칠

6) 기타 합성수지 도료

제5절 토목시설물의 점검과 보수관리

1. 토목시설물의 점검

1) 경사면 점검

① 경사면에 흙이 밀려 내려오거나 균열현상, 용수현상이 있으면 즉시 위험요소라고 판단하여 거적이나 비닐덮기, 유수차단 등의 응급조치를 한다.

② 잔디나 수목이 잘 자라지 않는 경사면은 우기에 붕괴위험이 있으므로 계속적인 관찰이 필요하다.

③ 경사면의 경사정도가 성토구간일 때 1 : 1.5(수직거리 : 수평거리), 절토구간일 때 1 : 1 이상인가를 확인하고 급경사일 경우에는 석축, 옹벽 등으로 보강해야 한다.

④ 평상시 수목 및 잔디관리를 철저히 하여 단지 미화와 토사유실로 인한 붕괴 등 재해대책에 만전을 기한다.

⑤ 붕괴위험지역은 상태에 따라 표지판 설치, 통행제한, 투숙객 대피 등 안전대책을 강구하여 시행한다.

2) 석축 및 옹벽

① 줄눈이 파손되었거나 균열이 있을 때에는 그 원인을 파악하여야 한다.

② 균열부위를 페인트로 표시하여 진행상태를 세밀히 조사한다.

③ 구조물 상단에 지표수가 침투하지 않도록 철저히 점검 · 보완한다.

④ 위험지역은 표지판 설치, 통행제한 등 안전에 유의한다.

⑤ 가마니, 비닐 등 수방자재를 확보 · 비축하여 유사시에 대비한다.

3) 배수시설

① 배수로가 매몰되지 않도록 해빙기 및 장마기를 전후하여 연 2회 준설을 실시한다.

② 배수로 유입 및 유출구 부근이 유수에 의해 파손되었을 경우 기초 부위를 보강하여 보수토록 한다.

③ 침하 또는 역구배로 배수가 불가능할 때에는 재시공한다.

④ 맨홀뚜껑이 파손된 곳은 안전표지판을 설치하고 즉시 교체한다.

⑤ 맨홀뚜껑은 포장면과 일치되어야 하며, 요철이 있는 구간은 재시공한다.

⑥ 오수 맨홀에 주위 빗물이 들어갈 우려가 있는 구간은 재시공 또는 보완한다.

4) 도로

① 비가 온 후 물이 고이는 곳을 파악하여 보수한다.

② 도로하단부가 경사면일 경우에는 우수에 의해 유실되는 곳이 없는지 점검하고 유실되는 곳은 즉시 흙가마니 등으로 보완한다.

③ 포장이 파손된 부분은 가마니를 덮어 기층부분이 유실되는 것을 막는다.

④ 지반이 침하 · 파손된 지역에는 표지판을 설치하고 차량을 통제한다.

⑤ 보도블록 · 경계석 등 콘크리트 구조물이 동해를 입어 표면이 벗겨지고 유실된 곳은 해당 구조물을 헐어내고 재시공한다.

⑥ 라인마킹(line marking)은 야간에 불을 비췄을 때 잘 나타나야 하고 잘 보이지 않을 경우 보수 조치한다.

5) 점검사항

① 철재류 담장은 부식성이 높으므로 습기가 접촉되지 않게 하고, 흙으로 덮거나 우수가 고이는 곳이 없도록 조치한다.

② 철재류 담장은 보수가 쉬우므로 장기간 사용으로 부식된 곳은 부식분을

철솔로 털고 도장을 실시한다.

③ 공동구(空洞口)에 누수가 발생되었을 때는 주로 콘크리트 시공 이음 및 조인트 구간에 많이 발생하므로 이러한 구간은 누수부분을 정으로 쪼아서 새로운 콘크리트가 잘 이어지도록 먼저 조치하고 방수를 한다.

④ 옥외 급수배관의 파열로 인한 누수 등 긴급보수공사를 요하는 시설물은 해당 전문업체 등에 의뢰하여 조속히 보수토록 조치한다.

2. 토목시설물(public works) 보수

1) 도로 보수

(1) 아스팔트(asphalt) 포장 보수

① 파손 및 침하부분에 충분히 여유를 두고 각형(角形)으로 굴삭한다.

② 지반을 충분히 다지고 물이 고이지 않도록 한다.

③ 포장 후 진압을 충분히 하고 기포장된 부분과 접촉되는 부분이 수평이 되도록 시공한다.

④ 보수공사 시에는 표지판을 설치하여 통행인이 알도록 하여야 한다.

(2) 콘크리트(concrete) 포장 보수

① 콘크리트 손비빔을 할 때에는 마른비빔, 물비빔을 각각 4회 이상 반복하여 재료가 충분히 혼합된 후에 타설한다.

② 콘크리트 타설 시는 외기온도 10℃ 이상 30℃ 이하라야 한다.

③ 지반을 충분히 다지고 기포장된 부분과 접속부분에 특히 유의하여 시공한다.

④ 콘크리트 타설 후 표면에서 물빛이 사라지는 것을 기다려 젖은 거적을 표면에 가볍게 미끄러뜨린 후 최소한 7일간 거적을 덮고 살수하여 양생한다.

⑤ 도로표면은 요철부분이 3mm 이하가 되어야 한다.

⑥ 콘크리트 타설 후에는 공사용 팻말, 새끼 등으로 구획을 나누어 통행 및 훼손 등을 방지한다.

⑦ 교통개방은 타설 14일 이후면 안전하다.

(3) 보도(foot-way) 보수

① 보도침하 및 블록파손 시 공사용 표지판을 설치하고 보도블록을 걷어 낸다.

② 원지반을 다지고 모래를 3cm 정도의 두께로 깐다.

③ 보도블록의 무늬를 맞추어 깔고 골고루 밟은 모래를 살포하고 빗질하여 블록 사이에 모래를 채운다.

④ 보도블록은 같은 품질과 같은 무늬를 사용한다.

(4) 주차선(parking line) 도색

① 단지 내 도로 또는 주차장의 주차선이 지워져 안전 및 미관상 좋지 않을 때 시행한다.

② 주차선 재도장은 3년에 1회를 원칙으로 하나, 통행이 잦은 지역에서는 수시로 도장한다.

2) 석축 보수

뒷면에 물이 고여 토압이 증가되면 배수구를 만들어 토압을 감소시키고 균열은 모르타르를 충분히 채워 보완한다. 또한 뒷면이 파여 나갔을 때는 그 부분을 콘크리트로 채우고 뒷면에 이상이 있을 때에는 그 부분을 재시공하여야 한다.

◉ 재시공 시 요령

① 갠 돌쌓기는 일반적으로 메쌓기로 하나 2m 이상이면 찰쌓기로 하는 것이 안전하다. 메쌓기의 뒤채움에는 큰 쇄석 및 자갈을 쓰고 돌쌓기의 두께는 높이의 약 25%로 하며, 찰쌓기에는 C종(시멘트 1 : 모래·자갈 6)의 콘크리트로 공극을 채워 단단하게 한다.
② 비탈면에서 용수가 심할 때와 뒷면 토압이 적을 때는 메쌓기로 한다.
③ 찰쌓기는 메쌓기보다 뒷면 토압이 많을 때 설치하며 돌과 콘크리트로 부착이 잘되게 하고 $3m^3$마다 직경 6cm 내외의 배수공을 1개씩 둔다.
④ 석축의 기초굴착이 끝난 후 기초지반이 연약하면 사석다짐, 콘크리트로 기초를 해야 한다.
⑤ 앞으로 넘어지거나 무너지지 않도록 지질에 따라 적당한 두께로 한다.
⑥ 쌓기작업은 반드시 기준틀과 실줄을 띄워 수평방향으로 정확히 쌓아야 한다.
⑦ 깬 돌은 오물 등 불순물을 제거하고 수분을 충분히 흡수시킨 후 쌓아야 한다.
⑧ 찰쌓기의 경우 콘크리트가 굳기 전에 너무 높이 쌓으면 무너질 가능성이 있으므로 1일에 1~1.2m 이내로 쌓아야 한다.
⑨ 석축면은 일직선이 되게 시공하여야 한다.
⑩ 큰 돌은 아래층에 쓴다.
⑪ 줄눈의 간격은 되도록 작게하고 모르타르(mortar)를 충분히 채운다.

3) 배수로(排水路) 보수

① 경사면 상단에 물이 고이는 녹지에는 면적 및 수량을 고려하여 배수로(U형, 반원형 측구 등)를 설치한다.
② 배수관의 기초는 기초지반이 좋을 때는 모래 기초로, 보통일 때는 막돌 또는 자갈 기초로, 불량한 경우는 콘크리트 기초가 좋다.
③ 배수관 매설 시 중심을 맞추어 물이 정체되지 않도록 최소한 3% 이상 경사지게 한다.
④ 배수관은 하중과 동결에 견딜 수 있도록 최소한 지하 50cm 이하에 매

설한다.

⑤ 유입・유출구의 위치를 잘 선정하여야 한다.

⑥ 배수관의 이음부 모르타르가 경화(硬化)될 때까지 배수관이 움직이지 않도록 주의한다.

제 6 절 조경시설물의 점검과 잔디관리

1. 조경(landscape architecture)시설물의 점검

1) 수목(樹木)관리

식재시기(植栽時期)는 일반적으로 수목의 활착이 어려운 하절기(7~8월)와 동절기(12~2월)는 피하여 봄과 가을에 식재한다.

(1) 식재순서

① 식재예정 수목의 뿌리분 크기의 2~3배 정도로 넓고 깊게 판다.

② 겉흙과 비료, 퇴비 등을 섞어서 넣는다.

③ 다시 겉흙을 10~15cm 정도 넣어서 거름과 뿌리가 직접 접촉하지 않도록 한다.

④ 수목을 구덩이에 넣는다.

⑤ 흙을 구덩이에 반쯤 채우고 물을 충분히 부어 나무를 넣어서 좌우로 약간 흔들면서 뿌리와 흙 사이에 공간이 생기지 않도록 한다.

⑥ 나머지 흙을 채우고 약간 다져주어 나무가 흔들리지 않도록 한다.

⑦ 지주목(또는 지주대)을 설치한다.

⑧ 뿌리 근처에 원형으로 두둑을 만들어 관수할 때 물이 흘러내리지 않도록 물집을 만든다.

⑨ 최종적으로 충분히 관수한다.

(2) 식재 후 관리

① 수목이 활착하여 생장할 때까지 주기적으로 충분히 관수한다.

② 병충해의 발생 유무를 수시로 관찰하고 발생 시에는 즉시 구제하여 수세가 약해지지 않도록 한다.

③ 가을에 식재할 경우에는 월동대책을 세워 짚이나 새끼 등으로 보호조치를 한다.

④ 고객에 의해서 지주목 파손, 가지꺾기, 수피손상, 흔들기 등으로 수목이 고사(枯死)하는 경우가 많으므로 수세가 좋지 못한 수목에 대해서는 표지판 등을 세워 고객의 접근을 막도록 한다.

2) 전정(剪定, pruning)

(1) 전정의 효과

① 특수한 수형을 만들거나 유지시킨다.

② 필요치 않은 가지를 잘라냄으로써 모든 가지를 건실하게 자라게 한다.

③ 노쇠한 가지를 제거하여 가지의 갱신효과를 거둔다.

④ 꽃이 제대로 피지 못하는 꽃나무는 노쇠를 방지하고, 꽃피는 상태를 좋게 하기 위하여 가지와 잎을 줄여준다.

⑤ 나무를 이식할 경우 지상부의 줄기 · 잎 등을 적당히 제거하여 수목활착에 도움을 준다.

(2) 전정의 종류와 시기

① 굵은 가지 제거

필요 없는 가지를 밑둥부터 잘라 버리는 작업으로 지상부가 너무 무성할 경우 병충해 피해 및 바람에 넘어지기 쉽고 수형(樹形)이 조잡하므로 이를 방지하고, 생장속도(生長速度)가 빠른 나무는 관리에 수월하도록 수고(樹高)를 낮추기 위하여 실시한다.

Ⓐ **방법** : 톱을 사용하여 가지 밑둥을 제거하되, 원줄기가 파손되지 않도록 한다.

Ⓑ **시기** : 침엽수와 낙엽활엽수는 휴면기(休眠期)인 늦가을부터 이른 봄 사이 새싹이 나오기 직전에 실시하되, 혹한기는 피한다.

② 가지솎음

밀상태가 된 수관 내부를 적당히 소개하여 통풍과 채광이 잘되도록 한다.

Ⓐ **방법** : 전정가위로 밀생한 잔가지 또는 도장한 가지, 병든 가지, 죽은 가지를 제거하고 적당히 솎아버린 후에 남은 가지의 선단에서 모양을 정돈한다.

Ⓑ **시기** : 어느 때나 가지가 지나치게 무성하다고 생각될 때 실시하되, 혹한기는 피한다.

③ 가지 다듬기

수관 전체를 전정가위로 고르게 다듬어서 둥근 형태나 모난 형태로 만드는 작업을 말하며, 대체로 가지와 잎이 작고 맹아력(萌芽力)이 강한 회양목, 사철나무, 쥐똥나무, 개나리, 무궁화, 향나무 등에 적용하며, 시기는 늦은 봄부터 6월 중순까지와 9월이 적기이다.

3) 병충해관리

병해(病害)별, 충해(蟲害)별의 병충해에 대한 방제시기 및 구제방법은 참고사항을 유의하면서 방제한다.

(1) 해충관리

여름철에는 침엽수와 활엽수를 막론하고 진딧물류, 깍지벌레류, 응애류 등 흡즙성 해충의 가해로 잎이 활력을 잃고 결국은 나무 전체가 약해진다. 흡즙성 해충들은 살충제와 살비제(miticide : 진드기구충제)를 적기에 살포하면 효과적이고 활엽수에서 문제가 되고 있는 풍뎅이류는 수관살포 또는 토양처리제를 이용하면 방제할 수 있다.

① 진딧물류

진딧물류는 4~5월, 6~7월, 8월에 각 1회씩 진딧물약을 살포하면 쉽게 방제된다. 진딧물류의 발생 예찰법은 작업로에 인접한 나무의 경우 도로에 배설물이 떨어져 비가 온 것처럼 젖어 있고, 단지 내의 나무는 잎이 반짝거리거나 잎, 가지, 줄기에 배설물이 흐르고 까만 그을음이 묻어 있다. 이러한 나무를 대상으로 살충제를 부분적으로 살포하는 국부시약이 효과적이다.

② 깍지벌레류와 응애류

깍지벌레류와 응애류는 방제가 다소 어려운 편인데 방제적기는 진딧물류와 비슷하다. 다만, 겨울철과 초봄(2~3월)에는 시약이 한 차례 더 필요하다. 예찰법은 흰 종이에 잎과 가지를 털어 보면 먼지처럼 빨갛고 검은 벌레가 기어다니고 잎의 색이 퇴색하여 나무 전체가 고유의 색을 유지하지 못한다. 이러한 나무를 대상으로 깍지벌레약과 응애약을 각각 2~3개 품목씩 선정하여 10일 간격으로 2~3회 살포하면 효과적으로 방제된다.

③ **풍뎅이류**

풍뎅이류는 유충기에는 잔디에, 성충기에는 활엽수의 수목에 피해를 주는 해충이다. 성충이 활엽수의 잎을 엽맥만 남기고 갉아먹어 피해엽은 그물처럼 보이고 나무 전체가 붉게 탄다. 유충은 부식질이나 잡초 및 잔디의 뿌리를 가해하기 때문에 피해 잔디밭은 지하경이 말라 손으로 잔디를 들어 올리면 뗏장형태로 땅에서 떨어진다. 방제가 다소 어려운 편이나 성충기에는 매프유제를 수관부에 살포하고 5~6월경 다수진입제 또는 코니도 등을 뿌리 주변에 구덩이로 파고 관주한다.

(2) 병해관리

① **붉은별무늬병**

붉은별무늬병(적성병)은 여름철 활엽수에 많은 피해를 주는 병인데, 특히 명자나무, 모과나무, 산사나무, 아그배나무, 사과나무, 꽃사과, 장미, 팥배나무 등 장미과 수목에 발생한다. 적성병은 향나무와 장미과 식물과의 기주교대하는 병이다. 향나무에서는 4월경 줄기 및 가지에 자갈색의 동포자퇴(冬胞子堆)를 형성하여 줄기가 터지고 말라죽게 된다. 장미과 식물에서는 6~7월에 잎과 열매에 노란색의 반점과 털과 같은 돌기의 수포자퇴(銹胞子堆)를 형성하여 수세를 약화시킨다. 전년도에 이러한 증상을 보인 나무에는 4~5월과 7월에 약제를 살포해야 하는데 향나무에는 만코지수화제 또는 포리옥신수화제, 석회보르도액을 살포하고, 장미과 식물에는 티디폰수화제, 훼나리수화제, 마이탄수화제 등을 7일 간격으로 2~3회 살포하면 방제가 가능하다.

(3) 약제 살포 시 유의사항

① 약제를 살포할 때에는 고무장갑, 마스크, 모자 등을 착용하여 안전을 기한다.
② 바람 부는 방향에서 살포하여 몸에 약이 묻지 않도록 유의한다.
③ 약이 몸에 묻으면 비누로 빨리 씻어야 한다.
④ 약의 희석배율을 준수하여 농도가 짙어지지 않도록 한다.
⑤ 작업 중에는 음식을 먹거나 담배를 피우지 말아야 한다.
⑥ 약이 한곳에만 치우치지 않도록 뿌릴 것이며 잎의 앞뒷면과 잔가지에도 약이 골고루 살포되도록 한다.
⑦ 기온이 높아지면 약해를 일으키는 경우가 있으니 바람이 없는 날 오후에 뿌리는 것이 좋다.
⑧ 사용하고 남은 약은 구덩이를 파서 묻어 버리고, 원재는 어둡고 서늘한 곳에 보관한다.
⑨ 사용한 기구는 잘 씻어서 보관한다.
⑩ 약을 뿌리다가 중독을 일으켰을 경우에는 빨리 옷을 갈아입히고 단추를 풀어 안정시키며, 바람이 잘 통하는 곳에 눕혀서 의사의 진찰을 받도록 한다.

(4) 잠복소(潛伏所)의 설치

짚 또는 거적 등을 수간에 감아서 월동하기 위하여 수간을 따라 내려오는 유충을 유인하여 그 속에 고치를 지어 월동하게 한 후 이를 제거하여 소각하면 병충해구제효과가 크다.

① **대상** : 방한조치가 필요 없는 수목에 설치한다.
② **시기** : 지역에 따라 다소 차이가 있으나 유충의 섭식활동이 중지되는 10월 초에 설치하고, 이듬해 2월 중순경에 제거하여 소각한다.
③ **방법** : 짚이나 거적 등을 이용하여 잠복소의 폭을 30~40cm로 하여 지상

1.5m 되는 수간에 설치한다.

4) 시비(施肥)

수목의 종류, 토양조건, 사용하는 비료의 종류 등을 고려하여 시비시기를 결정해야 하나, 편의상 복합비료를 사용하여 2월 상순에서부터 3월 하순까지와 7월에 각 1회씩 시비한다. 또한 비가 올 때나 비가 오기 직전 또는 강풍 시에는 시비하지 않는다. 이슬이 없는 오전 10시부터 오후 5시 사이에 시비한다.

(1) 시비방법

① **식혈(植穴)시비**

Ⓐ 뿌리 주위에 환상으로 구멍을 파서 시비한다.

Ⓑ 시비구멍의 지름은 수목근원 직경의 3~6배, 폭은 20~30cm가 적당하고, 깊이는 0~20cm이면 충분하다.

② **전면시비**

수간 밑을 가볍게 파고 전면에 시비한다.

(2) 시비할 때의 유의사항

① 비료입자가 식물체에 직접 닿지 않도록 한다.

② 인분, 계분, 퇴비 등은 완전히 부숙(腐熟)된 것을 사용해야 한다.

③ 과다한 양을 주지 말아야 한다.

④ 장마기간, 늦여름, 늦가을에는 가급적 시비하지 않도록 한다.

⑤ 사전 지식 없이 화학비료와 유기질 비료를 혼합하여 사용하지 말아야 한다.

(3) 월동대책(越冬對策)

추위가 심한 중부지방에서 내한성이 약한 나무를 식재하였을 경우, 그대로 방치하면 동해를 입기 쉬우므로 겨울 동안 새끼감기, 짚싸주기 등으로 방한조치를 하여야 한다.

① **대상수목** : 장미(덩굴장미 제외), 배롱나무, 목련, 히말리야시다, 편백, 청단풍, 당년 가을의 식재묘목, 어린 묘목(남부지방에서는 경험적으로 대상 수종을 선정)

② **시기** : 11월 중에 설치하고 3월 중에 제거하여 반드시 소각한다.

Ⓐ **새끼감기** : 지상 1.5m 높이까지 간격이 뜨지 않게 수간에 새끼를 감아 준다(당년식재 큰 나무, 가로수에 실시).

Ⓑ **짚싸주기** : 지상 1.5m까지 수간을 짚으로 싸주며, 배롱나무, 모과나무 등 특수수종은 잔가지까지 싸준다(장미, 목련, 청단풍).

Ⓒ **흙 다져주기** : 초겨울 및 해빙기에 서릿발 등으로 뿌리 부근에 공기가 들어가서 입는 피해를 막기 위해서 이 시기에 뿌리 주위의 흙을 잘 다져주어야 한다.

Ⓓ **지주대 손질** : 겨울바람, 눈 등의 기상재해로 인하여 수목이 넘어지거나 꺾이는 것을 방지하기 위해 지주대를 보완하여 지지력을 높여준다.

2. 잔디관리

1) 잔디밭 조성

잔디종자는 발아가 어렵기 때문에 파종하여 번식하는 것보다는 지하경을 이용한 영양번식이 바람직하다. 따라서 잔디밭 조성은 보편적으로 일정한 크기의 뗏장을 붙이는 방법이 주로 이용되어 왔는데, 근래 종자에 화학 처리하여 파종하는 종자번식이 발달되어 최근에는 면질포에 일정한 간격으로 부착시킨 발아대가 생산되어 실용화되고 있으나, 여기서는 가장 널리 이용되는 재래식 방법에 대해서만 기술한다.

(1) 식재시기

들잔디(野芝)의 식재는 연중 가능하나 한여름이나 겨울은 피하는 것이 좋으며, 최적기는 봄(3~4월)과 가을(10~11월)이다.

(2) 식재방법

① 평떼공법

뗏장을 전면에 나란히 펴고 롤러로 고른 후 세토(細土)를 저면에 균일하게 뿌린 다음 다시 전압하고 관수한다. 잔디식재방법으로는 전면붙이기, 어긋나게 붙이기, 줄붙이기 등이 있다.

② 줄떼공법

잔디밭을 조성한 후에 즉시 사용할 필요가 없을 경우 이용하는 방법으로서 나비 5~10cm의 뗏장을 20~30cm 간격으로 식재하는 것으로 단지 내에서 부분적으로 굴취하여 보식(補植)할 경우에 적합하다.

2) 시비(施肥)

잔디밭을 조성한 후에 양호한 상태로 유지시키기 위해서는 비료를 적절히 공급해 주어야 하는데, 비료양이 너무 많으면 잘 자라기는 하나 연약해져서 노압에 약하고 병해가 많이 발생하므로 연중 적당량의 비료를 계속 공급하도록 한다.

(1) 시비량(施肥量)

들잔디가 양호한 생육을 계속하기 위해서는 잔디밭 1m²당 질소 15~35g,

인산 10~20g, 가리 10~20g을 뿌리는 것이 좋다.

(2) 시비시기

시비는 봄과 여름에 실시하되 3~4회로 나누어 뿌리는 것이 좋으나, 작업의 번거로움을 고려하여 1년에 2회(4~7월) 복합비료를 20g 정도 시비해도 무방하다.

(3) 시비방법

비료입자가 잔디밭에 고루 떨어지도록 흩어 뿌려야 하며 잔디깎이 제초작업 등을 실시한 후에 시비하는 것이 좋다. 비가 온 직후 또는 이슬이 마르기 전의 오전 중에 시비하면 잔디잎이 타들어가는 비료피해를 입을 우려가 있으며, 시비한 후에 비가 많이 올 경우에는 비료성분의 유실이 크므로 이때는 피하는 것이 좋다.

3) 제초(除草, weeding)작업

잔디밭 관리에서 가장 중요하고 힘든 작업이 제초작업이다. 제초작업을 소홀히 하면 잔디밭이 쉽게 황폐해지기 때문에 그대로 방치할 경우 잔디가 피압되어 생육이 불량할뿐더러 양분, 수분의 흡수에도 문제를 일으켜 잔디의 생육을 억제하게 되는데, 특히 클로버는 번식력이 강하므로 철저하게 제거해야 한다.

(1) 인력에 의한 제초

이 방법은 가장 널리 이용되며 제초효과가 확실하고 제초제(weeding killer) 사용 시 유발되기 쉬운 약해의 우려가 없어 안전한 방법이나, 인력이 많이 소요된다는 것이 결점이다. 제초작업 시 잡초의 뿌리 및 지하경(줄기)을 완전히 제거하여야 하는데, 특히 클로버와 같이 지하경을 가진 경우는 철저히 실시하지 않으면 지하경을 절단하여 오히려 번식을 조장하는 결과가 된다.

제초작업은 최소한 연간 4회 이상 실시하여야 하며, 정기적인 작업 후에도 수시로 제거하여야 한다.

(2) 제초제(除草劑)에 의한 제초

제초제가 발달함에 따라 여러 종류의 제초제가 일반작물의 재배에 이용되고 있다. 이 제초제는 잔디밭에도 이용할 수 있는데 제초효과가 상당히 좋은 것으로 알려져 있으며, 인력에 의한 제초와 비교해 볼 때 노동력을 크게 절감시킬 수 있다. 그러나 잘못 사용하면 약해를 입기 쉬우므로 사용하는 약제에 대한 지식이 없으면 사용하기 곤란한 결점이 있다.

제초제의 일종인 2.4D-소다염의 경우 0.2~0.6g(원재)을 물 150~200cc에 녹여서 잔디밭 1㎡에 살포하면 넓은 잎을 가진 잡초에 대해서 효과가 있으며, 특히 인력 제초에서 많은 노동력이 소요되는 클로버의 제초에도 효과가 좋은 것으로 알려져 있다.

4) 잔디 깎기

잔디가 적절한 시비와 관수를 통해 왕성한 생육을 하게 되면 초장이 길어져 미관이 불량해지고 통풍이 나빠서 병충해가 유발되기 쉽다. 잔디밭을 관리함에 있어서 시비, 관수와 더불어 잔디 깎기를 실시하면 다음과 같은 효과가 있다.

① 잔디밭 표면을 평탄하게 하여 모양을 아름답게 한다.

② 초장을 짧게 유지하여 이용하기에 편리하다.

③ 정기적으로 깎아 줌으로써 잡초의 개화(開花)・결실을 억제하여 간접적인 제초효과를 거둘 수 있다.

④ 지상부가 자라는 것을 억제하므로 지하경의 발생 및 분얼(分蘖)을 촉진하여 잔디밭의 밀식을 높여준다.

⑤ 통풍을 양호하게 하여 병충해를 간접적으로 억제하는 효과를 얻을 수 있다.

(1) 잔디 깎기의 횟수와 시기

잔디 깎기의 횟수는 잔디의 생육상태에 따라 달라지는데, 잔디의 시비량이 많으면 왕성한 생육을 하므로 자주 깎아주어야 하고, 봄보다는 여름에 자주 실시해야 한다. 대체로 집약적인 관리가 이루어지는 잔디밭에서는 5월부터 9월까지 월 2회 정도는 깎아주어야 바람직하나, 최소 월 1회 이상을 실시해서 잔디의 높이가 3~6cm 정도로 유지되도록 한다.

(2) 잔디 깎기 시 주의사항

① 키가 큰 잔디를 깎아줄 때 처음에는 높게 깎아주고 상태를 보아 가면서 서서히 깎는 높이를 낮추어야 한다.

② 잔디를 깎아줄 때에는 잔디에 충격을 주게 되므로 비온 직후나 오전 중에는 삼가야 한다.

③ 잔디깎는 빈도와 높이는 규칙적이어야 한다.

④ 깎아낸 잔재를 잔디밭에 방치할 경우 미관상 좋지 않을 뿐만 아니라 잔디의 생육에 좋지 않은 영향을 미치므로 제거해야 한다.

⑤ 잔디깎는 기계의 방향이 규칙적이어야 깎인 면이 바둑판처럼 되어 미관상 좋다.

⑥ 동력식 제초기를 사용할 경우 잔디밭에 잡석이 방치되어 있으면 칼날이 상하거나 엔진에 충격을 주게 되므로 잔디 깎기 전에 잡석, 벽돌조각 등을 미리 제거하여야 한다.

⑦ 잔디밭에 관목류가 식재되어 있는 경우에는 잔디의 지하경이 수근 내부로 뻗어 들어가지 않도록 제거한다.

5) 병충해 방제

(1) 병해

① 녹병

한국산 잔디에 발생하는 대표적인 병으로 5~6월과 9~10월에 발생하고 잎에 황동색의 반점이 생기며 반점으로부터 황색의 가루가 발생하고 바람에 날려 전염된다. 이 병은 영양불량, 시비의 불균형, 과도한 답압(踏壓) 및 배수불량이 원인이며, 예방 및 방제약으로는 다이젠 400~800배액을 사용한다.

② 황화현상

한국산 잔디에 많이 발생하며 이른 봄 잔디가 파랗게 새싹이 나올 때 군데군데 노랗게 되어 건강한 잔디와 완전히 구분된다. 이러한 현상은 온도가 올라감에 따라 잔디의 생육이 왕성해지면서 없어지나 이른 봄에는 미관상 보기가 흉하다. 병의 발생원인은 명확하지 않으며, 방제약으로는 유기수은제인 우스프론 300~1,000배액 등이 사용되고 있다.

③ 피시움블라이트병

피시움블라이트병은 물을 매개로 전염되는 병으로서 병 발생에 습도가 가장 중요한 요인이 된다. 일반적으로 6월부터 발생하기 시작하여 여름내내 문제가 되는데, 80% 이상의 다습조건이 48시간 이상 지속되면 발병률이 매우 높다.
즉 야간과 주간의 습도차이가 크면 발병률이 낮고 야간과 주간의 습도가 48시간 이상 지속적으로 높게 유지되면 발생률이 높아진다. 따라서 고온조건에서 흐린 날이 2~3일씩 지속될 때에는 예방시약을 실시하고 발생예찰에 유의하여야 한다.

갈수기에 수자원 부족으로 질소함량이 높은 연못물을 사용함으로써 질소성분 과다로 인해 피시움블라이트병의 발병을 조장하는 경우가 있다. 따라서 연못물을 사용할 경우에는 물의 질소함량을 조사한 다음 사용하는 것이 안전하다.

약제방제는 강우 전 예방시약으로 파모액제를 관주처리하고 장마 중이거나 장마 후에는 옥사프로수화제 또는 에디졸유제에 전착제를 혼용처리한다.

④ 브라운패치병(갈색마름병)

이 병은 30℃ 이상의 고온기에 발생이 적으며 25~28℃의 다습한 조건이 지속되면 발생한다. 방제는 프로수화제, 포리옥신디수화제, 메로닐수화제 등을 약 2주 간격으로 교호 살포한다.

⑤ 탄저병

병원균은 병든 잔디의 고엽에서 월동, 존재하다가 발병에 적합한 조건이 되었을 때 나타난다. 특히 토양이 건조한 상태에서 잔디의 잎 표면이 젖어 있거나 상대습도가 높을 때, 고온·답압·인산 및 칼리의 결핍 등으로 잔디가 스트레스를 많이 받았을 때 줄기와 엽조직을 통해 침입한다. 감염 후에는 황화된 잔디의 잎 표면에 수많은 포자를 형성하고 이 포자가 신발, 바람 등에 의하여 건전한 잔디에 전염된다.

7, 8월경에 고온다습한 조건이 계속되거나 황화현상이 나타나기 시작하면 프로피수화제, 지오판수화제로 예방시약을 한다. 방제는 만코지수화제(500배액), 만프로수화제(100배액), 프로피수화제(500배액), 가벤다·가스신 수화제(1,000배액) 등을 2주 간격으로 교호 살포한다.

⑥ 라지패치병

이 병은 상대습도가 90% 이상의 다습조건하에서 온도가 15~30℃ 정도

되면 발생한다. 5월 초부터 발병이 시작되어 강우의 빈도가 증가함에 따라 발병률이 증가하여 6월 말부터 7월 중순 장마기에 많이 발생한다. 7월 말에서 8월 중순 30℃ 이상의 고온기에는 병원균의 활력이 떨어져 발생이 일시적으로 정지되었다가 8월 중순 이후 강우와 함께 다시 재발생한다. 특히 8월 중순 이후의 발생은 치명적인 피해를 준다. 이 시기에 발생된 병반은 이듬해의 잔디 생육기까지 지속된다(8월 중순~익년 6월 중순). 따라서 6, 7월경의 발생보다는 8월 중하순 이후의 추계발생에 더욱 유의하여야 한다.

방제적기는 8월 중순경 전면시약이 효과적이고 6, 7월의 장마기에는 잦은 강우 때문에 시약에 의한 방제효과(지효성)가 떨어지므로 전면시약보다는 적절한 부분시약이 효과적이다. 약제로는 지금까지 리조렉스(500배액, 2ℓ/m^2)를 주로 사용하였으나 1996년부터 토양환경보존법에 의하여 유기인계 성분의 토양 중 잔류조사를 실시하므로 과다한 사용은 피하는 것이 바람직하다. 대체약제로 몬세린 + 호리쿠어(몬세린 : 호리쿠어 = 1.5 : 1 비율로 혼합, 1,500배액, 2ℓ/m^2)를 관주형식으로 2주 간격 2회 처리하면 효과적이다.

⑦ **페어링병**

이 병원균은 비옥도가 낮고 토양습도가 낮은 지역에서 부숙유기물이 과다하고 대취 축적이 많을 경우 발병률이 높다. 병원균은 잔디에의 병원성은 없으며 토양의 유기물이 분해되는 과정에서 간접적으로 잔디 생육에 영향을 준다.

5, 6월경에는 대부분 농녹색의 원형링으로 나타나며 7, 8월의 장마기에는 병반 부위에서 버섯이 형성된다. 늦여름이나 초가을 가뭄기에는 원형의 고사링이 형성된다.

*** 이러한 고사증상이 나타나는 원인은**

- 곰팡이가 토양에 있는 유기물을 분해하는 과정에서 생성되는 질소의 영향으로 농녹색의 고리가 형성되고
- 토양 중에 곰팡이 균사매트가 형성되면 물을 배척하는 소수성(hydro-phobic)을 일으켜 건조해를 유발시키며
- 균이 분비하는 독성물질(hydrophobic cyanide)에 의하여 잔디뿌리의 생육이 강하게 억제되어 뿌리의 기능저하로 인한 고사현상을 일으킨다.

*** 방제법으로는 병반이 발생하는 곳에 자주 살수하여 병반 부위가 건조하지 않도록 하며, 병원균의 증식을 억제시키기 위하여 충분히 살수 후 논사 1,000배액을 m^2당 3~4ℓ 씩 살포한다. 약효를 올리기 위하여 계면활성제(아쿠아그루)를 혼용하면 더욱 효과적이다. 발병 부위에 질소질 비료를 시비하여 균의 활성을 억제시켜 농녹색의 병반을 보이지 않게 할 수도 있다.**

(2) 충해

① **황금충** : 잔디에 가장 심한 피해를 주는 해충이며 햇볕이 잘 쪼이는 양지의 경사지에서 많이 발생한다. 이른 봄 잔디밭의 잔디가 규칙적으로 싹이 나오지 못하고 손으로 잡아당기면 잔디뿌리가 힘없이 일어난다. 1.3cm 정도 크기의 굼벵이 모양 유충이 잔디의 지하경을 갉아먹어 잔디를 죽게 한다. 방제법으로는 봄, 가을에 엔드린유제 400배액, 비산연을 1,000m^2당 50kg씩 잔디에 뿌리면 잘 구제된다.

② **야도충** : 유충이 낮에는 땅속에 있다가 밤에만 나와서 식물체를 갉아먹기 때문에 야도충이라고 한다. 방제는 봄, 가을에 햅타제나 엔드린 유제를 살포하면 쉽게 구제된다.

③ **굼벵이** : 굼벵이는 풍뎅이의 애벌레로서 다색풍뎅이, 왜콩풍뎅이가 대부분인데 특히 다색풍뎅이(adoretus tenuimaculatus)가 문제되고 있다. 성충이 수목의 잎을 가해하다가 잔디에 산란하고 부화한 유충이 잔디뿌리

를 가해한다. 피해가 가장 많은 시기는 6~7월 말이며 이 시기에 건조하면 피해가 더욱 크게 나타난다. 굼벵이의 피해증상이 나타났을 때는 이미 상당한 피해를 입은 다음이어서 잔디의 회복은 불가능한 상태가 되므로 굼벵이방제는 발생예찰을 통한 예방적 방제를 해야 한다. 예방시약 적기는 6월 초순, 9월 초순이다. 약제처리 시에는 충분한 살수를 한 다음 m^2당 3ℓ 정도 관주식 약제처리를 한다. 토양 속에 약제 침투효과를 높이기 위하여 계면활성제를 혼합하여 처리하면 더욱 좋다. 방제약제로는 메프유제, 카보입제 등이 있다.

3. 놀이시설관리

1) 시설물 관리

① 놀이터 개소별로 점검 책임자를 선정한다.
② 안전사고를 예방할 수 있도록 주 1회 이상 전시물을 점검한다.
③ 바닥모래는 유희시설물의 기초부분이 노출되지 않도록 충분히 충전(充塡)되어야 한다.
④ 불필요한 물체나 위험물은 발견 즉시 제거한다.
⑤ 그리스(grease) 등 주유상태를 점검하여 즉시 보충한다.
⑥ 시설물의 균열 및 마모상태를 세밀히 점검하여야 한다.

2) 시설물 보수

① 균열 발생 등 파손우려가 있거나 파손된 시설물을 사용치 못하도록 보호조치하고 전문가에게 의뢰하여 수리토록 한다.
② 바닥모래에 유리조각 등 기타 위험물이 있으면 즉시 제거해야 한다.
③ 놀이터 내외를 항상 깨끗이 해야 한다.

<표 2-4> 월별 조경관리 계획표

구분 월별	작업현황	
1월	· 계획서 작성(작업) · 토목공사	· 정원수 제설작업 · 고사목 마른 가지치기
2월	· 12월, 1월과 같음 · 낙엽수 전정 · 밑거름 주기	· 구조물시설 및 보수작업 · 토양 소독
3월	· 정원수의 정식과 이식 · 뿌리돌림(이식할 것) · 방한물 철거	· 초화류 파종 · 잔디의 복토입히기 · 거름주기(밑거름)
4월	· 전원수의 정식과 이식 · 관수작업 · 초화류 파종 및 춘근심기	· 접붙이기, 꺾꽂이 등 시기 · 잔디의 복토입히기 · 방충제 예방 및 구제 등 약제살포
5월	· 향나무, 소나무 등 순 자르기 · 잔디 깎기 · 잔디 입히기(보수)	· 침엽수, 상록수 이식적기 · 생울타리 거름주기 · 풀 기타 잡초 뽑기
6월	· 잔디 깎기 및 보수작업 · 상록수, 활엽수 순 자르기 · 거름주기(밑거름 방사선형으로)	· 생울타리 풀 뽑기 · 병충해 방제 및 구제약재 살포 · 관수작업
7월	· 잔디 거름주기(비료 및 속효성 거름) · 관수작업 · 생울타리 깎기	· 병충해방제 및 구제약재 살포 · 잔디 깎기, 잡초 뽑기
8월	· 웃자람의 전정하기 · 엽면시비 · 관수작업	· 병충해 및 약제 살포 · 잡초 뽑기
9월	· 잔디 깎기 입히기 · 초화류 파종(가을용) · 병충해 방제 및 구제약제 살포	· 잡초 뽑기 · 생울타리 치기
10월	· 정원수 정식 및 이식, 전경 · 병충해 방제 · 낙엽태우기 및 묻기	· 거름주기(추비) · 가을용 추근 심기
11월	· 낙엽수 이식 · 거름주기(추비) · 방한설치 준비	· 상록수 전정 · 장미의 월동피복 완료
12월	· 거름주기(밑거름) · 전정 및 이식	· 토목공사(배수로) · 공작물의 수리 및 시설
수 시	· 병충해 발생 시에는 언제든지 살포 · 장마, 가뭄대책에 대한 방지 및 예방	

제3장 설비관리

제1절 급수 · 위생설비관리

제2절 공기조화설비

제3절 전기설비

제4절 에너지관리

제5절 전기요금

제3장 설비관리

제 1 절 급수 · 위생설비관리

1. 급수관리(water feeding)

1) 수질의 관리

상수에서 저수조까지의 수질에 관해서는 공급자가 책임지고 있으나, 저수탱크(water tank)로부터는 건물의 관리자가 수질에 대하여 책임을 져야 한다. 따라서 급수설비에서는 저수조 및 옥상수조를 항상 청결하게 유지해야 하며, 청결한 물을 필요량만큼 적절한 압력으로 공급하여야 한다. 또한 오수, 쥐, 해충 등이 들어가지 않도록 해야 하며, 이물이나 독물이 고의로 투입되는 것을 방지하기 위해서도 각 수조의 맨홀뚜껑은 관계자 외에는 쉽게 열 수 없도록 반드시 시건장치를 해야 한다.

2) 저수탱크관리

저수탱크의 고장 중에서 가장 많은 부위는 볼탭, 워터해머, 수위조절 제어장치 등이 있다.

① 볼탭의 밸브(valve)시트에 이물질이 끼거나 마모 등으로 고장이 생기면 물이 새어나와 급수가 멎지 않아 오버플로관으로 계속 배출하게 된다.

② 볼탭(ball tap)의 작동원인인 워터해머는 급수압이 높고 배관의 고정상태가 불량할 때 일어난다. 이것을 방치할 경우 소음 및 진동으로 인해 투숙고객의 불만 및 급수공급배관 이탈현상이 나타날 수도 있다.

③ 수위조절제어장치의 고장 시 만수(滿水)를 발견하지 못해 상수(上水)가 쓸데없이 방출되며, 저수위를 발견치 못하면 펌프에 공기가 흡입되든가 가동되지 않아 적정급수 공급에 지장을 초래하게 된다. 저수탱크의 점검은 주 1회 반드시 실시하여 기능에 이상이 없도록 조치해야 한다.

④ 저수조 청소는 최소한 연 1회 이상 정기적으로 실시해야 하고, 청소 시 볼탭, 수위조절장치, 펌프 등 기기장치의 점검도 아울러 실시하여 기능에 이상이 없도록 조치해야 한다.

볼탭(ball tap)

3) 저수탱크의 유지관리

① 탱크 설치장소의 옥내·외에 관계없이 탱크 내부로 오수(汚水)나 우수(雨水) 등 상수 이외의 물이 침입하는 곳이 없는가를 점검한다.

② 지하 저수조의 오버플로(overflow)관과 배수관의 접속 부위에서 배수

가 역류되지 않는가를 점검하여 정비하여야 한다. 역류의 원인으로는 오버플로관에 설치된 체크밸브의 고장, 배수관의 막힘 등이 있다.

③ 통기관의 방충망을 점검하고 떨어진 곳이 있으면 정비한다.

④ 물탱크 수위조절기(water level regulators) 등의 작동은 확실한가, 전기로 인한 고장원인은 없는가를 점검하고 조정한다.

⑤ 각종 밸브의 개폐가 원활하고 완전한가를 점검한다.

⑥ 탱크에서 오버플로될 경우 바닥의 방수상태, 배수관이 막혀 있지 않은가를 점검하고 건물 전체의 기능에 피해를 주지 않도록 조치한다.

물탱크 수위조절기

수량계

수량계

4) 호텔 내 급수간선의 유지관리

① 호텔 내 급수간선도는 휴대하기 편리하게 별도로 작성하여 비치해야 한다.

② 인입지구부터 호텔 내 간선계통을 숙지하고 구간별 제수변 위치를 확인해 놓아야 한다.

③ 제수변은 항상 개폐가 가능하게 손질하여야 한다.

④ 제수변 박스 내에 물이 고여 있는지 점검하여 필요한 조치를 취해야 하고, 배관 및 제수변 부식, 동파방지에 노력해야 한다.

⑤ 간선 파열 시 파열 부위에서 가장 가까운 제수변을 차단하고 다른 구간은 급수공급에 지장이 없도록 조치해야 한다.

제수변

쿨링타워

<표 3-1> 펌프실의 고장 원인과 대책

고장상태	원 인	대 책
양수불량	· 펌프 및 흡입관의 만수불완전 · 흡입수두가 너무 높을 때	· 공기제거 및 만수
원동기 과부하	· 회전이 너무 빠를 때 · 회전방향이 반대일 때 · 회전차에 이물질이 걸렸을 때 · 축심이 엇갈렸을 때	· 모터교체 · 모터결선 조정 · 청소로 이물질 제거 · 일치되도록 조정

고장상태	원 인	대 책
진동, 소음 발생	· 마모 또는 이물질의 부착으로 회전차 불균형 · 윤활유의 부족 · 기초가 견고하지 못할 때 · 축심이 엇갈렸을 때	· 회전차 균형조절 · 보충 · 기초보강 · 조정
과 열	· 회전차에 이물질이 걸렸을 때 · 주축이 휘어졌을 때 · 베어링의 마모, 균열 · 윤활유 부족	· 청소하여 제거 · 교환 · 교환 · 조정
무부하되어 속도가 오르지 않는 경우	· 전압이 지나치게 낮음 · 과부하 · 코일의 중간단락 · 시동법의 부적정 · 전원용량의 부족(변압기) · 배전선의 용량부족	· 전압측정(전압시정 요청) · 부하를 가볍게 하거나 용량이 큰 것으로 교체 · 전문공장에서 수리 · 규정대로 접속 · 전원용량 증설 요청 · 배전선을 굵은 것으로 교체
부하가 걸리지 않을 경우	· 삼상전압의 불균형 · 코일의 중간단락	· 평형 삼상전압 공급 · 전문공장에서 수리
갑자기 속도가 떨어지는 경우	· 개폐기의 접촉불량 · 과부하 · 전압강하	· 개폐기 교환 · 부하를 가볍게 함 · 한전과 협의 시정
전혀 회전하지 않는 경우	· 코일의 단선 · 고장자와 회전자의 접촉 · 개폐기의 불량 · 시동기의 접촉착오 · 과부하	· 전문공장에서 수리 · 전문공장에서 수리 · 개폐기 교환 · 바르게 접속함 · 부하를 가볍게 함
소리가 없는 경우	· 코일의 단선 · 조작회로의 접촉불량 및 단선 · 정전 · 개폐기의 불량	· 전문공장에 의뢰 · 회로점검 시정 · 한전에 문의 · 개폐기 교환

2. 급탕설비

1) 온수조의 점검과 보존

(1) 온수 · 저수조의 점검과 보존

① 온수조의 성능검사 때와 자체검사 때는 온수조 내부에 들어가서 침전물이나 부착된 오물을 제거하고 부식상태를 점검한다. 온수조 안에 들어갈 때에는 충분히 냉각 · 환기시키며, 내부에서 사용하는 전등은 카드가 붙어 있는 캡태이어 케이블 등을 사용하고, 사용 중인 보일러, 기타의 연결배관은 확실히 차단한다.

② 온수조 바닥에 침전물이 쌓이면 바닥과 침전물 사이에 용존산소의 농도가 다른 부분보다 낮아져서 바닥이 아노드되어 부식하고, 쇳가루 같은 녹이 붙어도 부식한다. 따라서 점검 때마다 침전물이 많으면 급수관이나 온수 반송관에 스트레이너(strainer)를 설치하여 정기적으로 청소한다.

③ 온수 · 저수조 안에 전기부하 방지용의 유동전극방식인 백금으로 도금한 치탄전극 등을 설치한 경우 멸모상태를 철저히 점검한다. 이때 마그네슘 봉에 부착된 수산화물질(염분)이나 칼슘분 등을 제거한다. 또 내부의 철심이 보일 정도면 교환하고 치탄전극은 백금도금이 벗겨지지 않도록 주의하면서 청소한다.

④ 부식방지 전류를 필요 이상 보내지 않도록 주의한다. 부식상태의 점검에 있어서는 특히 용접부분에 주의를 기울여야 한다. 온수 · 저수조 안에 증기 또는 온수코일이 있을 경우 성능 검사 시에 코일과 코일 지지점 및 세퍼레터를 점검하여 스케일, 녹물을 제거하고 코일 내부를 포함해서 깨끗이 손질한다.

(2) 부속품 점검과 보수

압력계의 눈금에는 최고 사용압력을 나타내는 위치에, 온도계의 눈금에는 항상 유지해야 할 온도의 위치에 보기 쉽도록 표시를 해준다. 압력계, 온도계는 보기 쉬운 위치에 있는지, 지도는 정확한지를 점검한다.

도피변은 온수조 안의 압력이 최고 사용압력의 6%를 초과했을 때 내부의 온수를 방출할 수 있도록 설정하고, 정상으로 작동·복원되었는지를 붙어 있는 테스트레버를 사용해서 점검한다.

온수탱크 I : 온도센서(좌), 온도계(우)

온수탱크 II : 온도센서(좌), 온도계(우)

스팀헤더(steam header)

열관리 히트펌프

(3) 온도유지

온수조 설비에서 가장 중요한 것은 적당한 온도를 유지하는 일이다. 심야의 전력을 이용하는 전기온수기에서는 85°C까지 높여서 사용하지만, 일반 온수

계통에서는 보통 55~60°C로 공급하도록 하며 항상 저수조 출구에서 이 온도가 유지되고 있는지를 확인하여 조정한다.

온수 전기보일러

3. 배수 · 위생설비관리

1) 배수설비 및 위생기구설비의 고장원인과 조치요령

<표 3-2> 배수설비 및 위생기구설비의 고장원인과 대책

고장상태	원 인	대 책
소변기 배수불량	① 껌, 담배꽁초, 휴지류에 의한 막힘 ② 소변 찌꺼기 부착에 의한 막힘 ③ 시스턴(cistern)의 흐름횟수 부족에 의한 막힘	① 수압 · 공기압 등으로 불어나거나 떼어낸 후 청소함 ② 약품의 유입 또는 분해 ③ 평상시 유수량을 증가시킴(분해청소)
양변기 배수불량	① 신문지 등 딱딱한 종이를 흘렸을 때 ② 한 번에 대량의 종이를 흘렸을 때 ③ 연필, 빗, 화장품병, 수첩 등을 흘렸을 때 ④ 유수부족에 의한 때	① 시간을 두고 종이를 연화시켜 청소용 철사, 수압, 공기압 등으로 뚫음 ② 규격화장지일 경우 시간이 가면 해결됨 ③ 양변기를 떼어내어 청소하고, 화변기일 경우 천장 속 배수관으로 조치 ④ 로탱크 내 볼탭봉을 조정, 수량을 많게 함
주방 배수불량	① 소독저, 나이프, 스푼 등 기물 유입 ② 야채류, 기타 음식물 찌꺼기 ③ 유지분의 부착, 잡물의 침적	① 배관수의 일부를 떼어내어 청소 ② 제거하는 약품 사용 ③ 유지 침적물의 제거
배수본관의 배수불량	① 고형물의 유입 ② 유지류와 세제거품 및 기타 혼합 부착에 의한 막힘	① 청소구를 열어 고형물 제거. 딱딱한 물건은 배관의 일부를 떼어냄 ② 청소구를 열어서 청소
옥상 배수불량	① 종이류, 담배꽁초 등으로 우수드레인관 막힘 ② 먼지 등의 집적에 의한 막힘 ③ 공사 중 배수관 내 이물질 투입	① 옥상바닥, 우수드레인 관별 청소 ② 옥상바닥, 우스드레인 관별 청소 ③ 강우량이 많을 때 배수상태 관찰

고장상태	원 인	대 책
양변기 조절 밸브 누수	① 조정밸브 너트조임 불량 ② 로탱크와 앵글밸브 사이 연결관 접속 불량	① 조임 ② 조여도 누수가 멎지 않을 경우 관을 떼어내어 수직상태가 되게 연결
로탱크 내 누수	① 계속 물 흐르는 소리가 남 · 볼탭 봉 조절불량으로 인하여 오버플로로 계속 물이 흐름 · 레버와 탱크 내 배수고무마개와 연결된 줄이 배수고무마개 밑으로 낌 ② 볼탭 작동 불량	① 볼탭 봉으로 조절하여 오버플로가 되지 않게 함 · 줄이 배수마개 밑으로 끼이지 않게 조절 ② 밸브시트 이물질 제거, 안될 경우 교체
세면기 누수	① 배수구, 금속구 트랩, 배수관 각 부의 접속 불량 ② 퐙업과 트랩 본체와의 연결봉 불량	① 배수구 · 금속구와 도기와의 조임을 고침 ② 접속너트부위 조임을 고침
배수불량	① 트랩의 막힘	① 슬라이드 이음부의 캡너트를 풀어 트랩을 떼어내어 부착 이물질을 제거하고 청소함 ② 트랩저부에 플러그가 있는 것은 그 플러그를 풀어 철사로 이물질을 제거함 ③ 세면기를 만수, 고무압축기를 넣어 흡인함으로써 배수
가끔 악취가 나는 경우	트랩의 수봉 파괴	모발 등의 이물질 제거
수전류 물이 멎지 않는 경우	① 고무패킹에 흠이 있음 ② 고무패킹의 노화 ③ 수전패킹과 본체 시트 간에 이물이 끼어 있음 ④ 핸들이 겉돎(핸들과 스핀들의 고정불량 또는 핸들의 균열)	① 패킹 교환 ② 패킹 교환 ③ 패킹을 떼어내서 잠시 방수한 후 이물질을 제거하여 패킹 교환 ④ 핸들, 밸브대를 교환하고 풀어진 고정나사를 조임
누수	① 패킹 누르개의 누설(급탕용은 열 때문에 노화되기 쉬움) ② 수전의 부착나사부 누설 ③ 수전엘보의 균열	① 패킹 교환 ② 수전을 다시 고쳐 끼움(부착부의 나사 조임 불확실) ③ 엘보의 교환
수전 부착부가 흔들거릴 경우	① 수전엘보의 벽내 고정불량	① 급수입상관 고정 및 수전엘보의 외주구멍을 밀실하게 메움

고장상태	원 인	대 책
물이 잘 나오지 않는 경우 (상태가 불량해짐)	① 포말장치(수전 끝에 있는 거름망)에 이물질이 끼어 막힘 ② 수도계량기 필터가 이물질로 막힘	① 분해하여 청소 ② 계량기 필터 청소
세면기용 · 입형수전 · 물이 조 밖으로 튀는 경우	① 수압이 너무 높아 도기에서 물이 튀어 의복을 적심	① 앵글밸브로 급수량을 조절, 앵글밸브의 패킹 누르개 부분의 누수는 그랜트너트(grant nut)를 조임

제 2 절 공기조화설비

1. 난방설비

1) 연탄보일러(boiler)

개별난방방식으로 보일러실에 설치된 연탄보일러를 열원으로 하여 가열된 온수를 난방공급관을 통하여 각실별 판넬코일에서 방열한 후 환관에 취부된 순환펌프에 의거한 보일러에 재순환되는 하향배관방식이다.

(1) 관리상 유의사항

① 겨울철 장기간 집을 비울 때 퇴수꼭지를 열어 배관 내 물을 배출하면 도관 내에 미량의 물이 낮은 곳으로 고여 배관이 동결 · 동파되는 수가 있으니 가급적 난방을 계속(연탄이 서서히 타도록)하는 편이 좋다.

② 가끔 보일러실 창문을 열어 환기시킨다.

③ 하절기 보일러를 사용하지 않을 때도 배관 내에 물을 채운 상태로 보관한다.

④ 가동 중에 연소통 하부 재처리를 소홀히 하지 않도록 조치하여 가스배기 불량현상이 없도록 한다.

⑤ 난방가동 전(夏節期, 休暇期)에 보일러 내부 및 연도, 굴뚝청소를 실시한다.

⑥ 장기간 가동중지 후 재가동할 때 전원연결 후 순환펌프 회전 여부를 반드시 확인한다.

⑦ 새 보일러실 내부 물청소 시 순환펌프 모터 내부로 물이 들어가지 않도록 보호조치 후 시행한다.

⑧ 사용전압과 펌프결선전압이 일치하는가를 확인한다.

⑨ 급탕탱크는 사용압력이 1kg/cm³ 이하로 설계되어 있으니 상수수압이 좋은 지구라도 직결로 공급하지 말고, 옥상물탱크를 이용하여 무리한 압력이 가해져 급수탱크누수, 안전변작동으로 인한 누수현상이 발생하지 않도록 조치한다.

(2) 고장상태

순환펌프 작동불량, 온도조절기(thermostat) 작동불량, 연소상태 불량, 난방불량 등

2) 유류보일러

개별난방식으로 호텔 내 보일러실에 설치된 소형의 경우, 연소 온수보일러로 가열된 난방공급수가 주방에 설치되어 있는 온수분배기(공급분배기)를 통하여 각 침실 및 방열기에서 방열한 후 다시 환수분배기에 보내져 환수관에 취부된 난방순환펌프로 보일러에 재순환되는 하향배관방식이다.

(1) 운전 시 주의사항

① 보일러 및 배관에 물이 차 있는지, 공기는 배출되어 있으니 정상운전에 지장 없게 각종 밸브는 열려 있는지 반드시 확인해야 한다.

② 순환펌프(녹색) 및 실내온도조절기(청색)의 결선에 이상이 없으면 실내온도조절기는 가동되어야 하며, 정지된 상태에서는 버너(burner)가 작동하지 않는다.

③ 오일필터 상부에 있는 공기변을 열어 기름이 나올 때 잠근다.

④ 전자펌프 위에 부착된 공기변을 열고 판넬에 있는 가동-정지 스위치를 올려주면 불이 켜지면서 버너의 fan이 가동된다.

⑤ 전자펌프가 작동되면 공기변으로 공기가 빠지고 기름이 빨려 들어와 공기밸브로 기름이 나올 때 급히 공기변 레버를 돌려 잠그면 연소가 시작된다.

⑥ 전자펌프가 5초 사이에 공기를 빼지 못하거나 레버를 잠그지 못하면 버너가 정지된다. 이때는 릴레이에 부착된 reset button을 눌러주면 재작동된다.

⑦ 노즐 및 오일필터가 막히면 오일의 분무 및 통과가 불가능하여 착화가 불가능해진다. 이때는 노즐 및 필터를 분해해서 깨끗한 오일로 세척해야 한다.

⑧ 화염검출기의 앞면 유리에 그을음이 묻으면 화염 감지작용 불량으로 버너가 정지되므로 정기적으로 유리를 닦아주어야 한다.

보일러(관료형)

증기보일러

3) 연료

연료란 공기의 존재하에서 용이하게 연소되고 연소열을 경제적으로 이용할 수 있는 물질을 말한다. 연료는 그 상태에 따라 고체연료, 액체연료, 기체연료로 나눈다.

◉ 보일러용 연료로서의 구비조건

① 구입이 어디서나 용이할 것
② 발열량이 크고, 연소가 용이할 것
③ 운반·저장·취급·사용이 편리할 것
④ 저장 또는 사용에 있어 무해할 것
⑤ 값이 쌀 것

(1) 고체연료

보일러용 고체연료는 대부분 석탄이고 기타 아탄·이탄·목재 등이 있고, 가공한 연료로 연탄·코크스·목탄이 있다.

◉ 고체연료 특징

[장점]
① 연료비가 싸고 연소설비도 간단하다.
② 저장·운반 시에 노천야적이 가능하다.
[단점]
① 운반·취급이 불편하고, 인건비가 많이 든다.
② 완전연소가 곤란하고, 연소조절도 어렵다.
③ 고온을 얻을 수 없고, 점화·소화가 곤란하다.

(2) 액체연료

액체연료로서 천연적으로 산출(産出)되는 것은 석유(石油, petroleum)이며, 유정(油井)에서 채굴(採掘)한 그대로의 것을 원유(原油, crude oil)라고 하며, 이를 증류하여 휘발유, 등유, 경유를 뽑아낸 나머지인 벙커시유와 여기서 다시 피치를 제거한 디젤 중유로 구별된다. 이 중 보일러 연료로 사용되는 것은 주로 벙커시유(bunker C oil)이다. 이 밖에 보일러 연료로 사용되는 것에는 타르(tar oil)가 있다. 이는 석탄 건류에 있어 부산물로 얻게 되며 그대로 사용될 때도 있으나, 대개 이를 증류하여 경유와 피치를 추출한 나머지의 타르로 사용한다.

◉ 액체연료의 특징(고체연료와 비교)

① 품질이 균일하고, 단위중량당 발열량이 높다.
② 연소효율도 좋고, 연소조절, 점화·소화가 용이하다.
③ 저장·운반 등이 편리하고 저장 중 변질이 적다.
④ 매연 및 화분이 적고 배합 등에 따라 유황분을 감소시킬 수 있다.
⑤ 계량기록이 용이하고, 일반적으로 발열량 가격이 싸다.

◉ 액체연료의 종류(보일러 사용연료) : 경유, 중유

(3) 기체연료

◉ 기체연료의 특징

[장점]

① 연소효율이 높고 적은 과잉공기로 완전연소되며 안전한 연소를 한다.
② 환열기를 이용하면 연료뿐만 아니라 연소용 공기도 예열되므로 낮은 발열량이라도 고온을 얻을 수 있고 전열효율이 높다.

③ 점화, 소화 및 연소의 조절이 간편하고 자동조절, 집중가열, 균일가열, 분위기 조절이 쉽다.

④ 회분이나 매연이 나오지 않아 청결하다.

[단점]

① 시설비가 소요되고 저장운반이 곤란하며 비싸다.

② 점화, 소화 시 특히 유출 시 가스폭발의 위험이 있다.

③ 비중이 커서 낮은 곳에 체류하여 폭발위험이 있고, 기화잠열이 커서 사용 중 동상을 입을 우려가 있다.

④ 완전연소에 대량의 공기가 필요하고 연소속도가 느리며 연소범위가 적어 특수한 연소기기를 사용해야 한다.

◉ **기체연료의 종류 : 석탄가스, 발생로가스, 고로가스, 수성가스, 천연가스, 도시가스, 액화석유가스**

도시가스 저장실

◉ **취급상의 주의**

① 전락, 전도 등의 충격 및 밸브의 손상을 방지할 예방조치를 강구한다.

② 저장 중에는 항상 40℃ 이하로 유지한다.

③ 보온할 때는 열습포 또는 40℃ 이하인 온탕을 사용한다.

④ 통풍이 잘되는 곳에 저장하고 주위 2m 이내에는 화기 및 인화성·발화성 물질을 방치하면 안된다.

⑤ 밸브를 서서히 개폐한다.

(4) 연료의 선택

① 가격

② 수송 및 저장

③ 연소장치 및 방식

④ 예열장치 유무

⑤ 연료의 연소성, 안정성 및 제품의 품질에 미치는 영향 등을 고려하여 정상을 검토한다.

2. 냉방설비

냉방설비는 냉동, 에어컨, 음식물 저장관리를 위한 시스템이다. 특히 완벽하게 일 년 내내 호텔시설 내부의 공기가 안락하게 유지되도록 하는 데 그 목적이 있다. 냉방시설 유지비용이 매년 증가하고 있는 상황이므로 에너지관리자들은 비용을 줄일 수 있도록 기술을 개발하고, 사용 중인 시스템을 최대한 활용하여 경영비용 절감에 최선의 노력을 기울여야 한다.

냉동기

1) 공기조화

호텔의 공기상태를 사람 또는 물품에 대하여 가장 적합한 상태로 유지하는 것으로, 공기의 온도와 상태, 공기의 신선도 및 공기 중에 포함되어 있는 물질의 종류와 청정도, 공기의 유동상태를 좋은 조건으로 유지하는 것이다. 공기조화의 실내조건으로 유효온도(effective temperature)가 사용되며, 유효온도는 인체가 느끼는 춥고 더움의 감각에 대한 온도·습도·기류의 영향으로 하나로 모아서 만든 쾌감의 지표이다.

① 상쾌함을 느끼는 범위

- 하 계 : 유효온도 20~25℃, 상대습도 60~70%

- 중간계 : 유효온도 16~21℃, 상대습도 50~60%
- 동 계 : 유효온도 17~22℃, 상대습도 60~65%

② 공조방식은 중앙식과 개별식으로 대별할 수 있다.

③ 송풍기 : 공기조화 및 환기용으로 사용되는 송풍기는 저속덕트에서는 100[mmAq] 이하의 것이 많고, 고속덕트에서는 300[mmAq] 이하가 보통이다.

④ 중앙식 공조방식은 중앙공기 조화기로부터 조정된 공기를 하나의 덕트를 통하여 각 실로 보내어 알맞은 온도, 습도를 유지하는 방식이다.

⑤ 개별식 룸 에어컨 : 개별식 룸 에어컨은 패키지방식으로 냉매를 사용한 직접 팽창형으로, 공조를 하기 위한 필요기기이다. 즉 냉동기, 냉각코일, 에어필터, 송풍기, 자동제어기기를 하나의 상자에 넣어둔 상태이다.

2) 냉동

① 냉동이란 일정한 공간이나 물체의 열을 인공적으로 제거하여 주위 온도보다 낮게 만드는 조작을 뜻한다.

② 일정한 공간이나 어떤 물체로부터 열을 흡수하여 다른 곳으로 열을 운반하는 물질을 냉매라 한다. 즉 냉동장치 안을 순환하면서 열을 운반하는 동작유체를 의미한다.

③ 냉동기의 4요소 : 냉동이란 냉매의 증발잠열(수증기의 융해잠열)을 이용하여 증발기 주위의 열을 빼앗는 작용이다. 냉매가스를 압축기로 압축하여 압력을 높인 다음 응축기에서 물이나 공기로 냉각시키면 응축되어 고압용기에서 보관된다. 압축기, 응

냉각수 펌프

축기, 팽창밸브, 증발기를 냉동기의 4요소라 한다.

④ 제빙장치는 고객 또는 호텔이 필요로 하는 얼음을 만드는 장치로 각빙 제조장치가 일반적으로 사용되고 있다.

⑤ 냉장실과 냉동실은 호텔의 사용목적에 따라 온도를 달리한다. 냉장실은 4등급으로 구분한다. C_3급 : 0℃, C_2급 : -6℃, C급 : -15℃, F급 : -25℃

3. 환기(ventilation)시설

환기설비란 자연 또는 기계적 수단에 의해 실내에 급기, 배기를 하여 재실자의 건강, 쾌적도 및 작업능률을 유지하고, 물품의 제조, 격납시설의 보전, 각종 동식물의 사육재배를 하기 위한 설비이다.

1) 환기의 종류

(1) 자연환기

자연의 풍향, 풍속 및 건물 내·외의 온도차에 의한 공기의 밀도차를 이용하는 환기이다.

(2) 기계환기

송풍기나 배풍기 등의 기계를 이용하여 실내공기를 바꾸어 주는 것이다.

① 제1종 환기 : 기계배기 + 기계급기

② 제2종 환기 : 기계급기 + 자연배기

③ 제3종 환기 : 기계배기 + 자연급기

환기량을 결정하는 데는 실(室)의 사용목적과 실내의 사용상황을 고려하여 환기에 필요한 인자, 즉 산소, 탄산가스, 일산화탄소, 담배연기 등을 기준으로 환기량을 결정한다.

2) 환기를 필요로 할 때

① 창밖의 외부기온이 높을 때
② 내부 혹은 외부 습도가 높을 때
③ 좁은 장소에 많은 군중이 모였을 때
④ 각종 집회 시

에어컨 실외기

3) 장소별로 요구되는 매시간 환기 소요시간

<표 3-3> 장소별로 요구되는 매시간 환기 소요시간

구분	최소시간	최대시간
· 당구장, 볼링장, 실내수영장	12분	60분
· 댄스홀	20분	60분
· 강당, 공연장, 회의실	15분	60분
· 차고, 화장실	12분	20분
· 주방, 세탁소	30분	60분
· 객실	12분	30분
· 식당, 사무실	8분	20분
· 일반창고	12분	60분

4. 자동제어(automatic control)설비

보일러실 및 중간기계실별로 장비의 가동, 정지, 온도, 압력, 습도의 상태를 기록하는 등 원격제어 및 감시를 하여 유지관리를 쉽게 할 수 있는 설비이다.

1) 작동방식에 따른 분류

① 전기식 : 온도, 습도, 압력조절기 등

② 전자식 : 온도, 습도조절기, 검출기, 원격조절기 등

③ 공기식 : 온도, 습도, 압력조절기, 댐퍼(공기조절기) 및 밸브조작기, 릴레이 등

2) 중앙감시반의 관제내용

<표 3-4> 중앙감시반의 관제내용

기 능	용 도	비 고
· 가동 · 정지	· 펌프제어 배기팬	
· 상태	· 장비의 상태표시	
· 경보	· 수위, 압력, 온도의 이상 유무 제보	
· 온도지시	· 1, 2차 측정 온수온도, 급탕온수온도	디지털 형식
· 기록	· 1차 측정 공급 및 환수온도, 외기온도, 습도, 보일러 입구온도	타점식
· 수위지시	· 벙커C유탱크, 경유탱크, 저수조의 수위지시	아날로그 형식

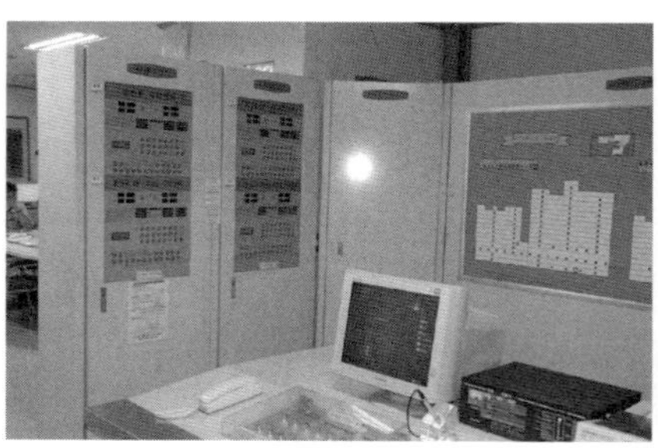

자탐설비 수신기 및 모니터실

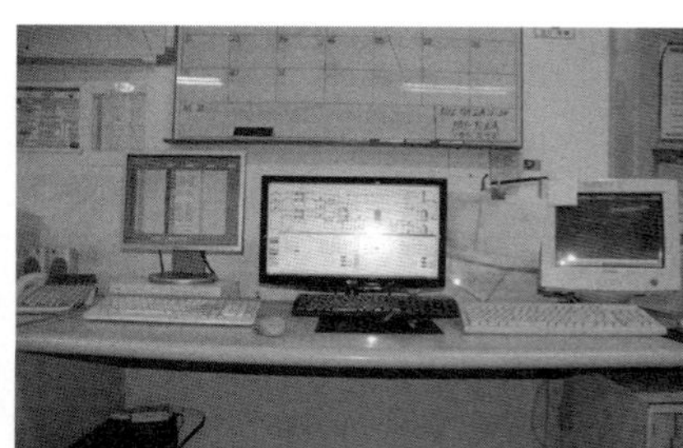

히트펌프, 자동제어, 객실관리 프로그램 통제

자탐설비 : GR형 수신기

제 3 절 전기설비

1. 전기설비(electric installation)의 관리

1) 배선설비의 점검 및 조치요령(연 2회 이상 점검)

① 한전의 공급전압을 측정하여 저전압이거나 과전압 시 한전 측에 시정요구를 한다.

② 부하(負荷)전류를 측정하여 과부하, 부하의 평행 여부를 조사하여 부서별로 적정량의 전기를 사용토록 한다.

③ 배선용 차단기를 반복적으로 작동시켜 이상 유무를 조사하고 불량품은 교체한다.

④ 누전차단기는 월 1회씩 시험버튼을 눌러서 이상 유무를 조사하고 불량품은 교체한다.

⑤ 전선과 배선용 차단기와의 접속이음상태를 점검하고 볼트를 조인다.

⑥ 분전반(分電班)에서 접속불량은 200V/100V 계통에서 100V 회로에 과

전압을 유발하므로 주의한다.

⑦ 접지선과 접지형 콘센트, 분전반, 집합계량기함, 주분전반 등과 접속이 완 여부를 조사하여 접속을 확실히 한다.

⑧ 옥외배선 접지상태가 유효접지 저항치(100Ω 이하)가 되는지 측정하여 100Ω 이상이면 원인을 조사하여 시정한다.

⑨ 콘센트 교체 시 200V용과 100V용을 구분하여 누전사고를 방지한다.

⑩ 전선 상호간, 전선과 대지 간, 전기기기와 대지 간의 절연은 전기설비를 관리하는 데 있어서 대단히 중요하므로 절연상태를 필히 측정하여 규정치 이상 여부를 조사하고, 규정치 이하이면 불량개소를 찾아서 절연을 보강토록 한다(絕緣 : 전류가 통하지 못하게 막음).

2) 조명설비의 유지 관리

호텔의 조명기구는 형광등・백열등과 각종 조명시설로 구성되어 있으며, 조명기구의 선택과 조명도에 따라 호텔 내부의 환경과 분위기를 좌우하며, 안정감을 조성하고 실내장식의 미화에도 크게 영향을 미친다. 그러므로 호텔 객실이나 내부시설에 있어서 영업장 특성에 적합한 조명시설을 갖추고 알맞은 촉광을 유지하는 것이 호텔 조명관리의 기본요소라 할 수 있다.

변전실 패널

변압기(고압 → 저압)

(1) 조명등 유지의 기본

① 조명설비의 유지 및 관리는 조명기구에 먼지가 묻지 않도록 하는 청소 횟수에 달려 있다.

② 머리 위 조명등 사이의 양쪽 방향에 있는 공간은 천장높이와 동일하거나 천장높이의 1½보다 크다.

③ 벽으로부터 조명등의 거리는 공간거리의 거의 반이다.

④ 조명설비 시 천장높이가 3.3m 이상일 때는 품위 있는 연결고리로 조명등을 걸어놓으면 객실장식이 훨씬 좋아 보인다.

⑤ 천장에서 가까이 걸린 조명기구나 조명설비는 높이 3.3m 이하의 객실에 서는 최대의 효과를 나타낸다.

<표 3-5> 호텔 조명도의 표준

(단위 : 1feet의 촉광, foot-candles)

구 분	촉 광
로비(lobby)	10
식당(dinning room)	5
주방(kitchen)	20
객실(guest room)	10
복도(corridors)	2
회의실(conference room)	10
플로어 데스크(floor desk)	20
프런트데스크(front desk)	20
엘리베이터(elevator)	10
화장실(toilet & wash room)	5
창고(storage)	5
자동차 차고(automobile garages)	2
일반사무실(writing rooms)	20
회계사무실(bookkeeping & accounting)	30

주 : E. Abraben, Consulting Architect.

(2) 조명기구의 점검과 조치요령

① **계단등(형광램프)**

Ⓐ 안전기에서 절연피치가 녹아 흘러내리는 경우 발열불량 여부와 과전압 여부를 점검 조치한다.

Ⓑ 스타트전구가 불량일 경우는 즉시 교체한다. 형광등은 1회 점멸이 2~3시간 점등에 해당하는 수명단축에 해당한다.

Ⓒ 묵화현상(墨花現狀)이 발생한 것은 교체한다.

Ⓓ 연 2회 청소한다.

② **옥외 보안등**

Ⓐ 점등불량의 경우 점검사항

- 저전압 여부
- 누전 여부
- 안전기와 램프 특성의 일치 여부

Ⓑ 1년에 2회씩 글로브(globe) 청소 시행

3) 정전 시 조치요령

호텔 전체가 정전되는 경우는 사전에 한전으로부터 통보가 있을 경우와 예고 없이 정전되는 경우가 있다.

(1) 예고 있는 정전의 경우

계획된 정전은 통상 한전에서 신문지상이나 매스컴에 공고하므로 항상 신문의 휴전공고란에 유의하여 정전구역에 속하는지 여부를 확인한다. 정전구역에 속하는 경우에는 사전에 각 부서에 연락하고 방송으로 정전일시, 정전기간 등을 통보하여 정전에 대비토록 한다.

(2) 예고 없는 정전의 경우

예고 없는 정전은 대개 한전 측 전력공급선로상의 돌발적인 고장에 기인한 경우가 대부분이므로 즉시 해당 한전지점이나 영업소에 연락하여 정전사실을 통보하고 정전사유, 송전 예정시간을 알아서 고객에게 방송으로 통보하고 정전에 대비토록 한다.

발전기

발전기 가동 패널

2. TV 공청설비의 관리

1) 점검 및 보수요령

① 바람에 안테나(antenna)의 수신방향이 돌아가지 않았는지 확인

➡ 안테나 수신방향 교정

② 바람 등으로 전송신(동축케이블)이 크게 흔들리지 않는지 확인

➡ 화면의 흔들림, 전송선이 처지지 않도록 팽팽하게 고정시켜 준다.

③ 접속부분이 느슨하거나 녹슬지 않았는지 확인

➡ 수신압력 전파의 감도 측정, 녹 제거, 느슨한 부분 견고하게 조임

④ 전송선로 및 증폭기의 전원이 끊어지지 않았는지 확인

➡ 화면이 나오지 않거나 극히 불량

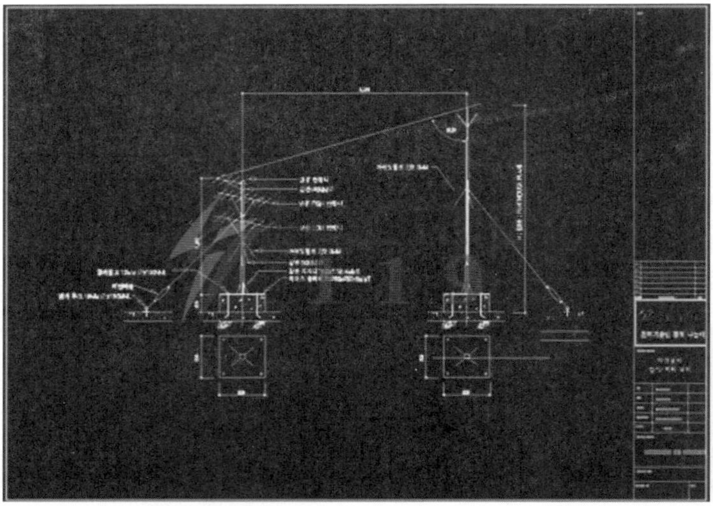

TV 안테나 및 피뢰침 설치 상세도

2) CA(cable)TV방송(유선방송인 경우)

① 가공전송선(cable)의 부식, 단선, 피복손상 유무를 점검한다.

② 전송선의 처짐, 흔들림은 없는지 확인한다.

③ 전송선의 중간에서 무단으로 분기된 곳은 없는지 확인한다.

④ AGC함(converter)의 녹 생김, 손상, 침수, 기능저하 등을 점검한다.

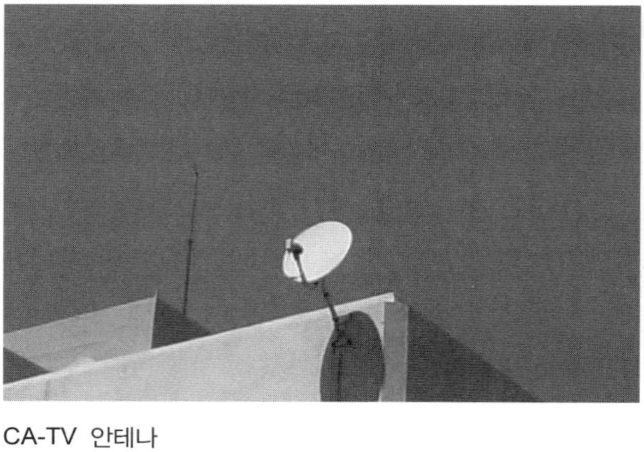

CA-TV 안테나

3. 방화설비(fire protection)의 관리

1) 자동화재 탐지시설의 점검 및 관리

① 항상 가동상태로 놓는다.

② 회로도통시험을 하여 회로의 단선 여부를 확인조치한다.

③ 비상전원에 의한 작동 여부를 확인하고 충전기 및 배터리 고장이 있으면 조치한다.

④ 작동시험으로 벨의 작동 여부를 확인조치한다.

⑤ 회로의 절연저항을 1년에 1회 250V급 메가로 측정하여 0.1MΩ 이상인지 확인하고, 규정치 이하이면 절연불량개소를 조사조치한다.

⑥ 감지기가 오작동되면 즉시 교체한다.

⑦ 정온식, 차동식 감지기는 알코올램프를 대고 경보가 울리는지 확인조치한다.

⑧ 연기감지기는 담뱃불을 이용하여 경보기가 울리는지 확인조치하고 감지기 내부를 연 1회 청소한다.

[감지기의 종류]

정온식 스포트형 감지기

차동식 스포트형 감지기

연기감지기

제4절 에너지관리

1. 에너지관리의 의의

에너지 가격이 500~800배 급상승한 오일쇼크 이후 세계 각국은 에너지자원 확보와 에너지 소비절약에 대한 시스템 개발이 경제분야에 있어서 가장 큰 문제로 제기되고 있다. 에너지의 효율적인 사용과 관리는 에너지문제가 경제문제의 큰 과제로 제기됨에 따라 에너지를 많이 사용하고 있는 호텔산업에 있어서 절대적 필요비용인 에너지 원가를 안정시키기 위하여 에너지를 시스템적으로 통제하는 것은 호텔경영에 있어서 중요한 의미를 갖는다.

전 세계 거래량의 대부분을 차지하는 중동 원유 생산국가들의 정치적 불안은 세계적인 유류의 불확실성시대를 만들면서 유류가의 인상 및 불안을 야기시키고 있다. 이러한 맥락에서 호텔경영자들은 호텔경영의 안정성과 수익성을 고려하여 에너지의 통제, 관리 및 시스템 개혁을 통하여 에너지 자원과 에너지 소비를 실천하여야 할 것이다.

호텔경영에 있어서 에너지 관련부서는 전기실・보일러실・냉동실・에너지시스템 관리실과 같은 시설부서에 속한 업무이다. 호텔의 경영층과 에너지관리위원 해당자들이 에너지 자원과 에너지 소비에 대한 관리 및 통제에 대한 기술적인 지식과 관심의 결여로 에너지관리에 대해 실효성을 거두지 못하고 있다. 오늘날 호텔기업에 있어서 에너지의 관리는 경영상 중요한 업무이며, 경영목표 달성을 위하여 반드시 실행해야 할 부분이다.

호텔경영에 있어서 에너지 소비를 줄이기 위해서는 호텔의 전 사원이 에너지 절약의 필요성을 인식하고 자발적으로 에너지관리위원회를 구성하여 에너지관리시스템을 개발・구축하여 실행함으로써 객관적인 에너지 실행효과가 가시화되어야 한다.

우리나라 A호텔의 에너지 비용(전기료, 연료비, 수도광열비)과 미국의 에너지 비용을 비교했을 때 전기료는 미국이 63%, A호텔이 63.1%를 나타냈으며, 연료비의 경우 미국이 23%인 반면 A호텔은 30.1%를 나타냄으로써 연료비가 매우 높게 나타나고 있다. 에너지를 관리하기 위하여 시설부서 직원들이 영업부서 또는 일반 관리부서 직원들의 행동을 통제할 수는 없으나, 에너지관리위원회의 구성과 에너지 관련 상벌시스템의 적용으로 실질적인 에너지 관리·통제가 가능하다.

그러므로 최고경영자, 지배인 및 에너지관리위원회에서는 에너지관리에 대한 구체적인 계획과 업무집행계획서를 세우고 실행해야 한다.

에너지관리는 현재는 물론 미래의 호텔경영에 있어서 가장 중요한 기능 중의 하나라는 데 의견을 같이하고 있다.

2. 미국의 에너지관리제도

1970년대 이전에는 휘발유값이 1갤런(gallon)당 25센트, 연료용은 1갤런당 20센트 이하로 연료비가 저렴해서 전기원가가 1kW당 1~3센트 이하로 에너지 비용이 환대산업(숙박업) 매출의 1% 미만이었으며, 물가상승률과 같은 수준으로 에너지 비용이 상승되었으므로 호텔산업의 중요 비용항목이 아니었다. 그런 가운데서도 에너지를 사용하는 전기기기의 발달로 에너지 사용량은 떨어지게 되었다. 그러나 1970년대 오일쇼크를 겪으면서 10년 동안 에너지 원가가 500~800% 이상 인상되면서 에너지 확보가 중요한 문제로 제기되고, 숙박산업에서도 원가를 줄이기 위해 에너지 컨트롤시스템을 추구하게 되었다.

1990년대에 들어서면서 불완전한 에너지 공급과 가격 때문에 호텔업 경영자는 에너지 보호를 위한 에너지관리 프로그램을 창안해야 하는 입장에 서게 되었다. 숙박산업에 있어서 적절한 에너지관리(에너지 확보 및 배치)는 장비의 효율화와 시스템화를 촉진하였다.

에너지 자원의 비축, 소비에 대한 조사결과 전 세계 에너지 자원의 1/3을 미국이 소비하고 있다. 에너지 자원으로는 석유 외에 석탄, 핵연료, 태양열, 폐기물에너지를 사용하고 있으며, 미국의 에너지관리 목표는 1970년대 초 에너지 위기 이후 중장기 자원 확보를 위하여 자원을 계속 개발하고 있다. 2020년 후까지의 에너지 자원으로는 현재의 천연가스, 석유, 지열, 오일암, 석탄, 우라늄, 태양열 등에서 융합열까지를 활용할 계획이다. 비핵연료로는 화석에너지 자원으로 석유, 석유암, 종합적인 석탄오일, 가스(천연가스, 액화천연가스(LNG), 액화석유가스(LPG), 종합천연가스(SNG), 연탄이 있고, 핵 또는 태양열에너지로는 분열에너지(우라늄), 융합에너지(수소), 태양열에너지 등이 있으며, 기타 에너지로는 수력전기시스템, 조수에너지, 풍력에너지, 태양열의 변화에너지 등이 있다. 2차 에너지 원천으로는 지열에너지, 2차연료로 수소, 폐기물자원, 경수로에너지, 도시열에너지 등을 들 수 있다.

1) 호텔산업체의 에너지관리위원회

에너지관리는 한 사람 또는 한 부서의 노력으로 되는 것이 아니고, 조직의 모든 사람들이 참여하여 부서에서 추천된 자로 하여금 위원회를 구성하여 에너지프로그램을 계획 · 실행 · 확인함으로써 실행되며, 총지배인(최고경영자)은 오너만큼 에너지관리에 대한 철학이 있어야 프로그램을 완성할 수 있다.

첫째, 에너지관리를 위해 조직과 고객의 불편을 최소화하고, 직원의 급료는 공정을 기한다.

둘째, 운영상 장소별 환경 · 온도를 재조정한다.

셋째, 조직과 시설의 변화를 위한 소유주의 추가투자가 필요하다면, 산업체 에너지위원회는 부문별 · 서비스지역별 기초계획과 실행계획서를 준비하고, 에너지관리 프로그램 적용 전 프로그램에 대해 종사원들에게 제안의 기회를 준다.

2) 에너지관리 프로그램

첫 단계, 에너지관리위원회는 모든 프로그램의 목적을 달성하기 위하여 종사원이 프로그램 적용방법에 대해 토의하고 제안된 내용을 검토·재검토함으로써 결과적으로 프로그램 활용불편을 최소화할 수 있다. 에너지 소비 장소는 프로그램 적용과 동시에 관리 및 계획되어야 측정 및 점검이 계속될 수 있다. 종사원들은 위원회의 노력을 항상 상기하여야 하고, 개별적인 노력을 기울이지 않고는 에너지 소비가 줄어들지 않는다. 전기에너지 프로그램은 물의 보호, 히팅, 에어컨디셔너, 환기, 냉동, 주방설비 등에서 개별적으로 적용될 수 있다.

Holiday Inn 호텔그룹에서 개발한 에너지관리 프로그램과 같이 호텔에서의 에너지 소비를 7가지 변수인 투숙객실 수, 아침·점심·저녁·연회장 이용인원, 난방일수 및 쿨링시간이 관련되는데, 특히 히팅과 쿨링에 에너지가 많이 소비되므로 빌딩온도를 재조정토록 함으로써 호텔에너지 10% 소비절감을 이루었다(객실 및 복도온도 재조정, 에어필터의 청소, 화장실용 물 온도의 조정, 수영장·온천물의 온도조정).

에너지 감독자는 에너지관리위원회에서 지명 또는 담당자로 결정되어야 프로그램 진행과정 확인 및 종업원에게 지속적인 주의환기(상벌프로그램의 실행)를 시킬 수 있다. 즉 에너지관리 프로그램은 상징적인 종사원 재교육프로그램이다.

둘째 단계, 프로그램의 목적을 종사원에게 재강조하는 단계이다.

셋째 단계, 빌딩시스템의 변경 및 불편한 점 노출단계(장비에 대한 새로운 투자, 구조의 변경, 서비스 기술의 변화)는 프로그램 변화에 따라 항상 종사원 교육과 연계되어야 한다(아이스 머신의 위치변경, 고객 객실용 더운물 온도의 변경, 발코니문의 상태에 따른 객실 에어컨디셔너 온도 자동화).

에너지관리 프로그램은 속행만이 중요한 것이 아니고 결과가 중요한 것이다. 에너지 소비가 최소화되는 것이 미래의 자원을 절약하는 것이므로 적극적인 관리 태도가 프로그램 성공의 열쇠라고 할 수 있다.

A. 프로그램 1단계

1. 에너지관리위원회의 설립
2. 위원회에서 근본적이고 전반적인 목적을 수립
3. 에너지 절약을 위한 방안 강구
4. 종사원에게 피드백과 제안제도
5. 1단계의 적용
6. 1단계의 실행과 동시에 에너지 절약 프로그램 실시
7. 결과측정
8. 종사원에게 결과 피드백
9. 에너지관리자의 프로그램 강화를 위한 지적
10. 필요한 경우 종사원에 대한 상벌프로그램 실시

B. 프로그램 2단계

1. 종사원에게 프로그램의 목적과 행동계획 안내
2. 종사원의 피드백과 제안제도
3. 2단계의 적용
4. 2단계의 실행과 부서별 동시실행
5. 결과측정
6. 종사원에게 결과 피드백
7. 에너지관리자의 프로그램 강화를 위한 지적
8. 필요한 경우 종사원에게 상벌시스템 실시

C. 프로그램의 3단계

1. 종사원에게 프로그램의 목적과 행동계획 안내
2. 종사원의 피드백과 제안제도
3. 3단계의 적용
4. 3단계의 실행과 동시실행
5. 결과측정
6. 종사원에게 결과 피드백
7. 에너지관리자의 프로그램 강화를 위한 지적
8. 필요한 경우 종사원에게 상벌시스템 실시

※ 호텔의 에너지절약위원회 구성

1. 객실지배인
2. 식음료지배인
3. 판촉지배인
4. 경리부장
5. 시설부장
6. 총지배인(최고경영자)이 지명한 자

3) 에너지 절감목표

호텔 에너지관리위원회의 가장 중요한 일 중 하나가 에너지 절감목표의 개발이다. 에너지 절감이 가능하지 않다면 미래에는 에너지 원가가 상승될 양상이므로 경비를 절약할 수 있는 에너지 비용은 현재의 수준으로 고정되어 버린다. 에너지 절감목표는 호텔의 각 부문에서 실질적이고 현실적인 근거에 의하여 수립되고, 한 부서에서의 가능성은 전 부서로 확장될 수 있으며 10~30% 절감효과를 볼 수 있다.

에너지관리 목표는 고객 · 종사자 · 가족입장에서 진지하게 다루어져야 하고, 절약외형이 수치적으로 나타날 때 호텔 측에서는 관심을 갖게 된다. 저녁 10시부터 아침 6시까지 소등관계는 고객들의 불편함을 최소화하는 범위에서 양적 · 질적 서비스를 함으로써 많은 에너지를 절약할 수 있다.

① **에너지 비율 절감목표** : 시스템상 효과와 에너지 필요량의 최소화에는 한계가 있으나 한계 에너지의 소비목표를 수립한다.

② **에너지 판매비율 절감목표** : 상품판매가격의 인상은 에너지소비가 증가할 경우의 대표적 절감방법이지만 사전에 많은 토론이 필요하다.

③ **에너지 대 고객목표 방법**

④ **고정에너지 및 변동에너지 목표** : 고객매출에 대한 에너지 소비방법

⑤ **에너지 대 업장크기에 따른 목표설정법**

◉ 에너지 절감목표에 대한 다중회귀분석

Redlin은 호텔에너지 소비에 대한 다중회귀분석기술 적용에 대한 두 가지 연구에서 투숙객실 수, 난방일수, 쿨링시간, 사람 수가 호텔 에너지소비에 관련이 있다고 결론을 내렸다. 다중회귀분석 결과 실재에너지와 한계에너지 소비가 일 년 중 월별로 달랐으며, 투숙객실 수, 아침 · 점심 · 저녁 · 연회장 이용객 수, 난방필요일수, 쿨링시간이 변수로 작용한다. 다중회귀분석은 오늘날 호텔의 에너지 분석에 있어서 많이 사용되는 방법이다.

◉ 에너지관리시스템 구매 시 중요 고려요소

① 과장된 에너지 절감시스템에 주의한다.

② 시스템 유지는 1~2년 내에 적합하고 점차적으로 효과는 떨어지므로 꾸준한 유지 · 수리 · 점검이 필요하다.

③ 담당자 교육 : 작동 · 유지 · 보수관리에 대한 교육을 실시한다.

④ 기타 : 필요한 경우만 새로운 시스템을 구입한다.

◉ **에너지관리 통제시스템**(energy management controls systems)

에너지관리 통제시스템에는 타임클록(time clock), 부하 사이클링(load cycling), 전기수요조절(electric demand), 컴퓨터 통제(computer control)의 4가지가 있다.

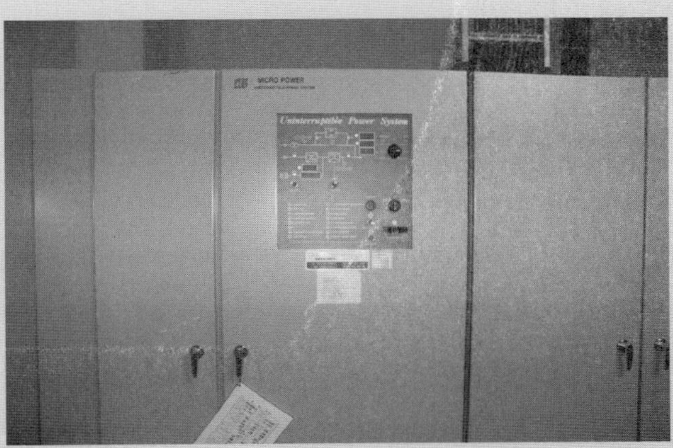

UPS(Uninterruptible Power System, 주요시설장비 전기공급)

- time clock systems : 타임클록 시스템은 사전에 정해지거나 프로그램화된 시간에 on-off장치를 만들고, 적용될 때 빛이 밖으로 나오도록 하는 것이다(light sensors).
- load cycling systems : 전자기기장치의 시간을 설정하여 한계적으로 적용하는 시스템. 즉 온수기, 식당 에어컨디셔너, 복합건물과 부분별 장소활용에 이용된다.
- electric demand systems : 전기기기의 동시 사용 시 통제시스템으로서의 중요기능이 가동되는 시스템이다.

  예) 중앙집중식 에어컨디셔너 시스템 : 건물 내에 온도별로 다양하게 표시(signal) 되는 시스템
- computer control systems : 컴퓨터 통제시스템은 부하 사이클링, 수요통제 등을 자동으로 통제토록 하여 에너지 소비를 절감하는 시스템이다. 시스템 비용은 비싸며, 화재와 안전관리 하부시스템도 추가되고 있다.

  이러한 종합시스템은 건물 내 전자기기장치의 시간별·상황별·장소별 유지관리에 따른 온도조절 온수관리, 쿨링 서비스 시스템이 동시에 실시된다(객실, 연회장, 수영장, 온천, 쿨링타워, 주방 등).

3. 우리나라 E회사의 에너지관리시스템

1) 시스템 개요 및 구성

(1) 시스템 개요

호텔관리시스템은 최신의 기술을 이용한 통합시스템으로 구성된다. 이 통합 호텔관리시스템은 정보화사회의 핵심으로서 OA화에 따른 빌딩 내 지원시설인 기간설비(infrastructure)로서의 일익을 담당하게 될 것이다.

이 시스템은 호텔 전체에 걸쳐 설치되므로 고장 시 파급효과가 직접적이기 때문에 안전성을 제일로 하고, 신뢰성이 뒷받침될 수 있도록 한다. 이러한 관점에 의해 공조 · 열원 · 급탕 · 위생 제어시스템과 전력 감시시스템으로 구성되어 있다.

(2) 시스템 구성

① 시스템의 통합관리

- 필요한 기능은 통합
- 불필요한 기능은 통합에서 제외
- 최대한 경제적인 관점에서 통합

② 시스템의 분산처리

- stand alone 개념
- 자체의 프로그램 및 알고리즘으로 독자적 기능 수행

③ 시스템의 독립성 확보

- 상호 시스템 통합에 의한 제약 극소화

④ 에너지 절약 소프트웨어의 적극 도입

- 분산형 DDC에 에너지 절약 소프트웨어 내장

- 전체적인 에너지 절약시스템만 중앙감시실에서 수행

⑤ **인력절감의 극대화**

- 손쉬운 운용방식의 채택(graphic방식)
- one window(windows 방식) 확립

→ 하나의 운용체계 → 하나의 관리체계

→ 하나의 연동체계 → 하나의 보고체계

2) 시스템통합 구성 및 개념

(1) 시스템통합 구성

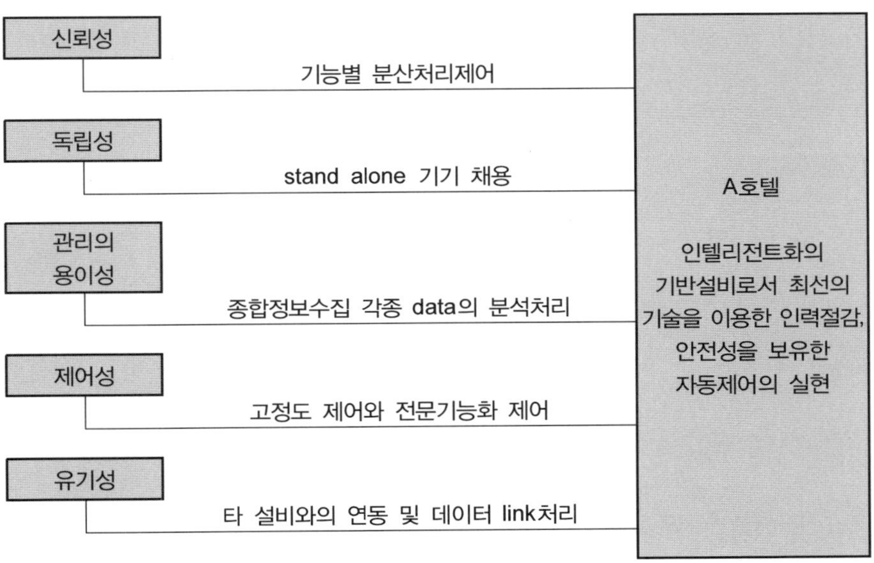

① **신뢰성**

빌딩의 기반설비 중 하나인 자동제어의 고장은 심각한 영향을 초래하기 때문에 기능별로 분산처리장치를 두어 기능을 최대한 분산하여 만약의 경우에 대비하고 피해를 최소화할 수 있도록 한다.

② **독립성**

향후의 추가나 유지보수에 용이하게 대처할 수 있도록 하고, 통신선의 단락이나 repair 시에도 타 장치에 영향을 주지 않는 stand-alone기능을 갖추도록 하여, 중앙에서 이에 대한 복구상황을 감시하도록 한다.

③ **관리의 용이성**

각 설비의 현장 데이터를 네트워크와 데이터베이스 기능을 가지고, 수집 · 분석하여 효과적인 시설관리기능을 갖도록 한다.

④ **제어성**

고도의 장비들이 있는 IB빌딩에서는 각 기능이 맞는 고정도의 제어를 해야 함은 물론 특성에 따른 전문기능화를 추구해야 하므로 이에 따른 제어성을 고려한다.

⑤ **유기성**

각각의 독립된 설비(공조, 전력 등)로서 운용하면 많은 인력과 에너지 낭비가 예상되므로 상호연관성 있는 연동과 데이터 link를 도모한다.

(2) 시스템통합 구성 개념

① **시스템통합**

BA기능(공조, 전력 등)을 수용함에 있어 안정성과 법적 규제성에 제약을 받지 않는 부문은 통합을 통해 부가적인 기능과 더불어 기능의 신뢰도를 높인다. 시스템통합에 있어서는 hardware적 통합이 아닌 software적 통합을 지향하여 경제적 이점을 도모한다. 시스템통합은 바로 이와 같은

software적 통합을 이룸으로써 모든 데이터의 연동이 일관적인 체계하에 자유로운 기능구현이 가능한 것이다. 시스템통합 대상으로는 공조·열원·위생·급탕시스템, 전력시스템, 에너지관리시스템 등이 반영되었다.

② **one window 실현**

공조, 전력을 운용 감시하는 software는 동일하게 구성하여 동일 database하에서 동일한 자료처리를 이루고, 한 명의 운전자가 전 시스템을 운용할 수 있도록 한다. 그래픽에 의해 운용되도록 함으로써 손쉽고 간단한 방법을 제공한다.

③ **최적에너지 절약기능 실현**

각종 에너지 절약 소프트웨어 기능이 DDC 내에 분산화함으로써 최적 운용할 수 있도록 하고, power demand control 같은 종합적인 기능은 CPU 내에 위치하도록 하여 에너지 절약을 극대화한다.

④ **시스템 확장성 보유**

향후 설비의 변경이나 증축 등에 대비하여 운용 면(software)이나 설치(hardware)에서 충분히 대응할 수 있도록 한다.

⑤ **시스템의 안정성과 경제성에 의한 통합**

시스템통합에 있어 안정성에 영향을 미치는 것은 가능한 한 최소한의 통합을 하였다. 즉 특별한 연동이 필요 없는 것은 연동대상에서 제외하였고, 간단한 hardwiring에 의해 그 기능 구현이 가능한 것은 개별배선에 의해 처리한다. 불필요한 통합은 상호간에 구속현상이 발생할 수 있고, 한 시스템의 유지보수나 고장수리 시에 타 시스템에 영향을 줄 수 있기 때문이다. 또한 경제성에 비추어 보아 특별히 소프트웨어를 개발해야 하는 것 중 그 효과가 적을 경우에는 이에 대한 대안의 방법이 제시되어야 한다.

3) 시스템 사용계획

(1) 시스템 기능분담

① BA-network

전체 시스템관리 및 각종 데이터베이스를 구축하며 상호 연동을 위한 데이터 링크기능 및 각종 통신 BUS(RS-485, RS-422, RS-232) 간 접속을 허용한다.

② CPU-1 → 중앙감시실 내

공조・열원・위생・급탕의 감시제어와 데이터관리를 행한다. 또한 본 CPU 내에는 DPBX와의 통신을 위한 interface board가 내장된다. 필요 시 CPU-2의 back-up기능을 수용하도록 한다.

③ CPU-2 → 중앙감시실 내

전력의 감시제어와 데이터 관리를 행한다. 필요 시 CPU-1의 back-up기능을 수용하도록 한다.

④ 프린터

프린터 1 : 경보전용(설비)
프린터 2 : 로깅용(설비)
프린터 3 : 경보전용(전력)
프린터 4 : 로깅용(전력)

(2) 시스템통합 기능

A호텔		building automation system 사용기능		
		BA-통합	공조, 열원, 위생	전 력
구성 concept	쾌적성		· FCU에 의한 개별 온도조절 · 쾌적범위 내에서의 습도조절	
	안전성	· 방재, 방법 연동 · BAS 전용 UPS	· DDC의 분산화 (stand-alone) · UPS 공급	· 전용 통신 line 구성 · UPS 공급
	효율성	· 광역에너지관리(공조, 조명, 전력, 열원) · 각종 시설관리운용 소프트웨어 적용	· DDC 내 각종 에너지 관리소프트웨어 내장	· BAS CPU에서 전력 제어기능 수용 · 에너지 절약기능 수행 (역률개선 등)
	편리성	· 보고서 작성을 위한 각종 tool 제공 · 그래픽 운용 · 일관된 운용형태	· 센서를 통한 시스템 access	
	신뢰성	· UL 846 규격 · 계층별 분산구조	· DDC 고장 시 통신에 장해가 없음. 통신 복구 시 자동등록	· DDC 고장 시 통신에 장해가 없음. 통신복구 시 자동등록
	유연성	· 확장, 추가, 변경이 용이(하드웨어 및 소프트웨어)	· universal input/output 구성(추가 모듈 불필요) · DDC 간 상호 데이터 공유	

(3) A호텔 통합 BA구성도

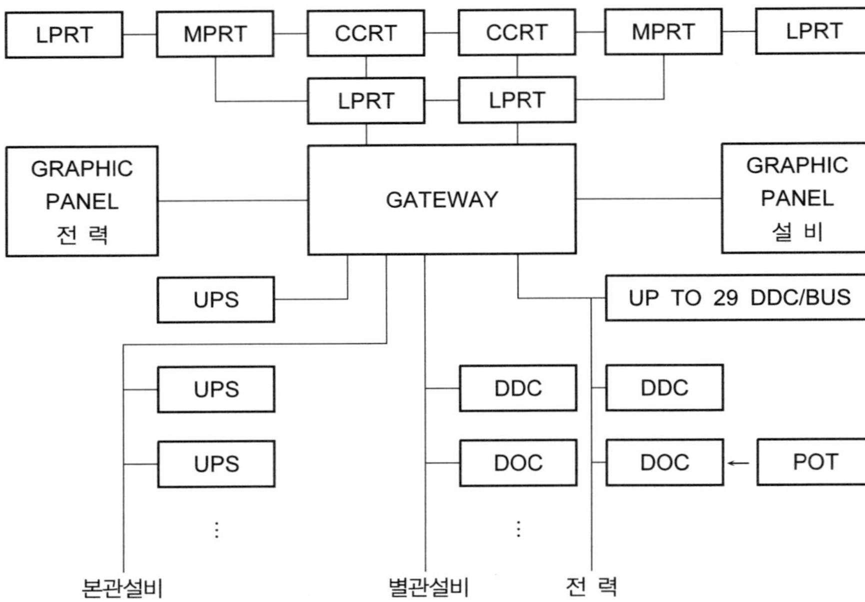

◉ 범례

CCRT: Color Graphic CRT Terminal

MPRT: Message Printer

LPRT: Logging Printer

CPU: Central Processor Unit

GATEWAY: Host Central Processing Unit(분산처리장치)

UPS: Uninterrupted Power Supply(무정전전원장치)

DDC: Direct Digital Controller(직접 디지털 제어기)

POT: Portable Operator Terminal

(4) 타 시스템 간의 구성방안

① 구성방안

Ⓐ BA-network ⇔ DDC(공조/전력/조명용 controller): RS 485

Ⓑ BA-network ⇔ CPU: RS232

② 구성도

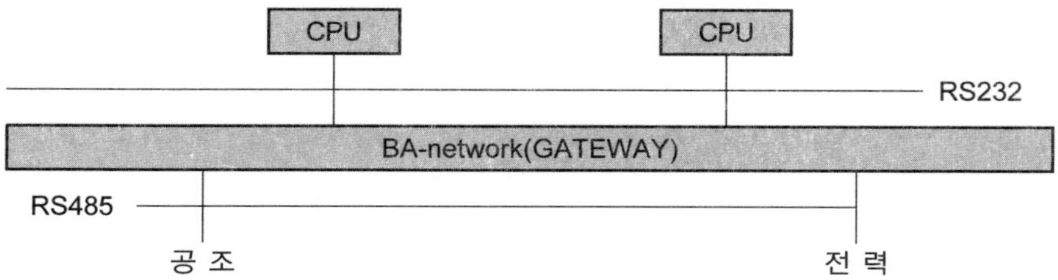

4) 시스템 기능

(1) 시스템별 기능

A호텔 통합관제시스템은 인텔리전트 빌딩 내의 빌딩설비들을 효율적으로 통합관리하는 facility management 시스템으로서 종래에 개별적으로 관리·운영되어 오던 공조, 전력 및 기타 설비들을 하나의 운영체제로 통일하여 멀티태스킹 OS의 지원하에 강력한 그래픽 사용자 인터페이스(graphic operator interface)를 제공함으로써 가시적이고 손쉬운 빌딩설비의 운전은 물론 효율적인 빌딩관리체계를 지원하도록 한다.

이 통합감시반은 관리레벨의 프로세서인 32Bit 486 PC와 building automation network에 의해 구성된다.

PC는 운전원의 시스템 인터페이스를 위하여 고해상도의 컬러 CRT와 키보드 및 마우스를 기본적으로 제공하며, 시스템 소프트웨어와 시스템으로부터의 데이터를 수집·저장하기 위해 대용량의 하드디스크장치를 제공한다.

BA-network는 시스템 레벨 각각의 컨트롤러들을 접속하기 위하여 RS-485 및 RS-422 인터페이스 채널과 추가의 remote 터미널이나 printer, 모뎀 등을 접속하기 위한 RS-232C 채널을 준비한다. DDC BA-network 결합은 data link 층 및 시스템, 즉 공조·전력시스템 상호간의 연동체제를 구축할 수 있도록 한다.

이것은 BA-network의 글로벌 프로그램에 따라 이루어지며 공조, 전력의 연동 등에 따른 종합제어를 수행함으로써 시스템의 신뢰성, 안전성에 관한 효율을 극대화할 수 있다. 제어장치시스템의 전체기능은 전기 및 공조·위생에 대한 감시·표시·조작·제어·기록기능이 동시에 가능하다.

(2) BA-network기능

구조가 다른 통신 network를 연결하고, 데이터 링크를 제공하고 기본적으로 컨트롤러와 오퍼레이터 인터페이스를 위해 제공한다.

① 주요역할

- operator interface
- multiport bus interface기능 수용
- PC 부담의 최소화(communication & alarm processing)
- 공조, 전력 등의 데이터 결합
- global communication director

② 기능

- 서로 다른 버스와의 데이터 공유(소프트웨어적인 통합을 실현)
- exception(holiday) 스케줄 프로그래밍
- run-time limit 초과 시 경보표시
- 기동/정지, 경보, 상태변화에 따른 TEP(time/event program)의 작동
- 논리적인 그룹 형성
- 경보/trouble 예고
- point data 표시/지령
- on-line 유지보수 및 자기진단
- 운용자 호출 security기능

- 메뉴절차를 거치지 않고 직접 해당 관제점 호출

③ **수용버스**

- RS 232C(주변기기들)
- RS 485(peer communication bus)

④ **network 제어기능**

- 종합적인 EMS기능 수행(energy management software)
- 종합적인 control기능 수행
- PC의 고기능화 가능(유지보수관리 및 에너지관리 등)
- 데이터의 효과적 이용가능(database 구축)
- 기능별 backup체제(PC, PRT)

⑤ **BA-network에 의한 고도 PC기능**

- 시스템 보안기능
- 고기능 컬러그래픽 운용
- 커브/바 차트 운용
- 이력데이터의 저장
- 기기들에 대한 유지보수 관리프로그램 운용
- 에너지 관련프로그램 운용

⑥ **BA-network의 O.S(operation system) 특성**

- real time
- multi tasking
- priority driven

⑦ 감시반 운영기능

- 그래픽에 의한 운용감시 제어
  - 마우스 및 키보드에 의한 운용
  - 아이콘 및 다이얼로그 방식에 의한 편리성 제공
- 시스템 보안기능
  - 운전원 ID와 비밀번호 입력에 의한 시스템 사용
  - 운전등급에 맞는 데이터 감시제어
  - ID 및 비밀번호 숫자는 최소 8자 이상
- 시스템 상태 요약표시
  - 특정 관제점의 상태값을 상시화면에 표시(2개 관제점)
  - 우편메시지의 존재 여부
  - 총 시스템 기기들의 수
  - 고장기기들의 수
  - 무응답 기기들의 수
- 그래픽별 관제점 할당
  - 드롭다운방식의 그래픽 사용
  - 운전원별 그래픽 운용 제한
- 그래픽 화면 선택
  - 겹침이나 분할화면 운용 가능
- 등급별 그래픽 호출 및 명령기능
  - 운전원 등급별로 호출할 수 있는 그래픽과 명령 가능한 내용 제한
  - 명령등급

  ⓐ 경보인지 : 경보에 대한 인지조치를 할 수 있는 등급

  ⓑ 명령 : 원격 명령 및 기록, 사용자 프로그램 실행등급

  ⓒ 예약 : 특정시간에 대한 가동 예약등급

  ⓓ 시스템 종료 : 시스템 운용을 종료하고 DOS를 사용할 수 있는 등급

  ⓔ 변경 : 각종 변경에 대한 허가등급

  ⓕ 설정 : 비밀번호, 운전원 추가지정, 데이터베이스 설정 변경등급

- 도움말 기능
  - 하이퍼 텍스트에 의한 도움설명
  - 원하는 화면정보의 손쉬운 이용
- 관제점의 표시 및 명령
  - 고정 컬러 심벌
  - 동화 컬러 심벌
  - 명령 심벌
  - 문자 형식
- 관제점 약칭 정의
  - 관제점 기능을 설명하는 약칭의 정의
- 경보/고장표시 및 인지
  - 관제점과 기기상태에 따른 등급 지정
- 가동예약
  - 매일매일의 예약기능
  - 특정일의 일시적인 가동시간 예약
- 전자우편
  - 인수인계 시 운전원 간 통신
- 온라인 데이터 파일변경
  - 날짜/시간
  - 보안에 관련된 파일
  - 그래픽 명칭 및 그래픽 통과경로 지정
  - 응급처치 메시지
  - 기동/정지 스케줄
  - 아날로그 상하한 지정
  - 디지털 상한가동 시간
- 온라인 유지보수 및 자체 진단
  - 동작 및 고장 여부
  - 관제점 명령 추적

- 기기의 자료저장/재저장

- 시스템 상태 기록
  - 경보요약
  - 모든 관제점/고장 관제점/고정 관제점
  - 경보이력
  - 이력경향 기록
  - 다이내믹 경향 기록
  - 사용자 기록

(3) 각 sub system별 기능

① 공조/열원/위생/급탕 제어시스템

정보화시대에 따라 각종 OA기기 및 통신기기의 증가 추세로 인해 공조제어방식도 주간 공조체제에서 주야간, 즉 24시간 근무체제로 바뀌고 있으며 지역별 부하 차이가 심하게 나타나고 있어 이에 대한 대응이 중요한 과제로 대두되고 있다. 또한 에너지 절약에 대한 관심도가 증가하면서 효율적인 운용과 에너지 절약기법들이 많이 도입되고 있는 실정이다.

제어측면에서는 기존 DGP(Data Gathering Panel)방식에서 최신 DDC (Direct Digital Controller)방식이 일반화되어 사용되고 있는 실정이다. 인텔리전트 빌딩에 있어서의 공조에 대한 요구는 지역별 세분화와 사용할 시간대의 다양화로 인한 개별공조화이며 이는 거주환경의 쾌적성과 편리성을 필요로 하면서 최소한의 에너지로 만족시키는 것을 전제로 하고 있다. 즉 공조는 고품질 환경제공과 에너지 절약제어를 요구하고 있는 것이다. 이러한 요구에 대해 최신 DDC기술로 만족시키도록 한다. 공조에 대한 이러한 기본기능 개념도는 다음과 같다.

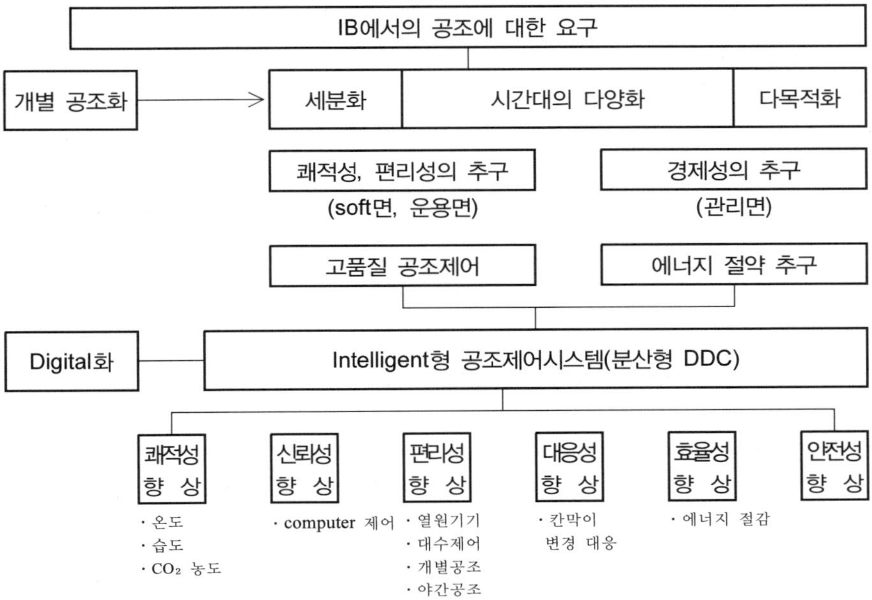

② DDC기능

Ⓐ 도입배경

• 분산제어화의 실현

중규모 이상의 빌딩에서는 분산제어에 대한 개념이 중요시되고 있다. 여기에서 분산제어란 각각의 제어는 현장제어반에서 수행하고 중앙감시반에서는 제어의 중요한 부분과 감시 · 분석업무를 수행하는 개념으로서 인텔리전트 빌딩에서는 필수적이다. 그러므로 DDC는 분산제어기가 가능한 기종을 도입하도록 한다.

• stand alone화의 실현

최근 빌딩에서는 각종 OA기기들이 운영되고 있고 근무개념이 24시간화로 이행되고 있기 때문에, 중앙감시반의 고장이 현장제어반의 고장으로 연결되면 그 피해는 막심하다. 그러므로 중앙감시반이 고장나더라도 현장제어반은 계속적으로 작동해야 하며 하나의 현장제어반 고장이 타 현장 제어반에 영향을 미치면 안된다. 그러므로 stand alone화가 가능한 DDC를 도입하도록 한다.

• 향후 추세에의 대응

전자기술의 발달로 인해 모든 현장제어반은 전자화되어 가고 있으며 자체에 CPU를 내장하는 추세로 나아가고 있다. 그러므로 확장, 증설 시를 대비한다면 컨트롤러에 CPU가 내장된 DDC를 도입하도록 한다.

• 에너지 절약 소프트웨어 내장

DDC 내에 에너지 절약 소프트웨어를 내장하여 효율적인 에너지 절약기능을 수행할 수 있어야 한다. 중앙감시반에서 에너지 절약기능을 수행하는 방식도 있으나, 이 방법은 에너지 절약기능을 수행하기 어렵다. 따라서 DDC에 에너지 절약 소프트웨어 알고리즘이 내장된 것을 도입하도록 한다.

Ⓑ 제어조건

• 제어 및 조절

PI제어는 바람직하지 못한 변화를 사전에 감지하여 이를 제거하기 위한 출력을 보내는 것이고, PID제어는 PI제어에 더하여 변화경향의 크기에 따른 대응출력을 내는 동작으로 변화경향을 최소화시키는 제어이다. 대부분의 정밀하지 않은 빌딩분야에서는 PI제어로서 적용이 가능하나 일부 정밀을 요구하는 항온항습계통의 PID제어가 바람직하다.

• 공조기기 최적기동 정지

열원기기의 제어는 단독으로 이루어지는 것이 지금까지의 관행이었으나 중대규모시스템이 도입되는 빌딩에서는 공조기기와 관련하여 제어되는 것이 타당하다. 즉 공조부하에 따라 열원부하가 변동되어 운

에어 콤프레셔(air dryer)

전되어야만 기기수명과 에너지 절약을 기대할 수 있기 때문에 열원기기와 공조기기는 연도되어야 한다.

• 열원기기 최적기동 정지

공조부하가 변하면 열원부하도 변동되는데 이와 더불어 펌프와 연동되어 운전되는 것이 제어logic상 필수적이다.

• 외기량 도입

외기량 도입 시에는 에너지의 절약뿐만 아니라 실내환경을 쾌적하게 유지한다는 측면을 반드시 고려해야 한다. 따라서 실내온도조건에 만족할 경우에는 에너지 절약과 실내환경 만족 측면에서 최소 외기량을 도입하고, 환절기에 외기를 직접 도입할 시기에는 엔탈피제어를 통해 외기를 받아들일 수 있다. 그리고 CO_2 센서가 설치되었으므로 이 센서에 의한 최소 외기량 판단을 행한다.

Ⓒ 소프트웨어 적용기능

• 통신기능

통신선 두절 시 연결되어 있는 DDC 간 통신기능

• 최적기동 정지제어

전일 전년도 기동자료를 토대로 기동 후 실내외의 온도상태를 예측하여 운전제어하는 프로그램

• 절전운전제어

전기에너지 소비절약을 위하여 현재의 시점에서 각 장치에 사용하는 쾌적한 환경의 조건으로부터 차이를 측정하여 제어하는 프로그램

• 분산전력수요제어

전력사용량을 감지, 예측하여 그 양이 최대수요치를 초과하지 않도록 부하를 자동으

로 분산시킬 수 있는 프로그램

• 외기냉방제어

외기의 엔탈피와 순환공기의 엔탈피를 비교하여 외기와 순환공기를 혼합할 때 냉방 코일에 최소 냉방부하가 되도록 자동으로 조절하는 프로그램

• 공실기간 제어프로그램

ⓐ 최적기동 : 과거의 기동자료를 이용하여 빌딩사용 개시에 적합하도록 필요 이상의 초기기동이 되지 않도록 냉 · 난방장치를 기동하는 프로그램
ⓑ 야간배기 : 여름철에 기계적인 냉방을 시작하기 이전에 건물을 예랭시키기 위하여 외기를 이용하여 냉방하는 프로그램

• 제로에너지 밴드

공기온도가 미리 설정된 최적조건에 만족된다면 냉 · 난방 에너지원을 정지시키는 프로그램

• 직접 디지털 제어프로그램

비례, 비례적분 혹은 비례＋적분＋미분연산을 하여 공조시스템이 프로그램화된 제어순서에 따라 수행하는 프로그램

• 운전시간 및 횟수적산 프로그램

장비를 감시하여 각 장비에 미리 설정된 총기동정지 횟수가 설정치를 초과하거나 운전시간이 설정시간을 초과할 때 경보를 발하는 기능

• 타임/이벤트 프로그램

기동/정지 예정, 관제점 정보 혹은 관제점 상태변화를 기준으로 관제점에 명령을 하는 프로그램

• PID제어

비례, 미 · 적분제어

• adaptive제어

상황변화에 따라 자동적으로 제어변수를 조정하는 기능

• 다양한 정보의 한계지정

1개의 경보점을 단순경보 및 절대경보로 지정 가능

③ **대상별 감시/제어항목**

- 공조설비/환기설비

Ⓐ 감시

- 기기상태 감시(filter 차압, 급기/리턴 팬)
- 이상감시(smoke)
- 온습도 계측
- 아날로그 상하한 경보(온습도)
- FCU(Fan Coil Unit)상태 감시

Ⓑ 제어

- 기기의 개별기동 정지제어
- 급기, 리턴 팬 연동제어
- 기기의 스케줄 기동 정지제어
- 댐퍼, 냉난방 밸브의 PID제어(급기온도 PID제어)
- PCU밸브 제어
- 화재 시 팬 연동제어
- 최적기동 정지제어
- 엔탈피제어(외기냉방제어)
- 절전운전제어(duty-cycle)

- 전력수요제어(power demand control)
- 원격설정제어

ⓒ 기록

- 조작, 운전기록
- 이상기록
- 상하한 경보기록
- 일보, 월보의 작성
- 계측지 적산기록
- 운전시간 적산기록

④ 전력제어시스템

도시의 국제화, 24시간 대형 오피스의 대두, OA기기의 도입·확대 등에 따라 호텔업에서는 과거보다도 더욱 신뢰성이 높고 품질이 좋은 전원이 요구되고 있다. 특히 고도 정보사회의 응용기기들은 일순간의 정전도 허용하지 않으므로 무정전 전원장치에 의해 정전에 대비하고 있다. 컴퓨터 작동 중에 정전이 되면 작업 중이던 프로그램이나 file에 손상을 주게 되므로 무정전 전원장치에 의해 이러한 경우가 발생하지 않도록 해야 한다. 이외에도 IB빌딩의 기능이 제대로 발휘되려면 정전 시에도 작동되어야 할 각종 설비가 있다. 즉 비상용 엘리베이터, 각종 감시시스템, 통신시스템들은 정전이 되어도 그 기능을 발휘해야 하므로 이러한 설비들에 대하여 정전 시에 어떻게 전원을 공급할 것인지 고려하여야 한다.

정보화에 따라 전력의 사용량이 일반 빌딩보다 많다. 각종 정보기기, OA기기의 수가 증가하며, 쾌적한 환경조건을 이루기 위하여 전력을 비롯한 각종 에너지의 소비량이 증가한다. 특히 전력은 공해가 없는 에너지원이므로 특히 선호되고 있어 점차 그 사용량이 증대하고 있다. 따라서 전력의 절약대책이 절실히 요구된다. 전력을 절약하기 위해서는 사용현황을 관리할 필요가 있다.

Ⓐ 전력감시시스템 기능

[도입배경]

• graphic panel 계기류 결선

graphic panel에 디지털미터로 나타나는 항목에 대해서는 패널과 직접 결선하도록 한다. 이것은 각종 변환과정을 거치는 동안 계기오차에 의한 실제값과의 차이를 최소화하고, 변환기의 고장에 의한 상태 파악이 불가능할 경우 graphic panel의 존재가치를 저하시키기 때문이다. 그러나 기타 상태 등에 관한 데이터는 DDC 등을 거쳐 패널에 표시되어도 큰 문제는 없다.

엘리베이터 콘트롤러

배터리(2차전원 연결장치)

• BA-network를 통한 data의 연동

각종 전력상황에 따른 원동제어를 위해서는 BA-network를 통한 data의 연동이 가장 중요하다. 즉 정전에 따른 연동제어, 전력수요치에 대한 연동제어가 필요하다. 전력수요제어는 목표전력을 설정하여 주고, 부하의 사용추이를 계속 관찰하여 목표전력을 초과할 것으로 예상되며 가장 중요도가 낮은 부하부터 정지시켜 주고, 여유가 있으면 다시 가동하여 정해진 주기 내에서 목표전력을 초과하지 않도록 한다.

• 역률개선제어

역률을 개선하면 선로손실이 줄어들고, 전압강하도 감소한다. 또한 부하전류가 감소하기 때문에 선로 및 설비용량에 여유가 생긴다. 전력요금은 유효전력량에 의해 부과되나 역률이 나쁜 부하에 보내는 전력은 송전과정에 불필요하게 과다한 설비가 필요하게 된다. 역률개선의 목표는 95%로 제어되도록 한다.

- 정/복전제어

정전/복전 시 순차적으로 부하를 제어한다. 이 회로는 배전반 내에서 자체적으로 이루어지도록 하고, 자동제어에서는 정전/복전 상태만을 감시하도록 한다.

[감시대상 기기 및 항목]

Ⓐ 수전

ⓐ 감시

이상상태 감시
과전류상태 감시
과전류지락상태 감시
저전압상태 감시
전류/전압/유효전력/역률 아날로그 상하한 감시 및 계측
유효 전력량 감시 및 계측
디맨드 미터의 동기상태 감시(sync pulse input)

ⓑ 기록

조작/운전 기록
이상 기록
디맨드 경보 기록
일보, 월보 작성
정전/복전 기록

Ⓑ 변전(HV/LV, 고압반/저압반)

ⓐ 감시

상태 감시
과전류상태 감시

지락누설상태 감시

전류/전압/유효전력/역률/상하한 감시 및 계측

ⓑ 기록

조작/운전 기록

이상 기록

일보, 월보 작성

Ⓒ 변압기

ⓐ 감시

변압기 고온 감시

ⓑ 기록

아날로그 계측 및 상하한 감시

Ⓓ 자가발전기

ⓐ 감시

상태 감시

경보 감시

ⓑ 기록

이상 기록

일보, 월보 작성

Ⓔ 정류기

ⓐ 감시

직류전압/직류전류 아날로그 상하한 감시 및 계측

ⓑ 기록

이상 기록

일보, 월보 작성

5) 타 시스템과의 연동기능

(1) 연동개요 및 내용

시스템 연동은 동일한 데이터베이스 내에서 TEP(Time/Event Program)에 의해 이루어지기도 한다. 즉 연동을 가능케 하는 요인(initiator)은 시간이 될 수 있고, 특정 이벤트가 될 수도 있다.

initiator	연동내용
time schedule	공조, 전력의 시간에 따른 기동/정지, enable/disable기능
화재 발생	공조기 on/off 및 가압제어
디맨드 요구신호	공조/열원 부하 재설정 공조/열원 동력 on/off
에너지 프로그램	각종 에너지관리 프로그램에 의해 작동
수동 원격제어감시	해당 관제점에 대한 원격 명령 및 상태 조회

(2) DDC에서의 빌딩 관리기능

직접 디지털제어기는 빌딩관리를 위한 데이터 수집분석기능도 동시에 수행한다. 대부분의 빌딩관리기능은 사실상 중앙관제시스템에서 이루어지는 것이지만, 일차적인 데이터 기능 중 다음과 같은 기능은 직접 디지털제어기에서 이루어진다.

<표 3-6> 서비스 이용 감시 시나리오

내 용
1) 감시반의 이용계획 통합감시반 소프트웨어는 pull down메뉴 및 dialog box에 의하여 그래픽상 운전자 인터페이스 환경(graphic operator interface)을 기본적으로 제공하며 coloration(채색기법)에 따른 시각적인 동화면(dynamic graphic) 현장표시와 멀티태스킹 OS인 윈도우즈를 기반으로 그래픽 센트럴 소프트웨어를 구성한다. 이에 따른 이용방안은 아래와 같다.

가) 운전원 정의에 의한 그래픽 화면의 표시

(1) 화면표시방법

빌딩관리 감시반의 화면을 최대 5레벨까지 구성, 마지막 레벨은 장비의 framework에 할당된 댐퍼, 밸브, 센서 등의 개도치 및 현재 값이 심벌그래픽에 의하여 나타나도록 한다. 특히 팬 및 가동장비는 현재상태를 애니메이션기법을 적용하여 입체적인 운전상태를 운전원이 조작한다.

(2) 그래픽화면의 direct access

원하는 메뉴화면 및 그룹화면의 신속한 표시를 위해서 운전원은 각각의 그래픽 화면에 keyname을 할당하도록 한다. 따라서 긴급히 팬을 동작시키거나 표시값을 참조해야 할 경우 해당화면의 keyname을 입력하므로 메뉴화면의 절차를 거치지 않고 직접 해당화면을 호출, 조작하도록 한다.

(3) 관련 그래픽화면의 표시활용

메뉴 및 그룹화면의 표시기법에는 화면의 계측적 호출진행에 따른 back trace를 보여주는 flat display와 화면을 양분하여 각각의 연관된 그래픽을 보여주는 side by side기법이 제공되는데, 특히 side by side기법은 공조와 조명, 방범과 방재 등 통합에 관련된 연동 sequence의 조작 및 감시를 필요로 할 때 이용한다.

나) 비인가자에 대한 시스템의 시큐리티 대책

(1) 운전원 password의 등급설정

시스템에 등록된 각각의 운전원에게는 6레벨에 해당하는 등급을 부여하여 화면조작의 제한을 둔다. 예를 들어 스케줄변경과 경보인지에 대한 권한은 6레벨의 등급이 허락된 운전원에만 가능하도록 한다. 또한 등급의 설정에 따라 시스템 호출 시 각각의 운전원의 첫 번째 화면이 달라지도록 하여 공조, 조명, 방범, 전력 등의 분담된 조작이 가능하도록 한다.

(2) 자동 sign-off기능의 활용

시스템을 호출한 후 최대 2시간까지의 시간한계를 설정하여 운전원이 시스템을 sign-off하지 않고 자리를 비우더라도 자동으로 sign-off되어 허가된 운전원 이외에 비인가자의 시스템 조작을 방지하도록 한다.

다) 운전원에 의한 경보 설정

경보는 해당 포인트와 480자 내의 운전원 지정 경보메시지가 화면에 표시되는데, 복수의 경보발생 시에는 경보의 우선순위에 따라 순서적으로 표시된다. 그에 따른 경보 해당화면은 자동으로 표시되거나 마우스 조작화면에 표시된다. 운전원의 이러한 경보의 등급순위와 경보 그래픽의 지정뿐 아니라 다음과 같은 기능을 변경하도록 하여 상황에 맞는 경보관리를 하도록 한다.

· 가청 option의 변경(rate 및 지속시간)
· 메시지 출력 프린터의 지정
· 이력정보 기록을 위한 경보의 저장 여부
· 경보의 상하한 설정

라) 상태표시와 명령조작의 이용

장비의 상태표시는 운전원이 지정한 현장의 framework상에 가시적으로 표시되는데 가시적인 표시는 문제와 상태의 인식을 운전원에게 즉각 전달하게 된다. 따라서 정상, 상한, 하한 경고 및 경고에 따른 색깔에 의한 표시가 제공되도록 하며 애니메이션은

내 용
장비의 위치와 on/off 상태를 보여준다. 이것들은 point제어용 dialog box를 액세스하여 표시에 관한 조작 및 command를 수행하도록 하며 시스템의 보안을 위해 display-only기능을 지정할 수 있도록 한다. 마) 명령 및 activity와 report에 관한 스케줄링 활용 운전원은 예약이벤트를 여러 가지 형태로 변경할 수 있도록 한다. 사용자는 원하는 point들을 스케줄링화하거나 activities들의 일련동작을 설정하기 위해 리포트에 관한 스케줄링은 dialog box와 메뉴항목을 사용하여 이벤트에 따른 프로그램을 수행하도록 한다. 바) on-line context-sensitive help기능의 활용 시스템의 운전 도중 on-line상에서 도움말을 제공하는 help스크린은 그래픽과 문자를 연관하여 총체적 구성에 따라 지원하는 하이퍼텍스트 다큐멘트방식을 제공한다. 따라서 운전원은 마우스의 간단한 클릭조작에 의하여 시스템 활용에 관한 의문의 발생 시 topic과 그림의 액세스에 따라 연관된 조작방법을 습득한다. 사) 그래픽 작성용 tool 및 라이브러리 활용 그래픽 소프트웨어인 graphic designer(TM)에 의하여 운전원은 현장의 그래픽을 변경하거나 신규등록할 수 있도록 지원한다. 운전원은 이 소프트웨어가 지니고 있는 시스템 장비의 framework나 심벌을 사용하여 현장에 적합한 그래픽을 작성하도록 한다. 또한 point프로그램에 관한 표준컬러 및 갱신비율, 애니메이션, 엔지니어링 데이터를 제공한다. 아) 다양한 report 출력의 이용 이력데이터 및 경향기록, 기기의 상태, 전 관제점 기록 및 특정 포인트에 관한 기록내용을 스케줄에 의하여 일보, 월보작성을 운용하며 운전원이 요구하는 특정한 보고서는 microsoft excel 스프레드시트 기능을 이용하여 작성하도록 하며, 그 내용은 color printer에 출력하여 관리하도록 한다. 자) database 변경계획 운전원들 중 상위레벨의 등급이 지정된 자에 한하여 시스템의 데이터를 변경할 수 있도록 한다. 시스템에 등록된 컨트롤러들의 추가 및 삭제, 작동금지에 관한 사항과 포인트들에 대한 감시, 조작의 운전원 등급레벨, 포인트의 삭제, 추가 감시금지 및 허가 등에 관한 data들의 변경을 특정한 운전원에게만 허가함으로써 시스템의 유연성 및 보안성을 유지한다. 차) 운전원 간의 우편기능 활용 운전원의 근무교대 시 전 근무자가 조치한 시스템에 관한 내용을 mail기능을 이용하여 우편함에 보관함으로써 완벽한 시스템관리를 하도록 한다.

4. A호텔의 객실종합에너지 관리시스템

A호텔의 객실에너지 절감 및 객실종합에너지 관리시스템의 기기 및 설치

내용은 다음과 같다.

◉ **기기 및 설치 내용**

① FIP(Floor Indicator Panel) : 3기
② night table : 108대
③ control box : 108대
④ 온도 sensor : 108개
⑤ key sensor : 108개
⑥ 입구 indicator(차임벨 포함) : 108개
⑦ software : 1식
⑧ 공사관계(기기취급, 약전접속 및 조정) : 1식
⑨ 비상호출 button 설치 : 1식(109ea)

1) 객실온도관리

객실의 control box와 프런트데스크의 OP panel을 on-line으로 연결하여 객실의 냉·난방을 자동으로 제어한다.

① **객실온도 제어**

fan coil unit의 fan전원(valve 포함)

② **객실온도 설정**

- remote mode : 시설부에서 객실온도 원격조정
  · 전 객실 일괄조정
  · 그룹별 온도설정(maximum 8그룹)
  · 객실별 온도설정
- manual mode : 고객이 객실온도 sensor에서 조정(18~21℃)

– 고객의 임의조작 시부터 고객의 'manual mode'로 바뀌며 고객의 체크아웃 시에는 'remote mode'로 환원된다.

③ 설정치 제동제어(FCU)

– **재실 중** : 설정치 자동 on/off 제어

– **외출 중** : 외출 설정온도에 자동 on/off 제어

– **공실 중** : off 혹은 공실기준 온도차 운전

④ 외출온도차 제어(외출 중)

재실 설정온도를 기준으로 지정된 외출온도차만큼 자동적으로 가감하여 객실온도를 제어한다(외출온도차는 임의설정 가능).

예) 재실설정	외출온도차		외출설정온도
냉방 ⇒ 24℃	+3℃	=	27℃
난방 ⇒ 24℃	–3℃	=	21℃

⑤ 공실기준 온도설정

공실의 경우 냉・난방용 pipe의 동파방지 및 예랭・예열을 위하여 공실기준온도를 설정하여 운영할 수 있도록 한다.

⑥ check-in 시의 강제운전

고객 check-in 시 key rack에서 해당 객실의 키를 꺼내는 순간부터 지정된 일정시간 동안 객실의 공조장치를 고속운전하여 고객 입실 시 쾌적한 환경을 제공한다(강제운전시간 중 고객이 입실할 경우 공조장치제어는 설정온도치 운전으로 자동 전환됨).

⑦ 경보이상 온도 객실표시

객실에 설치되는 온도감지기로부터 감지된 객실 현재온도가 OP panel

에서 설정된 이상온도(화재기준온도)보다 높을 경우 화재경보신호를 출력한다.

경보장소	출 력 기 기	출 력 방 법
시설부	OP의 CRT화면	좌측하단에 적색 room No. 표시 및 경보음 발생
front	key rack	해당 객실의 lamp의 고속점멸
house-keeping	CIP	"
maid room	FIP	"

⑧ 객실 예랭 · 예열의 원격조정

VIP 혹은 예약된 객실에 대해 공조장치를 check-in 전 지정시각까지 자동가동시켜서 쾌적한 환경을 제공한다.

- 그룹별 예랭 · 예열시각 설정(MAX 8그룹)
- 개별 객실 예랭 · 예열시각 설정

⑨ 냉 · 난방 mode의 일괄변경

각 객실별로 냉 · 난방 mode를 설정할 필요 없이 OP panel에서의 switch 조작에 의해 전객실에 적용시킬 냉 · 난방 mode를 일관적으로 설정한다.

⑩ 전동 밸브 수명 연장기능

객실 FCU의 2way valve를 사용하지 않는 계절에도 maid 입실 시 자동 작동시켜 밸브에 불순물이 붙는 것을 방지하여 밸브의 수명을 연장시킨다.

2) 객실 전력관리

객실의 key sensor와 control box를 이용하여 전기에너지를 대폭 절감한다.

① **제어대상 부하**

– 전등, 전열(audio, TV, 기타)

② **제어방법**

– 입실 시 : 입구등-자동점등 → 1분 후 자동소등
(입구의 스위치로 1분씩 연속사용 가능)
중앙등-자동점등, on/off 가능
기타 전등-전원투입
전열-전원투입

– 퇴실 시 : 냉장고 및 지정전원을 제외한 모든 전등 및 전열용 전원이 약 5초 후 자동 차단된다.

제 5 절 전기요금

1. 전기요금 관련법규

전기사업법 제17조에 따라 전기판매사업자는 전기사용자에게 청구하는 전기요금청구서에 지식경제부령으로 정하는 방법에 따라 요금명세를 항목별로 구분하여 명시하도록 하고 있다.

기본공급약관 제1조에 따라 한국전력공사(이하 '한전'이라 한다)가 전기를 사용하는 자 또는 사용하고자 하는 자(이하 '고객'이라 한다)에게 전기를 공급할 때의 요금 및 기타 공급조건을 정하는 것을 목적으로 하고 있다.

기본공급약관 제6조에 의한 용어의 정의는 다음과 같다.

- 계약전력(契約電力)이란 계약상 사용할 수 있는 최대전력을 말한다.
- 최대수요전력(最大需要電力)이란 15분계 누산형 최대수요전력계에 의하여 계량되는 수치를 말한다.
- 요금적용전력(料金適用電力)이란 요금계산의 기준이 되는 전력을 말한다.

전기공급약관 제7조 제2항에 의거 요금 등의 청구금액에 10원 미만의 단수가 있을 경우에는 국고금 단수계산법에서 정한 바에 따라 그 단수를 버리도록 하고 있다.

전기공급약관 제57조 제1항에 따라 일반용 전력은 주택용 전력 · 교육용 전력 · 산업용 전력 · 농사용 전력 · 가로등 · 예비전력 · 임시전력 이외의 고객에게 적용하고, 제2항에 의거 일반용 전력은 공급전압에 따라 다음과 같이 구분한다.

1) 일반용 전력(갑)

계약전력 4kW 이상 1,000kW 미만의 고객에게 적용하며, 공급전압에 따라 다음과 같이 구분한다.

가. **저압전력** : 표준전압 110V · 220V · 380V 고객

나. **고압전력(A)** : 표준전압 3,300V 이상 66,000V 이하 고객

다. **고압전력(B)** : 표준전압 154,000V 이상 고객

2) 일반용 전력(을)

계약전력 1,000kW 이상의 고객에게 적용하며, 공급전압에 따라 다음과 같이 구분한다.

가. **고압전력(A)** : 표준전압 3,300V 이상 66,000V 이하 고객

나. **고압전력(B)** : 표준전압 154,000V 이상 고객

전기공급약관 제67조 제1항에 의거 전기요금의 계산은 전기사용계약에 대하여 1개월마다 월간전기요금표에 의해 해당 계약종별 요율에 따라 계산한다.

전기공급약관 제68조 제1항에 따라 최대수요전력계를 설치하지 않은 고객은 계약전력을 요금적용전력으로 한다.

- 최대수요전력계를 설치한 고객은 동 약관 제16조 제1항에 해당하는 고객을 포함하여 검침 당월을 포함한 직전 12개월 중 7월분, 8월분, 9월분 및 당월분으로 고지한 전기요금 청구서상의 사용기간 중 가장 큰 최대수요전력을 요금적용전력으로 하며, 최대수요전력이 계약전력 30% 미만인 경우에는 계약전력의 30% 해당전력을 요금적용전력으로 한다.
- 고객이 최대수요전력계를 새로 설치하거나 영구 철거하는 경우에는 그 달의 요금계산 시 요금적용전력을 구분하여 적용하되 설치전분 및 철거 이후분의 요금적용전력은 제1항에 따라, 설치 이후분 및 철거전분의 요금적용전력은 제2항에 따라 결정한 것을 적용한다.

전기공급약관 제69조 제1항에 따라 검침은 각 고객에 대하여 한전이 미리 정한 날(이하 '정기검침일'이라 한다)에 실시하는 것을 원칙으로 한다. 다만, 다음의 경우에는 정기검침일이 아닌 날에 검침할 수 있도록 하고 있다.

1. 정기검침일이 공휴일인 경우
2. 비상재해 등의 부득이한 경우

또한, 제2항에서는 제1항 제1호의 규정에 의한 검침일 변경으로 요금계산기간을 초과하는 경우에는 초과일수를 포함한 1일 평균사용량을 산정하여 초과일수만큼 1일 평균사용량을 차감하고 다음달 사용량으로 이월할 수 있도록 하고 있다. 제3항에서 한전은 특별한 사정이 있는 경우에는 제1항의 규정에도 불구하고 고객의 승낙을 얻어서 매월 검침을 하지 않을 수 있다고 규정하고 있다.

전기공급약관 제70조에 따라 전기금의 계산기간은 전월 검침일부터 당월

검침일 전일까지의 기간(이하 '검침기간'이라 한다)을 기준으로 하며, 제80조(일수계산)의 경우를 제외하고는 검침기간을 1개월로 규정하고 있다.

전기공급약관 제71조 제1항에 따라 사용전력량은 검침일에 전기계기의 지침을 읽음으로써 계량하며, 계량한 사용전력량을 검침기간의 사용전력량으로 정하고 있다.

제2항에 의하면 사용전력량은 공급전압과 같은 전압으로 계량하는 것을 원칙으로 하되, 공급전압과 계량점 전압이 서로 다를 경우에는 사용전력량을 공급전압과 같은 전압으로 계량한 것으로 하기 위한 손실률로 가감토록 하고 있으며, 제3항에 무효전력량 및 최대수요전력의 계량은 제1항 및 제2항에 따르도록 하고 있다.

전기공급약관 제72조에 따라 전기계기 및 동 부속장치의 이상(異常), 고장 등으로 사용전력량이 정확하게 계량되지 않았을 경우에는 세칙에서 정한 방법 중에서 가장 적합한 방법으로 요금계산기간의 사용전력량을 고객과 한전이 협의하여 결정토록 하고 있다. 이때 계기용 변성기 이상으로 사용전력량을 고객과 한전이 협의 결정하는 경우에는 최대수요전력을 다시 산정한다.

3) 월간 전기요금표(일반용 전력(갑))

(1) 일반용 전력(갑)

① **저압전력(표준전압 110V 이상 380V 이하 고객)**

· 기본요금 : 요금적용전력에 대하여 kW당 5,280원

· 전력량요금 : 모든 사용전력량에 대하여 kW당

여름 (7월 1일~8월 31일)	봄 · 가을 (3월 1일~6월 30일 · 9월 1일~10월 31일)	겨울 (11월 1일~익년 2월 말일)
93.50원	58.30원	74.70원

② 고압전력A(표준전압 3,300V 이상 66,000V 이하 고객)

Ⓐ 선택(Ⅰ)요금

· 기본요금 : 요금적용전력에 대하여 kW당 5,790원
· 전력량요금 : 모든 사용전력량에 대하여 kW당

여름 (7월 1일~8월 31일)	봄 · 가을 (3월 1일~6월 30일 · 9월 1일~10월 31일)	겨울 (11월 1일~익년 2월 말일)
98.10원	61.20원	77.60원

Ⓑ 선택(Ⅱ)요금

· 기본요금 : 요금적용전력에 대하여 kW당 6,660원
· 전력량요금 : 모든 사용전력량에 대하여 kW당

여름 (7월 1일~8월 31일)	봄 · 가을 (3월 1일~6월 30일 · 9월 1일~10월 31일)	겨울 (11월 1일~익년 2월 말일)
94.70원	57.70원	73.60원

③ 고압전력B(표준전압 154,000V 이상 고객)

Ⓐ 선택(Ⅰ)요금

· 기본요금 : 요금적용전력에 대하여 kW당 5,790원
· 전력량요금 : 모든 사용전력량에 대하여 kW당

여름 (7월 1일~8월 31일)	봄 · 가을 (3월 1일~6월 30일 · 9월 1일~10월 31일)	겨울 (11월 1일~익년 2월 말일)
96.30원	60.20원	75.80원

Ⓑ 선택(Ⅱ)요금

· 기본요금 : 요금적용전력에 대하여 kW당 6,660원
· 전력량요금 : 모든 사용전력량에 대하여 kW당

여름 (7월 1일~8월 31일)	봄 · 가을 (3월 1일~6월 30일 · 9월 1일~10월 31일)	겨울 (11월 1일~익년 2월 말일)
91.90원	55.80원	71.40원

4) 월간 전기요금표(일반용 전력(을))

(1) 고압전력A(표준전압 3,300V 이상 66,000V 이하 고객)

Ⓐ 선택(Ⅰ)요금

· 기본요금 : 요금적용전력에 대하여 kW당 5,790원
· 전력량요금 kW당

구 분	여름 (7월 1일~8월 31일)	봄 · 가을 (3월 1일~6월 30일 · 9월 1일~10월 31일)	겨울 (11월 1일~익년 2월 말일)
경부하시간대	46.30원	46.30원	49.80원
중간부하시간대	92.30원	64.40원	86.70원
최대부하시간대	158.90원	86.30원	116.90원

Ⓑ 선택(Ⅱ)요금

· 기본요금 : 요금적용전력에 대하여 kW당 6,660원
· 전력량요금 kW당

구 분	여름 (7월 1일~8월 31일)	봄 · 가을 (3월 1일~6월 30일 · 9월 1일~10월 31일)	겨울 (11월 1일~익년 2월 말일)
경부하시간대	41.90원	41.90원	45.40원
중간부하시간대	87.90원	60.00원	82.30원
최대부하시간대	154.50원	81.90원	112.50원

(2) 고압전력B(표준전압 154,000V 이상 고객)

Ⓐ 선택(I)요금

· 기본요금 : 요금적용전력에 대하여 kW당 5,790원

· 전력량요금 kW당

구 분	여름 (7월 1일~8월 31일)	봄 · 가을 (3월 1일~6월 30일 · 9월 1일~10월 31일)	겨울 (11월 1일~익년 2월 말일)
경부하시간대	44.90원	44.90원	48.30원
중간부하시간대	89.60원	62.60원	84.10원
최대부하시간대	153.40원	83.80원	113.10원

Ⓑ 선택(II)요금

· 기본요금 : 요금적용전력에 대하여 kW당 6,660원

· 전력량요금 kW당

구 분	여름 (7월 1일~8월 31일)	봄 · 가을 (3월 1일~6월 30일 · 9월 1일~10월 31일)	겨울 (11월 1일~익년 2월 말일)
경부하시간대	40.50원	40.50원	43.90원
중간부하시간대	85.20원	58.20원	79.70원
최대부하시간대	149.00원	79.40원	108.70원

(3) 계절별 · 시간대별 일반용 전력 구분표(을)

계절별 / 시간대별	여름	봄 · 가을		겨울
	(7월 1일~8월 31일)	(6월 1일~6월 30일)	(3월 1일~5월 31일 · 9월 1일~10월 31일)	(11월 1일~익년 2월 말일)
심야시간대	23:00~09:00	23:00~09:00	23:00~09:00	23:00~09:00
주간시간대	09:00~18:00	09:00~18:00	09:00~18:00	09:00~18:00
저녁시간대	18:00~23:00	18:00~23:00	18:00~23:00	18:00~23:00

다만, 1. 심야시간대의 최대수요전력은 계량하지 아니하며, 6월 1일부터 8월 31일까지의 일요일 주간시간대의 최대수요전력 및 사용전력량은 저녁시간대에 계량하며, 9월 1일부터 익년 5월 31일까지의 일요일 저녁시간대의 최대수요전력 및 사용전력량은 주간시간대에 계량한다.

2. 산업용전력(을)의 요금적용전력은 주간시간대와 저녁시간대의 최대수요전력 중 큰 것을 대상으로 하여 제68조(요금적용전력의 결정)에 따라 산정한다.

3. 계절이 변동될 때(5월에서 6월로 변경되는 경우 포함)의 시간대별 사용전력량은 중간검침을 하지 아니하고 사용일수의 비례에 따라 안분하여 산정한다.

2. 전기요금의 계산

1) 계약종별 적용 : 호텔이 고압수전의 경우

(1) 일반용 고압 A(사용자의 임의 선택)

· 선택 Ⅰ : 기본요금 저, 전력량 요금 고

· 선택 Ⅱ : 기본요금 고, 전력량 요금 저

2) 요금구성

① 기본요금 : 최대수요전력계를 설치한 고객(제16조 [전기사용계약의 해지 후 재사용] 제1항에 해당하는 고객 포함)은 검침 당월을 포함한 직전 12개월 중 7월분, 8월분, 9월분 및 당월분으로 고지한 전기요금 청구서상의 사용기간 중 가장 큰 최대수요전력을 요금적용전력으로 하며, 최

대수요전력이 계약전력 30% 미만인 경우에는 계약전력의 30% 해당전력을 요금적용전력으로 함

② 전력량요금(사용요금) : 1개월간 사용한 양(kW/h)

③ 역률요금 : 90% 기준으로 ±5% 범위에서 기본요금에 가감

④ 부가세 : 전기요금에 10%

3) 적용사례

- 사용기간 : 2010년 7월 1일~2010년 7월 31일
- 계약전력 : 5,000kW, 일반용 전력 고압A 선택 Ⅱ로 계약
- 한 달간 사용한 전력량 : 750,000kW/h
- 요금적용 전력 : 2009년 7월~2009년 9월, 2010년 7월 중 peak
- 역률 : 93%

① 기본요금 : 5,000kW × 6,660원 = 33,300,000원

② 사용요금 : 745,000kW × 87.90원 = 65,485,500원

③ 역률요금 : 93%로 3%만큼 기본요금에 차감

33,300,000원 × 0.03 = 999,000원

④ 합계 : ①+②-③=97,786,500원

⑤ 부가세 10%=9,778,650원

⑥ 청구금액=④+⑤=107,565,150원

문제 **현재 저희 회사는 계약전력 1,750kW/h이며, 일반용 전력(을), 고압 A로 선택 I 을 사용 중이다. 기본요금은?**

1. 전기 기본요금측정이 어떻게 되는지? 미리 알려면 어떻게 계산을 해야 하는지요? 일반용 전력(을)의 선택 I 일 경우 기본요금은 계약전력 kW당 5,790원입니다. 따라서 1,750kW×5,790원으로 계산한 값이 기본요금입니다.

2. 역률 진상요금 할인이 적용되는데 이 역률을 어떻게 구하는지?

역률은 (유효전력량 - 무효전력량)/유효전력량으로 구합니다.

즉, 무효전력량이 적을수록 역률이 높습니다.

디지털 방식의 계량기일 경우는 무효전력, 유효전력, 역률도 계량기에 표시됩니다.

3. 전기요금 측정방법은 아래와 같은지요?

* 전기요금 : 기본요금 + 사용요금 + 자동이체할인 + 역률진상요금 + 전력기금 + VAT
* 기본요금 : 계약전력 kW당 정해진 단가를 곱하여 산출
* 사용요금(전력량요금) : 사용량에 전력단가를 곱해서 구하는데, 계약조건에 따라서 전력량 요금 산출방법이 차이가 많으므로, 계약조건을 확인
* 역률요금 : 일반전기의 경우는 역률이 90% 이상일 경우 기본요금의 일부를 할인하지만 대용량 수용처의 경우는 역률 또는 부하율에 따라서 할인(또는 할증)폭이 큼
* 전력기금: 전기요금(기본요금 + 전력량 요금 - 역률요금)의 3.7%를 부과
* 부가가치세: 전기요금의 10%

4. 부가요금 : 전력공급 계약을 위반하였을 경우 계약내용에 따라 별도의 비싼 부가요금을 추가하는 경우도 있습니다.

제4장

환경관리

제4장

환경관리

제 1 절 청소 및 위생관리

1. 청소관리

호텔관리에서 '청소'란 호텔(관광단지)에서 위생적인 환경을 확보하기 위한 것으로 청소계획에 의하여 행한다. 호텔은 투숙하고 있는 고객과 근무자들의 여러 가지 일로 더럽혀지고 쓰레기가 생긴다. 이것을 그대로 놓아두면 호텔상품으로서의 가치를 잃게 된다. 모든 구조물은 사용하지 않아도 시간이 흐름에 따라 창의 유리는 흐려지고 바닥에는 먼지가 쌓이기 마련이다.

사람이 사용하게 되면 신발의 흙, 모래가 묻어 들어오고 휴지, 쓰레기, 그 밖의 먼지, 연기, 손때 등으로 더럽혀지며 자연현상보다 더 많은 먼지가 생기게 된다. 이런 것을 제거하고 일정하게 쾌적한 환경수준을 유지하기 위해서는 확실한 청소가 필요하다.

1) 먼지 등의 발생원인과 피해

(1) 먼지 등의 발생원인

① 자연적인 원인 : 공기 중의 먼지가 떨어져 쌓이거나 빗물 등에 의하여 건물의 각 구성부분에 부착하여 오염된다.

② 인위적인 요인 : 인간의 보행, 배설물, 음식물, 분비물 등 인간생활로 인해 각종 이물질이 건물의 각 구성부분에 부착된 것이 오염의 원인이 된다.

(2) 먼지 등의 피해

먼지는 내·외장 설비 등에 시간이 경과하면 인간의 사용 여부와 관계없이 발생하여 당초의 청결상태를 잃게 된다. 위생적이고 쾌적한 호텔환경을 유지하기 위하여 먼지를 제거하여야 하며, 청결상태를 회복하는 것이 가장 필요하다. 먼지가 생기므로 물건 자체의 변색, 변질, 손상, 파손을 가져온다. 그 피해 내용을 보면 다음과 같다.

① 건물 전체 또는 부분적 미관 손상

② 피부착재에 나쁜 영향을 주어 노화·파손을 촉진하며, 특히 오래 방치하면 가스가 발생하고 녹이 슬어 재질에 변화를 가져온다. 그러므로 건물 의 각 구성부분에 전체 또는 부분적인 손상을 촉진하는 것이다.

③ 유리, 전등 등에 채광 및 조명을 저해한다.

④ 정밀기기의 기능에 해를 준다.

⑤ 유해물질과 유해세균이 포함되어 있어 접촉한 사람에게 비위생적인 해를 준다.

2) 청소와 청소요원

(1) 청소의 목적

① 환경을 청결하게 유지

② 정리, 정돈

③ 위생환경 조성

④ 건축물의 노화예방

(2) 청소의 범위

청소는 호텔 전 부분의 청소를 의미하며 객실청소, 식당 및 부대영업장 청소, 주방, 사무실, 공공장소, 로비, 기계실, 운반구, 호텔건물 외곽청소로 일상청소, 정기청소, 특별청소를 말한다.

청소는 바닥, 벽 및 건물 주위의 먼지 및 오물을 제거하는 것을 말하며, 건물과 F.F & E의 내용연수를 연장하고, 호텔이용자의 쾌적한 환경위생에도 관계되므로 항상 작업계획에 의거 청결에 힘써야 한다. 호텔의 시설은 곧 상품이기 때문이다.

청소의 순서는 일반적으로 상층부에서 하층부로, 좁은 곳에서 넓은 곳으로 하며, 청소용구는 사용이 간편하고 노력이 절감되는 것을 선택하여 사용한다.

(3) 청소의 종류

① **일상청소** : 객실, 식당 및 부대업장, 로비 및 고객용 화장실, 계단, 복도, 건물 주위, 단지 내 도로 등 공공부분에 대한 청소

② **정기청소** : 계단, 논 슬립 및 각소 금속부분의 광택작업과 바닥표면의 세정 · 왁스작업

③ **특별청소** : 내벽 · 외벽의 먼지제거 및 세정청소와 제설, 배수 등의 청소 (특수기술이 필요한 청소 포함 - 용역)

(4) 청소요원

① 청소기기 및 기계의 다양화로 전문인력이 필요하다.

② 청소요원의 건강을 해칠 염려가 있다.

③ 청소업무에 예민한 감각을 가진 자가 우선한다.

(5) 청소요원의 자세

① 업무수행에 충실을 기해야 한다.
② 업무를 지속적으로 수행해야 한다.
③ 부주의는 사고를 일으킬 수 있으므로 주의력을 길러야 한다.
④ 확실한 신원과 신용 있는 처신의 자질이 필요하다.
⑤ 활동적이고 단정해야 한다.

2. 오물의 수거

오물수거는 쓰레기를 오물수거차에 상차하고, 재활용 가능한 부산물은 수거 활용자에게 가져가도록 함으로써 끝나고 매월 계약관계에 따라 요금을 지급한다(위탁오물 수거). 쓰레기가 정상적으로 수거되는지의 여부는 대단히 중요한 문제다. 특히, 여름철에 쓰레기를 수거하지 않을 경우 쓰레기가 썩어 파리 등 해충의 발생은 물론 악취로 인하여 보건 및 환경위생에 치명타를 가할 수 있다. 관리요원은 쓰레기의 수거 여부를 확실히 파악하여야 하며, 물청소 및 소독을 실시하여야 한다.

3. 위생관리와 방역

적당한 온도의 유지, 식생활의 고급화된 현대적 호텔시설은 주거생활의 가해물인 바퀴벌레, 파리, 모기, 개미 등의 해충과 쥐의 번식에 알맞은 조건을 제공하고 있어 보건환경을 위협한다. 그러므로 집단적·정기적으로 방역 및 살충작업을 실시해야 한다.

4. 환경관리

시설관리자는 특히 온도, 소리, 공기, 물, 기타 물리·화학적 환경을 조절하여 항상 쾌적한 상태를 유지해야 한다. 호텔투숙객은 생활상황, 취향 등이 각각 다르므로 생활환경의 여러 가지 요소, 즉 온도, 습도, 공기의 청정도, 소음, 조명, 급·배수의 수질 등에 대해 선택할 수 있도록 한다.

(1) 쾌적한 온도

여름: 22~23℃, 겨울 18~20℃, 기류 7.5~12.5cm/s

(2) 소음 : 인간활동에 방해가 되는 모든 소음

① 외부의 도로교통 소음, 공장소음, 건설공사장 소음, 항공기 소음 등 : 내부의 설비기계, 모터, 펌프, 보일러, 엘리베이터 등에서 나는 소음

② 소음의 영향 : 성격, 기질, 건강 등의 상태에 따라 난청, 사고력, 기억력, 판단력을 상실할 수 있으며 특히 정서에 영향을 주므로 소음관리에 유의해야 한다.

(3) 수질보전

화학적 유해물(공장폐수·농약 등), 병원미생물(가정 및 업체폐수·분뇨오염 등)은 수질오염의 주원인이 된다. 수질오염을 예방하기 위하여 지하수원의 보전, 옥상 및 지하의 물탱크 관리와 사용에 대한 규제가 필요하다.

제 2 절 배출시설관리

1. 대기 배출시설의 관리

대기오염물질 배출시설이란 대기환경보전법 제2조 제11호와 동법 시행규칙 제2조의 규정에 의하면 "대기오염물질을 대기에 배출하는 시설물, 기계, 기구, 그 밖의 물체로서 환경부령으로 정하는 것을 말한다."라고 되어 있다. 즉 열공급시설(보일러)에 의한 연소공해 물질로부터 인근 도시주민 및 관광객들의 보건위생상 위해를 방지하여 쾌적한 생활환경을 영위하기 위하여는 관리에 필요한 사항, 즉 대기오염방지기술 및 제반지식을 정확히 숙지하는 것이 매우 중요한 일이며, 대기환경보전법의 목적은 대기오염으로 인한 국민건강이나 환경에 관한 위해(危害)를 예방하고 대기환경을 적정하고 지속가능하게 관리·보전하여 모든 국민이 건강하고 쾌적한 환경에서 생활할 수 있게 하는 것이며, 동법 시행령 제40조(저황유의 사용)와 동법 시행규칙 제5조에 의한 배출시설을 설치하고자 할 때는 동법 시행령 제39조(환경기술인의 자격기준 및 임면기간)에 의거 사업장별로 환경기술인을 임명토록 하고 있다.

1) 관리대상

대기환경보전법 시행령 제11조 제1항에는 동법 제23조 제1항에 따라 설치허가를 받아야 하는 배출시설을 규정하고 있으며, 동법 시행령 제12조 제1항에서는 동법 제23조 제6항에 따라 환경부 장관이 배출시설의 설치를 제한할 수 있는 규정을 두고 있다.

<표 4-1> 사업장별 환경기술인의 자격기준(제39조 제2항 관련)

<table>
<tr><th>구 분</th><th>환경기술인의 자격기준</th></tr>
<tr><td>1종사업장(대기오염물질발생량의 합계가 연간 80톤 이상인 사업장)</td><td>대기환경기사 이상의 기술자격 소지자 1명 이상</td></tr>
<tr><td>2종사업장(대기오염물질발생량의 합계가 연간 20톤 이상 80톤 미만인 사업장)</td><td>대기환경산업기사 이상의 기술자격 소지자 1명 이상</td></tr>
<tr><td>3종사업장(대기오염물질발생량의 합계가 연간 10톤 이상 20톤 미만인 사업장)</td><td>대기환경산업기사 이상의 기술자격 소지자, 환경기능사 또는 3년 이상 대기분야환경관련 업무에 종사한 자 1명 이상</td></tr>
<tr><td>4종사업장(대기오염물질발생량의 합계가 연간 2톤 이상 10톤 미만인 사업장)</td><td rowspan="2">배출시설 설치허가를 받거나 배출시설 설치신고가 수리된 자 또는 배출시설 설치허가를 받거나 수리된 자가 해당 사업장의 배출시설 및 방지시설 업무에 종사하는 피고용인 중에서 임명하는 자 1명 이상</td></tr>
<tr><td>5종사업장(1종사업장부터 4종사업장까지에 속하지 아니하는 사업장)</td></tr>
</table>

비고 : 1. 4종사업장과 5종사업장 중 특정대기유해물질이 포함된 오염물질을 배출하는 경우에는 3종사업장에 해당하는 기술인을 두어야 한다.

2. 1종사업장과 2종사업장 중 1개월 동안 실제 작업한 날만을 계산하여 1일 평균 17시간 이상 작업하는 경우에는 해당 사업장의 기술인을 각각 2명 이상 두어야 한다. 이 경우, 1명을 제외한 나머지 인원은 3종사업장에 해당하는 기술인 또는 환경기능사로 대체할 수 있다.

3. 공동방지시설에서 각 사업장의 대기오염물질발생량의 합계가 4종사업장과 5종사업장의 규모에 해당하는 경우에는 3종사업장에 해당하는 기술인을 두어야 한다.

4. 전체 배출시설에 대하여 방지시설 설치 면제를 받은 사업장과 배출시설에서 배출되는 오염물질 등을 공동방지시설에서 처리하는 사업장은 5종사업장에 해당하는 기술인을 둘 수 있다.

5. 대기환경기술인이 「수질 및 수생태계 보전에 관한 법률」에 따른 수질환경기술인의 자격을 갖춘 경우에는 수질환경기술인을 겸임할 수 있으며, 대기환경기술인이 「소음·진동관리법」에 따른 소음·진동환경기술인 자격을 갖춘 경우에는 소음·진동환경기술인을 겸임할 수 있다.

6. 법 제2조 제11호에 따른 배출시설 중 일반 보일러만 설치한 사업장과 대기오염물질 중 먼지만 발생하는 사업장은 5종사업장에 해당하는 기술인을 둘 수 있다.

7. '대기오염물질발생량'이란 방지시설을 통과하기 전의 먼지, 황산화물 및 질소산화물의 발생량을 환경부령으로 정하는 방법에 따라 산정한 양을 말한다.

2) 대기오염물질의 배출원 및 배출량 조사

대기환경보전법 제17조 제2항에는 시 · 도지사 및 지방 환경관서의 장은 환경부령으로 정하는 바에 따라 관할구역의 배출시설 등 대기오염물질의 배출원 및 배출량을 조사하도록 규정하고 있다. 동법 시행규칙 제5조(대기오염물질배출시설)와 제6조(대기오염방지시설)에 배출시설 및 방지시설에 대해 규정하고 있으며, 동법 제3조 제2항과 동법 시행규칙 제16조에서 "특별시장 · 광역시장 · 도지사 또는 특별자치도지사(이하 '시 · 도지사'라 한다)는 해당 관할구역 안의 대기오염실태를 파악하기 위하여 환경부령으로 정하는 바에 따라 측정망을 설치하여 대기오염도를 상시 측정하고, 그 측정결과를 환경부장관에게 보고하여야 한다."라고 규정하고 있다. 따라서 대기오염 측정기를 보유하고 있는 호텔인 경우는 자체적으로, 측정기가 없는 호텔은 환경부지정 측정대행업체에 법적 기준에 의거하여 검사의뢰를 한다. 동법 시행규칙 제52조 제3항 자가측정의 대상 · 항목 및 방법은 <표 4-2>와 같다.

<표 4-2> 자가측정의 대상 · 항목 및 방법(제52조 제3항 관련)

구분	배출구별 규모	측정횟수	측정항목
제1종 배출구	먼지 · 황산화물 및 질소산화물의 연간 발생량 합계가 80톤 이상인 배출구	매주 1회 이상	별표 8에 따른 배출허용기준이 적용되는 대기오염물질. 다만, 비산먼지는 제외한다.
제2종 배출구	먼지 · 황산화물 및 질소산화물의 연간 발생량 합계가 20톤 이상 80톤 미만인 배출구	매월 2회 이상	
제3종 배출구	먼지 · 황산화물 및 질소산화물의 연간 발생량 합계가 10톤 이상 20톤 미만인 배출구	2개월마다 1회 이상	
제4종 배출구	먼지 · 황산화물 및 질소산화물의 연간 발생량 합계가 2톤 이상 10톤 미만인 배출구	반기마다 1회 이상	
제5종 배출구	먼지 · 황산화물 및 질소산화물의 연간 발생량 합계가 2톤 미만인 배출구	반기마다 1회 이상	

비고: 1. 제3종부터 제5종까지의 배출구에서 특정대기유해물질이 배출되는 경우에는 위 표에도

불구하고 매월 2회 이상 해당 오염물질에 대하여 자가측정을 하여야 한다.
2. 방지시설설치면제사업장은 해당시설에 대한 자가측정을 생략할 수 있다.
3. 측정항목 중 황산화물에 대한 자가측정은 해당 측정대상시설이 중유 등 연료유만을 사용하는 시설인 경우에 연료의 황함유분석표로 갈음할 수 있다.
4. 굴뚝 자동측정기기를 설치한 배출구에 대한 자가측정은 자동측정되는 해당 항목에 한정하여 자가측정을 한 것으로 본다. 다만, 굴뚝 자동측정기기를 설치하여 먼지항목에 대한 자동측정자료를 전송하는 배출구의 경우는 매연항목에 대하여도 자가측정을 한 것으로 본다.
5. 굴뚝 자동측정기기를 설치한 배출구의 경우 자동측정자료를 전송하는 그 항목에 한정하여 자동측정자료를 자가측정자료에 우선하여 활용하여야 한다.
6. 굴뚝 자동측정기기를 설치한 배출구에서 굴뚝 자동측정기기의 고장 등으로 배출구별 규모에 따른 측정횟수를 충족하지 못하는 경우에는 2개월마다 1회 이상 자가측정을 하여야 한다.
7. 대기오염물질 중 먼지만 배출되는 시설로서 별표 4 제5호에 따른 여과집진시설을 설치한 배출시설은 시설의 규모에 관계없이 반기마다 1회 이상, 여과집진시설 외의 방지시설을 설치한 사업장 중 월 2회 이상 측정하여야 하는 배출시설은 2개월마다 1회 이상 측정할 수 있다.
8. 해당연도 이전 최근 2년간 오염도 검사결과 대기오염물질이 계속하여 배출허용기준의 30퍼센트 이내인 경우에는 위 표에도 불구하고 제1종 배출구는 매월 2회 이상, 제2종 배출구는 매월 1회 이상, 제3종 배출구는 분기마다 1회 이상, 제4종 및 제5종 배출구는 매년 1회 이상 측정할 수 있다. 다만, 특정대기유해물질을 배출하는 경우에는 해당 오염물질에 대하여 제1종 배출구는 매월 2회 이상, 제2종부터 제5종까지의 배출구는 매월 1회 이상 측정하여야 한다.
9. 자가측정을 위탁받은 측정대행업자가 해당연도 이전 최근 2년간 「환경분야 시험·검사 등에 관한 법률」 제11조에 따른 정도검사를 받지 아니하거나 같은 법 제18조에 따른 준수사항을 지키지 아니한 경우에는 제8호를 적용하지 아니한다.

2. 대기오염방지시설 및 운영

대기환경보전법 제2조 제12호에 의하면 '대기오염방지시설'이란 대기오염물질 배출시설로부터 나오는 대기오염물질을 없애거나 줄이는 시설로서 환경부령으로 정하는 것을 말하며, 동법 제26조 제1항에서는 배출시설을 설치하거나 변경할 때에는 그 배출시설로부터 나오는 오염물질이 동법 제16조와 동법 시행규칙 제15조의 배출허용기준 이하로 나오게 하기 위하여 대기오염 방지시설(이하 '방지시설'이라 한다)을 설치하여야 하고, 동법 제26조 제2항에서는 방지시설을 설치하지 아니하고 배출시설을 설치·운영하는 자는 방지시설을 설치하도록 규정하고 있다.

세정집진장치

여과집진장치

대기오염방지 전처리시설로는 중력·관성력·원심력·세정·여과·전기음파·흡수 및 흡착 등에 의한 집진시설이 있으며, 방지시설의 선택은 배출시설의 종류 및 설치지역의 대기오염 정도에 따라 고려되어야 한다. 호텔의 중앙 난방공급시설에 사용되는 방지시설에는 다음과 같은 것이 있다.

1) 뱅가드(vanguard)

연료유(燃料油)에 적량의 물을 첨가, 이를 연쇄적으로 유화시키는 동시에 기름 속의 슬러지(sludge)를 미세화 분산시키고 예열온도를 조절하여 오일버너에 공급연소시키는 장치로써 1차 무화(武火)된 연료유가 미세한 물방울의 폭발로 착화 직전에 완전무화되어 공기혼합과 연소속도를 촉진시키는 방법이다.

2) 유화제를 사용하는 유화장치

유화제를 첨가하여 연료유의 유화를 촉진시키는 방법이다.

3) 파워제트

자기와 전기의 작용으로 인해 안정된 연료를 전기적으로 플러스와 마이너스로 파괴, 연료를 미립화하여 공기접촉면을 증기시켜 완전연소를 기하는 방법이다.

4) 멀티사이클론

전자는 모두 전처리시설이나 멀티사이클론은 후처리 원심력 집진기로서 비교적 적은 비용으로 효과적인 제진이 가능하여 대기오염 방지기로 널리 쓰이는 집진기의 하나이다.

3. 연소관리 기준

1) 연소의 저장

① B-C유는 점도가 높은 연료유로서 사용할 때 적정한 점도로 원활한 송유를 기하기 위하여 저장탱크 및 서비스탱크에서 송유 적정온도인 40~60℃를 유지시켜야 하며, 이때 연료출구 측만 국부적으로 가열한다.

② 여과기는 저장탱크와 서비스탱크의 출구 측과 버너입구에 반드시 병렬로 설치하고 여과기 전후에는 압력계를 부착하여 압력차가 0.2kg/cm³ 이상일 때는 여과기를 청소한다.

③ 연료의 사용 및 저장에 필요한 제반사항, 즉 온도, 비중, 점도 등을 확인하여 그 결과를 기록하고 운전관리에 활용하여야 한다.

④ 저장탱크 및 서비스탱크에서는 퇴수밸브를 사용하여 배수처리를 실시

하여야 하며, 저장탱크는 주 1~2회, 서비스탱크는 1일 1회 정도를 기준으로 한다.

2) 연료의 합리화

① B-C유는 공연비 관리기준은 1.2 이하로 하며 수시로 배기가스를 분석, 연소공기량을 조절하여 불완전연소 및 과잉공기비의 운전으로 인한 열 손실을 방지한다.

② 보일러에서 적정무화 및 완전연소를 위해 연료를 예열하여야 열효율을 재고할 수 있다.

③ 연소의 상태를 판단하기 위해서는 화염관찰이 중요하며, 한국열관리사 협회의 보일러의 문제점 해결을 위해 <표 4-3>과 같은 조치를 취하도록 하고 있다.

<표 4-3> 보일러의 문제점과 조치방법

문제점	조 치 방 법
1. 벙커유 중의 수분 함유량이 많을 때	- 벙커유 중의 수분이 끓어서 증기상태로 버너에서 연소 시 헌팅현상이 발생할 수 있음 - 서비스 탱크 하부 drain valve로 물빼기 작업 - 유수 분리기에서의 물빼기 작업 - 벙커유 main storage tank에서의 물빼기 작업(하부 drain)
2. 유배관 중의 막힘현상 발생	- 스트레이너 막힘(1차 : 서비스 탱크, 2차 버너 전단) 밸브의 조작미숙으로 인한 유량 부족 - 유배관 중에 2중관 자켓이나 트레이싱 라인의 증기나 온수 유입온도가 낮아 벙커유 히팅 부족으로 벙커유의 이동이 원활하지 못할 때 - 스트레이너 청소 유배관 도중의 밸브 개폐 확인 - 유배관의 히팅상태 점검(서비스탱크~버너 전단까지) - 버너 전단의 기어펌프 이상 유무 확인(헌팅)
3. 1, 2차 공기의 불균형	- 1차 공기 버너 공기 통로 막힘이나 이물질 고임으로 공기량 부족 - 2차 공기 유입구의 막힘이나 공기 누설 확인, 송풍기 회전수나 전류치 확인 - 공연비 비례대(환봉, 조임 볼트, 댐퍼, 댐퍼베어링 부분) 이상 유무 확인 - 버너 선단 보염기의 위치 이탈이나 흔들림

문제점	조 치 방 법
3. 1, 2차 공기의 불균형	- 2차 공기 윈드 박스의 버너 하단부분의 2차 공기 유입구 이물질로 막힘. 산소로 태움 - 버너 선단의 회전컵 커버의 이동(컵 커버의 위치 확인, 컵이 1~2mm 돌출되어야 함)
4. 벙커유 온도의 부적절성	- 버너의 종류에 따른 벙커유 온도 확인 - BC(90도 이상 : 버너 유입 바로 전) - 버너의 유량 투입량 적절성 확인 1톤당 약 70리터가 소요됨(증기 보일러) - 버너 전단의 유량 조절 밸브의 적정성 확인(리버스 리턴) - 오일 프리히터의 온도 편차의 심함과 용량적정성 여부, 유중의 공기 발생에 대한 제거방법이나 장치 유무 - 벙커유 히팅방법 불량과 경유 세척량 투입의 부족
5. 보일러의 노내압 증가 부분	- 굴뚝이나 연도의 파손으로 인한 통풍력 저하(장애) - 보일러나 굴뚝 중간 부위의 댐퍼 막힘이나 이상 여부 확인
6. 기타	- 벙커유의 품질(다른 기름과의 섞임이나 변질) - 버너의 성능이나 수명 저하 - 근무자의 운전 미숙 - 유 배관설비의 문제점(경유와 벙커유 교체 시) - 기계실 공기 유입 미비로 부압(-) 발생 여부 - 버너 컵 선단의 스크래치(흠집) 발생으로 기름의 웨이브현상 파괴-컵 교체 - 연소실 내의 버너 타일이나 내화물의 탈락으로 인한 연소 문제점
7. 보일러 가동 초기	- 보일러 후단의 투시구를 통하여 화염이 착화되는 것과 불꽃의 퍼짐현상 등을 1일 1회 점검해야 한다.

제3절
상 · 하수도 요금 및 지하수 원수대금

1. 용어의 정의

1) 수도법 제3조에 따른 용어의 뜻

- '원수(原水)'란 음용(飮用) · 공업용 등으로 제공되는 자연상태의 물을 말한다. 다만, 「농어촌정비법」 제2조 제3호에 따른 농어촌용수는 제외한다.
- '상수원'이란 음용 · 공업용 등으로 제공하기 위하여 취수시설(取水施設)을 설치한 지역의 하천 · 호소(湖沼) · 지하수 · 해수(海水) 등을 말한다.
- '광역상수원'이란 둘 이상의 지방자치단체에 공급되는 상수원을 말한다.
- '정수(淨水)'란 원수를 음용 · 공업용 등의 용도에 맞게 처리한 물을 말한다.
- '수도'란 관로(管路), 그 밖의 공작물을 사용하여 원수나 정수를 공급하는 시설의 전부를 말하며, 일반수도 · 공업용수도 및 전용수도로 구분한다. 다만, 일시적인 목적으로 설치된 시설과 「농어촌정비법」 제2조 제6호에 따른 농업생산기반시설은 제외한다.
- '일반수도'란 광역상수도 · 지방상수도 및 마을상수도를 말한다.
- '광역상수도'란 국가 · 지방자치단체 · 한국수자원공사 또는 국토해양부장관이 인정하는 자가 둘 이상의 지방자치단체에 원수나 정수를 공급(제43조 제4항에 따라 일반 수요자에게 공급하는 경우를 포함한다)하는 일반수도를 말한다. 이 경우 국가나 지방자치단체가 설치할 수 있는 광역상수도의 범위는 대통령령으로 정한다.
- '지방상수도'란 지방자치단체가 관할 지역주민, 인근 지방자치단체 또는 그 주민에게 원수나 정수를 공급하는 일반수도로서 광역상수도 및 마을상수도 외의 수도를 말한다.

- ‘전용수도’란 전용상수도와 전용공업용 수도를 말한다.
- ‘전용상수도’란 100명 이상을 수용하는 기숙사 · 사택 · 요양소, 그 밖의 시설에서 사용되는 자가용의 수도와 수도사업에 제공되는 수도 외의 수도로서 100명 이상 5천 명 이내의 급수인구(학교 · 교회 등의 유동인구를 포함한다)에 대하여 원수나 정수를 공급하는 수도를 말한다. 다만, 다른 수도에서 공급되는 물만을 상수원으로 하는 것 중 대통령령으로 정하는 것과 그 수도시설의 규모가 대통령령으로 정하는 기준에 못 미치는 것은 제외한다.

2) 하수도법 제2조에 따른 용어의 정의

- ‘하수’라 함은 사람의 생활이나 경제활동으로 인하여 액체성 또는 고체성의 물질이 섞여 오염된 물(이하 ‘오수’라 한다)과 건물 · 도로, 그 밖의 시설물의 부지로부터 하수도로 유입되는 빗물 · 지하수를 말한다. 다만, 농작물의 경작으로 인한 것을 제외한다.
- ‘하수도’라 함은 하수와 분뇨를 유출 또는 처리하기 위하여 설치되는 하수관거 · 공공하수처리시설 · 분뇨처리시설 · 배수설비 · 개인하수처리시설, 그 밖의 공작물 · 시설의 총체를 말한다.
- ‘공공하수도’라 함은 지방자치단체가 설치 또는 관리하는 하수도를 말한다. 다만, 개인하수도를 제외한다.
- ‘개인하수도’라 함은 건물 · 시설 등의 설치자 또는 소유자가 당해 건물 · 시설 등에서 발생하는 하수를 유출 또는 처리하기 위하여 설치하는 배수설비 · 개인하수처리시설과 그 부대시설을 말한다.
- ‘하수관거’라 함은 하수를 공공하수처리시설로 이송하거나 하천 · 바다, 그 밖의 공유수면으로 유출시키기 위하여 지방자치단체가 설치 또는 관리하는 관로와 그 부속시설을 말한다.
- ‘합류식 하수관거’라 함은 오수와 하수도로 유입되는 빗물 · 지하수가 함

께 흐르도록 하기 위한 하수관거를 말한다.

- '분류식 하수관거'라 함은 오수와 하수도로 유입되는 빗물 · 지하수가 각각 구분되어 흐르도록 하기 위한 하수관거를 말한다.
- '공공하수처리시설'이라 함은 하수를 처리하여 하천 · 바다, 그 밖의 공유 수면에 방류하기 위하여 지방자치단체가 설치 또는 관리하는 처리시설과 이를 보완하는 시설을 말한다.
- '배수설비'라 함은 건물 · 시설 등에서 발생하는 하수를 공공하수도에 유입시키기 위하여 설치하는 배수관과 그 밖의 배수시설을 말한다.
- '개인하수처리시설'이라 함은 건물 · 시설 등에서 발생하는 오수를 침전 · 분해 등의 방법으로 처리하는 시설을 말한다.

3) 지하수법 제2조에 따른 용어의 정의

- '지하수'라 함은 지하의 지층이나 암석 사이의 빈틈을 채우고 있거나 흐르는 물을 말한다.
- 또한 '지하수'를 총고형물질의 함량에 따라 다음과 같이 구분하고 있다.
  가. **담수지하수** : 총고형물질이 1,000mg/ℓ 미만인 지하수
  나. **염지하수** : 총고형물질이 1,000mg/ℓ 이상인 지하수
  (제주특별자치도 지하수관리 기본조례 제2조 제1호)

- '지하수보전구역'이라 함은 지하수의 수량이나 수질의 보전에 필요한 구역으로서 제12조의 규정에 의하여 지정된 구역을 말한다.
- '지하수정화업'이라 함은 지하수에 함유된 오염물질을 제거 · 분해 또는 희석하여 지하수의 수질개선을 하는 사업을 말한다.
- '원상복구'라 함은 원상복구 대상인 시설 또는 토지에 대하여 오염물질의 유입을 막고 사람의 보건 및 안전에 위험을 주지 아니하도록 해당시설을 해체하거나 해당 토지를 적절하게 되메우는 것을 말한다.

2. 상수도 요금의 계산

1) 공급규정의 승인신청

수도법 시행령 제53조는 동법 제38조에 따라 수돗물의 공급규정에 관한 인가관청의 승인을 받으려는 자는 “수돗물의 요금 산정에 필요한 기초자료”와 “급수설비에 관한 공사비용의 산출기준과 방법” 등이 포함된 공급규정을 정하여 승인을 신청하여야 한다.

2) 업종구분

제주특별자치도 수도급수 조례 제29조에 의한 업종구분은 <표 4-4>와 같다. 다만, 업종구분이 불명확하거나 업종적용이 부적당하다고 인정되는 경우에는 도지사가 따로 정하여 조정할 수 있다.

3) 수돗물의 요금

제주특별자치도 수도급수 조례 제27조에 따라 수돗물의 요금은 업종별 요금인 <표 4-5>에 의한 요금과 구경별 정액요금인 <표 4-6>을 합한 금액으로 한다.

4) 사용수량의 인정

제주특별자치도 수도급수 조례 제31조에 의거 사용수량은 수도계량기에 의하여 계량한다.

5) 요금 등의 감면

제주특별자치도 수도급수 조례 제39조 제1항에 해당하는 경우로서 도지사에게 신고한 다음의 경우에는 수도 요금의 30퍼센트를 감면할 수 있다.

- 「수도법」 제14조 및 「하수도법」 제26조에 의하여 중수도를 설치・운영하는 경우
- 「수도법」 제16조 제3항에 의하여 빗물이용시설을 설치・운영하는 경우
- 「사회복지사업법」의 규정에 의한 사회복지시설 중 수용보호시설
- 초・중・고교
- 항만시설 보호지구 내의 선박급수시설
- 「제주특별자치도 설치 및 국제자유도시 조성을 위한 특별법」 제174조에 의하여 등록된 휴양펜션업
- 그 밖에 도지사가 공익상 또는 특별한 사유가 있다고 인정할 때에는 요금 및 수수료를 감면할 수 있으며 이에 필요한 사항은 규칙으로 정한다.

6) 수도계량기 검침업무 및 사용료 부과징수 업무의 위・수탁

제주특별자치도 수도급수 조례 제44조 제1항에 따라 도지사는 타 회계로부터 사용료 부과・징수업무를 수탁받아 처리하거나 효율적인 업무수행을 위하여 수도계량기 검침 및 요금고지서 송달업무 등을 위탁할 수 있다.

<표 4-4> 업종구분표(제주특별자치도 수도급수 조례 제29조 관련)

구분 업종별	업 태
가정용	○ 전용 또는 공용급수전에 의하여 가사용으로 급수하는 것 ○ 10㎡ 미만의 담배, 연탄, 양곡, 문방구, 지물, 철물 등의 소매점 및 주택 내 수선업(양복, 양장수선 등), 복덕방, 인장업, 행정서사업, 수예점, 만화가게 등 ○ 마을단위로 운영하는 비영리용 공동 목욕탕 ○ 보육원, 양로원 등 비영리법인으로서 「사회복지사업법」에 의한 사회복지시설
업무용	○ 영리를 목적으로 물품을 제조 또는 판매하거나 서비스를 제공하는 업소 중 타 업종에 속하지 않은 모든 업소 ○ 사설소화전 ○ 관공서, 군부대, 국가 또는 제주자치도가 50퍼센트 이상 출자・출연한 법인 및 단체(생산, 제조용수 제외), 종교단체, 방송국, 신문사, 정당, 사회단체(사회단체등록에 관한 법률에 등록된 공익단체), 새마을금고, 농협, 수협, 감협, 축협의 중앙회 및 지사무소

업종별 \ 구분	업 태
영업용	○ 식품접객업(다만, 일반 · 휴게음식점은 80㎡ 이상에 한한다), 공연장, 숙박업(여인숙 제외), 유기장, 백화점, 도매센터, 대규모 소매업(165㎡ 이상), 자동차 정비업, 카센터, 주차장, 세차장, 주유소, 운수업, 관광업, 예식장, 이 · 미용업(피부관리실 포함), 스포츠마사지, 사설학원, 사진현상소, 양조업, 의약품, 화공약품, 화장품제조업, 자동차판매업, 체육시설업(체육도장업, 탁구장업 제외), 금융업(한국은행, 전당포 제외), 보험업, 제빙냉동냉장업, 식(료)품 제조 및 가공업, 떡방앗간, 낙농제품제조업, 도축업, 운송장비 및 기계류판매업, 청량음료제 조업, 다방, 금 · 은방, 석재류가공제조업, 찜질방, 안마시술소, 안마원, 화훼, 식목업, 시멘트제조업, 병(의)원 ○ 음악산업진흥에 관한 법률에 의한 음반 · 음악영상물 제작 · 배급 · 판매업, 온라인음악서비스제공업, 노래연습장업 ○ 게임산업진흥에 관한 법률에 의한 게임제작 · 배급 · 제공업, 인터넷컴퓨터 게임시설제공업 ○ 영화 및 비디오물의 진흥에 관한 법률에 의한 비디오물 제작 · 배급업, 비디오물 시청제공업, 영화상영관

<표 4-5> 상수도 업종별 요금표(제주특별자치도 수도급수 조례 제27조 관련)

업종별 \ 구분	사 용 량	요 금 (원)
가정용	0~10톤까지 1톤당	210
	11~20톤까지 1톤당	400
	21~30톤까지 1톤당	480
	31~40톤까지 1톤당	570
	41~50톤까지 1톤당	660
	51톤 이상	770
업무용	0~20톤까지 1톤당	440
	21~50톤까지 1톤당	900
	51~100톤까지 1톤당	1,170
	101~300톤까지 1톤당	1,380
	301톤 이상	1,610
영업용	0~30톤까지 1톤당	610
	31~50톤까지 1톤당	1,510
	51~100톤까지 1톤당	1,900
	101톤 이상	2,290

구분 업종별	사 용 량	요 금 (원)
농수축산용	0~30톤까지 1톤당	220
	31~50톤까지 1톤당	250
	51~100톤까지 1톤당	270
	101톤 이상	290
대중탕용	0~200톤까지 1톤당	480
	201~300톤까지 1톤당	760
	301~500톤까지 1톤당	930
	501톤 이상	1,090
산업용	1톤당	390

<표 4-6> 상수도 구경별 정액요금표(제주특별자치도 수도급수조례 제27조 관련)

계량기 구경별	정 액 요 금(원)
13m/m	700
20m/m	1,340
25m/m	2,010
32m/m	3,400
40m/m	5,170
50m/m	8,900
75m/m	20,290
100m/m	33,240
150m/m	69,600
200m/m	99,410
250m/m	238,470
300m/m	297,530

3. 하수도 요금의 계산

1) 하수도의 사용료 등

하수도법 시행령 제65조 제1항에 따라 공공하수도관리청은 공공하수도를 점용 또는 사용하는 자로부터 점용료 또는 사용료를 징수할 수 있다. 이 경우 점용료 또는 사용료의 징수에 관하여는 대통령령이 정하는 기준에 따라 당해 지방자치단체의 조례로 정한다.

2) 공공하수도 사용료

제주특별자치도 하수도 사용 조례 제14조 제2항에 따라 공공하수도사용료는 공공하수도로 배출하는 하수의 양과 업종에 따라 별표 3의 요율 및 업종구분에 의하여 부과·징수한다.

3) 공공하수도 사용료의 납기와 징수방법

제주특별자치도 하수도 사용 조례 제15조 제1항에 따라 하수도법 제65조에 따른 공공하수도 사용료의 납기와 징수방법은 「제주특별자치도 수도급수 조례」 제33조를 적용하며, 수도요금고지서에 함께 고지하여 동시에 징수한다.

4) 하수배출량의 산정

제주특별자치도 하수도 사용 조례 제16조에서 공공하수도 사용료 부과를 위한 하수배출량을 다음과 같이 산정하고 있다.

- 공공하수도의 사용자가 상수도 사용자인 경우에는 상수도급수량을 하수배출량으로 본다.
- 「제주특별자치도 설치 및 국제자유도시 조성을 위한 특별법」 제312조에 따라 지하수 개발·이용의 허가 또는 신고를 한 경우의 지하수 이용량
- 하천수, 온천수, 해수 등 상수도 급수 및 지하수 사용을 제외한 경우에는

신청량

- 상수도사용자이면서 지하수 등을 겸용으로 사용하는 경우에는 상수도급수량과 지하수 등의 사용량을 합산한 수량을 하수배출량으로 본다.

<표 4-7> 하수도 요율 및 업종별 구분표(제주특별자치도 하수도사용조례 제14조 제2항 관련)

○ 제주시 동 지역 및 읍면 지역

구분 / 업종별	제주시 동 지역		제주시 읍면 지역	
	사용구분(㎥/월)	㎥당 단가(원)	사용구분(㎥/월)	㎥당 단가(원)
가정용	1~10	85	1~10	111
	11~20	220	11~20	132
	21~30	230	21~30	156
	31~40	325	31~40	204
	41~50	335	41~50	264
	51 이상	345	51 이상	342
업무용	1~20	170	1~20	158
	21~50	265	21~50	189
	51~100	420	51~100	225
	101~300	440	101~300	248
	301 이상	470	301 이상	275
영업용	1~30	235	1~30	168
	31~50	345	31~50	238
	51~100	530	51~100	355
	101~500	675	101 이상	460
	501 이상	855		
욕탕 1종	1~1,000	230	1~200	270
	1,001~2,000	265	201~300	306
	2,001 이상	275	301~500	336
			501 이상	372
욕탕 2종	1~200	170	1~200	330
	201~300	465	201~500	396
	301~500	825	501~1,000	516
	501 이상	980	1,001 이상	720
산업용	단일구간	250	단일구간	180

※ 서귀포시 동 지역·읍면 지역은 제주시 읍면 지역과 동일함

4. 지하수 요금의 계산

1) 지하수관리특별회계의 설치 등

지하수법 제30조의 2 제1항에서 시 · 군 또는 자치구는 관할구역 안의 지하수의 적정한 개발 · 이용과 보전 · 관리를 위하여 소요되는 사업비 등을 조달하기 위하여 지하수관리특별회계(이하 '특별회계'라 한다)를 설치할 수 있다.

2) 지하수이용부담금의 부과 · 징수

지하수법 시행령 제40조의 3 제2항에 따라 시 · 군 조례로 지하수이용부담금 산정기준을 정함에 있어서 지하수취수량 · 용도 등을 고려하도록 하고 있다.

3) 지하수 원수의 공급 등

제주특별자치도 지하수관리 기본조례 제36조 제1항에 따라 도지사는 다음 각호의 어느 하나에 해당하는 지역 내에서 지하수 개발 · 이용이 불가피하다고 판단되는 경우에는 도지사가 직접 지하수를 개발하여 공급할 수 있으며, 이 경우 지하수 원수공급시설은 원인자 부담으로 하고, 지하수를 공급받는 자에게 제주도특별법 제317조의 규정에 의한 지하수 원수대금을 부과 · 징수할 수 있다(<개정 2009.4.15>).

1. 특별법 제312조 제3항 제3호 및 제11조 규정에 의한 지하수 개발 · 이용 허가가 제한되는 구역 또는 지역
2. 특별법 제312조 제8항 및 제30조의 규정에 의한 지하수자원특별관리구역
3. 공공용수 공급시설로부터 용수공급이 곤란한 지역
4. 지하수 개발 · 이용에 따른 분쟁이 발생하거나 분쟁발생이 예상되는 지역
5. 대량의 용수공급을 필요로 하는 지역

4) 지하수원수대금의 계산방법

제주특별자치도 지하수관리 기본조례 제57조는, 특별법 제317조 제1항의 규정에 의한 원수대금을 수도법 제38조에 따라 국토해양부 장관이 한국수자원공사에서 승인한 원수공급 원가를 기준으로 정한 업종별 요금(<표 4-8>)에 의한 기본요금과 초과요금의 합계금액으로 한다(<개정 2009.4.15>).

5) 지하수 이용량의 산정

제주특별자치도 지하수관리 기본조례 제60조에 따라 지하수의 이용량은 계량기에 의하여 계량한다. 다만, 계량기에 의한 계량이 불가능할 경우에는 다음 어느 하나의 방법에 따라 이용량을 산정한다.

1. 자동모터펌프 사용자로서 시간계측기가 설치된 경우에는 자동모터펌프의 양수능력과 시간계측기에 의한 사용시간을 기준하여 다음 산식에 의하여 산정한다.
   월간 이용량 = 시간당 출수량 × 월간 양수시간

2. 자동모터펌프 사용자로서 전력계기가 설치된 경우에는 전력사용량을 양수시간으로 환산하여 다음 산식에 의하여 산정한다.
   월간 이용량 = 시간당 출수량 × [월간 전력사용량 ÷ 모터용량(킬로와트)]

<표 4-8> 지하수 원수대금 업종별 요금표(지하수관리 기본조례 제57조 관련)

구 분		사용량 (㎥/월)	단 가 (원/㎥)
영업용	기본요금	200㎥ × 원수공급원가의 40%	
	초과요금	201~1,000	원수공급원가의 60%
		1,001~2,000	원수공급원가의 80%
		2,001~3,000	원수공급원가의 100%
		3,001~4,000	원수공급원가의 120%
		4,001~5,000	원수공급원가의 140%
		5,001~6,000	원수공급원가의 160%
		6,001~7,000	원수공급원가의 180%
		7,001~8,000	원수공급원가의 200%
		8,001~9,000	원수공급원가의 220%
		9,001~10,000	원수공급원가의 240%
		10,001~20,000	원수공급원가의 300%
		20,001~30,000	원수공급원가의 400%
		30,001~50,000	원수공급원가의 500%
		50,001㎥ 이상	원수공급원가의 600%
골프장 및 온천	기본요금	3,000㎥ × 원수공급원가의 100%	
	초과요금	3,001~4,000	원수공급원가의 120%
		4,001~5,000	원수공급원가의 140%
		5,001~6,000	원수공급원가의 160%
		6,001~7,000	원수공급원가의 180%
		7,001~8,000	원수공급원가의 200%
		8,001~9,000	원수공급원가의 220%
		9,001~10,000	원수공급원가의 240%
		10,001~20,000	원수공급원가의 300%
		20,001~30,000	원수공급원가의 400%
		30,001~40,000	원수공급원가의 500%
		40,001~50,000	원수공급원가의 700%
		50,001~60,000	원수공급원가의 900%
		60,001~70,000	원수공급원가의 1100%
		70,001~80,000	원수공급원가의 1300%
		80,001㎥ 이상	원수공급원가의 1500%
가정용	기본요금	200㎥ × 원수공급원가의 30%	
	초과요금	201㎥ 이상	원수공급원가의 50%
공장 및 제조업	기본요금	200㎥ × 원수공급원가의 40%	
	초과요금	201~1,000	원수공급원가의 50%
		1,001~2,000	원수공급원가의 60%
		2,001~3,000	원수공급원가의 70%
		3,001~4,000	원수공급원가의 80%
		4,001~5,000	원수공급원가의 90%
		5,001~6,000	원수공급원가의 100%
		6,001~7,000	원수공급원가의 120%
		7,001~8,000	원수공급원가의 140%
		8,001~9,000	원수공급원가의 160%
		9,001~10,000	원수공급원가의 180%
		10,001㎥ 이상	원수공급원가의 200%
비영업용	기본요금	200㎥ × 원수공급원가의 40%	
	초과요금	201~1,000	원수공급원가의 60%
		1,001~2,000	원수공급원가의 70%
		2,001~3,000	원수공급원가의 80%
		3,001~4,000	원수공급원가의 90%
		4,001~5,000	원수공급원가의 100%
		5,001~6,000	원수공급원가의 120%
		6,001~7,000	원수공급원가의 140%
		7,001~8,000	원수공급원가의 160%
		8,001~9,000	원수공급원가의 180%
		9,001~10,000	원수공급원가의 200%
		10,001㎥ 이상	원수공급원가의 250%
기능성 음료 등 제조·판매용	기본요금	3,000㎥ × 원수공급원가의 300%	
	초과요금	3,000㎥ 이상	원수공급원가의 600%
먹는샘물	기본요금	3,000㎥ × 원수공급원가의 1000%	
	초과요금	3,000㎥ 이상	원수공급원가의 2000%

※ 원수대금 = 기본요금 + 초과요금

※ 업종별 요금표(원수공급원가: 213원 - 국토해양부 장관이 한국수자원공사에 승인한 원수공급원가)

5. 호텔업의 상 · 하수도 및 지하수 요금

1) 제주지역 A호텔의 올해 8월 검침결과 수돗물 사용량이 3,000㎥인 경우, 상수도 요금은?

* 호텔인 경우 <표 4-5>의 상수도 업종별 요금표에 따라 영업용으로 분류됨

* 제주특별자치도 수도급수 조례 제27조 영업용 상수도 요금계산 방법에 따라 계산하면

① 0~30톤까지 1톤당 610원 30톤 × 610원 = 18,300원
② 31~50톤까지 1톤당 1,510원 20톤 × 1,510원 = 30,200원
③ 51~100톤까지 1톤당 1,900원 50톤 × 1,900원 = 95,000원
④ 101톤 이상 1톤당 2,290원 2,900톤 × 2,290원 = 6,641,000원

계 6,784,500원

2) A호텔이 제주시 연동지역에 위치할 경우, 하수도 요금은?

* A호텔이 동 지역에 위치하므로 <표 4-7>에 의해 동(洞) 지역 하수도 요율을 적용하고 업종별 구분은 영업용임

① 1~30톤 1톤당 235원 30톤 × 235원 = 7,050원
② 31~50톤 1톤당 345원 20톤 × 345원 = 6,900원
③ 51~100톤 1톤당 530원 50톤 × 530원 = 26,500원
④ 101~500톤 1톤당 675원 400톤 × 675원 = 270,000원
⑤ 501톤 이상 1톤당 855원 2,500톤 × 855원 = 2,137,500원

계 2,447,950원

3) A호텔의 상 · 하수도 사용료에 대한 부가세는?

* 상 · 하수도 사용료는 상수도 요금과 하수도 요금의 합계에 대한 10%임 (10원 이하 절삭)

(6,784,500원 + 2,447,950원) × 10% = 923,245원 ⇒ 923,240원

4) A호텔 계량기 구경이 100㎜인 경우 정액요금은?

* <표 4-6>의 상수도 구경별 정액요금표에 따라 100㎜인 경우 33,240원임

5) A호텔의 상 · 하수도 사용료 고지서의 금액은?

* 상 · 하수도 사용료 고지서 = 상수도 요금 + 구경별 정액료 + 하수도 요금 + 부가가치세

6,784,500원 + 33,240원 + 2,447,950원 + 923,240원 = 10,188,930원

6) 연동지역 B호텔은 올해 8월 검침결과 지하수 사용량이 10,000㎥이다. 지하수 원수대금은?

* 호텔은 지하수관리 기본조례 제57조에 의거 지하수 원수대금의 계산방법은 <표 4-8>에 따라 영업용을 적용

* 원수공급원가는 213원이며, 원수대금 = 기본요금 + 초과요금 + 부가세

① 기본요금: 200㎥ × 원수공급원가의 40%, 200 × 213 × 0.4 = 17,040 × 1.1 = 18,744 ⇒ 18,740원

② 201~1,000톤 원수공급원가의 60%, 800 × 213 × 0.6 = 102,240 × 1.1 = 112,464 ⇒ 112,460원

③ 1,001~2,000톤 원수공급원가의 80%, 1,000 × 213 × 0.8 = 170,400

× 1.1 = 187,440원

④ 2,001~3,000톤 원수공급원가의 100%, 1,000 × 213 × 1.0 = 213,000 × 1.1 = 234,300원

⑤ 3,001~4,000톤 원수공급원가의 120%, 1,000 × 213 × 1.2 = 255,600 × 1.1 = 281,160원

⑥ 4,001~5,000톤 원수공급원가의 140%, 1,000 × 213 × 1.4 = 298,200 × 1.1 = 328,020원

⑦ 5,001~6,000톤 원수공급원가의 160%, 1,000 × 213 × 1.6 = 340,800 × 1.1 = 374,880원

⑧ 6,001~7,000톤 원수공급원가의 180%, 1,000 × 213 × 1.8 = 383,400 × 1.1 = 421,740원

⑨ 7,001~8,000톤 원수공급원가의 200%, 1,000 × 213 × 2.0 = 426,000 × 1.1 = 468,600원

⑩ 8,001~9,000톤 원수공급원가의 220%, 1,000 × 213 × 2.2 = 468,600 × 1.1 = 515,460원

⑪ 9,001~10,000톤 원수공급원가의 240%, 1,000 × 213 × 2.4 = 511,200 × 1.1 = 562,320원

계 3,505,120원

7) B호텔의 올해 8월 하수도 사용료는?

* B호텔이 동 지역에 위치하므로 동(洞) 지역 하수도 요율을 적용하고 업종별 구분은 영업용임

① 1~30톤 1톤당 235원, 30톤 × 235원 = 7,050원 × 1.1 = 7,755원 ⇒ 7,750원

② 31~50톤 1톤당 345원, 20톤 × 345원 = 6,900원 × 1.1 = 7,590원

③ 51~100톤 1톤당 530원, 50톤 × 530원 = 26,500원 × 1.1 = 29,150원

④ 101~500톤 1톤당 675원, 400톤 × 675원 = 270,000원 × 1.1 = 297,000원

⑤ 501톤 이상 1톤당 855원, 9,500톤 × 855원 = 8,122,500원 × 1.1 = 8,934,750원

계 9,276,240원

8) B호텔의 지하수 원수대금 및 하수도 사용료에 대한 고지서의 금액은?

* 지하수 원수대금과 하수도 사용료 고지서 = 지하수 원수대금 사용료 + 지하수 하수도료 사용료
3,505,120원 + 9,276,240원 = 12,781,360원

9) C호텔은 올해 8월 검침결과 수돗물 사용량이 3,000㎥이고 지하수 사용량이 10,000㎥인 경우 상 · 하수도 사용료 고지서, 지하수 원수대금 및 하수도 사용료 고지서의 금액은?

* 상 · 하수도 사용료 고지서와 지하수 원수대금 고지서 및 하수도 사용료 고지서는 별도 작성

* 상 · 하수도 사용료 고지서 10,188,930원

* 지하수 원수대금 고지서 및 하수도 사용료 고지서 12,781,360원

제5장

안전관리

제5장 안전관리

제1절 안전관리의 의의 및 대상

1. 안전관리의 의의

안전이란 의미는 한글사전에서는 "온전하여 걱정이 없음"이라 하였고, The Heritage Dictionary of the English Language에서는 security와 safety로서, 즉 security: freedom from risk or danger(위험과 재해로부터의 해방), safety: freedom from doubt anxiety or fear라 하였으며, 웹스터 영영사전에 의하면 안전항해, 로스(loss: 감원), 고통 또는 위해(危害)에 노출되는 것으로부터의 자유라 하고 그와 같은 자유를 위한 보호, 관리 또는 방호장치(locking system) 및 질병(직업병)의 방지에 필요한 기술과 지식이라고 하였다.

우리나라에서는 security를 안전 또는 보안이라고 번역하는데 이 모두가 사고의 방지라고 할 수 있다. 따라서 호텔기업 안전관리는 그 호텔의 시설, 즉 외형적인 건물에 대해서뿐만 아니라 그 시설(호텔건물) 내에 있는 재산과 모든 사람들의 생명과 재산에 대한 안전의 책임을 지고 있다고 할 때 안전관리의 의의는 분명한 것이다.

호텔기업에 있어서 필수적인 안전욕구의 사항을 살펴보면 호텔경영 및 호텔시설에 관련된 모든 것이 안녕을 보장하고 생명과 재산을 보호하며 인위적·천연적인 재해나 범죄의 위험성에 대하여 최소화할 것을 요구하는 것이다.

한편, 이러한 재난들은 화재, 홍수, 지진, 태풍, 유행병, 군중소요, 폭발, 파업, 사기, 절도 등을 포함한다. 호텔기업들의 재난을 고려하는 바와 같이 호텔관리자들은 호텔의 여러 부문별로 위험이 미칠 영향을 고려하여 대처방안을 결정하여야 한다. 즉 호텔경영에 관련된 호텔의 재산과 그 주변 또는 호텔에 부속된 시설과 호텔시설 내에 있는 설비물과 비품 및 호텔에 체재하는 고객의 생명과 재산, 종업원들의 생명과 재산 등의 관리이다. 그러한 재난이 미치는 각 부문별 영향의 관계는 어떠한 안전수단이 가장 바람직한 안전관리인가를 결정하고, 호텔기업 경영상 발생하는 재해의 원인 및 경과의 규명과 그 방지에 필요한 관리를 말한다.

2. 안전관리의 대상

호텔기업에 있어서 안전관리의 대상으로 첫째는 호텔기업의 고정자산인 건물과 시설을 비롯하여 비품 및 각종 재료이며, 둘째는 고객의 생명과 재산, 셋째는 종업원의 생명과 재산 등이다. 이를 더욱 세분하여 보면 객실부문 및 식음료 부문, 시설부문으로 구분할 수 있다.

제 2 절 시설부문의 안전관리

시설부문의 안전관리는 재해로부터 인간의 생명과 재산을 보호하기 위한 계획적이고 체계적인 제반활동을 말한다. 안전활동이 생활화 · 습관화되도록 지도 · 계몽하며, 재해발생 시에는 정확한 원인을 분석하여 같은 재해가 다시 발생하지 않도록 안전교육 및 점검을 통한 안전관리 업무계획을 수립하고 예방대책을 세움으로써 재해를 미연에 방지하는 데 목적이 있다.

1. 시설물의 안전관리

1) 안전관리 계획의 수립

호텔시설 책임자는 호텔의 안전관리를 위하여 다음 시설에 대한 안전관리 계획을 수립하여야 한다.

① 고압가스시설
② 난방시설(중앙집중식)
③ 발전 및 변전시설
④ 위험물 저장시설
⑤ 소방시설
⑥ 승강기 및 인양기
⑦ 가스배출기
⑧ 석축, 옹벽, 담장, 맨홀, 정화조, 상하수도
⑨ 옥상 및 계단 등의 난간
⑩ 우물, 지하수 및 비상저수시설
⑪ 펌프실
⑫ 중앙감시실
⑬ 각종 오락・놀이기구
⑭ 수영장・헬스클럽

2) 책임점검

① 시설책임자는 안전관리계획이 정하는 바에 따라 시설별로 안전관리 책임자를 임명하여 책임점검을 실시하도록 한다.
② 책임점검을 하는 안전관리 책임자는 안전관리 점검기록부를 작성・보

관하여야 하며, 승강기(elevator)의 경우에는 승강기안전점검 검사필증을 승강기마다 부착하여야 한다.

3) 안전관리 점검체제의 편성 및 운영

① 업장별・기능별 책임자를 선임하여 일일점검 및 주간점검을 실시한다.
② 점검 시 발견된 위해요소는 조치대책을 수립하여 작업에 임한다.
③ 당일 조치하기 어려운 사항은 응급조치 후 조치방안을 강구한다.
④ 시설부에서 자체 처리하기 곤란한 사항은 전문가에게 기술지원을 받아야 한다.
⑤ 작업완료 시에는 일지에 기록하여 보관한다.

4) 점검구분

(1) 정기점검

① 일일점검

Ⓐ 시설물의 기능유지, 기기의 정상작동, 안전사고 방지 등을 위하여 수시로 점검해야 할 사항은 일일점검을 실시한다.
Ⓑ 일일점검 결과는 일일점검표 양식에 의거하여 기록한 후 보관・비치한다.
Ⓒ 일일점검 대상물 및 점검사항은 <표 5-1>과 같다.

② 주간점검

Ⓐ 점검을 자주 하지 않아도 시설물 불가동, 고객의 불편, 안전사고 등의 우려가 적은 사항
Ⓑ 주간점검을 실시해야 할 대상물을 선정하고, 주간점검표를 만들어 점검사항을 점검, 기록한다.

③ **월간점검**

Ⓐ 일일점검, 주간점검 사항을 일괄하여 매월 시설책임자가 월간점검을 실시한다.

Ⓑ 월간점검사항은 그 시행결과를 기록하여 보관한다.

(2) 수시점검

노후시설, 위해발생의 우려가 있는 시설물은 매분기 1회 이상 수시로 점검을 실시한다.

(3) 점검 시 유의사항

① 세밀하게 조사하고 경미한 사항이라도 방치해서는 안된다.

② 과거에 사고가 발생했던 장소는 발생요인이 없어졌는가를 확인한다.

③ 발견된 불안요소는 단순한 시정조치로 끝내지 말고 조사・분석하여 근본적인 대책을 강구한다.

④ 시설부 자체에서 처리하기 곤란한 사항은 전문가에게 기술지원을 받아 처리한다.

<표 5-1> 시설관련 일일 안전점검표

구분	점검사항	점검자 : 일 자 : 요일 :						
보일러	1. 관계자 외의 인원은 통제하고 있는가?							
	2. 누유개소 및 누설기름을 방치하고 있지 않은가?							
	3. 누수개소는 없는가?							
	4. 예열기의 제어온도는 적당한가?							
	5. 배수펌프의 작동은 정상인가?							
	6. 댐퍼 및 송풍기의 작동은 정상인가?							
	7. 압력계는 정상지침으로 유지되는가?							
	8. 안전밸브의 작동은 정상인가?							
	9. 수위검출장치의 작동은 정상인가?							
	10. 착화 및 점화장치는 이상이 없는가?							
	11. 버스노즐에 불순물 부식은 없는가?							
	12. 점화 전후 통풍은 충분히 실시하는가?							
	13. 공구와 안전용구는 정위치에 비치 · 정돈되어 있는가?							
자동제어	1. 컨트롤 밸브의 작동상태는 양호한가?							
	2. 조작반의 전압은 정상적으로 변압되는가?							
	3. 각종 온도조절기의 동작상태는 양호한가?							
	4. 각종 온도감지기는 이상이 없는가?							
	5. 각종 변환기의 변환상태는 양호한가?							
	6. 각종 기록계기의 동작상태는 양호한가?							
	7. 에어콤프레셔의 작동은 정상인가?							
	8. 질소가압장치의 누기(漏氣) 등 이상은 없는가?							
저수조	1. 저수위 고수위계 또는 체크밸브의 작동상태는 완전한가?							
	2. 퇴수밸브의 작동상태는 양호한가?							
	3. 누수 및 오버드레인은 되고 있지 않은가?							
	4. 탱크에 산화 부식된 곳은 없는가?							
	5. 탱크의 보온상태는 양호한가?							
기계실	1. 온도계, 압력계의 지침은 정상인가?							
	2. 펌프회전부에 열 발생은 없는가?							
	3. 펌프마그네트 스위치 작동은 정상인가?							
	4. 저량조 온도조절밸브의 작동은 정상인가?							
	5. 펌프의 축진동은 없는가?							
	6. 펌프의 회전상태는 정상인가?							

구분	점검사항	점검자 : 일 자 : 요일 :						
펌프실	1. 모터펌프의 작동은 정상인가?							
	2. 축진동 및 이상음 발생은 없는가?							
	3. 각종 계기 및 스위치는 정상인가?							
	4. 환기시설은 정상 작동하는가?							
	5. 배수펌프 작동은 정상인가?							
	6. 너트조임은 양호한가?							
	7. 배관의 누수개소는 없는가?							
	8. 펌프실의 누수현상은 없는가?							
	9. 분전반에 습기 또는 누수로 인한 위험개소는 없는가?							
	10. 출입구 및 저수조 뚜껑의 시건장치는 되었는가?							
	11. 볼탭의 작동은 정상인가?							
전기공통사항	1. 퓨즈는 규격품을 사용하고 있는가?							
	2. 누전되고 있는 곳은 없는가?							
	3. 과열 변색되는 곳은 없는가?							
	4. 변전실 · 전기실내에 인화성 물질 및 장애물을 방치하고 있지 않은가?							
변전설비	1. 관계자 외 사람이 출입하지 않는가?							
	2. 안전수칙은 숙지하고 이행하는가?							
	3. 제반 운전상태는 양호한가?							
	4. 굉음 및 소음을 발하는 것은 없는가?							
	5. 각종 기기 부착용 볼트, 너트는 풀린 것이 없는가?							
	6. 스파크를 발하는 것은 없는가?							
	7. 변전실내 배수펌프는 정상 운전되는가?							
	8. 정전작업 개시 전 방전은 시켰는가?							
	9. 변전실내 소화기는 적정배치 및 정상 작동되는가?							
가스배출기	1. 모터의 회전은 정상인가?							
	2. 팬의 손상은 없는가?							
	3. 표시램프의 작동은 정상인가?							
	4. 굴뚝의 고정상태는 양호한가?							
	5. 옥상노출 가스 P.V.C파이프는 파손이 없는가?							
	6. 굴뚝의 파손 및 균열된 것은 없는가?							

5) 안전사고와 안전교육

(1) 안전사고(安全事故)

① **인명사고**(人命事故)

Ⓐ 관할 경찰관서에 신고하고 현장 보존한다.

Ⓑ 사고원인을 조기에 파악하고 호텔 측의 태도를 분명히 한다.

Ⓒ 관할 경찰관서의 수사에 적극 협조한다.

Ⓓ 희생자에게 성의 있는 조의를 표한다.

Ⓔ 중요한 사건에 대하여는 보안회사(경비용역)와 협의하여 지시를 받는다.

Ⓕ 사고처리가 끝나면 사고 및 그 처리경위를 보고하여 처리한다.

② **도난사고**(盜難事故)

Ⓐ 관할 경찰관서에 신고하고 현장을 보존한다.

Ⓑ 경찰관서의 수사에 협조한다.

Ⓒ 자체 경비태세 재점검 및 문제점을 검토하여 보완한다.

Ⓓ 경비원의 근무태도 불량 또는 중앙감시실 직원의 근무태도 불량으로 도난사고가 발생했을 경우에는 행정처리를 한다.

③ **화재사고**(火災事故)

Ⓐ 소화기 및 자체 소방시설을 동원하여 응급 진화한다.

Ⓑ 관할 소방서에 신고한다.

Ⓒ 화재원인을 조사하여 투숙객에게 이해시키고, 종사원교육을 실시한다.

④ **전기사고(電氣事故)**

Ⓐ 자체 응급조치를 한다.

Ⓑ 한국전력공사에 통보한다.

Ⓒ 사고원인을 조사하여 투숙객에게 설명하고, 종사원교육을 실시한다.

Ⓓ 조기에 복구한다.

<표 5-2> 시설물 안전점검의 내용과 대상

종류	내 용	대 상	방 법	횟수
정기점검	안전 및 해빙기	· 석축, 옹벽, 벽면, 도로, 맨홀, 정화조, 펌프 및 지하저수조, 놀이터, GAS설비	체크리스트 작성 방법	연 1회 (2, 3월)
	안전 및 우기대비	· 석축, 옹벽, 벽면, 도로, 맨홀, 정화조, 피트 침수, 펌프실 침수	체크리스트 작성 방법	연 1회 (6월)
	안전 및 월동대비	· GAS배출기, 보일러실 및 기계실, 동파 방지(옥상물탱크, 계량기, 노출배관), 기타 설해(雪害)		
	안전 및 종합점검	· 전기설비, 기계설비, GAS설비, 소방설비, GAS배출기, 유류저장시설, 옥내 절연검사	체크리스트 작성 점검	연 1회 (10, 11월)
수시점검	위험 및 취약부분 종합검사	· 공동관리부분의 제반시설 및 기타 사항	체크리스트 작성 점검	
특별점검	특별지시 요청사항	· 지시된 특별사항에 대한 점검 · 요청된 특별사항에 대한 점검		
화재예방점검		· 각종 화기위험장소(유류저장소 등) · 소화설비시설의 정비점검 확인 · 누전에 대한 사전점검 · 방화관리책임자의 순찰활동상태	체크리스트 작성 점검	연 2회 이상
공사현장점검		· 낙반, 낙석, 낙토 등의 위험예상 작업장 · 기계조립 및 해체작업장 · 고소작업장 · 콘크리트 타설 작업장 · 고압전선 근접 작업장	체크리스트 작성 점검	연 1회

2) 안전교육(安全敎育)

① 종사원에 대하여 유선방송 또는 교육시간을 통하여 안전관리의 중요성을 인식시키며, 그 내용으로는 가스의 안전수칙, 가스중독 예방, 소화전, 소화기 사용법, 화재예방, 도난방지에 대한 대처요령 등이 있다.

② 호텔 건축물 내에 위험시설물이나 기기에 안전수칙 및 표지판을 설치하여 안전의식을 고취시킨다.

2. 전기설비의 안전관리

전기설비의 안전관리를 소홀히 하면 전기기기의 고장이나 사고가 발생하여 관리운영 및 작업에 지장을 초래하고 전기기기가 손상·파괴되어 직접적인 재산상의 손해가 발생할 뿐만 아니라 인명재해까지 뒤따를 경우도 있다.

1) 전기안전설비의 설치

(1) 유도장애(誘導障碍)장치

① 인체에의 전격(電擊)에 대한 유도장애는 다음과 같다.

Ⓐ 보호선이나 차폐선(遮蔽線)을 설치하여 공간의 전위(電位)를 낮춘다.

Ⓑ 찰선(札線)작업 시에는 절연저항이 작은 신발을 신는다.

Ⓒ 전력선의 지상높이를 가능한 한 높게 한다.

Ⓓ 전력선을 가능한 한 송상배치(送相配置)한다.

② 통신선에 대한 유도장애는 다음의 방법과 같다.

Ⓐ 전력선 또는 통신선을 가설한다.

Ⓑ 전력선과 통신선과의 이격거리는 될수록 멀리한다.

Ⓒ 차폐선(遮蔽線)을 설치한다.

Ⓓ 통신선에 금속피복을 하여 접지한 케이블을 사용한다.

(2) 피뢰기(避雷機)의 설치

피뢰기에는 판저항형 피뢰기, 방출형 피뢰기, 관형 피뢰기, 종이 피뢰기(P-value 피뢰기), 저항형 피뢰기 등이 있으며, 피뢰기는 충격발전개시 전압이 낮고, 반복동작이 크며 제한전압이 낮고, 뇌전류의 방진능력이 크고, 구조가 견고하며, 특이성이 변하지 않는 것이어야 한다. 그리고 접지 시에는 가능한 한 습기가 있고 가스나 산 등이 없는 장소를 선택하여 깊이 매설해야 한다.

2) 전기안전사고의 예방

(1) 전기안전사고의 원인분석

누전에 의한 발화, 전열의 손상 및 탄화(炭火)에 의한 발화, 과전류에 의한 발화, 접속불량의 과열에 의한 발화, 스파크 방전에 의한 발화, 단락에 의한 발화, 열의 축적에 의한 발화, 정전기에 의한 발화, 낙뢰에 의한 발화 등에 의하여 사고가 발생한다.

(2) 감전사고의 예방

감전사고는 작업에 대한 안전교육, 절연보호구역의 사용, 전기설비 점검의 철저, 전기기기에 대한 위험표식, 허가자(許可者) 이외의 전기기계 및 기구에의 촉수엄금, 전기기기 및 정비 등에 의하여 방지할 수 있다.

3) 전기안전관리 담당자의 선임

공중위생관리법 제2조 제1항 제2호에 의하면 '숙박업'이라 함은 손님이 잠을 자고 머물 수 있도록 시설 및 설비 등의 서비스를 제공하는 영업을 말한다. 다만, 농어촌에 소재하는 민박 등 대통령령이 정하는 경우를 제외한 경우로, 전기사업법 제73조에 의하여 전기사업자나 자가용전기설비의 소유자 또는 점유자는 전기설비(휴지 중인 전기설비는 제외한다)의 공사·유지 및 운용에 관한 안전관리업무를 수행하게 하기 위하여 동법 시행규칙 제40조 제2항과 제44조의 규정에 따라 전기·기계·토목 분야의 기술자격을 취득한 사람 중에서 각 분야별로 전기안전관리자를 선임하거나, 전기안전관리업무를 전문으로 하는 자로서 자본금, 보유하여야 할 기술인력 등 대통령령으로 정하는 요건을 갖춘 자 또는 시설물관리를 전문으로 하는 자로서 분야별 기술자격을 취득한 사람에게 위탁할 수 있도록 하고 있다.

<표 5-3> 전기안전관리자의 선임기준 및 세부기술자격(제40조 제2항, 제44조 관련)

구분	안전관리 대상	안전관리자 자격기준	안전관리보조원인력
1. 발전설비 가. 전기설비(수력, 기력, 가스터빈, 복합화력, 원자력 및 그 밖의 발전소 공통)	(1) 모든 전기설비의 공사·유지 및 운용	(1) 전기분야 기술사 자격소지자, 전기기사 또는 전기기능장 자격 소지자로서 실무경력 2년 이상인 사람	(1) 용량 50만 킬로와트 이상은 전기 및 기계분야 각 2명
	(2) 전압 10만 볼트 미만 전기설비의 공사·유지 및 운용	(2) 전기산업기사 자격소지자로서 실무경력 4년 이상인 사람	(2) 용량 10만 킬로와트 이상 50만 킬로와트 미만은 전기분야 2명, 기계분야 1명
	(3) 전압 10만 볼트 미만으로서 전기설비 용량 2천 킬로와트 미만 전기설비의 공사·유지 및 운용	(3) 전기기사 또는 전기기능장 자격소지자로서 실무경력 1년 이상인 사람 또는 전기산업기사 자격소지자로서 실무경력 2년 이상인 사람	(3) 용량 1만 킬로와트 이상 10만 킬로와트 미만은 전기 및 기계분야 각 1명
	(4) 전압 10만 볼트 미만으로서 전기설비용량 1,500킬로와트 미만 전기설비의 공사·유지 및 운용	(4) 전기산업기사 이상 자격소지자	

구분	안전관리 대상	안전관리자 자격기준	안전관리보조원인력
나. 기계설비(기력, 가스터빈, 복합화력, 원자력 발전소만 해당 공통)	(1) 기력설비, 가스터빈 설비 및 원자력설비(「원자력법」에 따라 규제를 받는 부분은 제외한다)의 공사·유지 및 운용(전기설비에 관한 것은 제외한다)	(1) 산업기계설비, 공조냉동기계, 건설기계 기술사 자격소지자 또는 일반기계기사, 건설기계기사 자격소지자로서 실무경력 2년 이상인 사람	
	(2) 압력이 제곱센티미터당 100킬로그램 미만의 기력설비, 가스터빈설비 및 원자력설비(「원자력법」에 따라 규제를 받는 부분은 제외한다)의 공사·유지 및 운용(전기설비에 관한 것은 제외한다)	(2) 일반기계기사, 건설기계기사 자격소지자로서 실무경력 2년 이상인 사람 또는 컴퓨터응용가공산업기사, 생산기계산업기사, 건설기계산업기사 자격소지자로서 실무경력 4년 이상인 사람	
다. 토목설비(수력발전소만 해당함)	(1) 모든 수력설비의 공사·유지 및 운용(전기설비에 관한 것은 제외한다)	(1) 토목구조·토목시공기술사 자격소지자 또는 토목기사 자격소지자로서 실무경력 2년 이상인 사람	
	(2) 높이 70미터 미만의 댐, 압력이 제곱센티미터당 6킬로그램 미만의 도수로, 서지 탱크 및 방수로, 그 밖에 수력설비의 공사·유지 및 운용(전기설비에 관한 것은 제외한다)	(2) 토목기사 자격소지자로서 실무경력 2년 이상인 사람 또는 토목산업기사 자격소지자로서 실무경력 4년 이상인 사람	

구분	안전관리 대상	안전관리자 자격기준	안전관리보조원인력
2. 송전 · 변전설비 및 배전설비 또는 그 설비를 관할하는 사업장	(1) 모든 송전 · 변전설비 및 배전설비의 공사 · 유지 및 운용 (2) 전압 10만 볼트 미만 전기설비의 공사 · 유지 및 운용 (3) 전압 10만 볼트 미만으로서 전기설비 용량 2천 킬로와트 미만 전기설비의 공사 · 유지 및 운용 (4) 전압 10만 볼트 미만으로서 전기설비 용량 1,500킬로와트 미만 전기설비의 공사 · 유지 및 운용	(1) 전기분야 기술사 자격소지자, 전기기사 또는 전기기능장 자격소지자로서 실무경력 2년 이상인 사람 (2) 전기산업기사 자격소지자로서 실무경력 4년 이상인 사람 (3) 전기기사 또는 전기기능장 자격소지자로서 실무경력 1년 이상인 사람 또는 전기산업기사 자격소지자로서 실무경력 2년 이상인 사람 (4) 전기산업기사 이상 자격소지자	(1) 용량 50만 킬로와트 이상은 전기 분야 3명 (2) 용량 10만 킬로와트 이상 50만 킬로와트 미만은 전기분야 2명 (3) 용량 1,000킬로와트 이상 10만 킬로와트 미만은 전기분야 1명
3. 전기수용설비 및 비상용 예비발전설비	(1) 모든 전기설비의 공사 · 유지 및 운용 (2) 전압 10만 볼트 미만 전기설비의 공사 · 유지 및 운용 (3) 전압 10만 볼트 미만으로서 전기설비 용량 2천 킬로와트 미만 전기설비의 공사 · 유지 및 운용 (4) 전압 10만 볼트 미만으로서 전기설비 용량 1,500킬로와트 미만 전기설비의 공사 · 유지 및 운용	(1) 전기분야 기술사 자격소지자, 전기기사 또는 전기기능장 자격소지자로서 실무경력 2년 이상인 사람 (2) 전기산업기사 자격소지자로서 실무경력 4년 이상인 사람 (3) 전기기사 또는 전기기능장 자격소지자로서 실무경력 1년 이상인 사람 또는 전기산업기사 자격소지자로서 실무경력 2년 이상인 사람 (4) 전기산업기사 이상 자격소지자	(1) 용량 1만 킬로와트 이상은 전기분야 2명 (2) 용량 5천 킬로와트 이상 1만 킬로와트 미만은 전기분야 1명

비고: 1. 법 제73조 제2항 후단에 따라 선임된 전기안전관리자와 같은 조 제3항 제1호 및 제2호에 따라 전기안전관리자로 선임된 안전공사 및 전기안전관리대행사업자의 소속 기술인력은 전기수용설비의 안전관리자 자격기준 중 (1)・(2)의 어느 하나에 해당하는 사람이어야 한다.

2. 안전관리보조원의 자격은 해당분야 기능사 이상의 자격소지자이거나 같은 분야 5년 이상 실무경력자를 말한다.

3. 같은 사업장에 발전설비와 송전・변전설비 및 배전설비, 전기수용설비가 설치된 경우에는 선임되는 안전관리자가 분야별로 서로 중복되지 않도록 선임할 수 있다. 이 경우 선임 인원을 설비마다 산출한 선임 인원에서 많은 인원으로 한다.

4. 법 제73조 후단에 따라 선임해야 할 분야별 안전관리자는 다음 각목과 같다.

가. 수력발전소 : 전기 및 토목 분야

나. 기력・가스터빈・복합화력・원자력발전소 : 전기 및 기계 분야(출력 1천 킬로와트 미만의 가스터빈발전소는 기계분야 제외)

다. '가목 및 나목' 외의 발전소, 전기수용설비 및 비상용 예비발전설비, 송전・변전・배전설비 : 전기분야

3. 승강기의 안전관리

호텔에 설치되어 있는 승강기는 사고발생 시 치명적이므로 정기적으로 안전검사를 하여 안전검사필증을 부착하여야 한다.

1) 승강기의 종류

<표 5-4> 승강기의 종류

구분	용도	승강기의 종류	분류기준
엘리베이터	승객용	승객용 엘리베이터	사람의 운송에 적합하게 제작된 엘리베이터일 것
		침대용 엘리베이터	병원의 병상 운반에 적합하게 제작된 엘리베이터로서 평상시에는 승객용으로도 사용이 가능할 것
		승객・화물용 엘리베이터	승객・화물 겸용에 적합하게 제작된 엘리베이터일 것

구분	용도	승강기의 종류	분류 기준
엘리베이터	승객용	비상용 엘리베이터	화재 시 소화 및 구조활동에 적합하게 제작된 엘리베이터일 것
		장애인용 엘리베이터	장애인이 이용하기에 적합하게 제작된 엘리베이터일 것
		전망용 엘리베이터	엘리베이터 안에서 외부를 전망하기에 적합하게 제작된 엘리베이터일 것
	화물용	화물용 엘리베이터	화물 운반 전용에 적합하게 제작된 엘리베이터(조작자 또는 화물취급자 1명은 탑승할 수 있음)일 것. 다만, 적재용량이 1톤 미만인 것으로서 사람이 탑승하지 않는 엘리베이터는 제외한다.
		덤웨이터	사람이 탑승하지 않으면서 적재용량이 1톤 미만인 것으로서 소형화물(서적, 음식물 등) 운반에 적합하게 제작된 엘리베이터일 것. 다만, 바닥면적이 0.5제곱미터 이하이고 높이가 0.6미터 이하인 것은 제외한다.
		자동차용	주차장의 자동차 운반에 적합하게 제작된 엘리베이터
에스컬레이터	승객 및 화물용	에스컬레이터	계단형의 디딤판을 동력으로 오르내리게 한 것
		수평보행기	평면의 디딤판을 동력으로 이동시키게 한 것
휠체어 리프트	승객용	장애인용 경사형 리프트	장애인이 이용하기에 적합하게 제작된 것으로서 경사진 승강로를 따라 동력으로 오르내리게 한 것. 다만, 「교통약자의 이동편의 증진법」 제2조 제2호에 따른 교통수단에 설치된 휠체어리프트는 제외한다.
		장애인용 수직형 리프트	장애인이 이용하기에 적합하게 제작된 것으로서 수직인 승강로를 따라 동력으로 오르내리게 한 것. 다만, 「교통약자의 이동편의 증진법」 제2조 제2호에 따른 교통수단에 설치된 휠체어리프트는 제외한다.

2) 승강기의 유지관리

(1) 유지관리의 의의

승강기의 유지관리란 승강기가 주어진 수명 동안 안전하고 정상적으로 사용할 수 있도록 하는 일상관리, 정기점검, 예방관리, 수리 등의 모든 행위를 말하는 것이다. 승강기의 유지관리는 기본적으로 소유자 또는 승강기 관리주체(대행업체)의 책임이다. 그러나 유지관리를 효율적으로 수행하기 위해 유지관리에 필요한 여러 가지 행위를 전문기술자 또는 그 행위에 적절한 인원에게 위임하여 관리하는 것이 보통이다.

엘리베이터

(2) 승강기 유지관리체제

(3) 승강기 유지관리의 필요성

① **이용자의 안전확보**

· 승강기는 소유자만이 사용하는 것이 아니고 대부분 불특정 다수인이 이용하는 기계설비이므로 이용자가 안전하게 이용할 수 있어야 한다.
· 이용자의 안전을 위해서 법으로 그 안전장치 및 기능의 설치를 의무화하였고, 그러한 안전장치는 항상 그 기능이 유지될 수 있도록 점검하여야 한다.

② **소유재산의 보존**

· 승강기는 일반적으로 건축물에 부착되어 장기간 사용하여야 하는 부속설비로 설치비가 고가이다.
· 승강기 사용 중 전체를 교체하는 것은 그 비용뿐만 아니라 교체하는 공사기간이 길어서 생활에 많은 불편을 초래하게 된다.
· 승강기는 고정된 장치로서 손쉽게 수리할 수 없는 것이므로 평상시 치명적인 고장이 발생치 않도록 유지관리되어야 한다.

③ **설비의 성능유지**

· 승강기는 수직으로 사람이나 물건을 수송하는 기본적인 기능뿐만 아니라 특히 사람이 타는 장치이므로 사용하는 사람이 편리하고 편안하게 사용할 수 있도록 여러 가지 기능과 특성이 요구된다.
· 이러한 기능과 특성이 장치의 수명이 다할 때까지 제대로 유지될 수 있도록 유지관리되어야 한다.

(4) 유지관리 절차

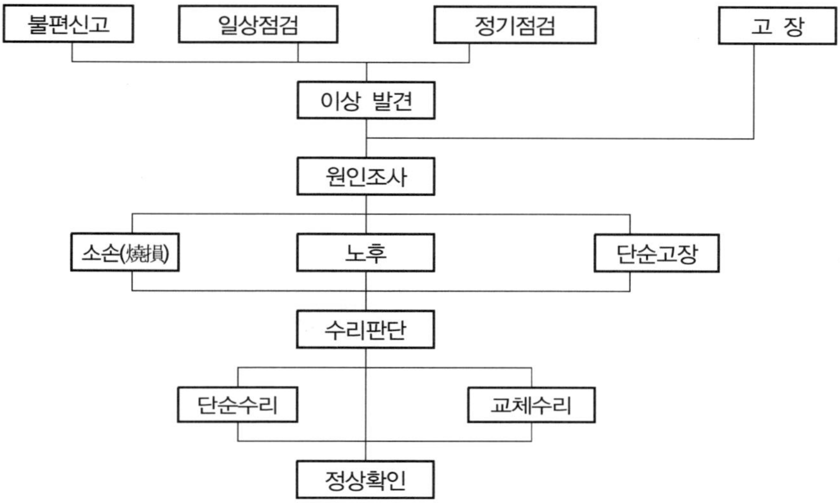

3) 승강기 관리요령

(1) 비상열쇠의 관리

① 비상열쇠는 담당자 이외의 사람이 사용해서는 안된다.

- 엘리베이터 승장도어열쇠
- 엘리베이터 조작반열쇠
- 비상용 엘리베이터 1, 2차 소방운전열쇠
- 기타 엘리베이터 운전관련 열쇠

② 비상열쇠는 정해진 장소에 보관하여 비상사태 발생 시 즉시 사용이 가능하도록 관리하여야 한다.

③ 비상열쇠 사용 시에는 비상열쇠 사용대장에 기재하여야 한다.

(2) 기계실의 관리

① 엘리베이터 기계실의 출입문은 항상 잠가두어 일반인의 출입을 통제하여야 한다.

② 엘리베이터 기계실에는 엘리베이터와 관련된 것 이외의 물건을 적치하여서는 안된다.

③ 엘리베이터 기계실에는 화재에 대비하여 소화기를 비치해야 한다.

엘리베이터 기계실

(3) 화물의 운반

① 엘리베이터로 화물을 운반하는 경우에는 반드시 운행관리자에게 통보하고 관리원이 입회하여야 한다.

② 화물을 운반하기 위해 운전조작반 열쇠를 사용해야 하는 경우에는 반드시 운행관리자가 직접 열쇠를 사용하고 운전해야 한다.

(4) 승강장의 관리

모든 층의 승장도어는 비상 시 열리는 데 지장이 없도록 도어를 막거나 물건을 적재하여서는 안된다.

(5) 수동조작

어떠한 경우라도 점검·수리·비상시를 제외하고 관리자가 아닌 자가 수동조작을 하여서는 안된다.

(6) 일상점검항목

운행관리자가 매일 점검하여야 할 항목은 다음과 같다.

① 엘리베이터의 운행 여부

② 엘리베이터의 호출버튼 및 행선버튼의 동작 여부

③ 인터폰의 작동 여부

④ 열쇠관리상태

⑤ 기계실 출입문의 잠김 확인

(7) 승강기 관리에 관한 기록

관리책임자 또는 운행관리자는 효율적인 승강기 관리를 위해서 다음과 같은 내용을 기록·유지하여야 한다.

① 승강기고장·수리·사고일지

② 승강기 비상열쇠 사용대장

③ 승강기 불편신고처리대장

④ 승강기 자체검사결과

4) 에스컬레이터 안전수칙 및 관리상의 주의사항

(1) 이용상의 주의사항

에스컬레이터는 동작이 간단하여 안전사고의 위험이 없을 듯하나 사용방법에 따라서 인명사고가 발생할 수 있으므로 이용자의 안전수칙이 무엇보다 중요하다.

① 가능한 한 스텝의 중앙에 탄다.

② 핸드레일 이외의 내측판에 몸을 기대지 않는다.

③ 핸드레일 밖으로 몸을 내밀지 않는다.

④ 내릴 때에는 디디고 있는 스텝이 랜딩플레이트 속으로 들어가기 전에 내린다.

⑤ 핸드레일 입구에 손을 넣지 않는다.

⑥ 콤 부근에 손을 대거나 장난을 치지 말아야 한다.

⑦ 핸드레일 위에 올라타지 말아야 한다.

⑧ 스텝이 움직이는 반대방향으로 오르내리지 말아야 한다.

⑨ 맨발로 타지 말아야 한다.

⑩ 앉지 말아야 한다.

⑪ 핸드레일을 잡고 서 있어야 한다.

⑫ 스텝에 물건을 얹지 말아야 한다. 특히 우산 등은 고장과 사고의 위험이 있으므로 주의한다.

(2) 관리상의 주의사항

① 사고발생 시 긴급구조 및 응급조치가 가능한 운행관리자를 선임하여 항상 대기하도록 한다.

② 승강장(입구 · 출구)에 물건을 쌓아두지 말아야 한다.

③ 안내로를 활용하여 질서정연히 탑승할 수 있도록 안내해야 한다.

④ 사고발생 시 긴급구조를 위한 공구를 사용하기 쉬운 장소에 보관해야 한다.

⑤ 기계장치 내에 물이 스며들지 않도록 조치한다.

⑥ 조작키의 관리를 철저히 하여야 한다.

4. 가스설비의 안전관리

1) 도시가스설비의 관리

(1) 안전사용과 일상점검

가스를 안전하게 사용하기 위해서는 항상 가스기구를 바르게 사용하고 유지관리에 힘써야 한다. 이를 위해서 가스 사업자는 정기적으로 안전점검을 실시하여 안전사고를 방지하는 데 힘써야 한다. 그러나 실제로 가스 사용자와 관리요원의 점검이 더욱 중요한 위치를 차지하고 있다.

① 관리요원과 사용자의 유의사항

- 정확한 사용법과 주의사항을 준수한다.
  - ·기기 등의 사용에 실수해서는 안된다.
  - ·기기를 사용할 때에는 환풍기를 돌려서 급·배기에 주의한다.
  - ·업무 종료 시에는 가스전과 기구전을 반드시 잠가야 한다.
  - ·메터콕을 쉽게 조작할 수 있도록 부근에 장애물을 놓지 말아야 한다.
- 접속구 등 기기의 일상점검을 철저히 해야 한다.

② 관리요원이 유의해야 할 사항

- 적당한 기간을 정해서 배관, 접속구 등 가스설비 전체를 검사한다.
- 배관계통, 차단장치를 위주로 하여 정비한다.

(2) 가스안전설비

가스사고를 방지하기 위해서는 이상에서 설명한 일상적인 안전사용과 점검이 지극히 중요한 것이지만, 이 밖에도 다음과 같은 안전설비를 설치함으로써 근원적인 대비책을 강구할 수 있다.

① 가스누출을 일으키지 않는 안전도가 높은 접속구를 설치해야 한다.

② 가스누출을 신속하게 발견할 수 있는 경보장치를 설치한다.

③ 긴급 시에 가스공급을 순간적으로 차단하는 긴급차단장치를 설치한다.

(3) 긴급 시 조치사항

가스가 분출, 누출, 화재, 폭발을 일으키거나 가스냄새가 나는 긴급 시에는 건물 안의 가스를 뽑아내고 가스를 차단하는 것이 최우선적인 안전조치이다.

① **사용자 유의사항**

- 창과 문을 개방하여 건물 안의 가스를 뽑아낸다.
- 가스전이나 메터콕을 잠근다.
- 화기사용을 금한다.
- 전기스위치의 점멸을 금한다.
- 방재센터 또는 가스사업소로 연락한다.

② **관리요원의 유의사항**

- 넓은 범위에 걸쳐 가스냄새가 나는 경우에는 가스긴급차단기를 잠근다.
- 재해발생의 우려가 있을 때에는 건물 안에 있는 사람들의 피난을 유도한다.
- 소방서, 가스사업소에 연락한다.

2) LP가스(액화석유가스, liquefied petroleum gas)설비의 관리

LP가스설비와 도시가스설비의 차이점은 공급·설비가 분배식이라는 점과 LP가스가 공기보다 약 1.5배 무겁다는 것뿐이다. 그러므로 일상적인 안전사용과 점검, 안전설비에 관해서는 도시가스의 경우와 같다.

(1) 가스관리 시 유의사항

① 가스사용자 현황을 작성하여 비치한다.
② 연결부문(연소기, 콕, 밸브, 조정기)은 호스밴드로 조여 있는지 확인한다.
③ 점검액 또는 비눗물로 가끔 연결부분을 점검한다(가스가 새면 거품이 일어남).
④ 연소기는 가끔 솔로 닦아 가스구멍이 막히지 않게 해야 한다.

⑤ 가스를 사용할 때 누설은 판매업소나 도시가스 대행업소의 기술자에게 맡긴다.
⑥ 모든 가스기구 및 용기는 한국안전공사의 검사합격품을 사용해야 한다.
⑦ 가스 순간온수기를 난방용으로 개조하여 사용하면 안된다.
⑧ 도시가스 사용지구는 가스온수기, 보일러 등을 임의로 설치할 수 없으며, 설치 시는 도시가스회사의 승인이 필요하다.

3) 가스기기의 안전사용과 관리

(1) 소형기기 점검과 관리

① 점화와 소화를 확인한다.
② 기구사용 시 환기를 한다.
③ 가스종류에 맞는 가스기구를 사용한다.
④ 기구전, 가스전의 고무관은 모두 붉은 선까지 끼운다.
⑤ 가스기구 주위에는 인화물질을 두지 않는다.
⑥ 월 1회 정기적으로 점검과 손질을 한다.

도시가스실

(2) 대형기기의 점검과 관리

보일러 같은 대형기기의 사용에 있어서는 취급설명서대로 사용하고, 설비를 가장 좋은 상태로 보존하기 위해 보존지시에 따른 정기적인 점검과 보수가 중요하다. 일반적으로 해야 할 점검항목은 다음과 같다.

① 운전(運轉) 전 점검사항

- 기기 및 가스배관에 가스냄새가 없는지를 점검한다.
- 부대기기, 계기의 상태가 정상적인가를 점검한다.
- 안전장치를 확인한다.

② 운전 중 점검사항

- 정상적인 점화작동을 확인한다.
- 연소상태를 확인한다.
- 가스배관계통에 냄새가 나는지 확인한다.

③ 정지 시의 점검사항

- 가스를 사용하지 않는 배관계통의 밸브가 잠겼는지를 확인한다.
- 부대기기, 계기의 상태가 정상인지를 확인한다.

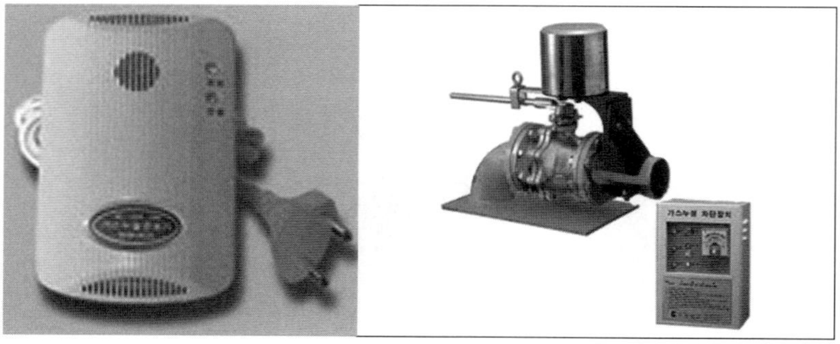

가스누설 경보기(왼쪽)와 차단장치(오른쪽)

4) LP가스 사용상의 주의점

(1) 사용 전의 주의사항

① 고무관의 노화, 흠 등이 생겼을 때는 즉시 신품과 교환해야 한다.

② 고무관의 가스 누출이 많으므로 수시로 비눗물 등으로 점검해야 한다. (성냥 등 가연성 물질을 사용하는 것은 금하며, 특히 호수의 연결부분은 밴드로 바르게 조여야 한다.)

③ 연소기구는 수시로 청소하여 염공, 공기조절장치, 배기통 등에 이물질이 부착하지 않도록 주의해야 한다. 이물질이 부착하면 불완전연소, 역화(逆火)의 원인이 된다.

④ 가스누설의 유무를 냄새(臭氣, 취기) 등으로 확인한다.

⑤ 연소기구 부근에 가연성 물질을 두지 않으며, 성냥, 유류, 특히 에어컨 관계의 가연성 물질은 위험하다.

(2) 점화 및 사용 중의 주의사항

① 바람이 불어서 불꽃이 꺼지거나 고무호수의 압박에 의한 가스의 차단에 의해 불꽃이 꺼지지 않도록 주의해야 한다. 일단 꺼진 경우에는 환기하여 누출된 가스를 옥외로 배출시키고 다시 점화한다.

② 스토브 등의 사용 중에는 배기에 의하여 공기가 오염되므로 환기에 주의해야 한다.

③ 사용 중에 가스가 떨어져 불꽃이 꺼진 경우에는 필히 연소기구의 콕(cock, 꼭지) 및 가스전을 조여야 한다. 그렇지 않으면 가스가 떨어져 용기에서 재증발을 일으키거나 새충진용과 교환할 때 가스누출이 생긴다.

④ 점화에 있어서는 성냥과 점화봉 등의 착화원을 먼저 염공(炎控: 불을 당김)에 가까이 한 후에 기구 콕을 조용히 연다. 콕을 열어서 가스를 보낸 후에 점화하는 것은 위험하다.

⑤ 불꽃은 공기조절장치의 개폐(開閉)에 의하여 완전연소염으로 조절하고, 적화(赤火) 등의 불완전연소염이 되지 않도록 주의해야 한다.

⑥ 화력의 조정은 기구 콕의 개폐로 실시하여야 한다. 다만, 약화(弱火)로 둘 때에는 염의 상태에 주의해야 한다. 중간 콕으로 조정하거나 조정기의 스프링으로 조정하는 것은 금해야 한다.

(3) 사용 후의 주의사항

① 연소기구의 콕을 확실히 잠근다.

② 외출 시 또는 야간의 가스사용 종료 후에는 기구 콕과 함께 가스전을 확실히 닫는다.

(4) 가스누출의 조치사항

가스누출 외 기타 이상을 느꼈을 때는 즉시 시설부 또는 전문가스공급업자에게 연락한 후 다음의 응급조치를 실시한다.

① 창문 밑을 열어서 통풍이 잘되게 하고 누출된 가스의 냄새가 없어질 때까지 환기를 한다.

② 부근의 전기기구를 점멸하지 말 것. 특히 전기냉장고 등 자동제어장치를 설치한 전기기기의 주위는 속히 환기시킨다.

③ 부근에 일체의 화기를 가까이하지 않는다.

④ 가스전, 용기변을 신속히 닫는다.

제 3 절 방재관리

방재관리(防災管理)의 목표는 재해발생의 근본원인을 제거하고, 재해극복을 위한 환경을 조성하며, 재해가 발생했을 때에는 지체 없이 재해복구를 위하여 계획성 있게 업무를 처리하는 데 있다.

1. 사전대책

석축, 옹벽, 담장, 맨홀 등 중요 시설물에 대하여 관리책임자를 선임, 책임자로 하여금 각 시설물을 점검케 한다.

1) 시설물 점검과 보완

① 해빙기 점검, 우기대비 점검, 월동대비 점검, 시설물별 특별점검, 관리책임자 자체점검 등의 점검을 실시한다.
② 재해발생위험이 있는 모든 시설물을 보완한다.
③ 맨홀 등 위험지역에 표지판을 설치한다.
④ 양수기, 리어카, 삽, 가마니, 말목, 새끼 등 수방자재를 실정에 맞게 확보한다.

2) 대고객홍보

위험지역 통행금지 및 피해신고 내용설명

3) 종사원 교육

① 호텔 내 시설물의 보호

② 위험시설물 및 위험지역 신고
③ 피해신고 및 복구참여
④ 위험지역 통행금지
⑤ 공사현장은 시공자 자체점검, 위험시설물 보완, 피해복구 적극참여 유도

4) 교육 및 훈련

① 각종 회의 시에 교육한다.
② 점검확인 등 방재교육을 실시한다.
③ 민방위훈련 시 방재훈련을 실시한다.
④ 전체(부서별) 비상동원훈련을 실시한다.

2. 재해보고(災害報告)

1) 보고구분

① **발생보고** : 재해발생 즉시 시·군 민방위과에 유선보고를 한다.
② **일일보고** : 재해발생 및 조치내용을 익일 08:00까지 집계하여 유선보고 한다.
③ **확정보고** : 단위건당 재해현황과 문제점, 대책 등을 피해사진을 첨부하여 7일 이내에 서면보고한다.

2) 보고내용

① **기상상태** : 강우량 및 기타 참고사항
② **피해내용** : 인명 및 재산피해 등 피해범위
③ **피해액** : 피해액 산정기준에 의한 산출
④ **조치내용** : 응급복구 시 동원인원, 복구자재 및 비용

3. 재해복구(災害復舊)

1) 응급복구

① 비축장비 및 자재동원
② 피해확대 방지
③ 항구복구 시까지 충분히 유지할 수 있도록 조치
④ 복구비용은 선집행 후정산
⑤ 시공자의 하자사항은 응급복구 후 복구비용을 시공자에게 징구한다.

2) 항구복구

원상복구를 원칙으로 하며, 재발생(再發生) 우려가 있는 곳은 개선 복구한다.

3) 방재기록 정리

① 재해발생 및 조치사항을 대장에 정리하여 비치한다.
② 재해복구대장에는 재해지구, 재해발생일지, 기상상태, 피해액, 피해내용, 피해원인, 복구내용, 복구비, 피해사진, 복구사진 등을 기록하여 보존한다.

4. 풍수재 안전대책

1) 일반적 예방대책

① 주변시설에 대한 안전점검 및 조치
② 피해유형 파악 및 대책수립
③ 배수로 점검 및 배수능력 확보
④ 라디오, 후레시, 건전지, 상비약, 모래주머니 확보

⑤ 비상연락망 구축 및 합동훈련 실시
⑥ 기상예·특보 및 홍수예보 경청

2) 호우대책

① 기상예보 및 홍수예보 경청
② 수방자재 확보
③ 노후가옥, 위험축대 등 점검
④ 하수도 및 배수로의 정비점검
⑤ 저지대 및 상습침수지역에서 대피
⑥ 산사태 위험지구 경계강화

3) 태풍대책

(1) 태풍예보 시

① 최신 기상예보에 유의
② 조기경보체계, 비상연락망 확보
③ 강풍에 의한 피해대비책 마련
④ 야적동산의 보호조치
⑤ 화재사고의 대책수립

(2) 태풍통과 시

① 기상예보를 통한 태풍위치 확인
② 도괴·붕괴 우려지역에서 대피
③ 하수범람, 산사태에 대한 경계
④ 전기시설의 수리금지

(3) 태풍통과 후

① 도괴·붕괴 우려지역에 대한 조치
② 전격 등 감전사고 유의
③ 야적동산, 기계류의 건조조치
④ 화재사고 유의
⑤ 안전, 신속한 복구작업 실시
⑥ 방역작업 실시

4) 기상특보별 대책

<표 5-5> 기상특보별 대책

재해 종류	정 의	기상특보 종 류	발 표 기 준	재해대비 행동대책
호우	1일 강우량이 연강우량의 1/10 정도의 집중강우	주의보	24시간 강우량이 80mm 이상 예상될 때	· 저지대, 상습침수지역 주민 대피 준비 · 하수도, 배수로 정비점검 · 노후가옥, 위험축대 점검 및 감시철저
		경보	24시간 강우량이 150mm 이상 예상될 때	· 저지대, 상습침수지역 주민 대피 준비 · 수방자재, 구호물자 활용 · 노후가옥, 위험축대에서 대피 · 산사태 위험지구 경계강화, 접근 금지 · 저수지, 배수지의 수문조작
폭풍	풍속 13.9m/s 이상의 바람	주의보	최대풍속이 14m/s 이상이고, 이 상태가 3시간 이상 계속될 때 또는 순간 최대풍속 20m/s 이상이 예상될 때	· 지붕결박, 낙하위험물 제거 또는 결박 · 공사장 가설물 안전조치 · 송전철탑 주변 접근 금지 · 유리창문, 현관문 단속

재해 종류	정 의	기상특보 종 류	발 표 기 준	재해대비 행동대책
폭풍	풍속 13.9m/s 이상의 바람	경보	최대풍속이 21m/s 이상이고, 이 상태가 3시간 이상 계속될 때 또는 순간 최대풍속 26m/s 이상이 예상될 때	· 간판, 옥외 부착물 고정, 결박 · 노후가옥, 위험지구 접근 금지 · 야적동산 보호조치 · 불필요한 외출 금지
태풍	적도 부근 해상에서 발생한 열대성 저기압으로 중심기압이 980mb 이하이고 풍속이 34m/s 이상인 바람	주의보	태풍의 영향으로 평균 최대풍속이 14m/s 이상의 폭풍 또는 호우, 해일 등으로 재해가 예상될 때	· 강풍에 의한 피해 대비책 수립 · 조기경보체제, 비상연락망 확보 · 야적동산 보호조치 · 화재사고대책 수립 · 전기시설 점검
		경보	태풍의 영향으로 평균 최대풍속이 21m/s 이상의 폭풍 또는 호우, 해일 등으로 재해가 예상될 때	· 태풍위치 확인 · 도괴 · 붕괴 우려지역에서 대피 · 하수범람, 산사태에 대한 경계 · 전기시설수리 금지 · 외출 금지

제4절 보안관리

보안관리(保安官理)는 투숙객의 생명과 재산, 호텔의 재산, 종사원의 생명과 재산을 보호하는 업무로서 경비요원은 항상 책임감을 가지고 성실한 근무자세로 임해야 한다. 품위 있는 용모와 친절한 봉사자로서 근무지를 이탈함이 없이 인계인수를 정확히 하며, 건물 내 · 외의 제반사항 및 각종 설비의 상태를 알고 있고, 중요 고객, 노약자 및 신체장애자의 투숙상황을 파악하고 있어야 한다.

또한 비상시 대처할 수 있는 행동지침을 숙지하고, 훈련을 통해 숙달된 행동요령을 익혀두어야 한다. 그리고 직업의식을 철저히 갖도록 하며, 투숙객의 안전 및 재산의 손실예방에 최선을 다해야 한다.

1. 보안관리의 의의

호텔의 안전관리를 다루는 부서는 영업부서와 관리부서의 경비요원과 시설관리자들이다. 특히 경비요원은 고객에게 친절하게 대하고, 정중한 언어를 사용해야 하며, 비상사태가 발생하였을 때에는 최후의 수호자가 되어야 하며, 항상 책임을 지각하여 왕성한 사기로 근무에 임해야 한다.

2. 보안관리(안전관리) 책임자의 임무

① 총지배인이 지시하는 사항을 이해하고 총지배인에게 안전관리사항에 관해 자문해 줄 수 있도록 부서를 조직화한다.

② 적절한 안전관리부서원을 확보하기 위해 인사과와 협조하거나 적절한 인원을 직접 선발한다.

③ 아래와 같은 안전에 관계되어 있는 직원에게 교육과 훈련을 시킨다.

- 호텔의 경영정책에 따라 운영에 직접 영향을 미치는 모든 요소나 규정에 관련된 업무에 종사하는 자
- 맨손 호신술을 사용할 수 있는 교육
- 소방 및 구조기술
- 기본적인 소방훈련
- 긴급구조
- 인명구조와 수영
- 사건발생 시 현장이나 증거 보존
- 범죄가 발생한 곳에서의 행동이나 의무와 능력

· 위기에서의 행동
· 보고서 작성
· 대인관계심리학
· 민 · 형사법

④ 호텔의 경영전략과 부서 간 통제에 적응해 나가기 위해 호텔의 각 안전관리담당 간부들을 감독한다.
⑤ 경찰관서와 기타 유관기관들과의 연락을 유지한다.
⑥ 담당부서의 모든 활동에 대한 적절하고 정확한 기록을 유지한다.
⑦ 최고의 능률을 유지하고 가능한 한 최고의 안전상태를 확보하기 위하여 일상적 업무에 관한 지시사항과 호텔의 경영전략과 수행과정의 점검 그리고 경영전략의 변화가 요구될 때 지배인에게 변화가 올 사항을 미리 알리고 또 안전을 저해할 위험요인이 될 만한 일을 찾아낸다.
⑧ 안전업무에 종사하는 종업원에게 업무를 지시하고 규칙적으로 안전체계와 직원들을 점검한다.
⑨ 지배인과 종업원들에게 안전관리부서에 대한 신뢰감을 심는다.
⑩ 호텔의 일반적인 규정과 규칙을 준수하고, 법률적인 사항을 미리 파악한다. 그리고 재난을 예상하고 이를 교정하거나 예방대책을 세움으로써 호텔 내의 재산과 인명의 안전을 보장한다.

3. 호텔 보안관리요원의 근무규칙

① 정해진 복장을 항상 깨끗이 하고 주름이 풀리지 않아야 하며, 용의(머리, 수염, 손톱)도 항상 청결히 하여 고객에게 불쾌감을 주지 않아야 한다.
② 근무 중 음주는 절대 금한다.
③ 모든 개인적인 감정은 접어두고 공무에 최선을 다해야 한다.(모든 사람은 차별 없이 존경심으로 접대되어야 한다.)

CCTV 100set(감시시설)

④ 호텔의 중요한 상품인 서비스를 판매해야 한다.

⑤ 보안관리요원은 누구로부터도 금품을 수수해서는 안된다.

⑥ 위협을 가하려는 사람이 아닌 이상 누구에게도 위협을 가해서는 안된다.

⑦ 경찰관서에 고소·고발 등을 해야 할 경우 호텔 명의로 해야 한다.

⑧ 사고조사의 경우 중립적인 입장에서 사실의 자료를 수집하고, 조사 및 기록해야 한다.

⑨ 업무수행에 있어서 냉정하고 침착해야 하며 부드럽고 온화하게 처신해야 한다.

⑩ 보안관리담당자는 회사의 기밀을 누설해서는 안된다.

⑪ 비번이나 휴가 중에는 호텔 주변을 배회하지 말아야 한다.

⑫ 여성고객의 객실을 조사할 경우 가능한 한 여성보안요원을 대동하여 조사해야 한다.

⑬ 모든 조사는 가능한 철저히 조사해야 한다(목격자의 성명, 주소, 연락처 등).

⑭ 보안관리책임자는 문제를 해결하는 데 있어서 협조를 요구하는 경우 지원요청하기를 망설여서는 안된다.

⑮ 잠재적으로 문제성이 있는 집단이나 사람이 접근했을 경우 가능한 제복차림(청원경찰)의 경비원을 대동한다.

⑯ 보안요원은 고객과 개인적으로 친밀해서는 안된다.

⑰ 보안요원은 타 직원과 금전거래를 해서는 안된다.

⑱ 타 종업원이 그의 경력이나 지위상으로 보안관리요원을 협박해서는 안된다.

⑲ 보안관리책임자는 그가 자신에게 기대할 수 있는 것 이상으로 다른 직원이나 그의 부하직원에 대해 기대해서는 안된다.

4. 호텔 내외 안전관리상의 조사와 평가

호텔안전경영을 위해서는 다음 사항들이 호텔관리부서에 의하여 조사 및 평가되어야 한다. 여기에는 우선 지역적인 조건이 크게 좌우되는데, 그 조사와 평가를 위한 사항들을 열거하면 다음과 같다.

① 호텔의 입지 : 호텔의 위치(도시 또는 휴양지) 파악

② 경찰의 협조 : 가까운 경찰관서(관할 경찰관서)의 위치 및 소요시간

③ 호텔의 규모

④ 단골고객(특수고객) 상황 : 투숙고객의 부류(외국인, 내국인, 단체)

⑤ 활용 가능한 종업원 : 야간에 안전요원의 배치 여부

⑥ 고객이 고가의 물건을 보관시키는 경우가 있는가?

⑦ 호텔 내에 있는 재산가치의 정도 : 평소에 호텔 내에 비축되는 식재료나 알코올성 음료, 현금, 기타 물건 등의 가치는?

⑧ 매일 은행에 현금예치업무가 있는가?

⑨ 호텔이 어떠한 보험에 가입되어 있는가?

⑩ 종업원에 의한 절도행위 : 종업원의 현황(종업원들은 정직하고 믿을 만한가?)

⑪ 현금이나 귀중한 물건을 관리하는 종업원들은 신원보증을 갖추게 하고 있는가?

⑫ 호텔의 건물 : 호텔건물의 상태는(호텔건물의 형태, 연수 등)?

⑬ 화재 시 비상구는 호텔 내부로부터 밖으로 탈출이 가능하고 외부로부터

의 보안장치는 잘 되어 있는가?

5. A호텔의 보안관리

1) 상황실 근무수칙

① 상황실 근무자는 각종 상황에 대비하여 통신(유·무선)을 유지하며 지근거리에 위치한다.

② 근무자는 객실에서 상황이 발생하여 비상벨을 누르면 프런트에서는 당직실로 연락하고 당직실은 상황실로 연락하여 상황실에서는 신속히 객실로 올라가 상황을 조치한다.

③ 근무자는 녹화테이프를 일일 4회 교체하며 사건사고 중요현장의 보존 필요 시에는 무기한 보관하며, 평상시에는 4일 보관 후 5일째 녹화한다. 테이프 교체시간은 1회 10:00, 2회 16:00, 3회 22:00, 4회 04:00이다.

④ 근무자는 모니터 전체를 감시하되 객실과 출입구를 주로 하며 사건사고의 현장보존을 중요시하여 테이프 교체 시 책임지고 녹화용 테이프를 관리해야 한다.

⑤ 근무자는 모든 상황을 선조치·후보고하며 상황내용을 기록·유지한다.

◉ 보안장비 보유실태

- 모니터 30대(컬러 8대)
- 무전기 6대
- 가스분사기 8대
- 플래시 6개
- CCTV 9대, 보안등 63개
- 3·8권총 3정
- 3단스틱타격봉 6개

2) 경비근무수칙

① 근무자는 도난, 거동수상자, 음주소란자, 폭력행위자, 기타 각종 사고 예방에 만전을 기한다.

② 근무자는 사주를 경계하며 무기피탈, 분실, 도난, 화재, 풍수로 인한 피해 등 제반사항에 대한 책임을 진다.

③ 근무자는 사원의 출·퇴근 시 타임카드(time card)를 확인하여 체크한다.

④ 근무자는 외부출입자를 대장에 기록 주민등록증과 출입증을 교환하여 출입증을 단 후 출입시킨다.

⑤ 근무자는 물품의 반출·반입을 검수한 후 물품반출입대장에 기록·유지한다.

⑥ 근무자는 사원 및 기타 출입자가 회사물품을 무단 반출하는가를 검문·검색한다.

⑦ 근무자는 경비실 중심으로 별관주차장, 무기저장고, 가스탱크, 주차장에 집중시켜 경계근무한다.

⑧ 근무자는 정원, 나이트클럽, 사우나 입구 출입자를 감시한다.

⑨ 후문 근무자는 이면도로에 무단 주차차량을 통제하여 각종 차량이 통행하는 데 지장이 없도록 한다.

⑩ 후문 근무자는 외부에서 들어오는 무단 출입자를 통제한다.

⑪ 후문 근무자는 별관 2층, 동·남쪽을 순찰하며, 본관 남쪽 3층 옥상(사우나) 쪽 무단출입자를 감시한다.

⑫ 순찰자는 순찰 관리시스템이 설치되어 있는 당사 16개소를 철저히 순찰한다.

⑬ 근무자는 근무 중 음주 또는 졸아서도 안되고 근무장소를 이탈해서도 안된다.

⑭ 아침·저녁시간대 주차장의 주차질서 및 외부차량을 통제하고, 야간의 주차장 주차대수를 파악·보고한다.

6. 호텔 출입자의 관리

1) 비영업부문의 출입관리

(1) 출입자의 출입목적 파악

항상 경비요원은 호텔 내에 어떤 사람들이 출입하고 있으며 그들은 어떤 목적으로 호텔 내에 있는가를 파악하여야 한다. 호텔 내를 출입할 뚜렷한 이유가 없는 사람은 출입이 허가되어서는 안된다.

그리고 영업부문, 즉 객실이 있는 부문(floor)에서 호텔의 관리부문(back of the house)으로 통하는 복도에서 수상한 사람을 발견한 종업원이나 보안관리요원은 즉시 그 사람의 용무가 무엇인지 확인해야 한다. 만약 그 사람이 호텔의 숙박객이라면 그는 호텔 객실의 열쇠를 갖고 있거나 객실번호를 밝힐 것이다. 그러나 그 사람이 객실열쇠를 갖고 있지 않지만 객실에 숙박하고 있다고 말하면 room clerk에게 숙박 여부를 확인해야 할 것이다.

그리고 그 사람의 말과 룸 클럭의 확인에 차이가 있으면 즉각 그 사람을 심문해야 할 것이다. 그러나 자신의 용무에 관해 분명히 밝히지 못하는 사람이라면 즉시 호텔에서 나가도록 조치하고 출구까지 동행해야 한다.

(2) 방문자의 출입허가 표지(標識)

호텔 종업원(only employee)만이 출입할 수 있는 구역에 수상한 사람이 발견되었을 경우에는 즉시 출입목적을 조사한 후 일반인의 제한구역(종업원만의 출입구역)에서 나가도록 조치해야 한다.

그러나 호텔 및 종업원 측의 요청 및 허락에 의하여 특별한 목적이 있어 제한구역에 출입하는 경우도 있다. 이런 경우에는 그 사람에게 모든 종업원이 알 수 있는 호텔의 출입표지를 부착시켜야 할 것이다. 이런 출입표지를 부착하게 되면 그 사람은 반복해서 조사받거나 질문당하지 않는다.

(3) 관계자 이외의 출입제한구역

호텔 종업원 및 업무관계자 이외의 사람, 즉 어떤 사람이 호텔에 용무가 있어 출입하기 위해서는 반드시 사전에 호텔 측의 허락을 받아야 한다. 그러나 호텔 측의 허락 없이 그 구역을 통과하였다면 그 사람은 주거침입죄에 해당되는지의 여부가 문제될 것이다. 이런 이유로 호텔은 제한구역과 개방구역에 표시를 해야 한다. 제한구역 표시는 물리적인 방법으로 장애물이나 문과 같은 것이 설치되어야 할 것이다.

그리고 그 제한구역이 종업원 전용구역이라면 '종업원 전용 혹은 허가받은 사람만의 출입'이라고 표시하여 무용자의 출입을 통제하고 일반인의 안전을 도모해야 한다. 만약 일반인이 악의 없이 아무런 표지가 없는 문을 열고 들어갔다가 상해를 입게 되면 호텔 측의 과실로 인정되어 상해에 대한 배상책임이 있게 된다.

그러나 어떤 사람이 출입금지 표지가 되어 있는 문을 열고 들어가 상해를 입은 경우라면 호텔 측은 그에게 상해에 대한 배상책임을 지지 않는다.

2) 출입자의 관리감독

관리부문에서 관리하는 호텔의 문(門), 즉 호텔의 내·외부로 출입할 수 있는 문에는 종업원의 출퇴근을 위한 종업원 출입구와 호텔에 배달되는 각종 물품의 반입·반출에 필요한 물품 배달구, 그리고 호텔의 시설, 정비, 수리를 위해 출입하는 차량의 출입구로서 작업용 출입구들의 문이 있는데 이와 같은 출입구는 호텔 보안관리요원인 경비원에 의해 출입하는 사람과 각종의 물품 반입·반출이 관리감독되어야 한다.

관리감독의 방법은 다음과 같다.

(1) 종업원 신분의 표지

호텔의 종업원에게는 일정한 형식의 배지를 지급하여 근무 시 호텔 내에서 패용하도록 한다. 그리고 종업원들의 출퇴근 및 출입 시에 출입구에 각 종업원의 출퇴근카드를 비치하여 출입 시에는 출입카드에 체크하여 출입시간을 기록하도록 한다.

출퇴근카드의 기록은 해당 종업원의 현재의 상황을 파악할 수 있는 증거가 될 수 있다. 즉 출입카드에 'in'과 'out'이라는 난에 출입시간이 찍히므로 해당 종업원이 일정시간 내에 호텔에 있었는지를 쉽게 알 수 있을 것이다.

(2) 출입자의 짐(baggage) 검사

호텔을 출입하는 사람은 누구든지 개인 사물(私物)을 경비원에게 확인 및 기록·검사시킨 상태에서는 호텔구내로 반입할 수 있다.

특히 퇴근 시 종업원의 휴대물 중 쇼핑가방, 상자, 가방 등은 보안관리요원의 확인(check) 없이는 반출을 금한다.

왜냐하면 견물생심이란 유혹에 빠져 호텔 혹은 고객의 물품을 절도(竊盜)하려는 마음이 생겨 실수하는 경우가 있으므로 예방차원에서 종업원의 짐을 검사하는 것이다.

(3) 출입자의 짐 검사 시 고려할 사항

호텔직원 그리고 호텔의 계약에 의하여 수리 및 식재료 등 기타 물품을 납품하기 위해 호텔을 출입하는 사람들도 앞에서 서술한 바와 같이 호텔의 물품을 휴대하고 나가는 문제 등이 얼마든지 가능한 상황이므로 그들의 짐뿐만 아니라 몸수색까지도 해야 하는 경우가 있다. 따라서 검사 시에 발생할 수 있는 문제들이 있다.

예를 들면 호텔의 모든 종업원들과 계약에 의하여 호텔을 출입하는 사람들을 합법적인 기준 없이 체크한다면 그들의 인권과 관련이 있을 뿐만 아니라 그로 인하여 호텔 측에 소송을 제기하는 일이 발생할 수 있다.

그러므로 호텔에 관련이 있는 사람들의 호텔 출입 시 합법적이고 합리적인 기준에 의하여 확인하고자 한다면 다음과 같은 사항을 고려하여야 할 것이다.

첫째, 호텔 종업원에 대한 체크는 채용계약서에 명시하여 체크할 수도 있도록 규정한다. 혹은 노사 간의 합의에 의하여 실시한다.

둘째, 호텔과 계약에 의하여 수리, 정비 및 식재료 등의 납품을 위하여 출입하는 사람은 호텔 출입규정에 합법적으로 체크할 수 있도록 한다.

이상과 같이 상호간의 합의에 의하여 체크한다면 문제가 없을 것으로 사료되며 도난방지에도 도움이 될 것이다.

(4) 기타 절도의 예방수단

호텔 종업원에 의하여 호텔의 재산손실이 많이 발생된다면, 절도예방을 위한 수단으로서 다음과 같은 방법을 강구하여야 한다.

첫째, 종업원 개인의 용품 등을 반드시 개인 사물함에 보관하도록 한다.

둘째, 종업원의 자동차는 반드시 종업원 전용주차장에 주차시키도록 한다.

셋째, 룸 메이드 왜건(wagon)에는 사물을 놓지 않도록 한다.

3) 기타 호텔 출입자의 관리

호텔을 정기적으로 출입하는 종업원 이외의 출입자로서는 판매원(잡상인), 물품배달원, 계약 서비스요원(용역업체 직원), 호텔 종업원의 방문자 등이 있다. 호텔 측은 이들의 호텔출입에 대하여 관심을 가지고 출입관리를 하지 않으면 안된다.

(1) 판매원의 출입관리

일반적으로 호텔에서 사용되는 모든 물품구매는 구매부서에 의해서 구매되는 경우와 식음료부서의 지배인에 의해 직접 구매되는 식재료가 있으므로, 식재료를 호텔 식음료부서에 배달하기 위해 직접 호텔에 들어오는 판매원이 있는가 하면, 호텔의 종업원에게 상품을 판매하기 위해 혹은 판매된 물품의 요금을 수금하기 위해 방문하는 판매원도 있다.

대개 이와 같은 판매원들은 해당 호텔 종업원을 직접 만나기를 원하는 경우가 많다. 따라서 보안관리원은 판매원이 면회하고자 하는 해당 종업원에게 연락하여 면회할 의사가 있는 경우 호텔 방문자의 표지를 패용하도록 하고 방문시간, 방문목적, 성명, 주소, 주민등록번호 등을 기록한다.

그리고 호텔에 등록된 계약업체의 판매원인 경우에는 호텔 보안관리부서에 그들의 명단을 기록 비치하여 그들에게는 특별출입증을 발급하여 그 출입증을 패용하고 호텔을 출입할 수 있도록 함으로써 호텔에 용무가 있어서 출입한다는 것을 모든 종업원이 알 수 있도록 한다.

(2) 배달원의 출입관리

물품배달원은 호텔과 관련하여 호텔에서 주문한 물품들을 배달하기 위해 호텔을 출입하는 경우가 있으며 또한 호텔에 체재 중인 고객에게 전달할 물품을 배달하기 위해 호텔을 출입하는 경우도 있다.

이상과 같은 이유로 호텔에 오는 배달원이 호텔 출입관리에 있어서는 일반적으로 그들이 호텔 구내로 들어와야 할 특별한 이유는 없다. 대개가 호텔의 수하물 취급 출입구에서 호텔직원에 의해 접수되는 것이 일반적이다.

그러나 특별히 배달원에 의해서 물품을 호텔 구내로까지 배달해야 할 경우가 있는데, 이 경우에는 보안관리원이 동행하여야 한다.

그리고 배달된 물품을 취급할 때에는 호텔 수하물 출입구의 직원에 의해서 배달된 물품의 수량과 상태를 점검하고 접수대장에 기록한다. 또한 물품이 배달원에 의해서 외부로부터 배달(반입)되기도 하지만 호텔에서 외부로 반출되는 경우도 있다. 따라서 물품의 반입·반출과정에서 물품의 반출입증을 발급하고 반드시 물품의 반출입대장에 기록하도록 한다. 아울러 가능한 한 배달원이 호텔 구내로 들어오는 것을 금지하는 것이 바람직하다.

그러나 부득이한 경우의 출입 시에는 반드시 해당부서 관계자의 허락을 받고 출입할 수 있도록 하며 이때 보안관리요원은 배달원과 동행한다.

(3) 쓰레기 처리의 관리

호텔의 쓰레기와 오물은 호텔과 청소대행업자의 계약에 의해서 처리되는 경우가 일반적이다. 따라서 호텔에서는 쓰레기와 오물처리과정의 보안관리가 중요시된다. 왜냐하면 호텔의 쓰레기와 오물은 쓰레기 반출구를 통해서 호텔 내에서 외부로 반출되는데, 이러한 쓰레기 및 오물이 반출되는 과정에서 호텔의 재산인 식재료 및 비품을 일부 정직하지 못한 종업원이 청소대행업체의 직원과 결탁하여 쓰레기와 함께 반출시키는 경우도 있으므로 철저한 감독과 체크가 요구된다.

(4) 외부 용역기관(계약) 요원의 관리

호텔의 청소, 창문 및 타일의 수리 혹은 정비를 하기 위한 용역기관의 종업원, 엘리베이터의 정비 및 수리를 위한 기술자, 해충박멸(소독업체) 등을 위해 호텔과의 계약에 의해서 규칙적으로 출입하는 사람들에 의하여 호텔의 재산이 도난될 수 있으므로 철저한 안전관리가 요구된다.

따라서 호텔 측은 이들의 호텔 출입 시에는 반드시 호텔에서 발급한 호텔출입증을 패용하도록 하며, 또한 보안관리원으로 하여금 이들의 출입시간을 정확히 기록 · 유지함과 동시에 그 출입자의 신분을 확인해야 한다.

또한 호텔 내 임대업소 직원의 관리에 있어서도 임대계약서상에 명시하여 호텔직원에 준하는 체크를 해야 할 것이다.

(5) 종업원의 방문자 관리

종업원의 가족 및 친구가 호텔에 와서 종업원을 면회할 수 있는지의 여부를 문의하는 경우가 많다. 일반적으로 대다수의 호텔이 근무 중인 종업원의 면회는 절대적으로 금지하고 있다. 그러나 긴급한 문제로 면회를 요청하는 경우에는 그 종업원의 상위자에게 전달하여야 한다. 그러면 그 종업원은 상위자의 면회허락을 받은 후 지정된 면회장소에서 면회를 할 수 있다. 그러나 이 경우에 종업원의 방문자가 호텔 구내로 들어오는 것은 절대 금지시켜야 한다. 왜냐하면 종업원을 방문하는 사람들이 종업원의 근무지에서 면회를 하게 된다면 업무수행에 많은 지장을 주기 때문이다.

4) 기타 개방된 門의 관리

호텔의 문(door)은 업무용 출입 이외에 비상구와 같은 문으로서 항상 개방된 문이 있다. 그러므로 이와 같은 문의 안전관리가 매우 중요하다.

(1) 비상구(emergency exits)의 관리

호텔의 업무용 출입구는 24시간 개방되어 있으며, 출입구는 항상 보안관리원에 의해서 관리되고 있다.

그러나 호텔건물은 업무용 출입구 이외에 비상구가 있으며 이러한 비상구에는 보안관리원이 항상 배치되어 있는 것이 아니므로 관리가 소홀한 경우가 많다. 따라서 호텔들은 비상구의 안전관리를 위한 특수한 설비에 의한 장치로서 호텔외부로부터 도둑이 침입하지 못하도록 자물쇠장치를 하고 있는데, 이 자물쇠는 호텔 내부에서 외부로 나가는 경우는 열 수 있지만 외부에서 내부로 들어올 때는 열 수 없는 장치이며, 또한 경보장치를 하여 비상구 문이 열리게 되면 경보기가 작동하도록 설치・운영하고 있다.

(2) 창문(windows)의 관리

호텔에는 많은 창문이 있는데, 주방・식당・객실 등의 창문은 절도한 물품이 반출될 가능성이 있다. 이러한 창문의 관리에 있어서 문제가 되는 점은 창문은 실내환기를 위해서 열어놓아야 하는 경우가 많기 때문에 안전관리에 어려움이 있다.

그러나 현대의 호텔건물은 호텔 건축단계의 설계 때부터 식당 및 주방은 해충의 침입을 방지하기 위한 장치로 방충망을 고정시켜 설치함으로써 어느 정도의 절도는 예방할 수 있으며, 객실의 경우는 밀폐된 창문의 유리를 사용함으로써 예방할 수 있다.

제5절 방화관리

1. 공동방화관리자

「소방시설설치유지 및 안전관리에 관한 법률」 제21조에서 소방본부장 또는 소방서장이 지정하는 특정소방대상물의 관계인은 행정안전부령이 정하는 바에 따라 대통령령이 정하는 자를 공동방화관리자로 선임하여야 하고, 동법 제20조에 따라 특정소방대상물의 관계인과 방화관리자는 소방계획서의 작성, 자위소방대의 조직, 피난시설·방화구획 및 방화시설의 유지·관리, 소방훈련 및 교육, 소방관련 시설의 유지·관리, 화기(火氣)취급의 감독, 그 밖에 방화관리상 필요한 업무를 실행토록 규정하고 있다. 특정소방대상물이란 동법 시행령 제5조에 명시하는 바와 같다.

1) 소방관리자의 자격

동법 시행령 제8조와 시행규칙 제17조의 규정에 의해 소방공무원으로서 다음 각호의 어느 하나에 해당하는 사람은 동법 제4조 제4항에 따른 소방검사자의 자격을 가진다.

① 소방기술사 자격을 취득한 자
② 소방시설관리사 자격을 취득한 자
③ 소방설비기사 또는 소방설비산업기사 자격을 취득한 자
④ 위험물기능장・위험물산업기사 또는 위험물기능사 자격을 취득한 자
⑤ 「국가기술자격법」에 의한 건축・기계・전기・가스와 관련된 자격을 취득한 자
⑥ 「고등교육법」 제2조 제1호 내지 제6호의 어느 하나에 해당하는 학교에서 소방방재청장이 정하여 고시하는 소방관련 학과를 졸업한 자
⑦ 「소방방재청과 그 소속기관 직제」 제14조의 규정에 의한 중앙소방학교의 장 또는 「지방소방기관 설치에 관한 규정」 제3조의 규정에 의한 지방소방학교의 장이 실시하는 직무전문교육과정 중 소방방재청장이 정하는 교육과정을 수료한 자

2) 방화관리자의 직무

동법 제20조에 따라 특정소방대상물의 관계인과 방화관리자의 업무는 다음 각호와 같다.

① 대통령령이 정하는 사항이 포함된 소방계획서의 작성
② 자위소방대(自衛消防隊)의 조직
③ 제10조의 규정에 따른 피난시설・방화구획 및 방화시설의 유지・관리
④ 제22조의 규정에 따른 소방훈련 및 교육
⑤ 소방시설, 그 밖의 소방관련 시설의 유지・관리
⑥ 화기(火氣) 취급의 감독
⑦ 그 밖에 방화관리상 필요한 업무

2. 소방계획

동법 시행령 제24조 제1항의 규정에 따라 방화관리대상물의 소방계획 작성 등에 다음 사항을 포함하여 수립해야 하며, 제2항에 소방본부장 또는 소방서장은 제1항의 규정에 의한 특정소방대상물의 소방계획의 작성 및 실시에 관하여 지도・감독하도록 하고 있다.

① 방화관리대상물의 위치・구조・연면적・용도 및 수용인원 등 일반현황

② 소방시설 및 방화시설, 전기시설・가스시설 및 위험물시설의 현황

③ 화재예방을 위한 자체점검계획 및 진압대책

④ 소방시설・피난시설 및 방화시설의 점검・정비계획

⑤ 피난층 및 피난시설의 위치와 피난경로의 설정 등을 포함한 피난계획

⑥ 방화구획・제연구획・건축물의 내부마감재료(불연재료・준불연재료 또는 난연재료로 사용된 것을 말한다) 및 방염물품의 사용, 그 밖의 방화구조 및 설비의 유지・관리계획

⑦ 소방교육 및 훈련에 관한 계획

⑧ 특정소방대상물의 근무자 및 거주자의 자위소방대 조직과 대원의 임무에 관한 사항

⑨ 증축・개축・재축・이전・대수선 중인 특정소방대상물의 공사장의 방화관리에 관한 사항

⑩ 공동 및 분임방화관리에 관한 사항

⑪ 소화 및 연소방지에 관한 사항

⑫ 위험물의 저장・취급에 관한 사항

⑬ 그 밖에 방화관리를 위하여 소방본부장 또는 소방서장이 소방대상물의 위치・구조・설비 또는 관리상황 등을 고려하여 방화관리상 필요하여 요청하는 사항

3. 소방시설과 소방관리(消防管理)

1) 소방시설

동법 시행령 제3조의 규정에 의한 소방시설은 다음과 같다.

(1) 소화설비

물 그 밖의 소화약제를 사용하여 소화하는 기계·기구 또는 설비로서 다음 각목의 것

① 소화기구

Ⓐ 수동식 소화기

Ⓑ 자동식 소화기·캐비닛형 자동소화기기 및 자동확산소화용구

Ⓒ 소화약제에 의한 간이소화용구

② 옥내소화전설비

③ 스프링클러설비·간이스프링클러설비(캐비닛형 간이스프링클러설비를 포함한다) 및 화재조기진압용 스프링클러설비

④ 물분무소화설비·포소화설비·이산화탄소소화설비·할로겐화합물소화설비·청정소화약제소화설비·분말소화설비 및 강화액소화설비

⑤ 옥외소화전설비

(2) 경보설비 : 화재발생 사실을 통보하는 기계·기구 또는 설비로서 다음 각목의 것

① 비상벨설비 및 자동식 사이렌설비(이하 '비상경보설비'라 한다)

② 단독경보형 감지기

③ 비상방송설비

④ 누전경보기

⑤ 자동화재탐지설비 및 시각경보기

⑥ 자동화재속보설비

⑦ 가스누설경보기

⑧ 통합감시시설

(3) 피난설비 : 화재가 발생할 경우 피난하기 위하여 사용하는 기구 또는 설비로서 다음 각목의 것

① 미끄럼대 · 피난사다리 · 구조대 · 완강기 · 피난교 · 피난밧줄 · 공기안전매트 · 다수인 피난장비, 그 밖의 피난기구

② 방열복 · 공기호흡기 및 인공소생기(이하 '인명구조기구'라 한다)

③ 피난유도선, 유도등 및 유도표지

④ 비상조명등 및 휴대용 비상조명등

(4) 소화용수설비 : 화재를 진압하는 데 필요한 물을 공급하거나 저장하는 설비로서 다음 각목의 것

① 상수도소화용수설비

② 소화수조 · 저수조, 그 밖의 소화용수설비

(5) 소화활동설비 : 화재를 진압하거나 인명구조활동을 위하여 사용하는 설비로서 다음 각목의 것

① 제연설비

② 연결송수관설비

③ 연결살수설비

④ 비상콘센트설비

⑤ 무선통신보조설비

⑥ 연소방지설비

2) 소방시설의 수용인원 산정방법

동법 시행규칙 제15조에 따른 소방시설의 수용인원 산정방법은 <표 5-6>과 같다.

<표 5-6> 수용인원의 산정방법(소방시설 설치유지 및 안전관리에 관한 법률 시행령 제15조 관련)

소방대상물의 구분	수용인원의 산정방법
1. 숙박시설이 있는 특정소방대상물	가. 침대가 있는 숙박시설 : 당해 특정소방물의 종사자의 수에 침대의 수(2인용 침대는 2인으로 산정한다)를 합한 수 나. 침대가 없는 숙박시설 : 당해 특정소방대상물의 종사자의 수에 숙박시설의 바닥면적의 합계를 3㎡로 나누어 얻은 수를 합한 수
2. 제1호 외의 특정소방대상물	가. 강의실 · 교무실 · 상담실 · 실습실 · 휴게실 용도로 쓰이는 특정소방대상물 : 당해 용도로 사용하는 바닥면적의 합계를 1.9㎡로 나누어 얻은 수 나. 강당 · 문화집회시설 및 운동시설 : 당해 용도로 사용하는 바닥면적의 합계를 4.6㎡로 나누어 얻은 수(관람석이 있는 경우 고정식 의자를 설치한 부분에 있어서는 당해 부분의 의자수로 하고, 긴 의자의 경우에는 의자의 정면너비를 0.45m로 나누어 얻은 수로 한다) 다. 그 밖의 특정소방대상물 : 당해 용도로 사용하는 바닥면적의 합계를 3㎡로 나누어 얻은 수
비 고	1. 위 표에서 바닥면적을 산정하는 때에는 복도(「건축법 시행령」 제2조 제11호에 따른 준불연재료 이상의 것을 사용하여 바닥에서 천장까지 벽으로 구획한 것을 말한다) · 계단 및 화장실의 바닥면적을 포함하지 아니한다. 2. 계산결과 1 미만의 소수는 반올림한다.

3) 소방시설의 종류 및 소방시설 적용기준

동법 시행령 제15조에 의한 특정소방대상물의 관계인이 특정소방대상물의 규모 · 용도 및 수용인원 등을 고려하여 갖추어야 하는 소방시설 등의 종류 및 소방시설 적용기준은 <표 5-7>과 같다.

<표 5-7> 소방시설의 종류 및 소방시설 적용기준

구분	소방시설 적용기준
소화설비	1. 소화기구를 설치하여야 하는 특정소방대상물은 다음 각목의 1과 같다. 다만, 노유자시설의 경우에는 투척용 소화기 등을 법 제9조 제1항에 따라 소방방재청장이 정하여 고시하는 화재안전기준(이하 '화재안전기준'이라 한다)에 따라 산정된 소화기 수량의 2분의 1 이상으로 설치할 수 있다. 가. 수동식 소화기 또는 간이소화용구를 설치하여야 하는 것 (1) 연면적 33㎡ 이상인 것 (2) (1)에 해당하지 아니하는 시설로서 지정문화재 및 가스시설 (3) 터널 나. 자동식 소화기를 설치하여야 하는 것 : 아파트 2. 옥내소화전설비를 설치하여야 하는 특정소방대상물(가스시설 및 지하구를 제외한다)은 다음 각목의 1과 같다. 다만, 아파트 · 업무시설 또는 노유자시설에는 옥내소화전설비를 설치할 수 있다. 가. 연면적 3천 제곱미터 이상(지하가 중 터널을 제외한다)이거나 지하층 · 무창층(축사는 제외한다) 또는 층수가 4층 이상인 것 중 바닥면적이 600제곱미터 이상인 층이 있는 것은 전층 나. 지하가 중 터널로서 길이가 1천 미터 이상인 터널 다. 가목에 해당하지 아니하는 근린생활시설 · 위락시설 · 판매시설 및 영업시설 · 숙박시설 · 노유자시설 · 의료시설 · 업무시설 · 통신촬영시설 · 공장 · 창고시설 · 운수자동차 관련시설 또는 복합건축물로서 연면적 1,500제곱미터 이상이거나 지하층 · 무창층 또는 층수가 4층 이상인 층 중 바닥면적이 300제곱미터 이상인 층이 있는 것은 전층 라. 건축물의 옥상에 설치된 차고 또는 주차장으로서 차고 또는 주차의 용도로 사용되는 부분의 면적이 200제곱미터 이상인 것 마. 가목 및 다목에 해당하지 아니하는 공장 또는 창고로서 「소방기본법 시행령」 별표 2에서 정하는 수량의 750배 이상의 특수가연물을 저장 · 취급하는 것 3. 스프링클러설비를 설치하여야 하는 특정소방대상물(가스시설 또는 지하구를 제외한다)은 다음 각목의 어느 하나와 같다. 가. 문화집회 및 운동시설(사찰 · 제실 · 사당 및 동식물원은 제외한다)로서 다음의 1에 해당하는 경우에는 전층 (1) 수용인원이 100인 이상인 것 (2) 영화상영관의 용도로 쓰이는 층의 바닥면적이 지하층 또는 무창층인 경우 500제곱미터 이상, 그 밖의 층의 경우에는 1천 제곱미터 이상인 것 (3) 무대부가 지하층 · 무창층 또는 4층 이상의 층에 있는 경우에는 무대부의 면적이 300제곱미터 이상인 것 (4) 무대부가 (3)호 외의 층에 있는 경우에는 무대부의 면적이 500제곱미터 이상인 것 나. 판매시설 및 영업시설로서 다음의 1에 해당하는 경우에는 전층

소화설비	(1) 층수가 3층 이하인 건축물로서 판매시설 및 영업시설의 바닥면적 합계가 6천 제곱미터 이상인 것 (2) 층수가 4층 이상인 건축물로서 판매시설 및 영업시설의 바닥면적 합계가 5천 제곱미터 이상인 것 (3) 수용인원 500인 이상인 것 다. 층수가 11층 이상인 특정소방대상물의 경우에는 전층. 다만, 주택법령에 의하여 기존의 아파트를 리모델링하는 경우로서 건축물의 연면적층고가 변경되지 아니하는 경우에는 당해 아파트의 사용검사 당시의 소방시설 적용기준을 적용한다. 라. 다음의 어느 하나에 해당하는 경우에는 전층 (1) 노유자시설 또는 「정신보건법」 제3조 제2호에 따른 정신보건시설(이하 '정신보건시설'이라 한다)로서 연면적 600제곱미터 이상인 것 (2) 교육연구시설 중 숙박이 가능한 청소년시설로서 연면적 600제곱미터 이상인 것 마. 천장 또는 반자(반자가 없는 경우에는 지붕의 옥내에 면하는 부분)의 높이가 10미터를 넘는 래크식 창고(선반 또는 이와 비슷한 것을 설치하고 승강기에 의하여 수납물을 운반하는 장치를 갖춘 것을 말한다)로서 연면적 1,500제곱미터 이상인 것 바. 지하가(터널을 제외한다)로서 연면적 1천 제곱미터 이상인 것 사. 가목 내지 마목에 해당하지 아니하는 특정소방대상물(냉동창고를 제외한다)의 지하층 · 무창층(축사는 제외한다) 또는 층수가 4층 이상인 층으로서 바닥면적이 1천 제곱미터 이상인 층 아. 가목 내지 사목의 특정소방대상물에 부속된 보일러실 또는 연결통로 등 자. 복합건축물 또는 교육연구시설 내에 있는 학생 수용을 위한 기숙사로서 연면적 5천 제곱미터 이상인 경우에는 전층 차. 마목에 해당하지 아니하는 공장 또는 창고로서 다음의 어느 하나에 해당하는 시설 (1) 「소방기본법 시행령」 별표 2에서 정하는 수량의 1천 배 이상의 특수 가연물을 저장 · 취급하는 시설 (2) 「원자력법 시행령」 제2조 제1호에 따른 중 · 저준위방사성폐기물(이하 '중 · 저준위방사성폐기물'이라 한다)의 저장시설 중 소화수를 수집 · 처리하는 설비가 있는 저장시설 카. 교정시설 중 다음의 어느 하나에 해당하는 경우에는 해당 장소 (1) 교도소(구치소 · 소년원 · 소년분류심사원을 포함한다) 및 치료감호소의 수용거실 (2) 「출입국관리법」 제52조 제2항에 따른 보호장소(외국인보호소의 경우에는 피보호자의 생활공간으로 한정한다. 이하 같다)로 사용하는 부분. 다만, 보호장소가 임차건물에 있는 경우는 제외한다. (3) 「경찰관직무집행법」 제9조에 따른 유치장 4. 간이스프링클러설비를 설치하여야 하는 특정소방대상물은 다음 각목의 어느 하나와 같다.

	가. 삭제 <2006.12.7> 나. 근린생활시설로 사용하는 부분의 바닥면적 합계가 1천 제곱미터 이상인 것은 전층 다. 교육연구시설 내에 있는 합숙소로서 연면적 100제곱미터 이상인 것 라. 노유자시설 또는 정신보건시설(입원실이 없는 정신과 의원은 제외한다)로서 다음의 어느 하나에 해당하는 시설 (1) 해당시설로 사용되는 바닥면적의 합계가 300제곱미터 이상 600제곱미터 미만인 시설 (2) 해당시설로 사용하는 바닥면적의 합계가 300제곱미터 미만이고, 창살(철재 · 플라스틱 또는 목재 등으로 사람의 탈출 등을 막기 위하여 설치한 것을 말하며, 화재 시 자동으로 열리는 구조로 되어 있는 창살은 제외한다)이 설치된 시설 마. 건물을 임차하여「출입국관리법」제52조 제2항에 따른 보호장소로 사용하는 부분 5. 물분무 등 소화설비를 설치하여야 하는 특정소방대상물(가스시설 또는 지구를 제외한다)은 다음 각목의 어느 하나와 같다. 가. 항공기 격납고 나. 주차용 건축물(주차장법 제2조 제1호의 3의 규정에 따른 기계식 주차장을 포함한다)로서 연면적 800제곱미터 이상인 것 다. 건축물 내부에 설치된 차고 또는 주차장으로서 차고 또는 주차의 용도로 사용되는 부분(건축법시행령 제119조 제1항 제3호 라목 규정의 피로티를 주차용도로 사용하는 경우를 포함한다)의 바닥면적의 합계가 200제곱미터 이상인 것 라. 주차장법 제2조 제1호의 2의 규정에 의한 기계식 주차장으로서 20대 이상의 차량을 주차할 수 있는 것 마. 전기실 · 발전실 · 변전실(가연성 절연유를 사용하지 아니하는 변압기 · 전류차단기 등의 전기기기와 가연성 피복을 사용하지 아니한 전선 및 케이블만을 설치한 전기실 · 발전실 및 변전실을 제외한다) · 축전지실 · 통신기기실 또는 전산실로서 바닥면적이 300제곱미터 이상인 것(동일한 방화구획 내에 2 이상의 실이 설치되어 있는 경우에는 이를 1개의 실로 보아 바닥면적을 산정한다). 다만, 내화구조로 된 공정제어실 내에 설치된 주조정실로서 양압시설이 설치되고 전기기기에 220볼트 이하인 저전압이 사용되며 종업원이 24시간 상주하는 것을 제외한다. 바. 소화수를 수집 · 처리하는 설비가 설치되어 있지 아니한 중 · 저준위 방사성 폐기물의 저장시설. 다만, 이 경우에는 이산화탄소소화설비 · 할로겐화합물 소화설비 또는 청정소화약제소화설비를 설치하여야 한다. 사. 지하가 중 길이가 3천 미터 이상으로서 교통량, 경사도 등 터널의 특성을 고려하여 행정안전부령으로 정하는 위험등급 이상에 해당하는 터널. 다만, 이 경우에는 물분무소화설비를 설치하여야 한다. 아.「문화재보호법」제2조 제2항 제1호 및 제2호에 따라 문화재로 지정된 건축물 중 소방방재청장이 문화재청장과 협의하여 정하는 것
소화설비	6. 옥외소화전설비를 설치하여야 하는 특정소방대상물(가스시설 · 지하구 또는 지하

소화설비	가 중 터널을 제외한다)은 다음 각목의 1과 같다. 가. 지상 1층 및 2층의 바닥면적의 합계가 9천 제곱미터 이상인 것. 이 경우 동일 구내에 2 이상의 특정소방대상물이 행정안전부령이 정하는 연소우려가 있는 구조인 경우에는 이를 하나의 특정소방대상물로 본다. 나. 「문화재보호법」 제5조에 따라 국보 또는 보물로 지정된 목조건축물 다. 가목에 해당하지 아니하는 공장 또는 창고로서 「소방기본법 시행령」 별표 2에서 정하는 수량의 750배 이상의 특수가연물을 저장 · 취급하는 것
경보설비	1. 비상경보설비를 설치하여야 할 특정소방대상물(가스시설 또는 지하구를 제외한다)은 다음 각목의 1과 같다. 가. 연면적 400제곱미터(지하가 중 터널 또는 사람이 거주하지 아니하거나 벽이 없는 축사를 제외한다)이거나 지하층 또는 무창층의 바닥면적이 150제곱미터(공연장인 경우 100제곱미터) 이상인 것 나. 지하가 중 터널로서 길이가 500미터 이상인 것 다. 50인 이상의 근로자가 작업하는 옥내작업장 2. 비상방송설비를 설치하여야 하는 특정소방대상물(가스시설 · 지하구 및 지하가 중 터널과 사람이 거주하지 않는 동식물관련시설을 제외한다)은 다음 각목의 1과 같다. 가. 연면적 3,500제곱미터 이상인 것 나. 지하층을 제외한 층수가 11층 이상인 것 다. 지하층의 층수가 3개층 이상인 것 3. 누전경보기는 계약전류용량(동일 건축물에 계약종별이 다른 전기가 공급되는 경우에는 그중 최대계약전류용량을 말한다)이 100암페어를 초과하는 특정소방대상물(내화구조가 아닌 건축물로서 벽 · 바닥 또는 반자의 전부나 일부를 불연재료 또는 준불연재료가 아닌 재료에 철망을 넣어 만든 것에 한한다)에 설치하여야 한다. 다만, 가스시설 · 지하구 또는 지하가 중 터널의 경우에는 그러하지 아니하다. 4. 자동화재탐지설비를 설치하여야 하는 특정소방대상물은 다음 각목의 1과 같다. 가. 근린생활시설(일반목욕장을 제외한다) · 위락시설 · 숙박시설 · 의료시설 및 복합건축물로서 연면적 600제곱미터 이상인 것 나. 근린생활시설 중 일반목욕장 · 문화집회 및 운동시설 · 통신촬영시설 · 관광 휴게시설 · 지하가(터널을 제외한다) · 판매시설 및 영업시설 · 공동주택 · 업무시설 · 운수자동차 관련시설 · 공장 및 창고시설로서 연면적 1천 제곱미터 이상인 것 다. 교육연구시설(교육연구시설 내에 있는 기숙사 및 합숙소를 포함하며, 숙박시설이 있는 청소년시설은 제외한다) · 동식물관련시설 · 위생 등 관련시설 및 교정시설로서 연면적 2천 제곱미터 이상인 것 라. 지하구 마. 길이 1천 미터 이상의 터널 바. 연면적 400제곱미터 이상인 노유자시설 및 숙박시설이 있는 청소년시설로서 수용인원 100인 이상인 것 사. 나목에 해당하지 아니하는 공장 및 창고시설로서 「소방기본법 시행령」 별표 2에서 정하는 수량의 500배 이상의 특수가연물을 저장 · 취급하는 것

경보설비	5. 자동화재속보설비를 설치하여야 하는 특정소방대상물은 다음 각목의 1과 같다. 가. 공장 및 창고시설 또는 업무시설(사람이 근무하지 아니하는 시간에는 무인경비 시스템으로 관리하는 시설에 한한다)로서 바닥면적이 1,500제곱미터 이상인 층이 있는 것 나. 노유자시설로서 바닥면적이 500제곱미터 이상인 층이 있는 것 다. 교육연구시설 중 청소년시설(숙박시설이 있는 건축물에 한한다)로서 바닥 면적이 500제곱미터 이상인 층이 있는 것 라. 「문화재보호법」 제5조에 따라 국보 또는 보물로 지정된 목조건축물 6. 단독경보형감지기를 설치하여야 하는 특정소방대상물은 다음 각목의 1과 같다. 가. 연면적 1천 제곱미터 미만의 아파트 나. 연면적 1천 제곱미터 미만의 기숙사 다. 교육연구시설 내에 있는 합숙소 또는 기숙사로서 연면적 2천 제곱미터 미만인 것 라. 연면적 600제곱미터 미만의 숙박시설 마. 제4호 바목의 규정에 해당되지 아니하는 청소년시설(숙박시설이 있는 것에 한한다) 7. 시각경보기를 설치하여야 하는 특정소방대상물은 제4호의 규정에 의한 자동화재탐지설비를 설치하여야 하는 특정소방대상물 중 다음 각목의 어느 하나에 해당하는 것과 같다. 가. 근린생활시설, 위락시설, 문화집회 및 운동시설, 판매시설 및 영업시설 나. 숙박시설 · 노유자시설 · 의료시설 및 업무시설(군사시설을 제외한다) 다. 통신촬영시설 중 방송국, 교육연구시설 중 도서관 라. 지하상가 8. 가스누설경보기를 설치하여야 하는 특정소방대상물(가스시설이 설치된 경우에 한한다)은 다음 각목의 1과 같다. 가. 숙박시설 · 노유자시설 · 판매시설 및 영업시설 나. 교육연구시설 중 청소년시설 · 의료시설 · 문화집회 및 운동시설 9. 국토의 계획 및 이용에 관한 법률 제2조 제9호의 규정에 의한 공동구에는 화재안전기준이 정하는 바에 따라 통합감시시설을 설치하여야 한다.
피난설비	1. 피난기구는 특정소방물의 모든 층에 화재안전기준에 적합한 피난기구를 설치하여야 한다. 다만, 피난층 · 지상 1층 · 지상 2층 및 층수가 11층 이상의 층과 가스시설 · 지하구 또는 지하가 중 터널의 경우에는 그러하지 아니하다. 2. 인명구조기구는 지하층을 포함하는 층수가 7층 이상인 관광호텔 및 5층 이상인 병원에 설치하여야 한다. 다만, 병원의 경우에는 인공소생기를 설치하지 아니할 수 있다. 3. 수용인원 100인 이상의 지하역사 · 백화점 · 전문점 · 할인점 · 쇼핑센터 · 지하상가 · 영화상영관에는 인명구조용 공기호흡기(충전기 및 보조마스크를 제외한다)를 층마다 2대 이상 비치하여야 한다. 4. 피난구유도등 · 통로유도등 및 유도표지는 별표 2의 특정소방대상물(지하구 및 지하가 중 터널을 제외한다)에, 객석유도등은 유흥주점영업(식품위생법시행령 제7조 제8호 라목의 유흥주점영업 중 손님이 춤을 출 수 있는 무대가 설치된 카바레 · 나이트클럽 또는 그 밖에 이와 비슷한 영업에 한한다)과 문화집회 및 운동시설

피난 설비	에 설치하여야 한다. 5. 비상조명등을 설치하여야 하는 특정소방대상물(가스시설 또는 창고와 이와 비슷한 것은 제외한다)은 다음 각목의 1과 같다. 가. 지하층을 포함하는 층수가 5층 이상인 건축물로서 연면적 3천 제곱미터 이상인 것 나. 가목에 해당하지 아니하는 특정소방대상물로서 그 지하층 또는 무창층의 바닥면적이 450제곱미터 이상인 경우에는 그 지하층 또는 무창층 다. 지하가 중 터널로서 그 길이가 500미터 이상인 것 6. 휴대용 비상조명등을 설치하여야 하는 특정소방대상물은 다음 각목의 1과 같다. 가. 숙박시설 나. 수용인원 100인 이상의 지하역사 · 백화점 · 전문점 · 할인점 · 쇼핑센터 · 지하상가 · 영화상영관
소화 용수 설비	상수도소화용수설비를 설치하여야 하는 특정소방대상물은 다음 각목의 1과 같다. 다만, 상수도소화용수설비를 설치하여야 하는 특정소방대상물의 대지 경계선으로부터 180미터 이내에 구경 75밀리미터 이상인 상수도용 배수관이 설치되지 아니한 지역에 있어서는 소화수조 또는 저수조를 설치하여야 한다. 가. 연면적 5천 제곱미터 이상인 것. 다만, 가스시설 · 지하구 또는 지하가 중 터널의 경우에는 그러하지 아니하다. 나. 가스시설로서 지상에 노출된 탱크의 저장용량의 합계가 100톤 이상인 것
소화 활동 설비	1. 제연설비를 설치하여야 하는 특정소방대상물은 다음 각목의 1과 같다. 가. 문화집회 및 운동시설로서 무대부의 바닥면적이 200제곱미터 이상 또는 문화집회 및 운동시설 중 영화상영관으로서 수용인원 100인 이상인 것 나. 근린생활시설 · 위락시설, 판매시설 및 영업시설, 숙박시설로서 지하층 또는 무창층의 바닥면적이 1천 제곱미터 이상인 것은 당해 용도로 사용되는 모든 층 다. 판매시설 및 영업시설 중 시외버스정류장 · 철도역사 · 공항시설 · 해운시설의 대합실 또는 휴게시설로서 지하층 또는 무창층의 바닥면적이 1천 제곱미터 이상인 것 라. 지하가(터널을 제외한다)로서 연면적 1천 제곱미터 이상인 것 마. 지하가 중 길이가 500미터 이상으로서 교통량, 경사도 등 터널의 특성을 고려하여 행정안전부령으로 정하는 위험등급 이상에 해당하는 터널 바. 특정소방대상물(갓복도형아파트를 제외한다)에 부설된 특별피난계단 또는 비상용승강기의 승강장 2. 연결송수관설비를 설치하여야 하는 특정소방대상물(가스시설 또는 지하구를 제외한다)은 다음 각목의 1과 같다. 가. 층수가 5층 이상으로서 연면적 6천 제곱미터 이상인 것 나. 가목에 해당하지 아니하는 특정소방대상물로서 지하층을 포함하는 층수가 7층 이상인 것 다. 가목 및 나목에 해당하지 아니하는 특정소방대상물로서 지하층의 층수가 3개층 이상이고 지하층의 바닥면적의 합계가 1천 제곱미터 이상인 것 라. 지하가 중 터널로서 길이가 1천 미터 이상인 것

소화활동설비	3. 연결살수설비를 설치하여야 하는 특정소방대상물(지하구를 제외한다)은 다음 각목의 1과 같다. 가. 판매시설 및 영업시설로서 당해 용도로 사용되는 부분의 바닥면적의 합계가 1천 제곱미터 이상인 것 나. 지하층으로서 바닥면적의 합계가 150제곱미터 이상인 것. 다만, 「주택법 시행령」 제21조 제4항의 규정에 의한 국민주택규모 이하인 아파트의 지하층(대피시설로만 사용하는 것에 한한다)과 학교의 지하층에 있어서는 700제곱미터 이상인 것 다. 가스시설 중 지상에 노출된 탱크의 용량이 30톤 이상인 탱크시설 라. 가목 및 나목의 특정소방대상물에 부속된 연결통로 4. 비상콘센트설비를 설치하여야 하는 특정소방대상물(가스시설 또는 지하구를 제외한다)은 다음 각목의 1과 같다. 가. 지하층을 포함하는 층수가 11층 이상인 특정소방대상물의 경우에는 11층 이상의 층 나. 지하층의 층수가 3개층 이상이고 지하층의 바닥면적의 합계가 1천 제곱미터 이상인 것은 지하층의 전층 다. 지하가 중 터널로서 길이가 5백 미터 이상인 것 5. 무선통신보조설비를 설치하여야 하는 특정소방대상물(가스시설을 제외한다)은 다음 각목의 1과 같다. 가. 지하가(터널을 제외한다)로서 연면적 1천 제곱미터 이상인 것 나. 지하층의 바닥면적의 합계가 3천 제곱미터 이상인 것 또는 지하층의 층수가 3개층 이상이고 지하층의 바닥면적의 합계가 1천 제곱미터 이상인 것은 지하층의 전층 다. 지하가 중 터널로서 길이가 5백 미터 이상인 것 라. 지하구로서 국토의 계획 및 이용에 관한 법률 제2조 제9호의 규정에 의한 공동구 6. 연소방지설비 및 방화벽은 지하구(전력 또는 통신사업용인 것에 한한다)에 설치하여야 한다.

4) 화재의 종류와 소화방법

소화의 원칙은 가연물질을 제거하고 산소공급을 차단하며 연소물질을 냉각시키는 것이다.

- **연소의 3요소** : 연소란 빛과 열을 수반하는 급격한 산화반응으로 가연물, 산소(공기), 점화원을 말한다.
- **소화의 원리** : 연소의 반대 개념으로서 연소의 4요소인 가연물, 산소, 열

(점화에너지), 연쇄반응이 성립되지 못하게 제어하는 것으로서 냉각, 질식, 제거소화는 물리적 소화(physical extinguish)이나, 억제(연쇄반응차단)소화는 화학적 소화(chemical extinguish)이다.

(1) 화재의 종류와 소화

① 일반화재(A급 화재) : 백색표시

불에 타고 난 후 재를 남기는 화재 : 인화점 이하로 냉각(물, 포말)

② 유류화재(B급 화재) : 황색표시

액체나 기체에 화재발생 : 질식방법(산소제거 포말, 분말)

③ 전기화재(C급 화재) : 청색표시

전기 누전에 의한 화재 : 부도체인 소화기 사용

④ 금속화재(D급 화재)

금속분, 금속박의 화재 : 건조사, 규조토 사용

(2) 소화방법

① 제거소화(가연물의 제거에 의한 소화)

제거소화란 가연물의 연소구역에서 없애주는 방법이다. 촛불, 산불, 유전의 화재, 가스의 화재 등을 예로 들 수 있다.

② 질식소화(산소공급원의 차단에 의한 소화)

질식소화란 가연물이 연소할 때 공기 중 산소의 농도 약 21%를 15% 이하로 떨어뜨려 연소를 중단시키는 방법으로 CO_2, 포말, 공기의 차단, 물 분무설비를 활용한다.

③ 냉각소화(점화원의 냉각에 의한 소화)

냉각소화란 연소물로부터 열을 빼앗아 발화점 이하로 온도를 낮추어 소화하는 방법으로 냉각 소화약제로는 물, CO_2 등을 사용한다.

④ 억제소화(연쇄반응의 원인물질을 불활성화시켜 연쇄반응 단절)

화학반응 시 분해되지 않는 하나의 분자에서 다른 분자로 이동할 수 있는 원자의 집단이 계속 생성되면서 연쇄반응이 성립되는 것을 연쇄반응의 원인물질인 active free radical을 불활성화시켜 연쇄반응을 단절시키는 방법으로 할론(halon) 및 분말 소화약제를 사용한다.

(3) 소화기의 종류 및 사용법

소화기에는 질식소화기와 냉각소화기가 있다. 질식소화기에는 포말소화기, 분말소화기, 탄산가스소화기, 할로겐화물소화기, 간이소화기가 있다. 냉각소화기에는 물소화기, 강화액소화기, 산알칼리소화기가 있다.

① 포말소화기(A · B급 화재용) ⇒ 화학포 소화기, 기계포, 알코올포

포말소화기는 외통과 내통에 각각 다른 액체를 넣어 거꾸로 들 경우 두 가지 약제가 섞이면서 거품이 생겨 자체압력으로 방출(황산알루미늄+중탄산나트륨)된다.

Ⓐ 포말소화기 사용법

㉠ 왼손 엄지로 노즐 방출구를 막고 소화기를 거꾸로 세운 상태에서 2~3회 상하로 흔든 후 엄지를 뗀다.

㉡ 밑바닥 손잡이 구멍을 쥐고 소화기 방출구를 화재방향으로 향하게 한다.

㉢ 마개(안전캡)를 벗기고 파개침을 강하게 누른다.

㉣ 방사할 때는 노즐을 휘두르지 않고 포가 기름이나 화원에 골고루 덮이도록 한다.

㉤ 방출시간은 40~60초, 방출거리는 5~6m가 적당하다.

Ⓑ 사용 및 관리 시 유의사항

㉠ 전기나 알코올 화재 시에는 사용하지 못한다(알코올 화재에는 알코올 포를 사용한다).
㉡ 동절기 기온이 5℃ 이하가 되는 장소에서는 보온조치가 필요하다.
㉢ 사용 후에는 내부를 물로 깨끗이 세척한 후 소화제를 소정의 요령에 의하여 충약하고 합격표지를 원통에 부착한다(연 1회 주입).
㉣ 안전한 장소에 보관하여 넘어지지 않게 한다.

② 분말소화기(B · C급 화재용) ⇒ 축압식 분말소화기, 가스 가압식 분말소화기

분말소화기 용기 속에 분말로 된 약제를 넣고 유사시 압력용기에서 가스 등을 분출케 하여 분말이 호스를 통해 나가도록 한 것이다. 분말소화기는 일반적으로 B급, C급 화재에 사용되나 인산암모늄은 A, B, C급 화재에 적응성이 좋으며 염화바륨 등은 D급 화재에 사용된다. 소화분말은 가스압에 의하여 방출하며 전기화재에도 좋으나 특히 유류화재에 가장 좋으며 질식과 열분해로 생긴 물은 냉각효과를 얻을 수 있다.

Ⓐ 분말소화기 사용방법

압력용기의 안전핀을 빼고 압력용기를 눌러 압력을 가하는 동시에 손잡이 레버를 뽑고 화점(火點) 2~3m 지점에서 비로 쓰는 것처럼 방출한다. 이때 약제가 피부에 닿지 않도록 주의해야 한다.

Ⓑ 사용 및 관리 시 유의사항

㉠ 유류, 전기, 화학약품, A, B, C 소화기는 일반화재에도 사용한다.
㉡ 직사광선, 고온다습한 곳을 피하여 보관한다.
㉢ 사용 직후에는 필히 용기 내부의 남은 가스를 방출한다.
㉣ 바람이 있을 때는 바람을 등지고 방사한다.
㉤ 연 2회 이상 점검하여 중량이 정량보다 감량되었을 때는 보전 또는 재충약한다.
㉥ 국가검정합격품인 분말소화약제를 충약하고 합격표시(충약자, 상호, 성명기재)

를 본체 용기에 부착한다.

③ 탄산가스소화기(CO_2) ⇒ B급, C급 화재에 적용 : 대형건물 내 설치

④ 할로겐화물소화기(사염화탄소소화기, CCl_4 등) ⇒ B급, C급 화재에 적용 : 건물 내 주요 화재발생 예상지에 설치

⑤ 간이소화제 ⇒ 건조사, 팽창질석, 팽창진주암, 중조톱밥, 수증기, 소화탄

⑥ 물소화기(A급 화재, B급 화재에 적용)

물소화기는 주로 A급 화재에 많이 사용되고 있으나 B급 유류화재 중 수용성인 가연성 액체에는 안개상으로 주수도 가능하다(기화잠열이 크다. 사용하기 안전하다. 구입하기 쉽다. 가격이 저렴하다).

⑦ 강화액 소화기(A급, B급, C급 화재에 적용)

한랭지 또는 겨울철에 사용하는 소화기

⑧ 산알칼리소화기(A급 화재에 적용)

피난구유도등

피난구유도표지

L.E.D형 유도등

통로유도촉광판(양방)

지상식 옥외소화전

전자사이렌

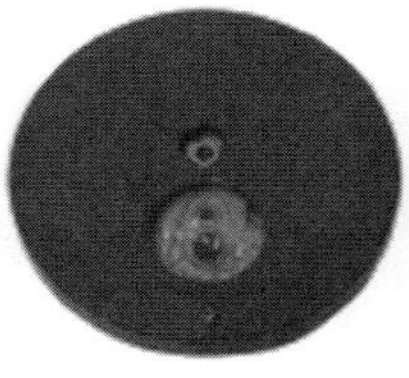
발신기

경종

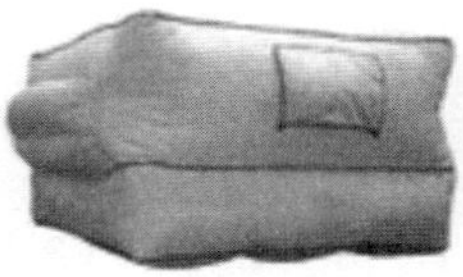
공기안전매트

접철식 사다리

강하식 구조대

소방호스

자동확산소화기

소화기보관함

소화기

ABC분말소화기

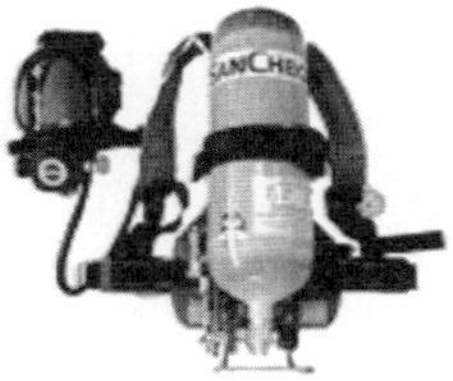
공기호흡기

방열복

차동식 감지기

옥내소화전

4. 소화기 검사 및 관리요령

1) 외관적 검사(3개월에 1회 이상)

① 본체 용기의 파손, 변질, 부식 등을 파악한다.

② 핸들 밸브, 호스, 봉인, 안전장치 등의 정상 유무를 확인한다.

③ 용기에 표시된 규격, 설치장소, 소화기 표시 등이 잘 보이는지 확인한다.

2) 기능적 검사(6개월에 1회 이상)

① 소화약제의 용량, 중량, 규정량을 확인한다.

② 소화약제의 성능상태, 레버, 핸들, 누름쇠 등의 장치를 확인한다.

3) 소화기의 공통된 유지관리법

① 바닥면으로부터 1.5m 이하 되는 지점에 설치할 것

② 통행피난에 지장이 없고 사용 시 반출하기 쉬운 곳에 설치

③ 동결, 변질 또는 분출할 우려가 없는 곳에 설치

④ 설치된 지점에 잘 보이도록 '소화기' 표시를 할 것

4) 소화기의 사용법

① 적응화재에만 사용할 것

② 성능에 따라 불 가까이 접근하여 사용할 것

③ 바람을 등지고 풍상에서 풍하의 방향으로 사용할 것

④ 양옆으로 비로 쓸듯이 골고루 사용할 것

5. 소화작업 시의 유의사항

소화요원은 화재현장상황을 정확히 파악하고, 작업의 우선순위를 정하여 진화작업에 임해야 한다.

① 대피하지 못한 사람이 있을 때에는 사람을 먼저 구한다.

② 화점(火點)에 접근할 때에는 낮은 자세를 취한다.

③ 불꽃의 아랫부분을 먼저 끈 후에 윗부분을 끈다.

④ 불꽃을 잡을 수 없을 때에는 단계적으로 후퇴한다.

⑤ 물에 적신 헝겊으로 코와 입을 막는다.

⑥ 불꽃을 중심으로 포위하여 사방에서 물을 끼얹는다.

⑦ 물은 화점을 향하여 끼얹는다.
⑧ 소방시설이 있으면 최대한 활용한다.
⑨ 건물 각 부분이 완전히 냉각되기까지 불탄 자리를 감시해야 한다. 불에 타다 남은 것은 완전히 꺼야 하며 반드시 문 밖으로 운반해 놓아야 한다.

6. 경보설비와 피난설비의 유지관리

1) 비상벨설비 및 자동식 사이렌설비

소방기술기준에 관한 규칙 제96조의 2에 의거

① 비상벨설비 또는 자동식 사이렌설비는 부식성 가스 또는 습기 등으로 인하여 부식의 우려가 없는 장소에 설치하되, 바닥으로부터 0.8m 이상 1.5m 이하의 높이에 설치하여야 한다.
② 제1항에 규정된 외에 비상벨설비 또는 자동식 사이렌설비의 설치에 관하여는 제87조 제1항 제3호, 제87조 제2항 제1호 · 제2호, 제88조, 제89조 및 제90조 제1호 · 제5호 · 제6호의 규정을 준용한다. 이 경우 '자동화 재탐지설비'는 '비상벨설비 또는 자동식 사이렌설비'로 본다.

2) 단독경보형 감지기

① 화재가 대부분 심야 취침시간대에 발생함으로 인해 화재사실을 조기에 인지하지 못하고 유독가스를 흡입하여 사망에 이르는 경우가 많다.
② 화재가 발생했을 때 경보를 울려 신속히 대피할 수 있도록 하는 단독경보형 감지기 등 기본적인 소방시설의 설치가 필수적이다.

3) 비상방송설비

비상방송설비는 화재발생상황을 자동 또는 수동으로 음성이나 비상경보방송을 확성기를 통해 알려주는 설비로서 설치대상은 아래와 같다.

① 연면적 3,500㎡ 이상인 것

② 지하층을 제외한 층수가 11층 이상인 것

③ 지하층의 층수가 3개층 이상인 것(다만, 가스시설 · 지하구 및 지하가 중 터널은 제외한다.)

4) 누전경보기

① 작동원리: 누설전류 증폭 → 음향장치 작동 → 소방관계자에게 통보(증폭기 내장)

② 전기배선에서 금속류 등으로 누전의 경로가 되면 자동으로 경보음을 발생하여 화재발생을 방지하는 설비이다.

③ 누전경보기의 종류에는 경계전류 60[A] 초과일 때 1급 누전경보기, 60[A] 이하 1급 및 2급 누전경보기 사용

5) 자동화재탐지설비

① 자동화재탐지설비란 화재가 발생되면 열이나 연기 등에 의해 화재감지기가 작동, 자동적으로 화재를 탐지하는 설비

② 자동화재탐지설비 상용전원에 대한 규정으로 전원은 전기가 정상적으로 공급되는 축전지 또는 교류전압의 옥내간선으로 하고, 전원까지의 배선은 전용으로 하고, 개폐기에는 '자동화재탐지설비용'이라고 표시한 표지를 할 것

③ 항상 가동상태로 놓는다.

④ 회로의 도통시험을 하여 벨의 단선여부를 확인 조치한다.

⑤ 비상전원에 의한 작동여부를 확인하고 충전기 및 배터리 고장이 있으면 조치한다.

⑥ 작동시험으로 벨의 작동여부를 확인한다.

⑦ 회로의 절연저항을 1년에 1회 250V급 메가로 측정하여 0.1MΩ 이상인지 확인하고, 규정치 이하이면 절연불량개소를 조사하여 조치한다.
⑧ 감지기가 오작동되면 즉시 교체한다.
⑨ 감지기는 알코올램프를 대고 경보가 울리는지 확인 조치한다.
⑩ 연기감지기는 담뱃불을 이용 경보가 울리는지 확인조치하고 감지기 내부를 연 1회 청소한다.

6) 시각경보기

① 시각경보기는 섬광을 이용하여 화재경보를 알 수 있도록 크세논램프를 사용하여 초당 1회 이상 3회 이하로 점멸하며 수신기에서 작동신호를 받은 후 3초 이내 경보를 발하여야 하며, 정지신호를 받았을 경우에는 3초 이내에 정지되어야 한다.
② 설치대상은 특정소방대상물 중 숙박시설, 노유자시설, 의료시설, 업무시설, 근린생활시설, 위락시설, 문화집회 및 운동시설, 판매시설 및 영업시설, 통신촬영시설 중 방송국, 교육연구시설 중 도서관, 지하상가이다.
③ 설치기준으로 첫째, 복도・통로・청각장애인전용 객실 및 공용으로 사용하는 거실(로비, 회의실, 강의실, 식당, 휴게실, 공연장 등을 말한다)에 설치하며, 각 부분으로부터 유효하게 경보를 발할 수 있는 위치인 바닥으로부터 2m 이상 2.5m 이하의 장소에 설치한다.

7) 자동화재속보설비

① 소방대상물의 화재 발생 시 신속히 소방관서에 통보하기 위한 설비로 사람의 힘을 빌리지 않아도 화재가 발생하면 자동적으로 119 화재신고를 소방관서에 통보하는 설비이다.
② 자동화재속보설비는 판매시설, 숙박시설, 의료시설, 통신촬영시설, 전시시설, 공장 및 창고시설로서 바닥면적이 1,500㎡ 이상인 층이 있는

곳에 설치하여야 한다.

③ A형 화재속보기 : P형 수신기로부터 발하는 화재신호를 수신하여 20초 이내에 소방대상물의 위치를 3회 이상 소방관서에 자동적으로 통보하여 주는 것

④ B형 화재속보기 : P형 수신기와 A형 화재 속보기의 기능을 통합한 것으로 감지기, 발신기의 신호 또는 중계기를 통하여 송신된 신호를 수신하여 화재발생을 당해 소방대상물의 관계자에게 통보하고 또한 20초 이내에 관할 소방관서에 소방대상물의 위치를 3회 이상 자동으로 통보해 주는 것

8) 가스누설경보기

① 가스누설경보기는 가연성가스 또는 불완전연소가스가 누설되는 것을 탐지하고 이를 경보하여 가스누출로 인한 피해를 예방하기 위한 설비이다.

② 가스누설경보기의 종류에는 단독형과 분리형이 있다. 단독형이란 하나의 본체에 검지기와 경보부가 같이 있는 것이고, 분리형은 검지기와 경보부가 분리되어 있는 것으로 검지기는 가스저장실에, 경보부는 경비실과 같이 항상 사람이 상주하는 장소에 설치하여 저장실의 가스누설상태를 쉽게 감지할 수 있다.

9) 통합감시시설

구 분	점검항목	점검내용
예비전원 비상전원	절환장치	상용전원에서 비상전원으로, 비상전원에서 상용으로 자동전환 여부
	충전장치	변형 · 손상 등이 없고 이상한 발열 등의 유무
	결선접속	단선 · 단자의 풀림 · 탈락 · 손상 등의 유무

구 분	점검항목	점검내용
주수신기 (보조)	스위치류	단자의 풀림 및 개폐기능의 정상 여부
	퓨즈류	적정의 종류 및 용량의 사용 유무
	계전기	기능의 정상 여부
	표시등	정상적인 점등 여부
	경계구역 표시장치	손상 · 불선명한 부분 등의 유무
	통화장치	수신기 상호간 또는 발신기 등과의 통화가 명료하게 이루어지는가의 여부
	결선접속	단선 · 단자의 풀림 · 탈락 · 손상 등의 유무
	화재표시	화재표시 시험을 하였을 때 정상표시 여부
	회로도통	회로도통시험 시 계기의 지시 또는 확인 등의 점검에 의한 도통 여부
	예비부품	퓨즈 · 전구 등 예비품의 비치 여부
예비선로		비상시에 대비한 예비선로 구축 여부

7. 피난장비 및 기구의 유지관리

1) 미끄럼대 · 피난사다리 · 구조대 · 완강기 · 피난교 · 피난밧줄 · 공기안전매트 · 다수인 피난장비, 그 밖의 피난기구

피난기구란 화재가 발생하였을 때 소방대상물에 거주하는 사람들을 안전한 장소로 피난시킬 수 있는 기구로, 설치한 장소에서 보기 쉬운 곳에 피난기구 위치표지를 해야 한다. 피난기구는 화재발생 시 지하층이나 2층 이상에 있는 사람이 지상으로 대피하기 위해 피난계단을 이용하는 것인데, 계단은 이미 불길이나 연기로 인해 사용할 수 없을 경우 발코니 또는 창을 통해서 피난하기 위해 사용하는 것이다. 대표적인 피난기구로 완강기, 피난사다리, 미끄럼대, 공기안전매트, 구조대, 로프 등이 있다.

2) 방열복 · 공기호흡기 및 인공소생기(이하 '인명구조기구'라 한다)

① 인명구조기구는 소방대상물의 화재 발생뿐만 아니라 유독성, 유해성 가스, 위험물질 등으로부터 인명을 보호하거나 구조하는 데 사용되는 기구로, 당해 기구로 인하여 인명에 피해를 주거나 취급 및 조작기술 부족으로 인하여 위해가 발생되지 않도록 평상시 충분한 조작 및 사용, 취급에 대한 안전관리가 요구되는 기구이다.

② 방열복은 인명구조기구 중 가장 많이 이용되는 것으로서 고온의 복사열에 가까이 접근할 수 있는 내열피복이다. 방열복에는 방열상의, 방열하의, 방열장갑 및 속복형 방열복으로 구분된다.

③ 공기호흡기는 소방대상물의 화재로 인한 소화활동 시 내장재, 유독성 가연물질 등에 의해서 발생되는 유해성 가스 중에서 일정한 시간 동안 사용 가능하도록 제조된 공기압축식의 공기호흡장비이다. 또한 공기호흡기는 유독성 가스 중에서도 순수한 공기만을 공급하여 소화활동을 하는 사람이 유독성 가스에 질식하거나 실명, 중독 등의 방지를 위해 고압의 공기압축용기, 공기공급밸브, 배기밸브, 감압밸브, 급기호스, 압력계, 면체, 경보장치 등으로 구성되어 있다.

④ 인공소생기는 화재의 발생으로 인하여 유독성 가스에 질식되었거나 중독 등에 의해서 심폐기능이 악화되어 정상적으로 호흡할 수 없는 사람에게 인공호흡시켜 소생하도록 하는 구급용 기구로서 소방용으로 사용되는 것을 말한다.

3) 피난유도선, 유도등 및 유도표지

① 「소방시설설치유지 및 안전관리에 관한 법률」 제20조와 「다중이용업소의 안전관리에 관한 특별법 시행규칙」 제9조에 의하면 피난유도선이란 햇빛이나 전등불에 따라 축광(畜光)하거나 전류에 따라 빛을 발하는 유도체로서 유사시 어두운 상태에서 피난을 유도할 수 있는 시설을 의

미한다. 영업장 안에 통로 또는 복도가 있는 경우에는 반드시 피난 유도선을 설치하도록 하고 있다.

② 「유도등 및 유도표지의 화재안전기준」 제1조에 의하면 피난설비인 유도등·유도표지 및 피난유도선의 설치유지 및 안전관리에 필요한 사항을 규정함을 목적으로 하고 있다.

③ 동 기준 제3조에 따라 사용하는 용어의 정의는 다음과 같다.

㉠ '유도등'이라 함은 화재 시에 피난을 유도하기 위한 등으로서 정상상태에서는 상용전원에 따라 켜지고 상용전원이 정전되는 경우에는 비상 전원으로 자동전환되어 켜지는 등을 말한다.

㉡ '피난구유도등'이라 함은 피난구 또는 피난경로로 사용되는 출입구를 표시하여 피난을 유도하는 등을 말한다.

㉢ '통로유도등'이라 함은 피난통로를 안내하기 위한 유도등으로 복도통로유도등, 거실통로유도등, 계단통로유도등을 말한다.

㉣ '복도통로유도등'이라 함은 피난통로가 되는 복도에 설치하는 통로유도등으로서 피난구의 방향을 명시하는 것을 말한다.

㉤ '거실통로유도등'이라 함은 거주, 집무, 작업, 집회, 오락, 그 밖에 이와 유사한 목적을 위하여 계속적으로 사용하는 거실, 주차장 등 개방된 통로에 설치하는 유도등으로 피난의 방향을 명시하는 것을 말한다.

㉥ '계단통로유도등'이라 함은 피난통로가 되는 계단이나 경사로에 설치하는 통로유도등으로 바닥면 및 디딤 바닥면을 비추는 것을 말한다.

㉦ '객석유도등'이라 함은 객석의 통로, 바닥 또는 벽에 설치하는 유도등을 말한다.

㉧ '피난구유도표지'라 함은 피난구 또는 피난경로로 사용되는 출입구를 표시하여 피난을 유도하는 표지를 말한다.

㉨ '통로유도표지'라 함은 피난통로가 되는 복도, 계단 등에 설치하는

것으로서 피난구의 방향을 표시하는 유도표지를 말한다.

④ 동 기준 제4조에 따른 소방대상물이 설치하여야 할 유도등 및 유도표지는 다음과 같다.

설치 장소	유도등 및 유도표지의 종류
가. 공연장 · 집회장 · 관람장 · 운동시설	• 대형피난구유도등 • 통로유도등 • 객석유도등
나. 위락시설 · 판매시설 및 영업시설 · 관광숙박시설 · 의료시설 · 통신촬영시설 · 전시장 · 지하상가 · 지하철역사	• 대형피난유도등 • 통로유도등
다. 일반숙박시설 · 오피스텔 또는 가목 및 나목 외의 지하층 · 무창층 및 11층 이상의 부분	• 중형피난구유도등 • 통로유도등
라. 근린생활시설(주택용도 제외) · 노유자시설 · 업무시설 · 종교집회장 · 교육연구시설 · 공장 · 창고시설 · 교정시설 · 기숙사 · 자동차정비공장 · 자동차운전학원 및 정비학원 · 가목 내지 다목 외의 다중이용업소	• 소형피난유도등 • 통로유도등
마. 그 밖의 것	• 피난구유도표지 • 통로유도표지

비고 : 소방서장은 소방대상물의 위치 · 구조 및 설비의 상황을 판단하여 대형피난구유도등을 설치하여야 할 장소에 중형피난구유도등 또는 소형피난구유도등을, 중형피난구유도등을 설치하여야 할 장소에 소형피난구유도등을 설치하게 할 수 있다.

⑤ 동 기준 제5조에 따라 피난구유도등은 다음 장소에 설치하여야 한다.

㉠ 옥내로부터 직접 지상으로 통하는 출입구 및 그 부속실의 출입구

㉡ 직통계단 · 직통계단의 계단실 및 그 부속실의 출입구

㉢ 출입구에 이르는 복도 또는 통로로 통하는 출입구

㉣ 안전구획된 거실로 통하는 출입구

㉤ 피난구유도등은 피난구의 바닥으로부터 높이 1.5m 이상의 곳에 설치해야 한다.

⑥ 동 기준 제8조에 따라 유도표지는 다음 기준에 따라 설치해야 한다.

㉠ 계단에 설치하는 것을 제외하고는 각 층마다 복도 및 통로의 각 부분으로부터 하나의 유도표지까지의 보행거리가 15m 이하가 되는 곳과 구부러진 모퉁이의 벽에 설치할 것

㉡ 피난구유도표지는 출입구 상단에 설치하고, 통로유도표지는 바닥으로부터 높이 1m 이하의 위치에 설치할 것

㉢ 주위에는 이와 유사한 등화·광고물·게시물 등을 설치하지 아니할 것

㉣ 유도표지는 부착판 등을 사용하여 쉽게 떨어지지 아니하도록 설치할 것

㉤ 축광방식의 유도표지는 외광 또는 조명장치에 의하여 상시 조명이 제공되거나 비상조명등에 의한 조명이 제공되도록 설치할 것

㉥ 유도표지의 크기

종 류	가로의 길이(mm)	세로의 길이(mm)
피난구유도표지	360 이상	120 이상
복도통로유도표지	250 이상	85 이상

4) 비상조명등 및 휴대용 비상조명등

① 비상조명등이란 화재발생 등에 따른 정전 시 안전하고 원활한 피난활동을 할 수 있도록 거실 및 피난통로 등에 설치되어 자동으로 점등되는 조명등

② 휴대용 비상조명등이란 화재발생 등에 따른 정전 시 안전하고 원활한 피난을 위하여 피난자가 휴대할 수 있는 조명등

③ 화재안전기준에 따라 비상조명등은 소방대상물의 각 거실과 그로부터 지상에 이르는 복도·계단 및 그 밖의 통로에 설치하고, 조도는 설치된 장소의 바닥에서 1룩스(lux) 이상이 되도록 할 것

④ 휴대용 비상조명등의 설치기준으로는 숙박시설 또는 다중이용업소 객실 또는 영업장 안의 구획된 실마다 잘 보이는 곳에 1개 이상 설치하거나 외부에 설치 시 출입구 손잡이로부터 1m 이내에 바닥으로부터 0.8m 이상 1.5m 이하의 높이에 1개 이상 설치할 것

제 6 절 보험

현대사회에 있어서 리스크를 동반하지 않은 기업경영은 더 이상 생각할 수도 없을 정도이며, 이처럼 다변화된 위험에 대한 관리대책은 시간이 갈수록 그 중요성을 더해가고 있다. 여기서 위험이란 간단히 말하여 사고발생의 가능성이라고 할 수 있다. 그러나 우발적인 사고가 발생하면 반드시 금전적인 손해의 가능성이 뒤따르게 되므로 우발적인 사고발생의 가능성은 곧 경제적인 손실 발생의 가능성을 뜻하게 된다.

위험에 대비하는 방법으로는 크게 위험을 통제하는 방법(risk control)과 위험이 현실화될 것을 전제로 사후대비를 위해 자금계획을 세우는 두 가지 방법(risk financing)을 생각할 수 있다.

하나의 사업장이 운영되는 과정에서 다양한 위험이 존재한다. 따라서 사업기간 동안 적절한 보험의 가입은 최소의 비용으로 미래의 위험을 담보함으로써 사고발생 시 보험금 지급에 의해 직접적인 보상을 받게 되므로 안정적으로 사업장이 운영될 수 있도록 하므로 위험관리방안으로서 중요한 수단이 될 수 있다. 그러므로 호텔의 보험구매담당자는 보험상품·보험시장, 그리고 호텔의 보험수요에 대하여 정통하지 않으면 안된다.

보험구매자의 입장에서 보험회사를 선택할 때 가장 우선적으로 고려해야 할 요소의 하나가 보험원가, 즉 보험요율의 고저이다. 보험요율은 그 산정방식에 따라 자율요율과 협정요율로 나누어진다. 자율요율은 보험회사별로 독자적인 재량과 판단에 의하여 보험계약자와 교섭하여 정해지는 요율이고, 협정요율은 보험회사 상호간에 자발적으로 협정한 요율(사적) 또는 법령에 따라 소정의 방식에 의해 선정하여 정부로부터 인가받은 요율(공적)로서 모든 보험회사가 공통으로 적용하는 요율을 말한다. 여기서 참고로 호텔에서 지출하는 보험료가 총매출액에서 차지하는 비율을 보면 우리나라의 경우는 특1급 호텔인 경우 약 0.4~0.5%, 특2급 이하의 호텔인 경우는 0.7~2.0% 정도이며, 구미 각국의 경우에도 0.5~0.9%에 이르고 있다.

호텔 경영에 수반하는 중요한 위험으로는 재산의 손해위험과 배상책임부담 등의 위험이 있다.

1. 재산의 손해위험

재산의 손해위험은 호텔건물이나 시설이 화재나 자연재해 등으로 건물의 일부나 전체가 멸실될 수 있는 위험으로, 화재보험 가입 시 화재위험을 기본적으로 보상한다.

화재위험 외에도 폭발위험, 태풍 및 홍수 등의 풍수재관련 위험, 도난위험, 지진위험 등으로 인한 재산상의 손실에 대해 추가로 보상받기를 원하는 경우에는 보험료를 추가로 납입함으로써 다양한 위험들로 인한 손실을 보상받을 수 있다.

1) 화재보험 가입금액의 산정방법

사고발생 시 충분히 보상을 받기 위해서는 적정한 보험에 가입하여야 한다. 여기서 적정보험가입금액이란 보험가입 목적물의 실제가치 전부를 보험에 가입하는 것을 말한다.

보험가액은 대상목적물에 따라 건물, 시설 등이 사용기간에 따라 가치가 하락되므로 보험가액은 최초에 구입한 신품가격을 기준으로 하여 감가상각을 한 후 사용기간 중의 물가인상 등을 감안하여 산정한다.

2) 화재보험 보험료의 산출

화재로 인한 재해보상과 보험가입에 관한 법률 제8조와 동법 시행령 제5조에 의거 가입하는 보험금액은 다음과 같다.

① 화재보험은 특수건물의 시가에 해당하는 금액

② 신체손해배상책임보험 중 사망의 경우에는 피해자 1인당 8천만 원. 다만, 실손해액이 2천만 원 미만인 경우에는 2천만 원으로 한다.

③ 신체손해배상책임보험 중 부상의 경우에는 피해자 1인당 사망자에 대한 보험금액의 범위 안에서 대통령령이 정하는 금액으로 지급보험금은 실손해액을 초과할 수 없다.

④ 부상의 경우 그 치료가 완료된 후 당해 부상이 원인이 되어 신체에 장해(이하 '후유장해'라 한다)가 생긴 때에는 동법 시행령 제3조의 별표 2에서 정하는 금액으로 한다.

2. 배상책임부담의 위험

배상책임부담의 위험은 호텔의 소유, 사용, 관리의 하자 또는 업무활동 부주의로 제3자에게 줄 수 있는 피해를 예상하여 배상책임보험에 가입하여 손실을 보상받을 수 있다.

1) 보상하는 손해의 범위

보상하는 손해의 범위는 손해배상금(합의나 소송결정금액)과 사고처리비용(손해방지비용, 소송비용 등)이다.

2) 배상책임보험 보험료의 산출

보험료는 보험종목별 기본보상한도액에 따른 기본보험료에 할증과 할인요율을 가감하여 산출한다.

즉 대인 또는 대물 기본보험료에 대인 대물 보상한도액 인상계수에서 대인 또는 대물 자기부담금 할인계수를 뺀 계수를 곱하고 거기에 시설규모에 따른 보험료 산출기초수를 곱하여 산출한다. 따라서 보험료는 보상한도액과 시설규모에 따라 결정된다.

3) 화재로 인한 재해보상과 보험가입에 관한 법률

동 법률 제1조에 의하면 이 법은 화재로 인한 인명 및 재산상의 손실을 예방하고 신속한 재해복구와 인명피해에 대한 적정한 보상을 하게 함으로써 국민생활의 안정에 기여하게 함을 목적으로 하고 있다.

동 법률 제3조 제3호에서의 '특수건물'이란 국유건물 · 공유건물 · 교육시설 · 백화점 · 시장 · 의료시설 · 흥행장 · 숙박업소 · 다중이용업소 · 운수시설 · 공장 · 공동주택과 그 밖에 다수인이 출입 또는 근무하거나 거주하는 건물로서 화재위험 · 면적 등을 고려하여 대통령령으로 정하는 건물을 말한다. 또한 동 법률 제4조에는 건물소유자 손해배상책임을 규정하고 있으면, 동 법률 제5조에는 보험가입 의무를 규정하고 있다.

3. 호텔관련 보험의 종류

<표 5-8> 호텔관련 보험의 종류와 보상내용

보험의 종 류	약관의 종류	보상하는 내용(상품의 내용)
화재보험	보통약관	화재에 따른 손해, 화재에 따른 소방손해, 화재에 따른 피난손해를 보상
	구내폭발 위험담보 특별약관	보험의 목적이 있는 구내에서 생긴 폭발, 파열로 보험의 목적에 생긴 손해를 보상
	도난위험담보 특별약관	보험의 목적이 강도 또는 절도로 생긴 도난, 훼손 또는 망가진 손해를 보상
	신체손해배상 책임담보 특별약관	특수건물의 화재로 타인이 사망하거나 부상함으로써 건물소유자 손해배상책임에 따라 피보험자가 부담할 손해를 보상
	풍수재위험담보 특별약관	태풍, 회오리바람, 폭풍, 폭풍우, 홍수, 해일, 범람 및 이와 비슷한 풍재 또는 수재로 보험의 목적에 생긴 손해를 보상
	유리손해담보 특별약관	태풍, 폭풍, 냉해, 수해와 다른 물체와의 충돌 또는 접촉, 파열 또는 폭발, 제3자의 비행 또는 과실, 그 밖의 돌발적인 사고로 보험의 목적인 건물에 부착되어 있는 판유리에 생긴 파손의 손해를 보상
상해보험	보통약관	피보험자가 보험기간 중에 급격하고도 우연한 외래의 사고로 신체에 상해를 입었을 때에는 그 상해로 인하여 생긴 손해를 보상
체육시설 업자 배상 책임보험		피보험자가 체육시설 및 체육시설의 용도에 따른 업무의 수행으로 생긴 사고로 피보험자가 이용고객, 제3자에 대한 배상책임을 부담함으로써 입은 손해를 보상
퇴직연금 보 험		퇴직연금은 근로자들의 안정된 노후생활을 보장하기 위한 선진 퇴직금제도로서 기업이 근로자와 합의하여 퇴직연금규정을 설정하고, 보험회사와 퇴직연금계약을 체결한 후 보험료를 납입하면, 납입된 보험료는 기업의 손비로 인정되며 근로자의 퇴직 시 보험회사는 근로자에게 직접 퇴직금을 지급
영업배상 책임보험	시설소유관리자 특별약관	피보험자가 소유, 사용 또는 관리하는 시설 및 그 시설의 용도에 따른 업무의 수행으로 생긴 우연한 사고로 피보험자가 배상책임을 부담함으로써 입은 손해를 보상
	주차장 특약	피보험자가 소유, 사용, 관리하는 주차시설 및 그 시설의 용도에 따른 주차업무의 수행으로 인하여 생긴 우연한 사고로 피보험자가 배상책임을 부담함으로써 입은 손해를 보상

4. 산업재해보상보험

산업재해보상보험은 「산업재해보상보험법」 제1조에 따라 이 법은 산업재해보상보험사업을 시행하여 근로자의 업무상의 재해를 신속하고 공정하게 보상하며, 재해근로자의 재활 및 사회 복귀를 촉진하기 위하여 이에 필요한 보험시설을 설치 · 운영하고, 재해 예방과 그 밖에 근로자의 복지증진을 위한 사업을 시행하여 근로자 보호에 이바지하는 것을 목적으로 하고 있다.

동법 제5조에는 「산업재해보상보험법」에서 사용하는 용어의 뜻을 정의하고 있다.

1) '업무상의 재해'란 업무상의 사유에 따른 근로자의 부상 · 질병 · 장해 또는 사망을 말한다.

2) '근로자', '임금', '평균임금', '통상임금'이란 각각 「근로기준법」에 따른 '근로자', '임금', '평균임금', '통상임금'을 말한다. 다만, 「근로기준법」에 따라 '임금' 또는 '평균임금'을 결정하기 어렵다고 인정되면 고용노동부 장관이 정하여 고시하는 금액을 해당 '임금' 또는 '평균임금'으로 한다.

① '근로자'란 직업의 종류와 관계없이 임금을 목적으로 사업이나 사업장에 근로를 제공하는 자를 말한다(근로기준법 제2조 제1호).

② '임금'이란 사용자가 근로의 대가로 근로자에게 임금, 봉급, 그 밖에 어떠한 명칭으로든지 지급하는 일체의 금품을 말한다(근로기준법 제2조 제5호).

③ '평균임금'이란 이를 산정하여야 할 사유가 발생한 날 이전 3개월 동안에 그 근로자에게 지급된 임금의 총액을 그 기간의 총일수로 나눈 금액을 말한다. 근로자가 취업한 후 3개월 미만인 경우도 이에 준한다(근로기준법 제2조 제6호).

④ 통상임금은 근로자에게 정기적이고 일률적으로 소정(所定) 근로 또는 총 근로에 대하여 지급하기로 정한 시간급 금액, 일급 금액, 주급

금액, 월급 금액 또는 도급 금액을 말한다. 여기에는 기본급 외에 직무수당·직책수당·기술수당·면허수당·위험수당·벽지수당·물가수당 등과 같이 실제 근무일이나 실제 수령한 임금에 구애됨이 없이 사업주가 고정적·일률적으로 지급하는 임금이 모두 포함된다. 그러나 상여금이나 연월차수당·연장근로수당 등과 같이 근로실적에 따라 지급 여부와 지급액이 달라지는 임금은 포함되지 않는다(근로기준법 시행령 제6조).

3) '유족'이란 사망한 자의 배우자(사실상 혼인관계에 있는 자를 포함한다)·자녀·부모·손자녀·조부모 또는 형제자매를 말한다.
4) '치유'란 부상 또는 질병이 완치되거나 치료의 효과를 더 이상 기대할 수 없고 그 증상이 고정된 상태에 이르게 된 것을 말한다.
5) '장해'란 부상 또는 질병이 치유되었으나 정신적 또는 육체적 훼손으로 인하여 노동능력이 상실되거나 감소된 상태를 말한다.
6) '폐질'이란 업무상의 부상 또는 질병에 따른 정신적 또는 육체적 훼손으로 노동능력이 상실되거나 감소된 상태로서 그 부상 또는 질병이 치유되지 아니한 상태를 말한다.
7) 보험급여의 종류에는 요양급여, 휴업급여, 장해급여, 간병급여, 유족급여, 상병(傷病)보상연금, 장의비(葬儀費), 직업재활급여가 있다(산업재해보상보험법 제36조 제1항).
8) 보험급여를 산정하는 경우 해당 근로자의 평균임금을 산정하여야 할 사유가 발생한 날부터 1년이 지난 이후에는 매년 전체 근로자의 임금 평균액의 증감률에 따라 평균임금을 증감하되, 그 근로자의 연령이 60세에 도달한 이후에는 소비자물가변동률에 따라 평균임금을 증감한다(동법 제36조 제3항).
9) 업무상 재해의 인정 기준은 업무상 사유로 부상·질병 또는 장해가 발생하거나 사망하면 업무상의 재해로 본다. 다만, 업무와 재해 사이에

상당인과관계(相當因果關係)가 없는 경우에는 그러하지 아니하다(산업재해보상보험법 제37조).

10) 국민연금법 제49조에 따른 급여의 종류에는 노령연금, 장애연금, 유족연금, 반환일시금이 있으며, 이 법의 목적은 국민의 노령, 장애 또는 사망에 대하여 연금급여를 실시함으로써 국민의 생활안정과 복지증진에 이바지하는 데 있다(동법 제1조).

11) 국민건강보험법 제39조에 따라 가입자 및 피부양자의 질병・부상・출산 등에 대하여 진찰・검사, 약제・치료재료의 지급, 처치・수술, 기타의 치료, 예방・재활, 입원, 간호, 이송과 같은 요양급여를 실시한다.

12) 노인장기요양보험법 제2조 제2호에 따라 '장기요양급여'란 제15조(등급 판정 등)에 따라 6개월 이상 동안 혼자서 일상생활을 수행하기 어렵다고 인정되는 자에게 신체활동・가사활동의 지원 또는 간병 등의 서비스나 이에 갈음하여 지급하는 현금 등을 말한다.

13) 고용보험법 제1조의 목적은 고용보험의 시행을 통하여 실업의 예방, 고용의 촉진 및 근로자 직업능력의 개발과 향상을 꾀하고, 국가의 직업지도와 직업소개 기능을 강화하며, 근로자가 실업한 경우에 생활에 필요한 급여를 실시하여 근로자의 생활안정과 구직활동을 촉진함으로써 경제・사회 발전에 이바지하는 것을 목적으로 하고 있다.

5. 위험관리경영

'보험 대신 위험관리시스템을'이라는 표제와 같이 미국과 유럽의 업계를 중심으로 보험가입을 최소화하고 위기관리시스템(Risk Management System : RMS)을 도입하는 경향이 급속히 확산되고 있다. RMS란 기업의 각종 위험요소를 '가장 적은 비용으로' 커버할 수 있는 위험분산모델을 찾아내는 기법으로 이 시스템을 도입하면 보험가입 대상을 최소화해 보험료를 줄일 수 있는 것이 가장 큰 이점이다.

RMS의 핵심적인 개념은 기업에 닥치는 위험 중 자체적인 해지기능을 가진 위험들이 많다는 데서 출발한다. 지난 94년 로스앤젤레스 지진 때 캘리포니아의 한 전화회사가 겪은 사례가 이를 잘 말해준다. 이 회사는 지진으로 인해 일부 전화설비가 파손되는 손실을 입었다. 하지만 지진으로 피해를 본 가족들의 전화가 폭주하는 바람에 오히려 수입이 크게 늘어나 손실을 만회했다. 따라서 이 회사가 지진에 대해 들었던 보험은 사실상 거의 필요가 없었던 셈이다.

이런 개념에서 착안된 RMS는 기본적으로 포트폴리오(portfolio)이론에 근거를 두고 있다. 즉 각종 위험을 하나의 포트폴리오로 간주해 최적 분산모델을 찾아내는 것이다. 그 선구자는 노스캐롤라이나 소재 듀크에너지사다. 이 회사의 리스크 매니저들은 환율변동, 원자재가격 변동 같은 위험요소들의 상관관계를 분석하는 모델을 설계 중이다. 이 모델은 여러 형태의 위험이 동시에 발생할 가능성을 계측하는 시스템을 만들어낼 계획이다. 이를 통해 각종 위험 중 어느 정도를 주주들이 부담하고, 어느 정도를 보험에 들어야 할지에 대해 보다 정확한 정보를 확보하는 것이다.

특히 9.11테러사건 이후 백업시스템의 구축 등 철저한 시스템관리가 이루어지고 있다. 일본 역시 경영위험을 보험회사의 가장 중요한 위험으로 인식, 시스템 및 법규 준수 리스크에 철저히 대응하고 있다. 이처럼 경영위험은 보험위험 등 다른 위험에 비해 관리의 중요성이 가장 늦게 인식되었지만, 경영위험 발생 시 보험회사 신뢰성 등에 직접적인 영향을 미친다는 점에서 그 어느 때보다 최고경영자의 인식전환이 요구되고 있다.

GARP(Global Association of Risk Professionals)의 리치 아포스톨릭 GARP 회장은 "위험관리는 최고경영자의 의사결정에 중대한 영향을 미치나 조직 자체만으로는 위험요소를 발견하기 어렵기 때문에 조직의 최고위층에서 집행부서까지 위험요소를 진단하는 독립적인 기구가 필요하며, 특히 리스크

매니저는 조직의 목표달성을 위해 조직 전체를 조망할 수 있어야 한다."고 주장하고 있다.

우리나라도 국제통화기금(IMF)으로부터 금융지원을 받은 경험을 통해서 기업들이 위험에 대한 개념과 위험관리능력의 중요성을 깨닫게 된 계기가 되었다. 기업경영에서 위험을 완전히 배제할 수는 없으며 위험을 회피하는 것이 항상 바람직한 것도 아니다. 위험이 없으면 기회도 없다. 그러므로 경제주체들은 각자의 상황이 어떤 위험을 내포하고 있는지 파악하고, 대처할 준비를 하고 있어야 기회가 왔을 때 최대한 활용할 수 있고 위기가 왔을 때 지혜롭게 극복할 수 있게 된다.

2010년 '증권사의 자본시장 대상 수상'은 위험관리경영이 어떤 것인지를 보여주는 사례이다. 대한민국이 '100년 만의 위기'로 불리는 글로벌 금융위기를 성공적으로 극복한 증권사들의 성과를 평가했다는 점에서 의미가 있다. 물론 위기극복의 선봉은 IT와 자동차 등 제조업이었지만, 증권사들은 금융위기 이전에 버금가는 경영성과와 함께, 새로운 글로벌 금융질서에 적합한 체질개선에도 상당한 성과를 거뒀기 때문이다. 이들의 특징은 철저한 위험관리, 균형 잡힌 사업 포트폴리오, 고객중심 경영·영업으로 요약된다. 위험관리의 범위는 증권사 자체 위험관리는 물론 고객관련 영업에서의 위험관리도 포괄했다. 대부분의 투자상품이나 자산관리서비스에서도 위험관리는 가장 우선시되는 고려항목이었다.

부록

Ⅰ. 호텔시설과 관련된 법규 목록

Ⅱ. 시설물의 안전관리에 관한 특별법

Ⅲ. 소방시설설치유지 및 안전관리에 관한 법률

Ⅳ. 다중이용업소의 안전관리에 관한 특별법

Ⅴ. 저탄소 녹색성장 기본법

Ⅵ. 신에너지 및 재생에너지 개발 · 이용 · 보급 촉진법

Ⅶ. 호텔업 등급결정기관 등록 및 등급결정에 관한 요령

호텔시설과 관련된 법규 목록

1. 시설물의 안전관리에 관한 특별법

   시설물의 안전관리에 관한 특별법 시행령

   시설물의 안전관리에 관한 특별법 시행규칙

2. 건축법

   건축법 시행령

   건축법 시행규칙

3. 건설산업기본법

   건설산업기본법 시행령

   건설산업기본법 시행규칙

4. 전기공사업법

   전기공사업법 시행령

   전기공사업법 시행규칙

5. 전기사업법

   전기사업법 시행령

   전기사업법 시행규칙

6. 기본공급약관

   기본공급약관 시행세칙

7. 소방법

   소방법 시행령

   소방법 시행규칙

8. 소방시설공사법

   소방시설공사법 시행령

   소방시설공사법 시행규칙

9. 소방시설설치유지 및 안전관리에 관한 법률
   소방시설설치유지 및 안전관리에 관한 법률 시행령
   소방시설설치유지 및 안전관리에 관한 법률 시행규칙

10. 승강기시설 안전관리법
    승강기시설 안전관리법 시행령
    승강기시설 안전관리법 시행규칙

11. 도시가스사업법
    도시가스사업법 시행령
    도시가스사업법 시행규칙

12. 액화석유가스의 안전관리 및 사업법
    액화석유가스의 안전관리 및 사업법 시행령
    액화석유가스의 안전관리 및 사업법 시행규칙

13. 대기환경보전법
    대기환경보전법 시행령
    대기환경보전법 시행규칙

14. 위험물안전관리법
    위험물안전관리법 시행령
    위험물안전관리법 시행규칙

15. 정보통신공사업법
    정보통신공사업법 시행령
    정보통신공사업법 시행규칙

16. 다중이용업소의 안전관리에 관한 특별법
    다중이용업소의 안전관리에 관한 특별법 시행령
    다중이용업소의 안전관리에 관한 특별법 시행규칙

17. 유도등 및 유도표지의 화재안전기준

18. 수도법
    수도법 시행령

수도법 시행규칙

19. 하수도법

하수도법 시행령

하수도법 시행규칙

20. 먹는물 관리법

먹는물관리법 시행령

먹는물관리법 시행규칙

21. 지하수법

지하수법 시행령

지하수법 시행규칙

22. 산업집적 활성화 및 공장설립에 관한 법률

산업집적 활성화 및 공장설립에 관한 법률 시행령

산업집적 활성화 및 공장설립에 관한 법률 시행규칙

23. 방송법

방송법 시행령

방송법 시행규칙

24. 공연법

방송법 시행령

방송법 시행규칙

25. 문화재보호법

문화재보호법 시행령

문화재보호법 시행규칙

26. 문화재수리 등에 관한 법률

27. 화재로 인한 재해보상과 보험가입에 관한 법률

화재로 인한 재해보상과 보험가입에 관한 법률 시행령

화재로 인한 재해보상과 보험가입에 관한 법률 시행규칙

28. 공중위생법

공중위생법 시행령

공중위생법 시행규칙

29. 공중위생관리법

공중위생관리법 시행령

공중위생관리법 시행규칙

30. 식품위생법

식품위생법 시행령

식품위생법 시행규칙

31. 유통산업발전법

유통산업발전법 시행령

유통산업발전법 시행규칙

32. 농수산물 유통 및 가격안정에 관한 법률

농수산물 유통 및 가격안정에 관한 법률 시행령

농수산물 유통 및 가격안정에 관한 법률 시행규칙

33. 법인세법

법인세법 시행령

법인세법 시행규칙

34. 관광진흥법

관광진흥법 시행령

관광진흥법 시행규칙

35. 관광진흥개발기금법

관광진흥개발기금법 시행령

관광진흥개발기금법 시행규칙

36. 국제회의산업육성에 관한 법률

국제회의산업육성에 관한 법률 시행령

국제회의산업육성에 관한 법률 시행규칙

37. 호텔업 등급결정기관 등록 및 등급결정에 관한 요령

38. 제주특별자치도 설치 및 국제자유도시 조성을 위한 특별법

39. 제주특별자치도 관광진흥조례

40. 제주특별자치도 수도급수조례

41. 제주특별자치도 하수도사용조례

42. 제주특별자치도 지하수관리기본조례

43. 제주특별자치도 투자유치촉진조례

44. 제주관광진흥기금 운용 · 관리조례

45. 저탄소 녹색성장 기본법

46. 신에너지 및 재생에너지 개발 · 이용 · 보급 촉진법

II 시설물의 안전관리에 관한 특별법

[일부개정 2009.12.29 법률 제9849호]

제1장 총칙 <개정 2009.12.29>

제1조(목적) 이 법은 시설물의 안전점검과 적정한 유지관리를 통하여 재해와 재난을 예방하고 시설물의 효용을 증진시킴으로써 공중(公衆)의 안전을 확보하고 나아가 국민의 복리증진에 기여함을 목적으로 한다.

[전문개정 2009.12.29]

제2조(정의) 이 법에서 사용하는 용어의 뜻은 다음과 같다.

1. "시설물"이란 건설공사를 통하여 만들어진 구조물과 그 부대시설로서 제2호와 제3호에 따른 1종시설물 및 2종시설물을 말한다.
2. "1종시설물"이란 도로·철도·항만·댐·교량·터널·건축물 등 공중의 이용편의와 안전을 도모하기 위하여 특별히 관리할 필요가 있거나 구조상 유지관리에 고도의 기술이 필요하다고 인정하여 대통령령으로 정하는 시설물을 말한다.
3. "2종시설물"이란 1종시설물 외의 시설물로서 대통령령으로 정하는 시설물을 말한다.
4. "관리주체"란 관계 법령에 따라 해당 시설물의 관리자로 규정된 자나 해당 시설물의 소유자를 말한다. 이 경우 해당 시설물의 소유자와의 관리계약 등에 따라 시설물의 관리책임을 진 자는 관리주체로 보며, 관리주체는 공공관리주체(公共管理主體)와 민간관리주체(민간관리주체)로 구분한다.
5. "공공관리주체"란 다음 각 목의 어느 하나에 해당하는 관리주체를 말한다.
   가. 국가·지방자치단체
   나. 「공공기관의 운영에 관한 법률」 제4조에 따른 공공기관
   다. 「지방공기업법」에 따른 지방공기업

6. "민간관리주체"란 공공관리주체 외의 관리주체를 말한다.
7. "안전점검"이란 경험과 기술을 갖춘 자가 육안이나 점검기구 등으로 검사하여 시설물에 내재(內在)되어 있는 위험요인을 조사하는 행위를 말한다.
8. "정밀안전진단"이란 시설물의 물리적·기능적 결함을 발견하고 그에 대한 신속하고 적절한 조치를 하기 위하여 구조적 안전성과 결함의 원인 등을 조사·측정·평가하여 보수·보강 등의 방법을 제시하는 행위를 말한다.
9. "내진성능평가(耐震性能評價)"란 지진으로부터 시설물의 안전성을 확보하고 기능을 유지하기 위하여 「지진재해대책법」 제14조 제1항에 따라 시설물별로 정하는 내진설계기준(내진설계기준)에 따라 시설물이 지진에 견딜 수 있는 능력을 평가하는 것을 말한다.
10. "도급(都給)"이란 원도급·하도급·위탁, 그 밖에 명칭 여하에도 불구하고 안전점검이나 정밀안전진단을 완료하기로 약정하고, 상대방이 그 일의 결과에 대하여 대가를 지급하기로 약정하는 계약을 말한다.
11. "하도급"이란 도급받은 안전점검이나 정밀안전진단 용역의 전부 또는 일부를 도급하기 위하여 수급인(受給人)이 제3자와 체결하는 계약을 말한다.
12. "유지관리"란 완공된 시설물의 기능을 보전하고 시설물이용자의 편의와 안전을 높이기 위하여 시설물을 일상적으로 점검·정비하고 손상된 부분을 원상복구하며 경과시간에 따라 요구되는 시설물의 개량·보수·보강에 필요한 활동을 하는 것을 말한다.
13. "시설물정보관리종합시스템"이란 제3조 제2항 제5호에 따른 시설물의 안전과 유지관리에 관련된 정보체계를 구축하기 위하여 국토해양부장관이 시설물의 정보와 제9조제1항에 따른 안전진단전문기관, 제25조에 따른 한국시설안전공단(이하 "공단"이라 한다)과 「건설산업기본법」 제9조에 따라 등록한 유지관리업자에 관한 정보를 종합관리하는 시스템을 말한다.
14. "하자담보책임기간"이란 「건설산업기본법」과 「주택법」 등 관계 법령에 따른 하자담보책임기간 또는 하자보수기간 등을 말한다.[전문개정 2009.12.29]

제3조(시설물의 안전 및 유지관리 기본계획의 수립) ①국토해양부장관은 시설물이 안전하게 유지관리될 수 있도록 하기 위하여 5년마다 시설물의 안전과 유지관리에

관한 기본계획(이하 "기본계획"이라 한다)을 수립 · 시행하고, 이를 관보에 고시하여야 한다. 기본계획을 변경하는 경우에도 또한 같다.

②기본계획에는 다음 각 호의 사항이 포함되어야 한다.

1. 시설물의 안전과 유지관리에 관한 기본방향
2. 시설물의 안전과 유지관리에 필요한 기술의 연구 · 개발
3. 시설물의 안전과 유지관리에 필요한 인력의 양성
4. 시설물의 유지관리체계의 개발
5. 시설물의 안전과 유지관리에 관련된 정보체계의 구축
6. 그 밖에 시설물의 안전과 유지관리에 관하여 대통령령으로 정하는 사항

③국토해양부장관은 기본계획을 수립할 때에는 미리 관계 중앙행정기관의 장과 협의하여야 하며, 기본계획을 수립하기 위하여 필요하다고 인정되면 관계 중앙행정기관의 장 및 특별시장 · 광역시장 · 도지사 또는 특별자치도지사(이하 "시 · 도지사"라 한다)에게 관련 자료를 제출하도록 요구할 수 있다. 기본계획을 변경할 때에도 또한 같다.

[전문개정 2009.12.29]

제4조(시설물의 안전 및 유지관리계획의 수립 · 시행 등) ①관리주체는 기본계획에 따라 소관 시설물에 대한 안전 및 유지관리계획을 수립 · 시행하여야 한다.

②공공관리주체는 제1항에 따른 안전 및 유지관리계획을 다음 각 호에 해당하는 관계 행정기관의 장에게 보고하여야 한다.

1. 공공관리주체가 중앙행정기관의 소속 기관이거나 감독을 받는 기관인 경우에는 소속 중앙행정기관의 장
2. 제1호 외의 공공관리주체는 시 · 도지사

③민간관리주체는 제1항에 따른 안전 및 유지관리계획을 특별자치도지사 · 시장 · 군수 또는 구청장(자치구의 구청장을 말한다. 이하 같다)에게 제출하여야 한다.

④제3항에 따라 안전 및 유지관리계획을 제출받은 시장 · 군수 또는 구청장은 국토해양부령으로 정하는 바에 따라 그 제출 현황을 관할 시 · 도지사(특별자치도지사는 제외한다)에게 보고하여야 한다.

⑤제2항부터 제4항까지의 규정에 따라 안전 및 유지관리계획을 제출받거나 보고를 받은 중앙행정기관의 장과 시 · 도지사는 그 현황을 국토해양부장관에게

제출하여야 한다.

⑥특별자치도지사 · 시장 · 군수 또는 구청장은 제3항에 따라 시설물의 안전 및 유지관리계획을 제출받은 때에는 그 시행 여부를 연 1회 이상 확인하여야 한다.

⑦제1항에 따른 안전 및 유지관리계획의 수립시기 · 대상 · 내용 등에 필요한 사항은 대통령령으로 정한다.

[전문개정 2009.12.29]

제5조(다른 법률과의 관계) 이 법은 시설물의 안전과 유지관리에 관하여 다른 법률에 우선하여 적용한다.

[전문개정 2009.12.29]

제2장 시설물의 안전조치 등 <개정 2009.12.29>

제1절 안전점검 및 정밀안전진단 <개정 2009.12.29>

제6조(안전점검의 실시) ①관리주체는 시설물의 기능과 안전을 유지하기 위하여 제13조에 따른 안전점검 및 정밀안전진단지침에 따라 소관 시설물에 대한 안전점검을 실시하여야 한다.

②안전점검은 정기점검 · 정밀점검 및 긴급점검으로 구분하여 실시한다.

③안전점검의 실시시기, 안전점검을 실시할 수 있는 자의 자격과 안전점검 대가(代價) 등에 필요한 사항은 대통령령으로 정한다.

④관리주체는 안전점검을 직접 실시하는 경우 외에는 제9조에 따라 등록한 안전진단전문기관(이하 "안전진단전문기관"이라 한다)이나 「건설산업기본법」 제9조에 따라 시설물의 유지관리를 업종(업종)으로 등록한 건설업자(이하 "유지관리업자"라 한다)로 하여금 안전점검을 하게 하여야 한다. 다만, 시설물의 하자담보책임기간(동일한 시설물의 각 부분별 하자담보책임기간이 다른 경우에는 시설물의 부분 중 대통령령으로 정하는 주요 부분의 하자담보책임기간을 말한다)이 끝나기 전에 마지막으로 실시하는 정밀점검의 경우에는 관리주체가 직접 실시할 수 없으며, 안전진단전문기관으로 하여금 실시하게 하여야 한다.

⑤민간관리주체가 어음 · 수표의 지급 불능으로 인한 부도(不渡) 등 부득이한 사

유로 안전점검을 실시하지 못하게 될 때에는 관할 특별자치도지사 · 시장 · 군수 또는 구청장이 민간관리주체를 대신하여 안전점검을 실시할 수 있다. 이 경우 안전점검에 드는 비용은 그 민간관리주체에게 부담하게 할 수 있다.

⑥제5항에 따른 안전점검에 드는 비용은 제3항에 따른 안전점검대가에 관한 규정을 적용하여 산출한 금액으로 한다.

⑦제5항에 따라 특별자치도지사 · 시장 · 군수 또는 구청장이 안전점검을 대신 실시한 후에 민간관리주체에게 제6항에 따라 산출한 비용을 청구하는 경우에 해당 민간관리주체가 그에 따르지 아니하면 특별자치도지사 · 시장 · 군수 또는 구청장은 지방세 체납처분의 예에 따라 징수할 수 있다.

[전문개정 2009.12.29]

제7조(정밀안전진단의 실시) ①관리주체는 안전점검을 실시한 결과 시설물의 재해 및 재난예방과 안전성 확보 등을 위하여 필요하다고 인정하면 정밀안전진단을 실시하여야 한다. 다만, 대통령령으로 정하는 시설물은 정기적으로 정밀안전진단을 실시하여야 한다.

②정밀안전진단의 실시시기, 정밀안전진단을 실시할 수 있는 자의 자격과 정밀안전진단대가 등에 필요한 사항은 대통령령으로 정한다.

[전문개정 2009.12.29]

제7조의 2(내진성능평가 등) ①관리주체는 제7조에 따라 정밀안전진단을 실시하는 경우 해당 시설물에 대한 내진성능평가를 포함하여 실시할 수 있다.

②국토해양부장관은 내진성능평가가 포함된 정밀안전진단의 실시결과를 제11조의 3에 따라 평가한 결과 내진성능의 보강이 필요하다고 인정되면 내진성능을 보강하도록 권고할 수 있다.

[본조신설 2008.3.21]

제8조(정밀안전진단의 실시기관 등) ①정밀안전진단은 안전진단전문기관 또는 공단이 실시한다. 다만, 1종시설물 중 대통령령으로 정하는 시설물에 대한 정밀안전진단은 공단이 실시한다.

②안전진단전문기관이나 공단은 다른 안전진단전문기관과 공동으로 정밀안전진단을 실시할 수 있다.

[전문개정 2009.12.29]

제8조의 2(안전점검 및 정밀안전진단의 실시범위) 제6조·제7조 및 제8조에 따라 안전점검 또는 정밀안전진단을 실시하는 자는 등록 분야 또는 보유 기술인력에 따라 대통령령으로 정하는 실시범위 안에서 안전점검 또는 정밀안전진단을 실시하여야 한다.

[본조신설 2008.3.21]

제8조의 3(하도급 제한 등) ①안전진단전문기관, 유지관리업자 또는 공단은 관리주체로부터 안전점검이나 정밀안전진단 실시에 관한 도급을 받은 경우에는 하도급할 수 없다. 다만, 총 도급금액의 100분의 50 이하의 범위 내에서 전문기술이 필요한 경우 등 대통령령으로 정하는 경우에는 1회에 한하여 하도급할 수 있다.

②제1항 단서에 따라 하도급을 한 자는 대통령령으로 정하는 바에 따라 관리주체에게 통보하여야 한다.

[본조신설 2008.3.21]

제9조(안전진단전문기관의 등록 등) ①시설물의 안전점검 및 정밀안전진단업무를 하려는 자는 기술인력 및 장비 등 대통령령으로 정하는 분야별 등록기준을 갖추어 국토해양부령으로 정하는 바에 따라 국토해양부장관에게 안전진단전문기관으로 등록을 하여야 한다.

②국토해양부장관은 제1항에 따라 안전진단전문기관의 등록을 한 때에는 국토해양부령으로 정하는 바에 따라 등록증을 내주어야 한다.

③제2항에 따라 등록증을 받은 자는 대통령령으로 정하는 등록사항이 변경된 때에는 그 날부터 30일 이내에 국토해양부령으로 정하는 바에 따라 국토해양부장관에게 신고하여야 한다.

④안전진단전문기관은 제2항에 따라 받은 등록증을 잃어버리거나 못쓰게 된 때에는 국토해양부령으로 정하는 바에 따라 다시 등록증을 교부받을 수 있다.

⑤안전진단전문기관은 계속하여 1년 이상 휴업하거나 재개업 또는 폐업하려는 경우에는 국토해양부령으로 정하는 바에 따라 국토해양부장관에게 신고하여야 한다.

⑥국토해양부장관은 제5항에 따라 폐업신고를 받은 때에는 그 등록을 말소(抹消)하여야 한다.

[전문개정 2008.3.21]

제9조의 2(결격사유) 다음 각 호의 어느 하나에 해당하는 자는 안전진단전문기관으로 등록할 수 없다.

1. 금치산자 또는 한정치산자
2. 파산선고를 받고 복권(復權)되지 아니한 자
3. 제9조의 4에 따라 안전진단전문기관의 등록이 취소된 후 2년이 지나지 아니한 자
4. 이 법을 위반하여 징역 이상의 실형(實刑)을 선고받고 그 집행이 끝나거나(집행이 끝난 것으로 보는 경우를 포함한다) 집행이 면제된 날부터 2년이 지나지 아니한 자
5. 이 법을 위반하여 징역형의 집행유예를 선고받고 그 유예기간 중에 있는 자
6. 임원 중에 제1호부터 제5호까지의 어느 하나에 해당하는 자가 있는 법인 [전문개정 2009.12.29]

제9조의 3(명의대여의 금지 등) 안전진단전문기관은 타인에게 자기의 명칭이나 상호(商號)를 사용하여 안전점검 또는 정밀안전진단업무를 영위하게 하거나 안전진단전문기관등록증을 대여(대여)하여서는 아니 된다.

[전문개정 2009.12.29]

제9조의 4(등록의 취소 등) ①국토해양부장관은 안전진단전문기관이 다음 각 호의 어느 하나에 해당하면 그 등록을 취소하거나 1년 이내의 기간을 정하여 영업정지를 명할 수 있다. 다만, 제1호부터 제3호까지, 제7호 및 제8호의 어느 하나에 해당하는 경우에는 그 등록을 취소하여야 한다.

1. 속임수나 그 밖의 부정한 방법으로 등록을 한 경우
2. 최근 2년간 이 법에 따른 두 차례의 영업정지처분을 받고 새로 영업정지처분에 해당하는 사유가 발생한 경우
3. 영업정지처분을 받고 그 영업정지기간 중에 새로 안전점검이나 정밀안전진단을 실시한 경우
4. 제8조의 2에 따른 안전점검이나 정밀안전진단의 실시범위를 위반한 경우
5. 제8조의 3을 위반하여 안전점검이나 정밀안전진단을 하도급한 경우
6. 제9조 제1항에 따른 등록기준에 못 미치게 된 경우. 다만, 일시적으로 등록기준에 못 미치는 등 대통령령으로 정하는 경우에는 그러하지 아니하다.

7. 제9조의 2 각 호의 어느 하나에 해당하게 된 경우. 다만, 법인의 임원 중에 같은 조 제1호부터 제5호까지의 규정에 해당하는 자가 있는 경우 6개월 이내에 그 임원을 바꾸어 임명하면 그러하지 아니하다.
8. 제9조의 3을 위반하여 타인에게 자기의 명칭 또는 상호를 사용하게 하거나 그 안전진단전문기관 등록증을 대여한 경우
9. 최근 2년간 제9조의 7에 따른 시정명령을 두 차례 받고 새로 시정명령에 해당하는 사유가 발생한 경우
10. 제10조를 위반하여 안전점검이나 정밀안전진단 업무를 성실하게 수행하지 아니함으로써 시설물의 손괴(損壞)나 구조상의 중대한 결함을 발생시켜 공중이 위험에 처하게 된 경우
11. 국토해양부장관이 제11조의 3에 따라 안전진단전문기관의 정밀점검과 정밀안전진단 실시결과를 평가한 결과 고의 또는 과실로 안전상태를 사실과 다르게 진단하는 등 업무를 부실하게 수행한 것으로 평가한 경우
12. 최근 3년(기간 계산 시 제9조 제5항에 따라 신고한 휴업기간은 제외한다) 이상의 기간 동안 정당한 사유 없이 안전점검이나 정밀안전진단 실적이 없는 경우
13. 안전점검이나 정밀안전진단을 수행할 자격이 있는 자(이하 이 조에서 "기술자"라 한다)가 아닌 자에게 안전점검 또는 정밀안전진단 업무를 수행하게 한 경우
14. 소속 임직원인 기술자가 수행하여야 할 안전점검 또는 정밀안전진단 업무를 소속 임직원이 아닌 기술자에게 수행하게 한 경우
15. 다른 행정기관으로부터 법령에 따라 영업정지 등의 요청이 있는 경우

②국토해양부장관 또는 시·도지사는 유지관리업자가 다음 각 호의 어느 하나에 해당하면 「건설산업기본법」 제83조 제10호에 따라 영업정지 또는 등록말소를 요청할 수 있다.

1. 영업정지처분을 받고 그 영업정지기간 중에 새로 안전점검을 실시한 경우
2. 제8조의 2에 따른 안전점검의 실시범위를 위반한 때
3. 제8조의 3을 위반하여 안전점검을 하도급한 경우
4. 최근 2년간 제9조의 7에 따른 시정명령을 두 차례 받고 새로 시정명령에 해당하는 사유가 발생한 경우

5. 제10조를 위반하여 안전점검업무를 성실하게 수행하지 아니함으로써 시설물의 손괴나 구조상의 중대한 결함을 발생시켜 공중이 위험에 처하게 된 경우
6. 국토해양부장관이 제11조의 3에 따라 정밀점검 실시결과를 평가한 결과 고의 또는 과실로 안전상태를 사실과 다르게 점검하는 등 업무를 부실하게 수행한 것으로 평가한 경우
7. 안전점검을 수행할 자격이 있는 자가 아닌 자에게 안전점검 업무를 수행하게 한 경우
8. 소속 임직원인 기술자가 수행하여야 할 안전점검 업무를 소속 임직원이 아닌 기술자에게 수행하게 한 경우

③제2항에 따른 영업정지 또는 등록말소의 요청을 받은 관계 행정기관의 장은 그 조치결과를 국토해양부장관에게 통보하여야 한다.

④제1항에 따른 행정처분의 세부적인 기준은 그 위반행위의 유형과 위반의 정도 등을 참작하여 국토해양부령으로 정한다.

[전문개정 2008.3.21]

제9조의 5(행정처분 후의 업무수행) ①제9조의 4 제1항에 따라 등록의 취소 또는 영업정지처분을 받은 안전진단전문기관 또는 같은 조 제2항의 요청에 의하여 등록말소 또는 영업정지처분을 받은 유지관리업자는 그 처분 당시에 이미 착수한 안전점검 및 정밀안전진단업무는 이를 계속할 수 있다. 이 경우 안전진단전문기관이나 유지관리업자는 그 처분받은 내용을 지체 없이 안전점검 또는 정밀안전진단 실시를 의뢰한 자에게 문서로 알려야 한다.

②안전점검이나 정밀안전진단 실시를 의뢰한 자는 안전진단전문기관 또는 유지관리업자로부터 제1항에 따른 통지를 받거나 그 사실을 안 때에는 그 날부터 30일 이내에 해당 계약을 해지(解止)할 수 있다.

③제1항에 따라 업무를 계속하는 자는 그 업무를 끝낼 때까지 그 업무에 관하여는 안전진단전문기관 또는 유지관리업자로 본다.

[전문개정 2009.12.29]

제9조의 6(안전진단전문기관 등에 대한 조사 등 〈개정 2008.3.21〉) ①삭제<2002.1.14>

②삭제<2008.3.21>

③국토해양부장관은 안전진단전문기관이나 유지관리업자의 안전점검 및 정밀안전진단의 실시현황 등 그 업무에 관한 사항을 파악하기 위하여 대통령령으로 정하는 경우에 해당하면 안전진단전문기관이나 유지관리업자에게 관련 자료를 제출하게 하거나 소속 공무원으로 하여금 관련 서류 등을 조사하게 할 수 있다. <개정 2009.12.29>

④제3항에 따른 조사를 하는 경우에는 조사 7일 전까지 조사의 일시·이유 및 내용 등에 대한 조사계획을 조사 대상자에게 알려야 한다. 다만, 긴급히 처리할 필요가 있거나 사전에 알릴 경우 증거인멸 등으로 조사의 목적을 달성할 수 없다고 인정하는 경우에는 그러하지 아니하다.<개정 2009.12.29>

⑤제3항에 따른 조사를 하는 공무원은 그 권한을 표시하는 증표를 지니고 이를 관계인에게 내보여야 한다.<개정 2009.12.29>

[본조신설 1999.1.29]

제9조의 7(시정명령) 국토해양부장관은 안전진단전문기관이나 유지관리업자가 제10조를 위반하여 안전점검 또는 정밀안전진단업무를 성실하게 수행하지 아니하여 공중에 대한 위험이 발생될 우려가 있는 경우에는 기간을 정하여 그 시정(是正)을 명할 수 있다.

[전문개정 2009.12.29]

제10조(안전점검 및 정밀안전진단실시자의 의무) 제6조, 제7조, 제7조의 2 및 제8조에 따라 안전점검이나 정밀안전진단을 실시하는 자는 제13조에 따른 안전점검 및 정밀안전진단지침에 따라 성실하게 그 업무를 수행하여야 한다.

[전문개정 2009.12.29]

제10조의 2(시설물의 안전등급 지정 등) ①제6조·제7조 및 제8조에 따라 정밀점검이나 정밀안전진단을 실시하는 자는 정밀점검 또는 정밀안전진단 실시결과에 따라 대통령령으로 정하는 기준에 적합하게 그 시설물의 안전등급을 지정하여야 한다.

②제1항에도 불구하고 국토해양부장관은 제11조의 3에 따른 정밀점검 또는 정밀안전진단 실시결과를 평가한 결과 제10조를 위반하여 정밀점검 또는 정밀안전진단업무를 성실하게 수행하지 아니하여 안전등급의 변경이 필요하다고 인정되는 경우에는 그 평가결과에 따라 해당 시설물의 안전등급을 변경할 수 있다. 이 경우 관리주체에게 통보하여야 한다.

[본조신설 2008.3.21]

제11조(안전점검 및 정밀안전진단 실시결과의 통보) ①제6조, 제7조, 제7조의 2 및 제8조에 따라 안전점검 또는 정밀안전진단을 실시한 자는 지체 없이 그 결과를 관리주체(제6조 제5항의 경우에는 특별자치도지사·시장·군수 또는 구청장을 말하며, 이하 "관리주체등"이라 한다)에게 통보하여야 하며, 시설물에 대통령령으로 정하는 중대한 결함이 있는 경우에는 대통령령으로 정하는 바에 따라 특별자치도지사·시장·군수 또는 구청장에게도 통보하여야 한다.

②관리주체는 안전점검 또는 정밀안전진단 결과 시설물에 대통령령으로 정하는 중대한 결함이 있다고 통보를 받은 경우에는 이를 즉시 관계 행정기관의 장에게 통보하여야 한다. 관리주체가 직접 안전점검을 실시한 경우에도 또한 같다.

[전문개정 2009.12.29]

제11조의 2(안전점검·정밀안전진단 및 유지관리의 실적관리) ①관리주체는 제6조에 따른 안전점검을 직접 실시한 경우에는 해당 실적을 다음 각 호에 해당하는 관계 행정기관의 장을 거쳐 국토해양부장관에게 제출하여야 한다.

1. 공공관리주체가 중앙행정기관의 소속 기관이거나 감독을 받는 기관인 경우에는 소속 중앙행정기관의 장
2. 제1호 외의 공공관리주체는 시·도지사
3. 민간관리주체는 관할 시장·군수·구청장 및 시·도지사

②관리주체등이 공단·안전진단전문기관 또는 유지관리업자로 하여금 제6조·제7조 및 제8조에 따른 안전점검 또는 정밀안전진단을 실시하게 한 경우에는 이를 실시한 자가 관리주체등에게 그 실시결과에 대한 확인을 받은 후에 제1항 각 호에 해당하는 관계 행정기관의 장을 거쳐 국토해양부장관에게 제출하여야 한다.

③관리주체는 시설물의 보수·보강 등 대통령령으로 정하는 유지관리 실적이 있으면 제1항 각 호에 해당하는 관계 행정기관의 장을 거쳐 국토해양부장관에게 제출하여야 한다.

④제1항부터 제3항까지의 규정에 따라 제출하는 안전점검·정밀안전진단 및 유지관리의 실적 내용 및 제출시기·방법 등에 관하여는 대통령령으로 정한다.

⑤국토해양부장관은 제1항부터 제4항까지의 규정에 따라 안전점검·정밀안전

진단 및 유지관리의 실적을 받으면 그에 관한 기록을 유지·관리하여야 하며, 안전진단전문기관이나 유지관리업자가 신청을 하는 경우에는 안전점검이나 정밀안전진단의 실적확인서를 발급할 수 있다.

[전문개정 2008.3.21]

제11조의 3(정밀점검 또는 정밀안전진단 실시결과에 대한 평가 〈개정 2008.3.21〉)

①국토해양부장관은 제11조의 2 제1항 및 제2항에 따라 정밀점검이나 정밀안전진단의 실시결과를 받은 때에는 정밀점검 또는 정밀안전진단의 기술수준을 향상시키고 그 부실 점검·진단을 방지하기 위하여 필요한 경우에는 그 실시결과를 평가할 수 있다.<개정 2008.3.21>

②국토해양부장관은 관리주체등·공단·안전진단전문기관 및 유지관리업자에게 제1항에 따른 평가에 필요한 자료를 제출하도록 요구할 수 있다. 이 경우 자료 제출을 요청받은 자는 그 요청에 따라야 한다.<신설 2008.3.21>

③제1항에 따른 평가의 대상·방법·절차에 관하여 필요한 사항은 대통령령으로 정한다.<개정 2008.3.21>

[본조신설 2002.1.14]

제12조(비용의 부담) 안전점검과 정밀안전진단에 드는 비용은 관리주체가 부담한다. 다만, 하자담보책임기간 내에 시공자가 책임져야 할 사유로 정밀안전진단을 실시하여야 하는 경우 그에 드는 비용은 시공자가 부담한다.

[전문개정 2009.12.29]

제13조(안전점검 및 정밀안전진단지침) ①국토해양부장관은 대통령령으로 정하는 바에 따라 안전점검 및 정밀안전진단의 실시방법·절차 등에 관한 안전점검 및 정밀안전진단지침을 작성하여 관보에 고시하여야 한다.

②국토해양부장관은 제1항에 따른 지침을 작성할 때에는 미리 관계 중앙행정기관의 장과 협의하여야 한다.

[전문개정 2009.12.29]

제2절 안전조치 등 <개정 2009.12.29>

제14조(사용제한 등) ①관리주체는 시설물의 구조상 공중의 안전한 이용에 미치는 영향이 중대하여 긴급한 조치가 필요하다고 인정되는 경우로서 대통령령으로 정하

는 경우에는 시설물의 사용제한 · 사용금지 · 철거 등의 조치를 하여야 한다.

②관리주체는 제1항에 따른 사용제한 등을 하는 경우에는 미리 그 사실을 관계 행정기관의 장에게 통보하여야 하며, 통보를 받은 관계 행정기관의 장은 이를 공고하여야 한다.

③제11조 제2항에 따라 안전점검 또는 정밀안전진단 결과를 통보받은 특별자치도지사 · 시장 · 군수 또는 구청장은 민간관리주체가 관리하는 시설물 중 대통령령으로 정하는 시설물이 구조상 공중의 안전한 이용에 미치는 영향이 중대하여 긴급한 조치가 필요하다고 인정되면 대통령령으로 정하는 바에 따라 그 시설물의 사용제한 등의 조치를 명할 수 있다.

④제3항에 따른 명령을 받은 자가 그 명령을 이행하지 아니하는 경우에는 「행정대집행법」에 따라 대집행(代執行)을 할 수 있다.

[전문개정 2009.12.29]

제15조(안전점검 또는 정밀안전진단 실시결과의 이행) 제11조 제1항에 따라 안전점검이나 정밀안전진단 실시결과를 통보받은 관리주체는 구조안전에 영향을 줄 수 있는 대통령령으로 정하는 중대한 결함사항에 대하여는 대통령령으로 정하는 바에 따라 시설물의 보수 · 보강 등 필요한 조치를 하여야 한다.<개정 2008.3.21>

[본조신설 2003.7.25]

제15조의 2(조치결과의 통보) ①제15조에 따라 시설물의 보수 · 보강 등 필요한 조치를 끝낸 민간관리주체는 그 결과를 특별자치도지사 · 시장 · 군수 또는 구청장에게 통보하여야 한다.

②제1항에 따른 통보의 시기 · 방법 · 절차에 필요한 사항은 국토해양부령으로 정한다.

[전문개정 2009.12.29]

제16조(시설물정보관리종합시스템) ①시설물정보관리종합시스템으로 관리하는 정보의 종류는 다음 각 호와 같다.

1. 제4조에 따른 시설물의 안전 및 유지관리 계획
2. 제9조 · 제9조의 4 제1항 · 제9조의 7 및 제44조에 따른 안전진단전문기관의 등록, 등록사항의 변경신고, 휴업 · 재개업 신고, 등록취소, 영업정지, 등록말소, 시정명령 또는 과태료 등에 관한 사항

3. 제9조의 4 제2항 · 제9조의 7 및 제44조에 따른 유지관리업자의 영업정지, 등록말소, 시정명령 또는 과태료 등에 관한 사항
4. 제11조의 2에 따른 안전점검 · 정밀안전진단 및 유지관리의 실적
5. 제14조에 따른 사용제한 등에 관한 사항
6. 제15조의 2에 따른 보수 · 보강 등 필요한 조치결과의 통보 내용
7. 제16조의 2 제2항에 따른 시설물의 준공 또는 사용승인 통보 내용
8. 제17조에 따른 감리보고서 · 시설물관리대장 및 설계도서 등 관련 서류
9. 그 밖에 시설물의 안전 및 유지관리에 관련되고 시설물의 정보로 관리할 필요가 있다고 인정되어 국토해양부령으로 정하는 사항

②시설물정보관리종합시스템의 관리 · 운영 등에 필요한 사항은 대통령령으로 정한다.

[전문개정 2008.3.21]

제16조의 2(대상시설물의 고지 등) ①시설물에 대한 준공 또는 사용승인을 하는 관계 행정기관의 장은 준공 또는 사용승인을 할 때에는 시설물의 발주자 · 관리주체와 시공자에게 제17조제1항에 따른 감리보고서 · 시설물관리대장 및 설계도서 등 관련 서류의 제출의무자임을 고지(告知)하여야 한다.

②시설물의 준공 또는 사용승인을 한 관계 행정기관의 장(「공공기관의 운영에 관한 법률」 제4조에 따른 공공기관이 관계 법령에 따라 준공인가 또는 사용승인에 관한 권한을 위탁받은 경우에는 해당 공공기관을 말한다)은 1개월 이내에 국토해양부령으로 정하는 바에 따라 그 준공 또는 사용승인 사실을 국토해양부장관에게 통보하여야 한다.

[본조신설 2008.3.21]

제17조(설계도서 등의 보존의무 등) ①시설물의 발주자는 감리보고서를 공단에, 시설물의 시공자는 설계도서 등 관련 서류를 관리주체와 공단에, 관리주체는 시설물관리대장을 공단에 각각 제출하여야 한다. 대통령령으로 정하는 중요한 보수 · 보강의 경우에도 또한 같다.

②시설물의 발주자 및 시공자는 제1항에도 불구하고 국방이나 그 밖의 보안상의 비밀유지가 필요한 시설물에 대하여 공공관리주체의 요구가 있을 경우에는 그 시설물의 감리보고서 및 설계도서 등 관련 서류를 공단에 제출하지 아니할 수

있다. 이 경우 공공관리주체는 그 사유를 공단에 통보하여야 한다.

③관리주체와 공단은 제1항에 따라 제출받은 감리보고서 · 시설물관리대장 및 설계도서 등 관련 서류를 보존하여야 한다.

④공단 · 안전진단전문기관 또는 유지관리업자는 안전점검 및 정밀안전진단업무를 수행할 때 필요한 경우에는 관리주체에게 해당 시설물의 설계 · 시공 및 감리와 관련된 서류의 열람이나 그 사본의 교부를 요청할 수 있다. 다만, 국방이나 그 밖의 보안상의 비밀유지가 필요한 시설물은 관리주체나 관련 기관의 동의를 받아 이를 열람할 수 있다.

⑤안전진단전문기관, 유지관리업자, 제33조의 3 제3항에 따른 중앙시설물사고조사위원회, 제33조의 3 제4항에 따른 시설물사고조사위원회 및 관계 행정기관의 장은 시설물의 안전과 유지관리를 위하여 필요하면 공단에 감리보고서, 설계도서 및 시설물관리대장 등 관련 서류 의 열람을 요청할 수 있다. 이 경우 요청을 받은 공단은 특별한 사유가 없으면 이에 따라야 한다.

⑥제1항과 제3항에 따른 감리보고서, 시설물관리대장 및 설계도서 등 관련 서류의 종류 · 제출시기 · 보존기간 및 제5항에 따른 서류의 열람범위 · 절차 등에 필요한 사항은 국토해양부령으로 정한다.

[전문개정 2009.12.29]

제3장 시설물의 유지관리 <개정 2009.12.29>

제18조(시설물의 유지관리의 방법 ①시설물은 관리주체가 직접 유지관리하거나 유지관리업자로 하여금 유지관리하게 할 수 있다. 다만, 대통령령으로 정하는 시설물로서 다른 법령에 따라 유지관리하는 경우에는 그러하지 아니하다.<개정 2008. 3.21, 2009.12.29>

②관리주체는 제1항에도 불구하고 하자담보책임기간(동일한 시설물의 각 부분별 하자담보책임기간이 다른 경우에는 가장 긴 하자담보책임기간을 말한다) 내에는 그 시설물을 시공한 자로 하여금 유지관리하게 할 수 있다.<개정 2008. 3.21, 2009.12.29>

③삭제<1999.4.15>

④시설물의 유지관리에 드는 비용은 관리주체가 부담한다.<개정 2008.3.21, 2009.12.29>

⑤삭제<1999.4.15>

⑥제1항에 따라 시설물을 유지관리하는 자는 성실하게 그 업무를 수행하여야 한다.<개정 2008.3.21, 2009.12.29>

제19조 삭제<1999.1.29> ~ **제24조 삭제**<1999.1.29>

제4장 한국시설안전공단 <개정 2008.3.21>

제25조(한국시설안전공단의 설립) ①시설물의 안전 및 유지관리, 그와 관련된 기술의 연구·개발·보급 등의 업무를 담당하게 하기 위하여 한국시설안전공단을 설립한다.

②공단은 법인으로 한다.

③공단은 그 주된 사무소의 소재지에서 설립등기를 함으로써 성립한다.

[전문개정 2009.12.29]

제26조(정관) ①공단의 정관(定款)에는 「공공기관의 운영에 관한 법률」 제16조 제1항에 따른 사항을 기재하여야 한다.

②공단은 정관을 작성하여 국토해양부장관의 인가를 받아야 한다. 인가받은 정관을 변경할 때에도 또한 같다.

[전문개정 2009.12.29]

제27조(임원의 결격사유) 다음 각 호의 어느 하나에 해당하는 자는 공단의 임원이 될 수 없다.

1. 대한민국의 국민이 아닌 자
2. 금치산자 또는 한정치산자
3. 파산선고를 받고 복권되지 아니한 자
4. 금고 이상의 형을 선고받고 그 집행이 끝나거나 집행을 받지 아니하기로 확정된 후 2년이 지나지 아니한 자
5. 이 법을 위반하여 벌금 이상의 형을 선고받고 2년이 지나지 아니한 자

[전문개정 2009.12.29]

제28조(재원) ①단의 설치와 운영에 드는 자금은 다음 각 호의 재원(財源)으로 충당한다.

1. 정부의 출연금(出捐金)
2. 정부 외의 자(「공공기관의 운영에 관한 법률」 제5조제3항제1호의 공기업을 포함한다)로부터의 출연금 및 기부금
3. 「건설산업기본법」에 따른 각 공제조합, 그 밖에 대통령령으로 정하는 단체의 출연금
4. 차관(借款) 및 차입금(차입금)
5. 그 밖에 대통령령으로 정하는 수익금

②출연금의 출연과 관리 등에 필요한 사항은 대통령령으로 정한다.

[전문개정 2009.12.29]

제29조(사업) 공단은 다음 각 호의 사업을 한다.

1. 정밀안전진단
2. 시설물의 안전점검 · 정밀안전진단 및 유지관리기술의 연구 · 개발 · 지도 및 보급
3. 시설물의 과학적 유지관리체계의 개발
4. 시설물의 설계 · 시공 · 감리 및 유지관리에 대한 정보체계의 구축 및 자료의 발간 · 제공
5. 시설물의 안전 및 유지관리와 관련되는 자문 등의 기술용역사업
6. 시설물의 안전 및 유지관리에 관한 교육 및 홍보
7. 제2조 제1호의 시설물이 아닌 시설 중에서 안전에 취약하거나 재난의 위험이 있다고 판단되는 사회복지시설 등 대통령령으로 정하는 시설에 대한 안전점검이나 정밀안전진단 등의 사업
8. 다른 법령에 따라 공단이 수행할 수 있도록 규정된 사업
9. 제1호부터 제8호까지의 사업 외에 국토해양부장관이 위탁하는 시설물의 안전 및 유지관리와 관련되는 사업

[전문개정 2009.12.29]

제29조의 2(국유재산의 무상대부 등) 국가는 공단의 운영을 위하여 필요하면 국유재산을 무상(無償)으로 대부(대부)하거나 사용하게 할 수 있다.

[전문개정 2009.12.29]

제29조의 3(손익금의 처리) ①공단은 매 사업연도의 결산결과 이익이 생긴 때에는 다음 각 호의 순으로 처리한다.

1. 이월손실금의 보전
2. 이익금의 100분의 50 이상의 이익준비금에의 적립
3. 제2호에 따른 이익준비금 외의 준비금에의 적립
4. 국고에의 납입

②공단은 매 사업연도의 결산결과 손실이 생긴 때에는 제1항 제3호에 따른 적립금으로 보전하고, 그 적립금으로도 부족할 때에는 제1항 제2호에 따른 이익준비금으로 보전하되, 그 미달액은 다음 사업연도로 이월한다.

[본조신설 2008.3.21]

제30조(지도 · 감독) ①국토해양부장관은 공단을 지도 · 감독하기 위하여 필요하다고 인정하면 그 업무 · 회계 및 재산에 관한 사항 중 대통령령으로 정하는 업무에 대하여 보고하게 하거나 소속 공무원으로 하여금 공단의 장부 · 서류 · 시설, 그 밖의 물건을 검사하게 할 수 있다.

②국토해양부장관은 제1항에 따른 검사 결과 위법 또는 부당한 행위가 있음을 발견한 경우에는 공단에 그 시정을 명할 수 있다.

[전문개정 2009.12.29]

제31조(유사명칭의 사용금지) 공단이 아닌 자는 한국시설안전공단이나 이와 유사한 명칭을 사용하지 못한다.

[전문개정 2009.12.29]

제32조(「민법」의 준용) 공단에 관하여 이 법과 「공공기관의 운영에 관한 법률」에 규정한 것 외에는 「민법」 중 재단법인에 관한 규정을 준용한다.

[전문개정 2009.12.29]

제5장 보칙 <개정 2009.12.29>

제33조(시설물의 안전 및 유지관리예산의 확보) 공공관리주체는 대통령령으로 정하는 바에 따라 매년 소관 시설물의 유지관리에 필요한 예산을 확보하여야 한다.

[전문개정 2009.12.29]

제33조의 2(실태점검 등 〈개정 2008.3.21〉) ①국토해양부장관, 주무부처의 장 또는 지방자치단체의 장은 시설물의 안전 및 유지관리를 위하여 필요하다고 인정하면 시설물의 안전 및 유지관리에 대한 실태를 점검하거나 관계 행정기관의 장, 관리주체 및 그 밖의 관계인에 대하여 관련 자료를 제출하도록 요청할 수 있으며, 실태점검 및 자료검토의 결과 필요한 사항을 권고하거나 시정하도록 요청할 수 있다. 이 경우 요청을 받은 관계 행정기관의 장, 관리주체, 그 밖의 관계인은 특별한 사유가 없으면 이에 따라야 한다.<개정 2008.2.29, 2008.3.21>

②국토해양부장관, 주무부처의 장 또는 지방자치단체의 장은 제1항에 따라 실태를 점검하는 경우에는 점검 시작 7일 전까지 방문 일자, 목적, 공무원의 성명, 그 밖에 대통령령으로 정하는 사항을 문서로써 사전에 통지하여야 한다. 다만, 긴급히 처리할 필요가 있거나 사전에 통지할 경우 증거인멸 등으로 점검의 목적을 달성할 수 없다고 인정하는 경우에는 그러하지 아니하다.<개정 2008.3.21>

③삭제<2008.3.21>

[본조신설 2002.1.14]

제33조의 3(사고원인조사 등) ①관리주체는 소관 시설물에 사고가 발생한 경우에는 지체 없이 응급 안전조치를 하여야 하며, 대통령령으로 정하는 규모 이상의 사고가 발생한 경우에는 공공관리주체는 주무부처의 장 또는 관할 시 · 도지사 및 시장 · 군수 · 구청장에게, 민간관리주체는 관할 특별자치도지사 · 시장 · 군수 · 구청장에게 사고 발생 사실을 알려야 한다.

②제1항에 따라 사고 발생 사실을 통보받은 주무부처의 장, 관할 시 · 도지사 또는 시장 · 군수 · 구청장은 사고 발생 사실을 국토해양부장관에게 알려야 한다.

③국토해양부장관은 대통령령으로 정하는 규모 이상의 피해가 발생한 시설물의 사고조사 등을 위하여 필요하다고 인정되는 때에는 중앙시설물사고조사위원회를 구성 · 운영할 수 있다.

④중앙행정기관의 장이나 지방자치단체의 장은 해당 기관이 지도 · 감독하는 관리주체의 시설물에 붕괴 · 파손 등의 사고조사 등을 위하여 필요하다고 인정되는 때에는 시설물사고조사위원회를 구성 · 운영할 수 있다.

⑤중앙행정기관의 장이나 지방자치단체의 장은 제4항에 따라 사고조사를 실시한 경우 그 결과를 지체 없이 국토해양부장관에게 통보하여야 한다.

⑥제3항 및 제4항에 따른 중앙시설물사고조사위원회 및 시설물사고조사위원회의 구성과 운영 등에 관하여 필요한 사항은 대통령령으로 정한다.

⑦제5항에 따른 사고조사의 통보 내용 등 필요한 사항은 국토해양부령으로 정한다.

[본조신설 2008.3.21]

제34조(비밀유지) 안전점검, 정밀안전진단 및 유지관리업무를 수행하는 자는 업무상 알게 된 비밀을 누설하거나 도용하여서는 아니 된다. 다만, 시설물의 안전과 유지관리를 위하여 국토해양부장관이 필요하다고 인정할 때에는 그러하지 아니하다.

[전문개정 2009.12.29]

제35조(건설공사의 부실 방지를 위한 조치) 시설물은 기능, 경제적 측면 및 환경과의 조화를 고려하여 공중의 위험을 발생시키지 아니하는 안전한 구조를 가지도록 설계·시공 및 감리되어야 한다.

[전문개정 2009.12.29]

제36조(청문) 국토해양부장관은 제9조의4에 따라 안전진단전문기관의 등록을 취소하거나 영업정지를 하려는 경우에는 청문을 하여야 한다.

[전문개정 2009.12.29]

제37조(벌칙 적용에서의 공무원 의제) 공단의 임직원, 안전점검 또는 정밀안전진단을 실시하는 자 및 유지관리업무를 하는 자는 「형법」 제129조부터 제132조까지의 규정에 따른 벌칙을 적용할 때에는 공무원으로 본다.

[전문개정 2009.12.29]

제38조(권한의 위임·위탁) ①이 법에 따른 국토해양부장관의 권한은 그 일부를 대통령령으로 정하는 바에 따라 시·도지사 또는 소속기관의 장에게 위임할 수 있다.<개정 2008.2.29, 2008.3.21>

②이 법에 따른 국토해양부장관의 권한 중 다음 각호의 권한은 대통령령으로 정하는 바에 따라 공단 또는 대통령령으로 정하는 위탁업무를 수행하는 데에 필요한 인력과 장비를 갖춘 기관에 위탁할 수 있다.<개정 2008.2.29, 2008.3.21>

1. 제7조의 2 제2항에 따른 시설물의 내진성능평가 결과 검토 및 내진 보강의 권고
2. 제11조의 2 제5항에 따른 안전점검 및 정밀안전진단 실적관리 및 실적확인서의 발급

3. 제11조의 3 제1항 및 제2항에 따른 정밀점검 및 정밀안전진단 실시결과의 평가와 그 평가에 필요한 관련 자료의 제출요구
4. 제16조에 따른 시설물정보관리종합시스템의 관리·운영 등

③제2항 제2호에 따른 실적확인서의 발급에 관한 권한을 위탁받은 기관은 제11조의 2 제5항에 따른 실적확인서를 발급할 때에는 그 신청인으로부터 실비(實費)의 범위에서 수수료를 받을 수 있다.<개정 2008. 3.21>

④제2항 제3호에 따른 정밀점검 또는 정밀안전진단 실시결과의 평가에 관한 권한을 위탁받은 기관은 평가의 공정성과 전문성을 확보하기 위하여 정밀점검·정밀안전진단평가위원회를 설치하고 그 심의를 거쳐야 한다.<개정 2008.3.21>

⑤제4항에 따른 정밀점검·정밀안전진단평가위원회의 구성과 운영 등에 관하여 필요한 사항은 대통령령으로 정한다.<개정 2008.3.21>

[전문개정 2002.1.14]

제6장 벌칙 <개정 2009.12.29>

제39조(벌칙) ①다음 각 호의 어느 하나에 해당하는 자는 10년 이하의 징역에 처한다.

1. 제6조 제1항과 제7조 제1항에 따른 안전점검 또는 정밀안전진단을 실시하지 아니하거나 성실하게 실시하지 아니함으로써 시설물에 중대한 손괴를 야기하여 공중의 위험을 발생하게 한 자
2. 제10조를 위반하여 안전점검 또는 정밀안전진단업무를 성실하게 수행하지 아니함으로써 시설물에 중대한 손괴를 야기하여 공중의 위험을 발생하게 한 자
3. 제14조 제3항에 따른 명령을 받고도 이를 이행하지 아니하여 공중의 위험을 발생하게 한 자
4. 제15조에 따른 보수·보강 등 필요한 조치를 하지 아니함으로써 시설물에 중대한 손괴를 야기하여 공중의 위험을 발생하게 한 자
5. 제18조 제6항을 위반하여 유지관리업무를 성실하게 수행하지 아니함으로써 시설물에 중대한 손괴를 야기하여 공중의 위험을 발생하게 한 자

②제1항 각 호의 죄를 범하여 사람을 사상(死傷)에 이르게 한 자는 무기 또는 3년 이상의 징역에 처한다.

[전문개정 2009.12.29]

제39조의 2(벌칙) ①업무상 과실로 제39조 제1항 각 호의 죄를 범한 자는 5년 이하의 징역이나 금고 또는 5천만원 이하의 벌금에 처한다.

②업무상 과실로 제39조 제2항의 죄를 범한 자는 10년 이하의 징역이나 금고 또는 1억원 이하의 벌금에 처한다.

[전문개정 2009.12.29]

제40조(벌칙) 다음 각 호의 어느 하나에 해당하는 자는 2년 이하의 징역 또는 2천만원 이하의 벌금에 처한다.

1. 제9조 제1항에 따른 안전진단전문기관으로 등록하지 아니하고 안전점검이나 정밀안전진단업무를 수행한 자
2. 속임수나 그 밖의 부정한 방법으로 제9조 제1항에 따른 안전진단전문기관으로 등록한 자
3. 제9조의 3을 위반하여 명의대여 등을 한 자와 명의대여 등을 받은 자
4. 제9조의 4에 따른 영업정지처분을 받고 그 영업정지기간 중에 새로 안전점검이나 정밀안전진단을 실시한 자
5. 제17조 제3항에 따른 감리보고서·시설물관리대장 또는 설계도서 등 관련 서류를 보존하지 아니한 자
6. 제34조를 위반하여 업무상 알게 된 비밀을 누설하거나 도용한 자

[전문개정 2009.12.29]

제41조 삭제<1999.1.29> ~ **제42조 삭제**<1995.12.30>

제43조(양벌규정) ①법인의 대표자나 법인 또는 개인의 대리인, 사용인, 그 밖의 종업원이 그 법인 또는 개인의 업무에 관하여 제39조의 위반행위를 하면 그 행위자를 벌하는 외에 그 법인 또는 개인에게도 10억원 이하의 벌금형을 과(科)한다. 다만, 법인 또는 개인이 그 위반행위를 방지하기 위하여 해당 업무에 관하여 상당한 주의와 감독을 게을리하지 아니한 때에는 그러하지 아니하다.

②법인의 대표자나 법인 또는 개인의 대리인, 사용인, 그 밖의 종업원이 그 법인 또는 개인의 업무에 관하여 제39조의 2와 제40조의 위반행위를 하면 그 행위자를 벌하는 외에 그 법인 또는 개인에게도 해당 조문의 벌금형을 과(科)한다. 다만, 법인 또는 개인이 그 위반행위를 방지하기 위하여 해당 업무에 관하여 상당한

주의와 감독을 게을리하지 아니한 때에는 그러하지 아니하다.

[전문개정 2009.12.29]

제44조(과태료) ①제7조 제1항에 따른 정밀안전진단을 실시하지 아니하거나 성실하게 수행하지 아니한 자에게는 1억원 이하의 과태료를 부과한다.

②다음 각 호의 어느 하나에 해당하는 자에게는 300만원 이하의 과태료를 부과한다.

1. 제4조 제1항에 따른 안전 및 유지관리 계획을 수립하지 아니한 자
2. 제6조 제1항에 따른 안전점검을 실시하지 아니하거나 성실하게 수행하지 아니한 자
3. 제9조 제3항에 따른 변경신고를 하지 아니한 자
4. 제9조 제5항에 따른 신고를 하지 아니한 자
5. 제9조의 5 제1항에 따른 등록의 취소 또는 영업정지처분을 받은 사실을 안전점검이나 정밀안전진단 실시를 의뢰한 자에게 알리지 아니한 자
6. 제9조의 6 제3항에 따른 조사를 거부·방해 또는 기피한 자
7. 제11조에 따른 통보를 하지 아니한 자
8. 제11조의 2 제1항부터 제3항까지의 규정에 따른 안전점검·정밀안전진단 및 유지관리 실적을 제출하지 아니하거나 거짓으로 제출한 자
9. 제11조의 3 제2항에 따른 정밀점검 또는 정밀안전진단 실시결과에 대한 평가에 필요한 관련 자료를 제출하지 아니한 자
10. 제14조 제3항에 따른 명령을 받고도 이를 이행하지 아니한 자
11. 제15조에 따른 보수·보강 등 필요한 조치를 하지 아니한 자
12. 제15조의 2에 따른 통보를 하지 아니한 자
13. 제17조 제1항에 따른 감리보고서·시설물관리대장 또는 설계도서 등 관련 서류를 제출하지 아니한 자
14. 제17조 제4항에 따른 공단·안전진단전문기관 또는 유지관리업자의 관련 서류의 열람 또는 사본의 교부 요청에 정당한 사유 없이 따르지 아니한 자
15. 제31조를 위반하여 한국시설안전공단이나 이와 유사한 명칭을 사용한 자
16. 제33조의 2 제1항에 따른 실태점검을 거부·방해 또는 기피하거나 정당한 사유 없이 실태점검에 따른 시정 요청에 따르지 아니한 자

17. 제33조의 2 제1항을 위반하여 자료 제출을 하지 아니하거나 거짓으로 자료를 제출한 자 또는 정당한 사유 없이 자료검토에 따른 시정 요청에 따르지 아니한 자
18. 제33조의 3에 따른 사고경위와 사고원인의 조사를 거부·방해 또는 기피한 자

③제1항과 제2항에 따른 과태료는 대통령령으로 정하는 바에 따라 국토해양부장관 또는 특별자치도지사·시장·군수 또는 구청장이 부과·징수한다.

[전문개정 2009.12.29]

부칙

이하 생략

II-1 시설물의 안전관리에 관한 특별법 시행령

[일부개정 2008.9.18 대통령령 제21020호]

제1장 총칙 <개정 2008.9.18>

제1조(목적) 이 영은 「시설물의 안전관리에 관한 특별법」에서 위임된 사항과 그 시행에 관하여 필요한 사항을 규정함을 목적으로 한다.<개정 2006.2.2>

제2조(시설물의 범위) ①「시설물의 안전관리에 관한 특별법」(이하 "법"이라 한다) 제2조 제2호와 제3호에서 "대통령령으로 정하는 시설물"이란 별표 1의 1종시설물과 2종시설물을 말한다.

②「재난 및 안전관리 기본법」 제26조 제1항 제5호에 따른 재난발생의 위험이 높거나 재난 예방을 위하여 계속적으로 관리할 필요가 있다고 인정되는 시설(이하 "특정관리대상시설"이라 한다)로서 별표 1에 해당되지 아니하는 시설의 구조적 안전성 및 결함의 정도를 판단한 결과 공중에 위해를 끼칠 우려가 있다고 인정되는 경우 해당 시설을 관리하는 국가 또는 지방자치단체의 기관은 소속 중앙행정기관 또는 지방자치단체의 장에게, 그 밖의 공공관리주체는 이를 지도·감독하는 중앙행정기관 또는 지방자치단체의 장에게, 민간관리주체는 특별자치도지사·시장·군수 또는 구청장(자치구의 구청장을 말한다. 이하 같다)에게 그 시설을 1종시설물 또는 2종시설물로 지정하여 주도록 요청할 수 있다.

③제2항에 따라 지정을 요청받은 관계 행정기관의 장은 국토해양부령으로 정하는 바에 따라 해당 시설을 1종시설물 또는 2종시설물로 지정할 수 있다.

④관계 중앙행정기관의 장 또는 지방자치단체의 장은 공중의 안전을 위하여 필요하다고 인정하면 특정관리대상시설을 다음 각 호의 구분에 따라 직권으로 2종시설물로 지정할 수 있다.

1. 관계 중앙행정기관의 장: 국가 또는 「공공기관의 운영에 관한 법률」 제4조에 따른 공공기관이 관리하는 시설물

2. 특별시장 · 광역시장 · 도지사 또는 특별자치도지사(이하 "시 · 도지사"라 한다): 관할 지방자치단체 또는 「지방공기업법」에 따른 지방공기업이 관리하는 시설물
3. 특별자치도지사 · 시장 · 군수 · 구청장: 관할 구역에 있는 시설물로서 민간관리주체가 관리하는 시설물

⑤제3항 또는 제4항에 따라 1종시설물 또는 2종시설물을 지정한 관계 행정기관의 장은 그 내용을 국토해양부장관에게 통보하여야 한다.

[전문개정 2008.9.18]

제3조 삭제<2008.9.18>

제4조(시설물의 안전 및 유지관리기본계획의 수립) 법 제3조 제2항 제6호에서 "대통령령으로 정하는 사항"이란 다음 각 호의 사항을 말한다.

1. 법 제9조 제1항에 따라 등록을 한 안전진단전문기관(이하 "안전진단전문기관"이라 한다)의 육성 · 지원에 관한 사항
2. 시설물의 보수 · 보강 등 안전 및 유지관리에 관한 기준의 작성 · 변경과 그 운영에 관한 사항

[전문개정 2008.9.18]

제5조(안전 및 유지관리계획의 수립 · 시행) ①관리주체는 법 제4조에 따른 안전 및 유지관리계획을 소관 시설물별로 매년 수립 · 시행하여야 한다. 다만, 공동주택의 경우에는 제2항 제1호 및 제2호의 사항에 대하여는 관리주체 단위로 수립할 수 있다.

②제1항에 따른 안전 및 유지관리계획에는 다음 각 호의 사항이 포함되어야 한다.

1. 시설물의 적정한 안전과 유지관리를 위한 조직 · 인원 및 장비의 확보에 관한 사항
2. 긴급상황 발생 시 조치체계에 관한 사항
3. 시설물의 설계 · 시공 · 감리 및 유지관리 등에 관련된 설계도서의 수집 및 보존에 관한 사항
4. 안전점검 또는 정밀안전진단 실시계획 및 보수 · 보강 계획에 관한 사항
5. 안전과 유지관리에 필요한 비용에 관한 사항

[전문개정 2008.9.18]

제2장 시설물의 안전조치등

제6조(안전점검의 실시) ①법 제6조 제3항에 따른 안전점검의 실시시기는 별표 1의 2와 같다.

②관리주체는 법 제6조 제4항 단서에 따라 하자담보책임기간이 끝나기 전에 마지막으로 실시하는 정밀점검을 안전진단전문기관으로 하여금 실시하게 하는 경우에는 해당 시설물을 설계·시공 또는 감리한 자의 계열회사(「독점규제 및 공정거래에 관한 법률」 제2조 제3호에 따른 계열회사를 말한다)인 안전진단전문기관이나 해당 관리주체에 소속되어 있거나 해당 관리주체의 자회사인 안전진단전문기관으로 하여금 실시하게 하여서는 아니된다. 다만, 공공관리주체 소관 시설물의 구조적 특수성으로 전문기술이 필요하여 국토해양부장관이 인정하는 경우에는 공공관리주체인 안전진단전문기관이 해당 시설물의 정밀점검을 실시할 수 있다.

[전문개정 2008.9.18]

제7조(책임기술자의 자격 등) ①법 제6조 제3항과 법 제7조 제2항에 따라 안전점검 또는 정밀안전진단을 자신의 책임하에 실시할 수 있는 사람(이하 "책임기술자"라 한다)은 별표 2에 따른 기술자격자로서 국토해양부장관이 인정하는 해당 분야의 안전점검 또는 정밀안전진단교육을 이수한 사람으로 한다.

②책임기술자는 안전점검 또는 정밀안전진단을 실시할 때 필요한 경우에는 별표 3의 등록기준에 규정된 기술인력의 자격요건을 갖춘 사람으로 하여금 그 책임기술자의 감독하에 안전점검 또는 정밀안전진단을 하게 할 수 있다. 이 경우 책임기술자의 감독하에 정밀안전진단을 하려는 사람은 국토해양부장관이 인정하는 해당 분야의 정밀안전진단교육을 이수하여야 한다.

[전문개정 2008.9.18]

제8조(안전점검 및 정밀안전진단의 대가) ①법 제6조 제3항과 법 제7조 제2항에 따른 안전점검 및 정밀안전진단의 대가는 법 제25조에 따라 설립된 한국시설안전공단(이하 "공단"이라 한다)이 국토해양부장관의 승인을 받아 정한다.

②국토해양부장관은 제1항에 따라 안전점검 및 정밀안전진단의 대가를 승인하려는 경우에는 기획재정부장관과 협의하여야 하며, 이를 승인한 때에는 그 내용을 고시하여야 한다.

[전문개정 2008.9.18]

제8조의 2(주요부분의 하자담보책임기간) 법 제6조 제4항 단서에서 "대통령령으로 정하는 주요부분의 하자담보책임기간"이란 별표 2의 2에서 정하는 주요부분과 하자담보책임기간을 말한다.

[전문개정 2008.9.18]

제9조(정밀안전진단의 실시) ①법 제7조 제1항 단서에서 "대통령령으로 정하는 시설물"이란 완공 후 10년이 지난 1종시설물(공동주택 및 폐기물매립시설은 제외한다)을 말한다.

②법 제7조 제1항 단서 및 이 조 제1항에 따른 시설물의 정밀안전진단은 완공 후 10년이 지난 때부터 1년 이내에 실시하여야 하며, 그 후에는 이전 정밀안전진단을 완료한 날을 기준으로 별표 1의 2에 따라 정기적으로 실시하여야 한다. 이 경우 전기설비, 기계설비 또는 계측시설을 포함하는 복합된 시설물(건축물은 제외한다)에 대하여는 별표 2의 3에 따른 해당분야의 기술자격자에게 해당 시설물의 구조안전에 관련되는 전기설비, 기계설비 또는 계측시설에 대하여 정밀안전진단을 하게 하여야 한다.

③관리주체는 안전진단전문기관에 정밀안전진단을 의뢰하는 경우에는 해당 시설물을 설계·시공 또는 감리한 자의 계열회사(「독점규제 및 공정거래에 관한 법률」 제2조 제3호에 따른 계열회사를 말한다)인 안전진단전문기관이나 해당 관리주체에 소속되어 있거나 해당 관리주체의 자회사인 안전진단전문기관에 의뢰하여서는 아니된다. 다만, 공공관리주체가 소관시설물의 정밀안전진단을 실시할 때 전문기술이 필요하여 다른 안전진단전문기관이나 공단이 정밀안전진단을 실시할 수 없다고 인정하는 경우에는 그러하지 아니하다.

[전문개정 2008.9.18]

제10조(정밀안전진단을 실시할 시설물) 법 제8조 제1항 단서에서 "대통령령으로 정하는 시설물"이란 다음 각 호의 시설물 중 국토해양부장관이 고시하는 시설물을 말한다. 다만, 공공관리주체가 관리하는 시설물로서 관리주체가 공단 외의 자의 정밀안전진단이 필요하다고 인정하여 국토해양부장관과 협의한 시설물은 제외한다.

1. 도로시설 중 특수교량[현수교·사장교·아치교 및 최대 경간장(徑間長)이 50

미터 이상인 교량을 말한다]과 연장 1천 미터 이상인 터널

2. 철도시설 중 트러스교량과 연장 1천 미터 이상인 터널
3. 갑문시설
4. 다목적댐 · 발전용댐 · 홍수전용댐 및 저수용량 2천만 톤 이상인 용수전용댐
5. 하구둑과 특별시에 있는 국가하천의 수문
6. 광역상수도 및 그 부대시설과 공업용수도(공급능력 100만 톤 이상인 것만 해당한다) 및 그 부대시설

[전문개정 2008.9.18]

제10조의 2(안전점검 및 정밀안전진단의 실시범위) 법 제8조의 2에서 "대통령령으로 정하는 실시범위"는 별표 2의 4와 같다.

[본조신설 2008.9.18]

제10조의 3(하도급의 제한 등) ①법 제8조의 3 제1항 단서에서 "전문기술이 필요한 경우 등 대통령령으로 정하는 경우"란 별표 2의 5의 전문기술이 필요한 경우를 말한다.

②법 제8조의 3 제2항에 따른 통보는 국토해양부령으로 정하는 바에 따라 하도급계약을 체결한 날부터 10일 이내에 하여야 한다. 하도급계약을 변경 또는 해제하는 경우에도 또한 같다.

[본조신설 2008.9.18]

제11조(안전진단전문기관의 등록) ①법 제9조 제1항에 따라 안전진단전문기관으로 등록하려는 자는 별표 3의 등록기준을 갖추어야 한다.

②법 제9조 제1항에 따라 안전진단전문기관으로 등록하려는 자는 등록신청서에 국토해양부령으로 정하는 서류를 첨부하여 국토해양부장관에게 제출하여야 한다.

③국토해양부장관은 제2항에 따른 등록신청을 받은 경우에는 별표 3의 등록기준을 갖추었는지 여부를 검토한 후 다음 각 호의 분야별로 안전진단전문기관을 등록한다.

1. 교량 및 터널 분야
2. 항만 분야
3. 건축 분야
4. 수리시설 분야(하수도 및 폐기물매립시설 분야를 포함한다)

5. 종합 분야

④국토해양부장관은 법 제9조 제2항에 따라 안전진단전문기관의 등록증을 발급한 경우에는 안전진단전문기관 등록대장 및 등록증 발급대장에 그 등록사항을 기록·유지하여야 한다.

⑤정부조달협정에 가입한 다른 나라의 법률에 따라 설립된 외국법인이 제1항의 등록기준을 갖춘 경우에는 안전진단전문기관으로 등록할 수 있다.

⑥2항에 따른 등록신청서 및 제4항에 따른 등록증의 서식은 국토해양부령으로 정한다.

⑦ 제4항의 안전진단전문기관 등록대장 및 등록증 발급대장은 전자적 처리가 불가능한 특별한 사유가 없으면 전자적 처리가 가능한 방법으로 기록·유지하여야 한다.

[전문개정 2008.9.18]

제11조의 2(등록사항의 변경신고) 법 제9조 제3항에서 "대통령령으로 정하는 등록사항"이란 다음 각 호의 사항을 말한다.

1. 상호
2. 대표자
3. 사무소 소재지
4. 기술인력
5. 장비

[본조신설 2008.9.18][종전 제11조의 2는 제11조의 4로 이동 <2008.9. 18>]

제11조의 3(일시적인 등록기준의 미달) 법 제9조의 4 제1항 제6호 단서에서 "일시적으로 등록기준에 못 미치는 등 대통령령으로 정하는 경우"란 다음 각 호의 어느 하나에 해당하는 경우를 말한다.

1. 제11조 제1항에 따른 등록기준 중 기술인력에 해당하는 자의 사망·실종 또는 퇴직으로 등록기준에 미달하는 기간이 30일 이내인 경우
2. 제11조 제1항에 따른 등록기준 중 자본금기준에 미달하는 경우로서 다음 각 목의 어느 하나에 해당하는 경우
   가. 「채무자 회생 및 파산에 관한 법률」에 따라 법원이 회생절차개시의 결정을 하고 그 절차가 진행 중인 경우

나. 「기업구조조정 촉진법」에 따라 채권금융기관협의회가 채권금융기관 공동관리절차 개시의 의결을 하고, 그 절차가 진행 중인 경우

[본조신설 2008.9.18]

제11조의 4(자료제출과 조사의 사유) 법 제9조의 6 제3항에서 "대통령령이 정하는 경우에 해당하는 때"라 함은 다음 각 호의 어느 하나에 해당하는 때를 말한다.

1. 안전진단전문기관이 등록요건을 갖추었는지에 대한 자료제출의 요구나 조사가 필요한 때
2. 안전점검이나 정밀안전진단의 결과 중대한 결함이 있는 경우에 법 제11조 제1항에 따라 그 내용을 통보하지 아니하거나 그 밖에 법 위반에 대한 자료제출의 요구나 조사가 필요한 때

[전문개정 2008.9.18][제11조의 2에서 이동 <2008.9.18>]

제11조의 5(안전등급 기준) 법 제10조의 2 제1항에서 "대통령령으로 정하는 기준"이란 별표 3의 2와 같다.

[본조신설 2008.9.18]

제12조(중대한 결함) ①법 제11조 제1항 및 제2항에서 "대통령령으로 정하는 중대한 결함"이란 다음 각 호의 결함을 말한다.

1. 시설물기초의 세굴(洗掘)
2. 교량교각의 부등침하(불등침하)
3. 교량교좌장치(橋梁橋座裝置)의 파손
4. 터널지반의 부등침하
5. 항만 계류시설 중 강관 또는 철근콘크리트파일의 파손·부식
6. 댐본체의 균열 및 시공이음의 시공불량 등으로 인한 누수
7. 건축물의 기둥·보 또는 내력벽의 내력(耐力)손실
8. 하구둑 및 제방의 본체, 수문, 교량의 파손·누수 또는 세굴
9. 폐기물매립시설의 차수시설(遮水施設) 파손으로 인한 침출수의 유출
10. 시설물의 철근콘크리트의 염해(鹽害) 또는 중성화에 따른 내력손실
11. 절토·성토 사면의 균열·이완 등에 따른 옹벽의 균열 또는 파손
12. 그 밖에 시설물의 구조안전에 영향을 주는 결함으로서 국토해양부령으로 정하는 결함

②안전점검 또는 정밀안전진단을 실시한 자가 시설물에 중대한 결함이 있음을 발견하여 법 제11조 제1항에 따라 특별자치도지사 · 시장 · 군수 또는 구청장에게 통보를 하는 경우 그 통보 내용에는 다음 각 호의 사항이 포함되어야 한다.

1. 시설물의 명칭 및 소재지
2. 관리주체의 상호, 명칭, 성명(법인인 경우에는 대표자의 성명을 말한다) 및 주소
3. 안전점검 또는 정밀안전진단의 실시기간과 실시자
4. 시설물의 상태별 등급과 중대한 결함 내용
5. 관리주체가 조치하여야 할 사항
6. 그 밖에 안전관리에 필요한 사항

[전문개정 2008.9.18]

제12조의 2(유지관리 실적) 법 제11조의 2 제3항에 따른 유지관리 실적에는 다음 각 호의 사항이 포함되어야 한다.

1. 보수 · 보강 및 사용제한에 관한 조치실적
2. 시설물 제원(諸元)의 변경에 관한 사항

[본조신설 2008.9.18][종전 제12조의 2는 제12조의 4로 이동 <2008. 9.18>]

제12조의 3(안전점검 · 정밀안전진단 및 유지관리의 실적제출) 법 제11조의 2 제1항부터 제3항까지의 규정에 따라 안전점검, 정밀안전진단 및 유지관리의 실적을 제출하는 경우에는 해당 실적이 발생한 날부터 30일 이내에 국토해양부령으로 정하는 바에 따라 제출하여야 한다.

[본조신설 2008.9.18]

제12조의 4(정밀점검 또는 정밀안전진단의 실시결과에 대한 평가) ①법 제11조의 3 제3항에 따른 정밀점검 또는 정밀안전진단의 실시결과에 대한 평가의 대상은 다음 각 호와 같다.

1. 정밀점검 또는 정밀안전진단을 성실하게 실시하지 아니함으로써 시설물에 중대한 파손이나 공중의 안전에 위험을 발생시킬 우려가 있다고 인정되는 경우
2. 시설물의 주요부재에 대한 결함 · 손상이 발생되었거나 노후 또는 관리 소홀로 시설물에 중대한 파손이나 공중의 안전에 위험을 발생시킬 우려가 있다고

인정되는 경우

3. 민간관리주체를 지도·감독하는 특별자치도·시장·군수·구청장이 정밀점검 또는 정밀안전진단의 실시결과에 대하여 부실 점검·진단의 우려가 있다고 인정하여 평가를 의뢰하는 경우
4. 제8조에 따른 안전점검 및 정밀안전진단대가의 기준에 따라 산출한 금액이 국토해양부령으로 정하는 비율에 현저하게 미달하는 금액으로 도급계약을 체결한 경우
5. 그 밖에 법 제11조 제1항에 따른 관리주체등(이하 이 조에서 "관리주체등"이라 한다)·공단·안전진단전문기관·유지관리업자가 이 법 또는 이 법에 따른 명령을 위반하여 정밀점검 또는 정밀안전진단을 실시함으로써 부실 점검·진단의 우려가 있다고 인정되는 경우

②제1항에 따라 정밀점검 또는 정밀안전진단의 실시결과에 대하여 평가하는 경우에는 다음 각 호의 사항이 포함되어야 한다.

1. 구조물 전체에 대한 조사·분석·평가의 방법과 그 결과의 적정성
2. 정밀점검 또는 정밀안전진단의 실시결과에 따라서 제시된 보수·보강방법의 적정성
3. 그 밖에 국토해양부장관이 해당 시설물의 안전을 위하여 필요하다고 인정하는 사항

③국토해양부장관은 제1항에 따른 평가를 실시한 때에는 그 결과를 정밀점검 또는 정밀안전진단을 실시한 관리주체등, 공단, 안전진단전문기관, 유지관리업자 및 이들을 지도·감독하는 중앙행정기관의 장 또는 지방자치단체의 장에게 통보하여야 한다.

④법 제38조 제2항에 따라 평가를 위탁받은 기관의 장은 국토해양부장관의 승인을 받아 제1항 각 호에 따른 평가대상 및 제2항 각 호에 따른 평가사항에 관한 세부사항을 정하여야 한다.

⑤국토해양부장관은 제4항에 따라 승인한 평가사항에 관한 세부사항을 고시하여야 한다.

[전문개정 2008.9.18][제12조의 2에서 이동 <2008.9.18>]

제13조(안전점검 및 정밀안전진단 지침) ①법 제13조에 따른 안전점검 및 정밀안전진

단지침에는 다음 각 호의 사항이 포함되어야 한다.

1. 안전점검 및 정밀안전진단에 필요한 설계도면, 시방서, 사용재료명세 등 시공 관련 자료의 수집 및 검토에 관한 사항
2. 안전점검 및 정밀안전진단 실시자의 구성에 관한 사항
3. 안전점검 및 정밀안전진단계획의 수립·시행에 관한 사항
4. 안전점검 및 정밀안전진단 장비에 관한 사항
5. 안전점검 및 정밀안전진단의 항목별 점검방법에 관한 사항
6. 사용재료의 시험에 관한 사항
7. 안전점검 및 정밀안전진단결과의 평가에 관한 사항
8. 안전점검 및 정밀안전진단 결과보고서의 작성에 관한 사항
9. 그 밖에 국토해양부령으로 정하는 사항

②국토해양부장관은 관계 행정기관의 장에게 안전점검 및 정밀안전진단지침의 작성에 필요한 자료의 제출을 요청할 수 있다.

[전문개정 2008.9.18]

제14조(시설물의 사용제한) ①법 제14조 제1항에서 "대통령령으로 정하는 경우"란 다음 각 호의 어느 하나에 해당하는 경우를 말한다.

1. 발생된 결함을 방치할 경우 공중의 안전에 위해를 끼칠 우려가 있는 경우
2. 구조물 자체의 손상이 급속히 확대되어 공중의 안전에 위해를 끼칠 우려가 있는 경우

②법 제14조 제3항에서 "대통령령으로 정하는 시설물"이란 별표 1에 해당하는 시설물과 제2조제4항에 따라 2종시설물로 지정된 시설물을 말한다.

③법 제14조 제3항에 따라 특별자치도지사·시장·군수 또는 구청장이 사용제한 등의 조치를 명하려는 때에는 관리주체에게 미리 알려야 한다.

[전문개정 2008.9.18]

제15조(중대한 결함) 법 제15조에서 "대통령령으로 정하는 중대한 결함사항"이란 제12조 제1항 각 호의 결함사항을 말한다.

[전문개정 2008.9.18]

제16조(중대한 결함에 대한 보수·보강조치 등의 이행) 관리주체는 법 제15조에 따라 통보받은 안전점검 또는 정밀안전진단 실시결과에 제15조에 따른 중대한 결함

사항이 포함되어 있는 경우에는 통보를 받은 날부터 2년 이내에 그 결함사항에 대한 보수·보강 등의 필요한 조치에 착수하여야 하며, 특별한 사유가 없는 한 착수한 날부터 3년 이내에 이를 완료하여야 한다.

[전문개정 2008.9.18]

제16조의 2(시설물정보관리종합시스템의 운영 등) ①법 제16조 제1항 각 호에 해당되는 시설물정보를 생산하는 자는 같은 조에 따른 시설물정보관리종합시스템(이하 "시설물정보관리종합시스템"이라 한다)을 이용하여 보고, 통보, 제출 등을 할 수 있다.

②제1항에서 규정한 사항 외에 자료의 입력기준, 승인절차 및 보관방법 등 시설물정보관리종합시스템의 관리·운영 등에 관하여 필요한 사항은 국토해양부장관이 정하여 고시한다.

[전문개정 2008.9.18]

제17조(설계도서 등을 보존하여야하는 보수·보강의 범위) 법 제17조 제1항 후단에서 "대통령령으로 정하는 중요한 보수·보강"이란 다음 각 호의 부분에 대한 보수·보강을 말한다.

1. 철근 콘크리트 구조부 또는 철골 구조부
2. 「건축법」 제2조 제1항 제7호에 따른 주요구조부
3. 그 밖에 국토해양부령으로 정하는 구조상 주요 부분

[전문개정 2008.9.18]

제3장 시설물의 유지관리

제18조(다른 법령에 따라 유지관리하는 시설물) 법 제18조 제1항 단서에서 "대통령령으로 정하는 시설물"이란 「주택법 시행령」 제48조 각 호의 어느 하나에 해당하는 공동주택을 말한다.

[전문개정 2008.9.18]

제19조 삭제<1999.6.8> ~ **제21조 삭제**<1997.7.10>

제4장 한국시설안전공단 <개정 2008.9.18>

제22조(출연 단체) 법 제28조 제1항 제3호에서 "그 밖에 대통령령으로 정하는 단체"란 「한국철도시설공단법」에 따라 설립된 한국철도시설공단을 말한다.

[전문개정 2008.9.18]

제23조(재원) 법 제28조 제1항 제5호에서 "그 밖에 대통령령으로 정하는 수익금"이란 다음 각 호와 같다.

1. 정밀안전진단의 대가
2. 그 밖의 용역 수행에 의한 수익금

[전문개정 2008.9.18]

제24조(출연금의 출연요구) ①법 제28조 제2항에 따라 공단이 정부로부터 출연금을 받으려는 경우에는 매년 4월 30일까지 다음 연도의 출연금출연요구서에 다음 각 호의 서류를 첨부하여 국토해양부장관에게 제출하여야 한다.

1. 다음 연도의 사업계획서
2. 다음 연도의 추정대차대조표 및 추정손익계산서
3. 그 밖에 출연금 출연 요구와 관련된 서류

②국토해양부장관은 공단에 대한 다음 연도의 출연금이 확정된 때에는 이를 공단에 통보하여야 하며, 통보를 받은 공단은 지체 없이 해당 출연금의 분기별 집행계획서를 작성하여 국토해양부장관에게 제출하여야 한다.

[전문개정 2008.9.18]

제24조의 2(소규모 안전취약시설 등) 법 제29조 제7호에서 "사회복지시설 등 대통령령으로 정하는 시설"이란 다음 각 호의 시설을 말한다.

1. 재래시장 내의 건축물
2. 장애인복지시설
3. 노인요양시설
4. 아동복지시설
5. 그 밖에 국토해양부령으로 정하는 시설

[본조신설 2008.9.18]

제24조의 3(지도 · 감독) 국토해양부장관은 법 제30조 제1항에 따라 공단의 업무 중 다음 각 호의 사항에 대하여 지도 · 감독한다.

1. 사업계획 및 예산·결산에 관한 사항
2. 법 제29조에 따른 사업의 적절한 수행에 관한 사항
3. 법에 따라 국토해양부장관이 공단에 위탁한 사업에 관한 사항
4. 그 밖에 다른 법령에서 정하는 사항

[본조신설 2008.9.18]

제5장 보칙 <개정 2008.9.18>

제25조(시설물의 안전 및 유지관리예산의 확보 등) ①법 제33조에 따라 공공관리주체는 안전 및 유지관리계획의 시행에 필요한 예산을 확보하여야 한다.

②제1항에 따른 유지관리 예산은 시설물의 안전성·기능·사용빈도·성능 등에 따라 보수·보강·교체 등이 시급하다고 판단되는 시설물에 대하여 우선 계상되어야 한다. 이 경우 중대한 결함이 있는 시설물에 대하여는 유지관리·보수·보강·교체 비용을 종합적으로 검토하되, 가급적 해당 시설물의 기능을 유지시키는 방안이 우선적으로 마련되어야 한다.

③관리주체는 소관 시설물의 유지관리를 전산기법을 이용한 시설물관리체계에 의하여 과학적으로 시행하도록 노력하여야 하며, 이에 따라 유지관리 예산 및 보수·보강 시기 등을 결정할 수 있도록 하여야 한다.

[전문개정 2008.9.18]

제25조의 2(사전 통지) 법 제33조의 2 제2항 본문에서 "그 밖에 대통령령으로 정하는 사항"이란 점검대상 시설물, 점검 사유, 점검 항목을 말한다.

[본조신설 2008.9.18]

제26조 삭제<2008.9.18>

제26조의 2(피해 규모) 법 제33조의 3 제1항 및 제3항에서 "대통령령으로 정하는 규모 이상의 피해"란 다음 각 호의 어느 하나에 해당하는 경우를 말한다.

1. 시설물이 붕괴되거나 쓰러져 재시공이 필요한 정도의 시설물 피해
2. 사망자 또는 실종자가 3명 이상이거나 사상자가 10명 이상인 인명 피해
3. 제1호 및 제2호에서 규정한 피해 외에 국토해양부장관이 조사가 필요하다고 인정하는 시설물 피해 또는 인명 피해

[본조신설 2008.9.18]

제26조의 3(중앙시설물사고조사위원회의 구성 · 운영 등) ①법 제33조 3 제3항에 따른 중앙시설물사고조사위원회(이하 "조사위원회"라 한다)는 위원장 1명과 120명 이내의 위원으로 구성한다.

②조사위원회의 위원은 다음 각 호의 어느 하나에 해당하는 자 중에서 국토해양부장관이 임명 또는 위촉한다.

1. 시설물의 안전 및 유지관리업무와 관련된 관계 공무원
2. 시설물의 안전 및 유지관리업무와 관련된 전문가(관리주체가 추천하는 전문가를 포함한다)
3. 사고조사에 필요하다고 국토해양부장관이 인정하는 사람

③위원회는 제26조의 2 각 호의 사고가 발생하여 위원장이 사고조사가 필요하다고 인정하는 경우에 소집한다.

④제1항부터 제3항까지에서 규정한 사항 외에 조사위원회의 구성 · 운영 등에 관하여 필요한 사항은 국토해양부장관이 정한다.

[본조신설 2008.9.18]

제26조의 4(시설물사고조사위원회의 구성 · 운영 등) 법 제33조의 3 제4항에 따른 시설물사고조사위원회의 구성 · 운영 등에 관하여는 제26조의 3을 준용한다.

[본조신설 2008.9.18]

제27조(권한의 위임) ①국토해양부장관은 법 제38조 제1항에 따라 법 제44조 제1항 및 같은 조 제2항 제1호 · 제2호 · 제7호 및 제11호에 따른 과태료의 부과 · 징수에 관한 권한을 시 · 도지사에게 위임한다. 다만, 안전점검 또는 정밀안전진단의 대상이 다음 각 호의 시설물인 경우로 한정한다.

1. 도로 중 시도(市道) · 군도(군도) 및 구도(구도)
2. 철도 중 도시철도
3. 상하수도(광역상수도 및 공업용수도는 제외한다)

②국토해양부장관은 법 제38조 제1항에 따라 다음 각 호의 권한을 시 · 도지사에게 위임한다.

1. 법 제9조 제1항부터 제3항까지의 규정에 따른 안전진단전문기관의 등록 및 등록사항 변경신고 접수

2. 법 제9조 제4항에 따른 안전진단전문기관 등록증의 재발급
3. 법 제9조 제5항과 제6항에 따른 안전진단전문기관의 휴업·재개업·폐업 신고 접수 및 등록말소
4. 법 제9조의 4에 따른 안전진단전문기관의 등록취소 및 영업정지
5. 법 제9조의 7에 따른 유지관리업자와 안전진단전문기관에 대한 시정명령
6. 법 제36조에 따른 안전진단전문기관의 등록취소 및 영업정지에 관한 청문의 실시
7. 법 제44조 제2항 제3호부터 제6호까지의 규정에 따른 과태료의 부과 및 징수

③시·도지사는 제2항에 따라 위임된 사항을 처리한 경우에는 그 처리내용을 국토해양부장관에게 통보하고 매년 12월 31일을 기준으로 하는 그 처리현황을 다음 해 1월 31일까지 국토해양부장관에게 제출하여야 한다.

[전문개정 2008.9.18]

제27조의 2(업무의 위탁 등) ①국토해양부장관은 법 제38조 제2항 제1호부터 제4호까지의 권한을 공단에 위탁한다.

②제1항에 따라 업무의 위탁을 받은 공단은 위탁업무의 처리결과를 반기마다 말일을 기준으로 다음달 말일까지 국토해양부장관에게 통보하여야 한다.

[전문개정 2008.9.18]

제28조(정밀점검·정밀안전진단평가위원회의 구성 및 운영) ①법 제38조 제4항에 따른 정밀점검·정밀안전진단평가위원회(이하 "평가위원회"라 한다)는 위원장 및 부위원장 각 1명을 포함한 200명 이내의 위원으로 구성한다.

②평가위원회를 효율적으로 운영하기 위하여 필요한 경우에는 시설물의 기능적·기술적 특성을 고려하여 분야별로 소위원회를 구성·운영할 수 있다.

③위원장 또는 부위원장은 소위원회 위원장을 겸임할 수 있으며, 소위원회의 심의를 거친 사항은 평가위원회의 심의를 거친 것으로 본다.

④평가위원회의 위원장 및 부위원장은 제27조의 2 제1항에 따라 평가에 관한 권한을 위탁받은 기관의 장이 국토해양부장관의 승인을 받아 임명 또는 위촉한다.

⑤평가위원회 위원장은 다음 각 호의 어느 하나에 해당하는 사람 중에서 평가위원회의 위원을 임명 또는 위촉한다. 다만, 공무원을 위촉하는 경우에는 관계 중앙행정기관의 장의 승인을 받아야 한다.

1. 시설물의 안전 및 유지관리업무와 관련된 중앙행정기관의 4급 이상 공무원 또는 고위공무원단에 속하는 일반직공무원
2. 시설물의 안전 및 유지관리업무와 관련된 단체 및 연구기관 등의 임직원
3. 시설물의 안전 및 유지관리업무에 관한 학식과 경험이 풍부한 사람
4. 그 밖에 위원장이 평가의 공정성 및 전문성을 확보하기 위하여 필요하다고 인정하는 사람

⑥위원장, 부위원장 및 위원 중 공무원이 아닌 사람의 임기는 2년으로 한다.

⑦위원장, 부위원장 또는 위원 등이 평가대상과 관련하여 당사자 또는 이해관계인이 되는 경우에는 그 평가에 참여할 수 없다.

⑧평가위원회의 운영 등 세부사항은 평가업무를 위탁받은 기관의 장이 정한다.

[전문개정 2008.9.18]

제29조(과태료의 부과) ①법 제44조 제3항에 따라 특별자치도지사・시장・군수 또는 구청장이 부과・징수할 수 있는 과태료는 법 제44조 제1항 및 같은 조 제2항 제1호・제2호・제7호・제10호・제11호 및 제12호에 따른 과태료로 한다. 다만, 법 제44조 제1항 및 같은 조 제2항 제1호・제2호・제7호 및 제11호에 따른 과태료의 부과・징수는 민간관리주체가 관리하는 시설물인 경우로 한정한다.

②법 제44조 제1항 및 제2항에 따른 과태료의 부과기준은 별표 4와 같다.

③국토해양부장관, 특별자치도지사・시장・군수 또는 구청장은 해당 위반행위의 동기와 그 결과 및 횟수 등을 고려하여 제2항에 따른 과태료 금액의 2분의 1의 범위에서 가중 또는 경감할 수 있다. 이 경우 가중하여 부과하는 경우에도 과태료의 총액은 법 제44조 제1항 및 같은 조 제2항의 금액을 초과할 수 없다.

[전문개정 2008.9.18]

부칙

이하 생략

11-11 시설물의 안전관리에 관한 특별법 시행규칙

[전부개정 2008.9.22 국토해양부령 제54호]

제1조(목적) 이 규칙은 「시설물의 안전관리에 관한 특별법」 및 「시설물의 안전관리에 관한 특별법시행령」에서 위임된 사항과 그 시행에 필요한 사항을 규정함을 목적으로 한다.

제2조(시설물의 지정) ①「시설물의 안전관리에 관한 특별법 시행령」(이하 "영"이라 한다) 제2조 제2항에 따라 관리주체가 소관시설에 대하여 1종시설물 또는 2종시설물의 지정을 요청하는 경우에는 별지 제1호서식의 시설물 지정 신청서를 관계 행정기관의 장에게 제출하여야 한다.

②제1항에 따른 지정 신청서에는 다음 각 호의 서류를 첨부하여야 한다.

1. 시설에 대한 점검결과 보고서(구조적 안전성 및 결함의 정도를 증명할 수 있는 사진을 첨부하여야 한다)
2. 시설물 관리대장 사본

③제1항에 따라 지정요청을 받은 관계 행정기관의 장이 해당 시설을 1종시설물 또는 2종시설물로 지정할 때와 영 제2조 제4항에 따라 관계 행정기관의 장 등이 직권으로 2종시설물로 지정할 때에는 지정내용을 관보에 공고하여야 한다.

④영 제2조 제5항에 따른 지정통보는 지정일부터 1개월 이내에 하여야 한다.

제3조(안전 및 유지관리계획의 제출) ①공공관리주체는 「시설물의 안전관리에 관한 특별법」(이하 "법"이라 한다) 제4조 제2항에 따라 소속 중앙행정기관의 장, 특별시장·광역시장·도지사 또는 특별자치도지사(이하 "시·도지사"라 한다)에게, 민간관리주체는 법 제4조 제3항에 따라 특별자치도지사·시장·군수 또는 구청장(자치구의 구청장을 말한다. 이하 같다)에게 각각 안전 및 유지관리계획을 매년 2월 15일까지 제출하여야 한다.

②시장·군수 또는 구청장은 법 제4조 제4항에 따라 안전 및 유지관리계획 제출 현황을 관할 시·도지사(특별자치도지사는 제외한다)에게 민간관리주체가 시설물의 안전 및 유지관리계획을 제출한 날부터 15일 이내에 보고하여야 한다.

③중앙행정기관의 장과 시 · 도지사는 법 제4조 제5항에 따라 안전 및 유지관리계획 현황을 국토해양부장관에게 공공관리주체, 시장 · 군수 또는 구청장의 제출 또는 보고를 받은 날부터 15일 이내에 제출하여야 한다.

④관리주체가 시설물의 안전 및 유지관리계획을 영 제16조의 2 제1항에 따라 시설물정보관리 종합시스템으로 제출한 경우 법 제4조 제4항에 따라 시장 · 군수 또는 구청장이 시 · 도지사에게 안전 및 유지관리계획 제출현황을 보고하고 같은 조 제5항에 따라 중앙행정기관의 장 또는 시 · 도지사가 국토해양부장관에게 안전 및 유지관리계획 현황을 제출한 것으로 본다.

제4조(책임기술자의 교육훈련 등) ①영 제7조 제1항 및 같은 조 제2항 후단에서 "국토해양부장관이 인정하는 해당 분야의 안전점검 또는 정밀안전진단교육을 이수한 사람"이란 다음 각 호의 어느 하나에 해당하는 교육기관에서 해당 분야의 교육과정을 10일 이상 이수한 사람을 말한다.

1. 「건설기술관리법 시행령」 제8조 제1항에 따른 건설안전 분야의 교육훈련기관
2. 국가 또는 지방자치단체 소속 공무원교육원

②제1항에 따른 교육과정 및 그 내용 등에 관하여 필요한 사항은 국토해양부장관이 정한다.

제5조(하도급의 통보) 영 제10조의 3 제2항에 따른 하도급의 통보는 별지 제2호서식에 따른다.

제6조(진단측정장비) 영 제11조와 영 별표 3에 따라 안전진단전문기관으로 등록하려는 자가 갖추어야 할 장비는 별표 1과 같다.

제7조(안전진단전문기관의 등록신청서) ①영 제11조 제2항에 따른 안전진단전문기관 등록신청서(전자문서로 된 신청서를 포함한다)는 별지 제3호 서식에 따른다.

②제1항에 따른 안전진단전문기관 등록신청서에는 다음 각 호의 서류(전자문서를 포함한다)를 첨부하여야 한다.

1. 대표자 및 임원의 명단
2. 법인의 임원 또는 기술인력이 외국인인 경우에는 법 제9조의 2 각 호 중 어느 하나의 결격사유에 해당하지 아니함을 확인할 수 있는 해당 국가의 정부 또는 그 밖의 권한 있는 기관이 발행한 서류 또는 공증인이 공증한 그 임원 또는 기술인력의 진술서로서 해당 국가에 주재하는 우리나라 영사가 확인한 서류

3. 등록분야별 별지 제4호서식의 기술인력 보유현황 및 별지 제5호 서식의 장비 보유현황과 그 기술인력에 관한 건설기술자 경력증명서
4. 법인인 경우에는 직전회계연도 또는 개시회계연도의 대차대조표와 공인회계사 또는 세무사가 확인한 준비금(법정준비금 및 임의준비금을 말한다)이 적립되어 있음을 증명하는 서류(개인인 경우에는 영업용자산액 명세서와 이를 증명하는 서류를 말한다)
5. 다음 각목의 어느 하나에 해당하는 경우에는 「외국인투자촉진법」에 따라 신고한 사실을 증명하는 서류(외국인이 투자한 금액과 그 투자율이 기재되어야 한다)
   가. 국내법에 따라 설립된 법인으로서 같은 국적의 외국인(법인을 포함한다)이 자본금의 100분의 50 이상을 출자한 경우
   나. 임원의 2분의 1 이상이 같은 국적의 외국인으로 구성된 법인인 경우

③영 제11조 제2항에 따른 안전진단전문기관 등록신청서를 받은 담당 공무원은 「전자정부법」 제21조 제1항에 따른 행정정보의 공동이용을 통하여 다음 각 호의 정보를 확인하여야 하며, 신청인이 담당 공무원의 확인에 동의하지 아니하는 경우에는 해당 서류를 첨부하도록 하여야 한다.

1. 「출입국관리법」 제88조에 따른 외국인등록사실증명(대표자·임원이나 기술인력이 국내에 체류하는 외국인일 때에만 첨부한다)
2. 법인등기부등본(신청인이 법인일 때에만 첨부한다)

제8조(안전진단전문기관의 등록 등) 영 제11조 제6항에 따른 안전진단전문기관 등록증, 안전진단전문기관 등록대장 및 안전진단전문기관 등록증 발급대장은 각각 별지 제6호 서식부터 별지 제8호 서식까지에 따른다.

제9조(기술자격취득자의 인정기준 등) 영 별표 3에 따라 안전진단전문기관이 확보하여야 하는 기술인력 중 기술자격취득자의 인정기준은 별표 2에 따르고, 학력·경력자의 관련학과의 인정범위는 별표 3에 따른다. 다만 영 제11조 제5항에 따라 안전진단전문기관으로 등록하려는 외국법인에 소속된 외국인 기술인력은 당사자의 기술자격 또는 학력·경력에 따라 인정하되, 그 인정방법 및 기준에 관하여는 「건설기술관리법 시행령」 별표 1 제1호를 준용한다.

**제10조(안전진단전문기관의 등록변경·휴업·재개업 및 폐업의 신고와 등록증 재발

급) ①안전진단전문기관은 법 제9조 제3항에 따라 등록사항이 변경된 경우에는 별지 제9호 서식의 안전진단전문기관 등록사항 변경신고서에 변경사항을 증명하는 서류를 첨부하여 시·도지사에게 제출하여야 한다.

②법 제9조 제4항에 따라 등록증을 재발급 받으려는 자는 별지 제3호의 서식을 작성하여 시·도지사에게 제출하여야 한다.

③안전진단전문기관은 법 제9조 제5항에 따라 휴업·재개업 또는 폐업을 하려는 경우에는 별지 제10호 서식의 안전진단전문기관 휴업·재개업·폐업 신고서에 휴업·재개업·폐업을 증명하는 서류 및 등록증 원본(폐업의 경우에만 해당한다)을 첨부하여 시·도지사에게 제출하여야 한다.

제11조(행정처분의 세부기준) ①법 제9조의 4 제4항에 따른 행정처분의 세부적인 기준은 별표 4와 같다.

②시·도지사는 위반사항의 내용으로 보아 그 위반 정도가 가볍거나 그 밖에 특별한 사유가 있다고 인정되면 별표 4에 따른 영업정지기간의 2분의 1의 범위에서 그 행정처분을 경감할 수 있다.

제12조(안전진단전문기관 지도·점검 등) ①법 제9조의 6 제5항에 따른 증표는 별지 제11호 서식에 따른다.

②법 제9조의 6 제3항에 따라 안전진단전문기관을 점검하는 공무원은 별지 제12호 서식의 안전진단전문기관 점검대장에 점검일시 및 점검내용 등을 기록하여야 한다.

③제2항의 안전진단전문기관 점검대장은 전자적 처리를 할 수 없는 특별한 사유가 없으면 전자적 처리를 할 수 있는 방법으로 작성·관리하여야 한다.

제13조(시설물의 구조안전상 주요부위의 중대한 결함) 영 제12조 제1항 제12호에서 "국토해양부령으로 정하는 결함"이란 별표 5의 결함을 말한다.

제14조(안전점검·정밀안전진단 및 유지관리의 실적제출 등) ①법 제11조의 2 제4항에 따라 안전점검·정밀안전진단 및 유지관리의 실적을 제출하려는 자는 그 실적을 별지 제13호 서식에 따라 작성하여 한국시설안전공단(이하 "공단"이라 한다)에 제출하여야 한다.

②안전진단전문기관이나 유지관리업자가 법 제11조의 2 제5항에 따라 안전점검이나 정밀안전진단실적을 확인받으려는 경우에는 별지 제14호서식의 안전점검

· 정밀안전진단 실적확인 신청서를 공단에 제출하여야 한다.

③공단이 법 제11조의 2 제5항에 따라 안전진단전문기관이나 유지관리업자의 안전점검 또는 정밀안전진단 실적확인서를 발급하는 경우에는 별지 제15호 서식에 따른다.

제15조(정밀점검 또는 정밀안전진단의 실시결과에 대한 평가의 대상) 영 제12조의 4 제1항 제4호에 따른 국토해양부령으로 정하는 비율은 100분의 86으로 한다.

제16조(안전점검 및 정밀안전진단 지침) 영 제13조 제1항 제9호에서 "그 밖에 국토해양부령으로 정하는 사항"이란 다음 각 호의 사항을 말한다.

1. 육안검사에 의한 결함의 종류, 보고방법 및 평가방법 등에 관한 사항
2. 결함부위의 획정방법에 관한 사항
3. 시설물의 결함원인 분석에 관한 사항
4. 시설물의 상태에 관한 평가기준 및 평가방법에 관한 사항
5. 시설물 하중내하력의 평가방법에 관한 사항
6. 시설물 관리대장의 작성에 관한 사항

제17조(시설물 보수 · 보강 등 조치결과 통보의 시기 · 방법 · 절차 등) 법 제15조의 2에 따른 시설물의 보수 · 보강 등 필요한 조치를 완료한 민간관리주체는 그 조치를 완료한 날부터 30일 이내에 그 내용을 시설물정보관리 종합시스템에 입력하여 특별자치도지사 · 시장 · 군수 또는 구청장의 확인을 받아야 한다.

제18조(준공 또는 사용승인 통보) 법 제16조의 2 제2항에 따른 시설물의 준공 또는 사용승인의 통보는 별지 제16호 서식에 따른다.

제19조(구조상 주요부분) 영 제17조 제3호에서 "그 밖에 국토해양부령으로 정하는 구조상 주요부분"이란 다음 각 호의 어느 한 부분을 말한다.

1. 교량의 교좌장치
2. 터널의 복공부위
3. 하천제방의 수문문비
4. 댐의 본체, 시공이음부 및 여수로
5. 조립식 건축물의 연결부위
6. 상수도 관로이음부
7. 항만시설 중 갑문문비 작동시설과 계류시설의 구조체

제20조(설계도서류의 보존 의무 등) ①법 제17조 제6항에 따른 감리보고서, 시설물 관리대장 및 설계도서 등 관련 서류의 종류와 제출시기, 보존기간 및 열람 범위·절차는 별표 6과 같다.

②국토해양부장관은 제1항에 따른 설계도서 등 관련 서류의 사본 작성 및 관리에 관한 세부지침을 정할 수 있다.

제21조(수수료 등) ①법 제38조 제3항에 따른 안전점검 및 정밀안전진단 실적확인서 발급에 관한 절차 및 수수료 부과 등 필요한 세부사항은 공단이 국토해양부장관의 승인을 받아 정한다.

②국토해양부장관은 제1항에 따라 안전점검 및 정밀안전진단실적확인 발급수수료를 승인하려면 기획재정부장관과 협의를 하여야 한다.

부칙 〈제54호, 2008.9.22〉

이하 생략

소방시설설치유지 및 안전관리에 관한 법률

[(타)일부개정 2010.4.12 법률 제10250호 시행일 2010.10.13]

제1장 총칙

제1조(목적) 이 법은 화재, 재난·재해 그 밖의 위급한 상황으로부터 국민의 생명·신체 및 재산을 보호하기 위하여 소방시설등의 설치·유지 및 소방대상물의 안전관리에 관하여 필요한 사항을 정함으로써 공공의 안전과 복리증진에 이바지함을 목적으로 한다.

제2조(정의) ①이 법에서 사용하는 용어의 정의는 다음과 같다.

1. "소방시설"이라 함은 소화설비·경보설비·피난설비·소화용수설비 그 밖에 소화활동설비로서 대통령령이 정하는 것을 말한다.
2. "소방시설등"이라 함은 소방시설과 비상구 그 밖에 소방 관련 시설로서 대통령령이 정하는 것을 말한다.
3. "특정소방대상물"이라 함은 소방시설을 설치하여야 하는 소방대상물로서 대통령령이 정하는 것을 말한다.
4. "소방용기계·기구"라 함은 소화기(消火器)·소화약제(소화약제)·방염도료(방염도료) 그 밖에 소방시설을 구성하는 기기로서 대통령령이 정하는 것을 말한다.

②이 법에서 사용하는 용어의 정의는 제1항에서 규정하는 것을 제외하고는 소방기본법·소방시설공사업법·위험물안전관리법 및 건축법이 정하는 바에 따른다.

제3조(다른 법률과의 관계) 특정소방대상물 가운데 위험물안전관리법에 의한 위험물 제조소등의 소방검사와 위험물 제조소등에 설치하는 소방시설등의 설치기준에 관하여는 위험물안전관리법이 정하는 바에 따른다.

제2장 소방검사 등

제4조(소방검사) ①소방방재청장·소방본부장 또는 소방서장은 화재의 예방과 화재진압 대책의 마련을 위하여 필요한 때에는 관할구역안에 있는 소방대상물이나 관계지역에 대하여 관계공무원으로 하여금 다음 각호의 행위(이하 "소방검사"라 한다)를 하게 할 수 있다. 다만, 개인의 주거에 있어서는 관계인의 승낙이 있거나 화재발생의 우려가 뚜렷하여 긴급한 필요가 있는 때에 한한다.<개정 2005.8.4>

1. 관계인에게 필요한 보고를 하도록 하거나 자료제출의 명령을 하는 것
2. 소방대상물의 위치·구조·설비 또는 관리의 상황을 검사하는 것
3. 소방대상물의 위치·구조·설비 또는 관리의 상황에 관하여 관계인에게 질문을 하는 것

②소방검사는 관계인의 승낙없이 해가 뜨기 전이나 해가 진 뒤에 할 수 없다. 다만, 다음 각호의 1에 해당하는 경우에는 관계인의 승낙없이 해가 뜨기 전이나 해가 진 뒤에도 할 수 있다.

1. 소방대상물이 공개되거나 소방대상물에서 직원 등이 근무하고 있는 시간에 검사하는 경우
2. 화재가 발생할 우려가 뚜렷하여 긴급하게 검사할 필요가 있는 경우

③소방본부장 또는 소방서장은 소방검사를 하고자 하는 때에는 24시간전에 관계인에게 이를 알려야 한다. 다만, 제2항 각호의 1에 해당하는 경우에는 그러하지 아니하다.

④소방검사의 항목과 검사자의 자격 등 검사에 관하여 필요한 사항은 대통령령으로 정한다.

⑤소방검사를 위하여 출입·검사업무를 수행하는 관계공무원은 그 권한을 표시하는 증표를 지니고 이를 관계인에게 내보여야 한다.

⑥소방검사를 위하여 출입·검사업무를 수행하는 관계공무원은 관계인의 정당한 업무를 방해하거나 출입·검사업무를 수행하면서 알게 된 비밀을 다른 자에게 누설하여서는 아니된다.

제5조(소방대상물에 대한 개수명령) 소방본부장 또는 소방서장은 대통령령이 정하는 소방대상물에 대한 소방검사의 결과 그 위치·구조·설비 또는 관리의 상황에 관하여 화재예방을 위하여 필요하거나 화재가 발생하는 경우 인명 또는 재산의

피해가 클 것으로 예상되는 때에는 행정안전부령이 정하는 바에 따라 관계인에게 그 소방대상물의 개수(改修)·이전·제거, 사용의 금지 또는 제한, 공사의 정지 또는 중지 그 밖의 필요한 조치를 명할 수 있다.<개정 2008.2.29>

제6조(손실보상) 특별시장·광역시장 또는 도지사(이하 "시·도지사"라 한다)는 제5조의 규정에 따른 명령으로 인하여 손실을 받은 자가 있는 경우에는 대통령령이 정하는 바에 따라 이를 보상하여야 한다. 다만, 법령을 위반하여 건축 또는 설비된 소방대상물에 대하여는 그러하지 아니하다.

제3장 소방시설의 설치 및 유지·관리 등

제1절 건축허가등의 동의 등

제7조(건축허가등의 동의) ①건축물 등의 신축·증축·개축·재축 또는 이전의 허가·협의 및 사용승인(주택법 제16조의 규정에 따른 승인 및 동법 제29조의 규정에 따른 사용검사, 학교시설사업촉진법 제4조의 규정에 따른 승인 및 동법 제13조의 규정에 따른 사용승인을 포함하며, 이하 "건축허가등"이라 한다)의 권한이 있는 행정기관은 건축허가등을 함에 있어서 미리 그 건축물 등의 공사시공지(공사시공지) 또는 소재지를 관할하는 소방본부장 또는 소방서장의 동의를 받아야 한다.

②건축물 등의 대수선·증축·개축·재축 또는 용도변경의 신고를 수리할 권한이 있는 행정기관은 그 신고의 수리를 한 때에는 그 건축물 등의 공사시공지 또는 소재지를 관할하는 소방본부장 또는 소방서장에게 지체없이 그 사실을 알려야 한다.

③ 소방본부장 또는 소방서장은 제1항의 규정에 따른 동의의 요구를 받은 때에는 그 건축물 등이 이 법 또는 이 법에 따른 명령에 적합한지의 여부를 검토한 후 행정안전부령이 정하는 기간 이내에 그 행정기관에 동의여부를 알려야 한다. <개정 2008.2.29>

④제1항의 규정에 따라 사용승인에 대한 동의를 함에 있어서는 소방시설공사업법 제14조 제3항의 규정에 따른 소방시설공사의 완공검사필증의 교부로 동의를

갈음할 수 있다. 이 경우 제1항의 규정에 의한 건축허가등의 권한이 있는 행정기관은 소방시설공사의 완공검사필증을 확인하여야 한다.

⑤제1항의 규정에 따른 건축허가등에 있어서 소방본부장 또는 소방서장의 동의를 받아야 하는 건축물 등의 범위는 대통령령으로 정한다.

제8조 삭제<2006.3.24>

제2절 특정소방대상물에 설치하는 소방시설등의 유지 · 관리 등

제9조(특정소방대상물에 설치하는 소방시설등의 유지 · 관리 등) ①특정소방대상물의 관계인은 대통령령이 정하는 바에 따라 특정소방대상물의 규모 · 용도 및 수용인원 등을 고려하여 갖추어야 하는 소방시설등을 소방방재청장이 정하여 고시하는 화재안전기준에 따라 설치 또는 유지 · 관리하여야 한다.<개정 2005.8.4>

②소방본부장 또는 소방서장은 제1항의 규정에 따른 소방시설등이 제1항의 규정에 의한 화재안전기준에 따라 설치 또는 유지 · 관리되어 있지 아니한 때에는 그 특정소방대상물의 관계인에게 필요한 조치를 명할 수 있다.

③특정소방대상물의 관계인은 제1항에 따라 소방시설등을 유지 · 관리함에 있어서 소방시설등의 기능과 성능에 지장을 초래하는 폐쇄(잠금을 포함한다. 이하 같다) · 차단 등의 행위를 하여서는 아니 된다. 다만, 소방시설등의 점검 · 정비를 위하여 폐쇄 · 차단하는 경우에는 그러하지 아니하다.<신설 2008.6.5>

제10조(피난시설 · 방화구획 및 방화시설의 유지 · 관리 〈개정 2008.6.5〉) ①특정소방대상물의 관계인은 「건축법」 제49조에 따른 피난시설 · 방화구획과 같은 법 제50조부터 제53조까지의 규정에 따른 방화벽 · 내부 마감재료 등(이하 "방화시설"이라 한다)에 대하여 다음 각호의 1에 해당하는 행위를 하여서는 아니된다. <개정 2008.3.21, 2008.6.5>

1. 피난시설 · 방화구획 및 방화시설을 폐쇄하거나 훼손하는 등의 행위
2. 피난시설 · 방화구획 및 방화시설의 주위에 물건을 쌓아두거나 장애물을 설치하는 행위
3. 피난시설 · 방화구획 및 방화시설의 용도에 장애를 주거나 소방기본법 제16조의 규정에 따른 소방활동에 지장을 주는 행위
4. 그 밖에 피난시설 · 방화구획 및 방화시설을 변경하는 행위

②소방본부장 또는 소방서장은 특정소방대상물의 관계인이 제1항 각호의 1에 해당하는 행위를 한 때에는 피난시설·방화구획 및 방화시설의 유지·관리를 위하여 필요한 조치를 명할 수 있다.<개정 2008.6.5>

제11조(소방시설기준 적용의 특례) ①소방본부장 또는 소방서장은 제9조 제1항의 규정에 따른 대통령령 또는 화재안전기준의 변경으로 그 기준이 강화되는 경우 기존의 특정소방대상물(건축물의 신축·개축·재축·이전 및 대수선중인 특정소방대상물을 포함한다)의 소방시설등에 대하여는 변경전의 대통령령 또는 화재안전기준을 적용한다. 다만, 다음 각호의 1에 해당하는 소방시설등의 경우에는 대통령령 또는 화재안전기준의 변경으로 강화된 기준을 적용한다.

1. 소화기구·비상경보설비·자동화재속보설비 및 피난설비
2. 지하구 가운데 국토의 계획 및 이용에 관한 법률 제2조 제9호의 규정에 따른 공동구에 설치하여야 하는 소방시설등

②소방본부장 또는 소방서장은 특정소방대상물에 설치하여야 하는 소방시설 가운데 기능과 성능이 유사한 물분무소화설비·간이스프링클러설비·비상경보설비 및 비상방송설비 등의 소방시설의 경우에는 대통령령이 정하는 바에 따라 유사한 소방시설의 설치를 면제할 수 있다.

③소방본부장 또는 소방서장은 기존의 특정소방대상물이 증축되거나 용도변경되는 경우에는 대통령령이 정하는 바에 따라 증축 또는 용도변경 당시의 소방시설등의 설치에 관한 대통령령 또는 화재안전기준을 적용한다.

④다음 각호의 1에 해당하는 특정소방대상물 가운데 대통령령이 정하는 특정소방대상물에는 제9조 제1항의 규정에 불구하고 대통령령이 정하는 소방시설을 설치하지 아니할 수 있다.

1. 화재위험도가 낮은 특정소방대상물
2. 화재안전기준을 적용하기가 어려운 특정소방대상물
3. 화재안전기준을 달리 적용하여야 하는 특수한 용도 또는 구조를 가진 특정소방대상물
4. 위험물안전관리법 제19조의 규정에 따른 자체소방대가 설치된 특정소방대상물

제3절 방염(防炎) 등

제12조(소방대상물의 방염 등) ①대통령령이 정하는 특정소방대상물에서 사용하는 실내장식물(「다중이용업소의 안전관리에 관한 특별법」 제2조 제1항 제3호의 실내장식물을 말한다)과 그 밖에 이와 유사한 물품으로서 대통령령이 정하는 물품(이하 "방염대상물품"이라 한다)은 방염성능기준 이상의 것으로 설치하여야 한다. <개정 2006.3.24, 2008.6.5>

②소방본부장 또는 소방서장은 제1항의 규정에 따른 방염대상물품이 제1항의 규정에 따른 방염성능기준에 미치지 못하거나 제13조 제1항의 규정에 따른 방염성능검사를 받지 아니한 것인 때에는 소방대상물의 관계인에게 방염대상물품을 제거하도록 하거나 방염성능검사를 받도록 하는 등 필요한 조치를 명할 수 있다.

③제1항의 규정에 따른 방염성능기준은 대통령령으로 정한다.

제13조(방염성능의 검사) ①제12조 제1항의 규정에 따른 특정소방대상물에서 사용하는 방염대상물품은 소방방재청장이 실시하는 방염성능검사를 받은 것이어야 한다.<개정 2005.8.4>

②제14조 제1항에 따라 방염처리업의 등록을 한 자는 제1항에 따른 방염성능검사에 있어서 허위시료를 제출하여서는 아니 된다.<신설 2008. 6.5>

③제1항의 규정에 따른 방염성능검사의 방법과 검사결과에 따른 합격표시 등에 관하여 필요한 사항은 행정안전부령으로 정한다.<개정 2008. 2.29>

제14조(방염처리업의 등록) ①제12조 제1항의 규정에 따른 방염대상물품에 대하여 방염처리를 하고자 하는 자는 시・도지사에게 방염처리업(이하 "방염업"이라 한다)의 등록을 하여야 한다.

②방염업의 종류와 그 종류별 영업의 범위, 방염업의 등록기준 등에 관하여 필요한 사항은 대통령령으로 정한다.

③제1항의 규정에 따른 방염업의 등록신청과 등록증・등록수첩의 교부・재교부신청 그 밖에 방염업의 등록에 관하여 필요한 사항은 행정안전부령으로 정한다. <개정 2008.2.29>

제15조(등록의 결격사유) 다음 각호의 1에 해당하는 자는 방염업의 등록을 할 수 없다.<개정 2005.3.31, 2006.9.22>

1. 금치산자 또는 한정치산자

2. 삭제<2006.9.22>
3. 이 법, 소방기본법, 소방시설공사업법 또는 위험물안전관리법에 따른 금고 이상의 실형의 선고를 받고 그 집행이 종료(집행이 종료된 것으로 보는 경우를 포함한다)되거나 집행이 면제된 날부터 2년이 지나지 아니한 자
4. 이 법, 소방기본법, 소방시설공사업법 또는 위험물안전관리법에 따른 금고 이상의 형의 집행유예선고를 받고 그 유예기간 중에 있는 자
5. 제19조 제1항의 규정에 따라 방염업의 등록이 취소된 날부터 2년이 지나지 아니한 자
6. 법인으로서 그 대표자가 제1호 내지 제5호의 1에 해당하는 경우

제16조(등록사항의 변경신고) 방염업자는 제14조의 규정에 따라 등록한 사항 중 행정안전부령이 정하는 중요사항의 변경이 있는 때에는 행정안전부령이 정하는 바에 따라 시·도지사에게 신고하여야 한다.<개정 2008. 2.29>

제17조(방염업자의 지위승계) ①방염업자가 사망하거나 그 영업을 양도한 때 또는 법인인 방염업자의 합병이 있는 때에는 그 상속인, 영업을 양수한 자 또는 합병후 존속하는 법인이나 합병에 의하여 설립되는 법인은 그 방염업자의 지위를 승계한다.

②민사집행법에 따른 경매, 「채무자 회생 및 파산에 관한 법률」에 따른 환가, 국세징수법·관세법 또는 「지방세기본법」에 따른 압류재산의 매각과 그 밖에 이에 준하는 절차에 따라 시설의 전부를 인수한 자는 그 방염업자의 지위를 승계한다.<개정 2005.3.31, 2010.3.31>

③제1항 또는 제2항의 규정에 따라 방염업자의 지위를 승계한 자는 행정안전부령이 정하는 바에 따라 시·도지사에게 신고하여야 한다.<개정 2008.2.29>

④제15조의 규정은 제1항 또는 제2항의 규정에 따른 지위승계에 관하여 이를 준용한다. 다만, 상속인이 제15조 각호의 1에 해당하는 경우 상속받은 날부터 3월 동안은 그러하지 아니하다.

제18조(방염업의 운영) ①방염업자는 방염업의 등록증 또는 등록수첩을 다른 자에게 빌려주어서는 아니된다.

②제19조 제1항의 규정에 따라 영업정지 또는 등록취소의 처분을 받은 방염업자는 그 날부터 방염대상물품에 대한 방염처리를 하여서는 아니된다. 다만, 방염처

리중인 것으로서 도급계약이 해지되지 아니한 방염업자가 당해 방염처리를 하는 동안에는 그러하지 아니하다.

③방염업자는 다음 각호의 1에 해당하는 때에는 방염처리를 수행하게 한 특정소방대상물의 관계인에게 지체없이 그 사실을 통지하여야 한다.

1. 제17조의 규정에 따라 방염업자의 지위를 승계한 때
2. 제19조 제1항의 규정에 따라 방염업의 등록취소 또는 영업정지의 처분을 받은 때
3. 휴업 또는 폐업을 한 때

④방염업자가 방염처리물품에 대하여 방염처리를 하는 경우에는 제12조 제3항의 규정에 따른 방염성능기준 이상이 되도록 처리하여야 한다.<신설 2005.8.4>

제19조(등록의 취소와 영업정지 등) ①시・도지사는 방염업자가 다음 각호의 1에 해당하는 때에는 행정안전부령이 정하는 바에 따라 그 등록을 취소하거나 6월 이내의 기간을 정하여 이의 시정이나 그 영업의 정지를 명할 수 있다. 다만, 제1호 또는 제3호에 해당하는 때에는 그 등록을 취소하여야 한다.<개정 2005.8.4, 2008.2.29>

1. 거짓 그 밖의 부정한 방법으로 등록을 한 때
2. 제14조 제2항의 규정에 따른 등록기준에 미달하게 된 때
3. 제15조 각호의 1의 등록의 결격사유에 해당하게 된 때
4. 제18조 제1항을 위반하여 다른 자에게 등록증 또는 등록수첩을 빌려준 때
5. 등록을 한 후 정당한 사유없이 1년이 지날 때까지 영업을 개시하지 아니하거나 계속하여 1년 이상 휴업한 때
6. 제18조 제4항의 규정을 위반하여 방염처리한 때
7. 이 법 또는 이 법에 따른 명령을 위반한 때

②제17조의 규정에 의하여 방염업의 지위를 승계한 상속인이 제15조 각호의 1에 해당하는 경우에는 상속을 개시한 날부터 6월동안은 제1항 제3호의 규정을 적용하지 아니한다.

제4장 소방대상물의 안전관리

제20조(특정소방대상물의 방화관리) ①특정소방대상물의 관계인은 그 특정소방대상물에 대하여 제6항의 규정에 따른 방화관리업무를 수행하여야 한다.

②대통령령이 정하는 특정소방대상물(이하 이 조에서 "방화관리대상물"이라 한다)의 관계인은 방화관리업무를 수행하기 위하여 대통령령이 정하는 자를 행정안전부령이 정하는 바에 따라 방화관리자로 선임하여야 한다.<개정 2008.2.29>

③방화관리대상물의 관계인은 제2항의 규정에 불구하고 다음 각호의 1에 해당하는 자로 하여금 제1항의 규정에 따른 방화관리업무를 대행하게 할 수 있으며, 이 경우 방화관리업무를 대행하는 자를 감독할 수 있는 자를 방화관리자로 선임할 수 있다.

1. 위험물안전관리법 제19조의 규정에 따른 자체소방대를 설치한 경우 그 자체소방대장
2. 제29조 제1항의 규정에 따른 소방시설관리업을 등록한 자(이하 "관리업자"라 한다)

④방화관리대상물의 관계인이 방화관리자를 선임한 경우에는 행정안전부령이 정하는 바에 따라 선임한 날부터 14일 이내에 소방본부장 또는 소방서장에게 신고하여야 한다.<개정 2008.2.29>

⑤방화관리대상물의 관계인이 방화관리자를 해임한 때에는 그 관계인 또는 해임된 방화관리자는 소방본부장 또는 소방서장에게 그 사실을 알려 해임한 사실의 확인을 받을 수 있다.

⑥특정소방대상물(방화관리대상물을 제외한다)의 관계인과 방화관리자의 업무는 다음 각호와 같다. 다만, 제1호·제2호 및 제4호의 업무는 방화관리대상물의 경우에 한한다.<개정 2005.8.4, 2008.6.5>

1. 대통령령이 정하는 사항이 포함된 소방계획서의 작성
2. 자위소방대(自衛消防隊)의 조직
3. 제10조의 규정에 따른 피난시설·방화구획 및 방화시설의 유지·관리
4. 제22조의 규정에 따른 소방훈련 및 교육
5. 소방시설 그 밖의 소방관련시설의 유지·관리
6. 화기(火氣) 취급의 감독

7. 그 밖에 방화관리상 필요한 업무

⑦방화관리대상물의 관계인은 방화관리자가 방화관리업무를 성실하게 수행할 수 있도록 지도·감독하여야 한다.

제21조(공동방화관리) 다음 각호의 1에 해당하는 특정소방대상물로서 그 관리의 권원(權原)이 분리되어 있는 것 가운데 소방본부장 또는 소방서장이 지정하는 특정소방대상물의 관계인은 행정안전부령이 정하는 바에 따라 대통령령이 정하는 자를 공동방화관리자로 선임하여야 한다.<개정 2008.2.29>

1. 고층건축물(지하층을 제외한 층수가 11층 이상인 건축물에 한한다)
2. 지하가(지하의 공작물안에 설치된 상점 및 사무실 그 밖에 이와 비슷한 시설이 연속하여 지하도에 접하여 설치된 것과 그 지하도를 합한 것을 말한다)
3. 그 밖에 대통령령이 정하는 특정소방대상물

제22조(특정소방대상물의 근무자 및 거주자에 대한 소방훈련 등) ①대통령령이 정하는 특정소방대상물의 관계인은 그 장소에 상시 근무하거나 거주하는 자에게 소화·통보·피난 등의 훈련(이하 "소방훈련"이라 한다)과 방화관리상 필요한 교육을 실시하여야 한다. 이 경우 피난훈련은 그 소방대상물에 출입하는 자를 안전한 장소로 대피시키고 유도하는 훈련을 포함하여야 한다.

②소방본부장 또는 소방서장은 제1항의 규정에 따라 특정소방대상물의 관계인이 실시하는 소방훈련을 지도·감독할 수 있다.

③제1항의 규정에 따른 소방훈련과 교육의 횟수 및 방법 등에 관하여 필요한 사항은 행정안전부령으로 정한다.<개정 2008.2.29>

제23조(특정소방대상물의 관계인에 대한 소방안전교육) ①소방본부장 또는 소방서장은 제22조의 규정을 적용받지 아니하는 특정소방대상물의 관계인에 대하여 특정소방대상물의 화재예방과 소방안전을 위하여 행정안전부령이 정하는 바에 따라 소방안전교육을 실시하여야 한다.<개정 2008. 2.29>

②삭제<2006.3.24>

③제1항의 규정에 따른 교육대상자 및 특정소방대상물의 범위 등에 관하여 필요한 사항은 행정안전부령으로 정한다.<개정 2008.2.29>

제24조(공공기관 등의 방화관리) ①국가, 지방자치단체, 국공립교육시설, 정부투자기관, 지방공기업 그 밖의 공공기관·시설의 장은 건축물·공작물 및 물품 등을

화재로부터 보호하기 위하여 화재예방, 자위소방대의 편성, 소방시설 등의 자체점검과 소방훈련 등의 방화관리를 하여야 한다. 이 경우 공공기관·시설의 장은 대통령령이 정하는 자격을 갖춘 소속 직원으로 하여금 방화관리를 하게 할 수 있다.<개정 2005.8.4>

②제1항의 규정에 따른 기관장의 책임, 방화관리자의 책임, 소방훈련·교육·소방검사 등의 방화관리에 관하여 필요한 사항은 대통령령으로 정한다.<개정 2005.8.4>

제25조(소방시설 등의 자체점검 등) ①특정소방대상물의 관계인은 그 대상물에 설치되어 있는 소방시설 등에 대하여 정기적으로 자체점검을 실시하거나 관리업자 또는 행정안전부령이 정하는 기술자격자로 하여금 정기적으로 점검하게 하여야 한다.<개정 2008.2.29>

②제1항의 규정에 따라 특정소방대상물의 관계인 등이 점검을 한 때에는 그 점검결과를 행정안전부령이 정하는 바에 따라 소방본부장 또는 소방서장에게 보고하여야 한다.<개정 2008.2.29>

③제1항의 규정에 따른 점검의 구분과 그 대상, 점검자의 자격·인원, 점검장비, 점검방법 및 점검횟수 등에 관하여 필요한 사항은 행정안전부령으로 정한다.<개정 2008.2.29>

④제1항의 규정에 따라 관리업자 또는 기술자격자로 하여금 점검하게 하는 경우의 점검수수료는「엔지니어링산업 진흥법」제31조에 따른 엔지니어링사업의 대가 기준 가운데 행정안전부령이 정하는 방식에 따라 산정한다.<개정 2008.2.29, 2010.4.12>

제25조의 2(우수 소방대상물 관계인에 대한 포상 등) ①소방방재청장은 소방대상물의 자율적인 안전관리를 유도하기 위하여 안전관리 상태가 우수한 소방대상물을 선정하여 우수 소방대상물 표지를 발급하고, 소방대상물의 관계인에 대하여 포상할 수 있다.

②제1항에 따른 우수 소방대상물의 선정방법·평가대상물의 범위 및 평가절차 등에 관하여 필요한 사항은 행정안전부령으로 정한다.

[본조신설 2008.6.5]

제5장 소방시설관리사 및 소방시설관리업

제1절 소방시설관리사

제26조(소방시설관리사) ①소방시설관리사(이하 "관리사"라 한다)가 되고자 하는 자는 소방방재청장이 실시하는 관리사시험에 합격하여야 한다.<개정 2005.8.4>

②제1항의 규정에 따른 관리사시험의 응시자격·시험방법·시험과목·시험위원 그 밖에 관리사시험의 실시에 관하여 필요한 사항은 대통령령으로 정한다.

③소방기술사 등 대통령령이 정하는 자에 대하여는 제2항의 규정에 따른 관리사 시험과목 가운데 그 일부를 면제할 수 있다.

④소방방재청장은 제1항의 규정에 따른 관리사시험에 합격한 자에게 소방시설관리사증을 내주어야 한다.<개정 2005.8.4>

⑤관리사는 제4항의 규정에 따라 받은 소방시설관리사증을 다른 자에게 빌려주어서는 아니된다.

⑥관리사는 동시에 둘 이상의 업체에 취업하여서는 아니된다.

⑦제25조 제1항의 규정에 따른 기술자격자 및 제29조 제2항의 규정에 따라 관리업의 기술인력으로 등록된 관리사는 성실하게 자체점검업무를 수행하여야 한다.<신설 2005.8.4>

제27조(관리사의 결격사유) 다음 각호의 1에 해당하는 자는 관리사가 될 수 없다.<개정 2005.3.31, 2006.9.22>

1. 금치산자 또는 한정치산자
2. 삭제<2006.9.22>
3. 이 법, 소방기본법, 소방시설공사업법 또는 위험물안전관리법에 따른 금고 이상의 실형의 선고를 받고 그 집행이 종료(집행이 종료된 것으로 보는 경우를 포함한다)되거나 집행이 면제된 날부터 2년이 지나지 아니한 자
4. 이 법, 소방기본법, 소방시설공사업법 또는 위험물안전관리법에 따른 금고 이상의 형의 집행유예선고를 받고 그 유예기간중에 있는 자
5. 제28조의 규정에 따라 자격이 취소된 날부터 2년이 지나지 아니한 자

제28조(자격의 취소·정지) 소방방재청장은 관리사가 다음 각호의 1에 해당하는 때에는 행정안전부령이 정하는 바에 따라 그 자격을 취소하거나 6월 이상 2년 이하의

기간을 정하여 그 자격의 정지를 명할 수 있다. 다만, 제1호 또는 제4호 내지 제6호에 해당하는 때에는 그 자격을 취소하여야 한다.<개정 2005.8.4, 2008.2.29>

1. 거짓 그 밖의 부정한 방법으로 시험에 합격한 때
2. 제20조 제6항의 규정에 따른 방화관리업무를 하지 아니하거나 거짓으로 한 때
3. 제25조의 규정에 따른 점검을 하지 아니하거나 거짓으로 한 때
4. 제26조 제5항의 규정을 위반하여 소방시설관리사증을 다른 자에게 빌려준 때
5. 제26조 제6항의 규정을 위반하여 동시에 둘 이상의 업체에 취업한 때
6. 제27조 각호의 1의 규정에 따른 결격사유에 해당하게 된 때
7. 제46조의 규정에 따른 명령을 위반하여 거짓으로 보고 또는 자료제출을 한 때
8. 정당한 사유없이 제46조의 규정에 따른 관계공무원의 출입·검사 또는 조사를 거부·방해 또는 기피한 때
9. 제26조 제7항의 규정을 위반하여 성실하게 자체점검업무를 수행하지 아니한 때
10. 이 법 또는 이 법에 따른 명령을 위반한 때

제2절 소방시설관리업

제29조(소방시설관리업의 등록 등) ①제20조 제1항의 규정에 따른 방화관리업무의 대행 또는 소방시설등의 점검 및 유지·관리의 업을 하고자 하는 자는 시·도지사에게 소방시설관리업(이하 "관리업"이라 한다)의 등록을 하여야 한다.

②제1항의 규정에 따른 기술인력·장비 등 관리업의 등록기준에 관하여 필요한 사항은 대통령령으로 정한다.

③제1항의 규정에 따른 관리업의 등록신청과 등록증·등록수첩의 교부·재교부신청 그 밖에 관리업의 등록에 관하여 필요한 사항은 행정안전부령으로 정한다. <개정 2008.2.29>

제30조(등록의 결격사유) 다음 각호의 1에 해당하는 자는 관리업의 등록을 할 수 없다.<개정 2005.3.31, 2006.9.22>

1. 금치산자 또는 한정치산자
2. 삭제<2006.9.22>
3. 이 법, 소방기본법, 소방시설공사업법 및 위험물안전관리법에 따른 금고 이상

의 실형의 선고를 받고 그 집행이 종료(집행이 종료된 것으로 보는 경우를 포함한다)되거나 집행이 면제된 날부터 2년이 지나지 아니한 자

4. 이 법, 소방기본법, 소방시설공사업법 또는 위험물안전관리법에 따른 금고 이상의 형의 집행유예선고를 받고 그 유예기간 중에 있는 자
5. 제34조 제1항의 규정에 따라 관리업의 등록이 취소된 날부터 2년이 지나지 아니한 자
6. 법인으로서 그 대표자가 제1호 내지 제5호의 1에 해당하는 경우

제31조(등록사항의 변경신고) 관리업자는 제29조의 규정에 따라 등록한 사항 중 행정안전부령이 정하는 중요사항의 변경이 있는 때에는 행정안전부령이 정하는 바에 따라 시·도지사에게 그 변경사항을 신고하여야 한다.<개정 2008.2.29>

제32조(소방시설관리업자의 지위승계) ①관리업자가 사망하거나 그 영업을 양도한 때 또는 법인인 관리업자의 합병이 있는 때에는 그 상속인, 영업을 양수한 자 또는 합병후 존속하는 법인이나 합병에 의하여 설립되는 법인은 그 관리업자의 지위를 승계한다.

②민사집행법에 따른 경매, 「채무자 회생 및 파산에 관한 법률」에 따른 환가, 국세징수법·관세법 또는 「지방세기본법」에 따른 압류재산의 매각과 그 밖에 이에 준하는 절차에 따라 관리업의 시설 및 장비의 전부를 인수한 자는 그 관리업자의 지위를 승계한다.<개정 2005.3.31, 2010. 3.31>

③제1항 또는 제2항의 규정에 따라 관리업자의 지위를 승계한 자는 행정안전부령이 정하는 바에 따라 시·도지사에게 신고하여야 한다.<개정 2008.2.29>

④제30조의 규정은 제1항 또는 제2항의 규정에 따른 지위승계에 관하여 이를 준용한다. 다만, 상속인이 제30조 각호의 1의 규정에 해당하는 경우에는 상속받은 날부터 3월 동안은 그러하지 아니하다.

제33조(소방시설관리업의 운영) ①관리업자는 관리업의 등록증 또는 등록수첩을 다른 자에게 빌려주어서는 아니된다.

②관리업자는 다음 각호의 1에 해당하는 때에는 제20조 제1항의 규정에 따른 방화관리업무를 대행하게 하거나 제25조 제1항의 규정에 따라 소방시설 등의 점검업무를 수행하게 한 특정소방대상물의 관계인에게 지체없이 그 사실을 알려야 한다.

1. 제32조의 규정에 따라 관리업자의 지위를 승계한 때
2. 제34조 제1항의 규정에 따라 관리업의 등록취소 또는 영업정지 처분을 받은 때
3. 휴업 또는 폐업을 한 때

③관리업자가 제25조 제1항의 규정에 따라 자체점검을 실시하는 때에는 관리사의 참여하에 자체점검을 실시하여야 한다.<신설 2005.8.4>

제34조(등록의 취소와 영업정지 등) ① 시·도지사는 관리업자가 다음 각호의 1에 해당하는 때에는 행정안전부령이 정하는 바에 따라 그 등록을 취소하거나 6월 이내의 기간을 정하여 이의 시정이나 그 영업의 정지를 명할 수 있다. 다만, 제1호·제4호 및 제5호에 해당하는 때에는 등록을 취소하여야 한다.<개정 2008.2.29>

1. 거짓 그 밖의 부정한 방법으로 등록을 한 때
2. 제25조 제1항 및 제2항의 규정에 따른 점검을 하지 아니하거나 점검결과를 거짓으로 보고한 때
3. 제29조 제2항의 규정에 따른 등록기준에 미달하게 된 때
4. 제30조 각호의 1의 등록의 결격사유에 해당하게 된
5. 제33조 제1항의 규정을 위반하여 다른 자에게 등록증 또는 등록수첩을 빌려준 때
6. 이 법 또는 이 법에 따른 명령을 위반한 때

②제32조의 규정에 따라 관리업자의 지위를 승계한 상속인이 제30조 각호의 1에 해당하는 경우에는 상속을 개시한 날부터 6월 동안은 제1항 제4호의 규정을 적용하지 아니한다.

제35조(과징금처분) ①시·도지사는 제19조 제1항 또는 제34조 제1항의 규정에 따라 영업정지를 명하는 경우로서 그 영업정지가 국민에게 심한 불편을 주거나 그 밖에 공익을 해칠 우려가 있는 때에는 영업정지처분에 갈음하여 3천만원 이하의 과징금을 부과할 수 있다.

②제1항의 규정에 따른 과징금을 부과하는 위반행위의 종별·정도 등에 따른 과징금의 금액 그 밖의 필요한 사항은 행정안전부령으로 정한다.<개정 2008.2.29>

③시·도지사는 제1항의 규정에 따른 과징금을 납부하여야 하는 자가 납부기한까지 이를 납부하지 아니한 때에는 지방세체납처분의 예에 따라 이를 징수한다.

제6장 소방용기계 · 기구의 형식승인 등

제36조(소방용기계 · 기구의 형식승인 등) ①대통령령이 정하는 소방용기계 · 기구를 제조하거나 수입하고자 하는 자는 소방방재청장의 형식승인을 얻어야 한다.<개정 2005.8.4>

②제1항의 규정에 따른 형식승인을 얻고자 하는 자는 행정안전부령이 정하는 기준에 따라 형식승인을 위한 시험시설을 갖추고 소방방재청장의 심사를 받아야 한다.<개정 2005.8.4, 2008.2.29>

③제1항 및 제2항의 규정에 따라 형식승인을 얻은 자는 그 소방용기계 · 기구에 대하여 소방방재청장이 실시하는 사전제품검사 또는 사후제품검사(이하 “제품검사”라 한다)를 받아야 한다.<개정 2005.8.4>

④제1항의 규정에 따른 형식승인의 방법 · 절차 등과 제3항의 규정에 따른 제품검사의 대상 · 방법 · 순서 · 합격표시 등에 관한 사항은 행정안전부령으로 정한다.<개정 2008.2.29>

⑤소방용기계 · 기구의 형상 · 구조 · 재질 · 성분 · 성능 등(이하 이 조에서 “형상등”이라 한다)의 형식승인 및 제품검사의 기술기준 등에 관한 사항은 소방방재청장이 정하여 고시한다.<개정 2005.8.4>

⑥누구든지 다음 각호의 1에 해당하는 소방용기계 · 기구를 판매하거나 또는 판매의 목적으로 진열하거나 소방시설공사에 사용할 수 없다.

1. 형식승인을 얻지 아니한 것
2. 형상 등을 임의로 변경한 것
3. 사전제품검사를 받지 아니하거나 사후제품검사의 대상임을 표시하지 아니한 것

⑦소방방재청장은 제6항의 규정을 위반한 소방용기계 · 기구에 대하여는 그 제조자 · 수입자 · 판매자 또는 시공자에게 수거 · 폐기 또는 교체 등 행정안전부령이 정하는 필요한 조치를 명할 수 있다.<개정 2005.8.4, 2008.2.29>

⑧소방방재청장은 소방용기계 · 기구의 작동기능, 제조방법, 부품 등이 제품검사기준에서 정하고 있는 방법이 아닌 새로운 것으로서 관련 전문가나 외국의 공인기관으로부터 인정받은 신기술 제품의 경우에는 제4항의 규정에 불구하고 형식승인을 위한 시험 중 일부의 시험을 통하여 형식승인을 할 수 있다. 이 경우 그 형식승인을 위한 시험의 대상 · 구분 · 절차 및 방법 등에 관하여 필요한 사항

은 행정안전부령으로 정한다.<개정 2005.8.4, 2008.2.29>

제37조(형식승인의 변경) ①제36조 제1항의 규정에 따른 형식승인의 내용 또는 행정안전부령이 정하는 사항을 변경하고자 하는 경우에는 소방방재청장의 변경승인을 얻어야 한다.<개정 2005.8.4, 2008.2.29>

②제1항의 규정에 따른 변경승인의 대상·구분·방법 및 절차 등에 관하여 필요한 사항은 행정안전부령으로 정한다.<개정 2008.2.29>

제38조(형식승인의 취소 등) ①소방방재청장은 소방용기계·기구의 형식승인을 얻었거나 제품검사를 받은 자가 다음 각호의 1에 해당되는 때에는 행정안전부령이 정하는 바에 따라 그 형식을 취소하거나 6월 이내의 기간을 정하여 제품검사의 중지(사후 제품검사의 경우에는 사후제품검사대상표시 교부의 중지를 말한다)를 명할 수 있다. 다만, 제1호·제3호 및 제6호의 경우에는 형식승인을 취소하여야 한다.<개정 2005.8.4, 2008.2.29>

1. 거짓 그 밖의 부정한 방법으로 제36조 제1항의 규정에 따른 형식승인을 얻은 때
2. 제36조 제2항의 규정에 따른 시험시설의 시설기준에 미달되는 때
3. 거짓 그 밖의 부정한 방법으로 제36조 제3항의 규정에 따른 제품검사를 받은 때
4. 제품검사시 제36조 제5항의 규정에 따른 기술기준에 미달되는 때
5. 제36조 제6항의 규정을 위반하여 형식승인을 받지 아니한 소방용기계·기구를 판매·진열하거나 소방시설공사에 사용한 때
6. 제37조의 규정에 따른 변경승인을 얻지 아니하거나 거짓 그 밖의 부정한 방법으로 변경승인을 얻은 때
7. 이 법 또는 이 법에 따른 명령을 위반한 때

②제1항의 규정에 따라 소방용기계·기구의 형식승인이 취소된 자는 그 취소된 날부터 2년 이내에는 형식승인이 취소된 동일품목에 대하여 형식승인을 얻을 수 없다.<신설 2005.8.4>

제39조(소방용기계·기구의 성능시험) ①소방방재청장은 관계인 등의 요청이 있는 경우 소방용기계·기구에 대한 성능시험을 할 수 있다.<개정 2005. 8.4>

②제1항의 규정에 따른 성능시험의 구분·대상·절차·기술기준·합격표시 및 수수료 등에 관하여 필요한 사항은 행정안전부령으로 정한다.<개정 2008.2.29>

③제1항의 규정에 따른 성능시험에 합격하지 아니한 제품에 성능시험의 합격표

시를 하여서는 아니된다.

제40조(우수품질제품에 대한 인증) ①소방방재청장은 소방용기계·기구 가운데 품질이 우수하다고 인정되는 소방용기계·기구에 대하여 우수품질인증(優秀品質認證)을 할 수 있다.<개정 2005.8.4>

②제1항의 규정에 따른 우수품질 인증업무에 관한 제품의 품질관리 평가, 우수품질 인증표시, 수수료 그 밖에 우수품질의 인증에 관하여 필요한 사항은 행정안전부령으로 정한다.<개정 2008.2.29>

제7장 보칙

제41조(방화관리자 등에 대한 교육) ①다음 각호의 1에 해당하는 자는 화재예방 및 안전관리의 효율화, 새로운 기술의 보급과 안전의식의 향상을 위하여 행정안전부령이 정하는 바에 따라 소방방재청장이 실시하는 강습 또는 실무교육을 받아야 한다.<개정 2005.8.4, 2008.2.29>

1. 제20조 제2항의 규정에 따라 선임된 방화관리자
2. 제20조 제3항의 규정에 따른 방화관리업무를 대행하는 자
3. 방화관리자의 자격을 인정받고자 하는 자로서 대통령령이 정하는 자

②소방본부장 또는 소방서장은 제1항 제1호 또는 제2호의 규정에 따른 방화관리자 또는 방화관리업무 대행자가 소정의 교육을 받지 아니한 때에는 교육을 받을 때까지 행정안전부령이 정하는 바에 따라 그 방화관리자 또는 방화관리업무 대행자에 대하여 제20조의 규정에 따른 방화관리업무를 제한할 수 있다.<개정 2008.2.29>

제42조(성능시험기관의 지정 등) ①소방방재청장은 제39조의 규정에 따른 소방용기계·기구에 대한 성능시험을 위하여 성능시험기관을 지정할 수 있다.<개정 2005.8.4>

②제1항의 규정에 따라 지정된 성능시험기관(이하 "지정기관"이라 한다)의 지정방법·지정절차 및 지정기준 등에 관하여 필요한 사항은 행정안전부령으로 정한다.<개정 2008.2.29>

제43조(지정기관의 지정취소 등) 소방방재청장은 지정기관이 다음 각호의 1에 해당하

는 때에는 그 지정을 취소하거나 6월 이내의 기간을 정하여 그 업무의 정지를 명할 수 있다. 다만, 제1호의 규정에 해당하는 때에는 그 지정을 취소하여야 한다.<개정 2005.8.4>

1. 거짓 그 밖의 부정한 방법으로 지정을 받은 때
2. 정당한 사유없이 1년 이상 계속하여 성능시험 또는 실무교육 등 지정받은 업무를 수행하지 아니한 때
3. 제42조 제2항의 규정에 따른 지정기준에 적합하지 아니한 때
4. 제46조 제1항 제7호의 규정에 따른 감독 결과 이 법 또는 다른 법령을 위반하여 지정기관으로서의 업무를 수행하는 것이 부적당하다고 인정되는 때

제44조(청문) 소방방재청장 또는 시・도지사는 다음 각호의 1에 해당하는 처분을 하고자 하는 경우에는 청문을 실시하여야 한다.<개정 2005.8.4>

1. 제28조의 규정에 따른 관리사 자격의 취소
2. 제34조 제1항의 규정에 따른 관리업의 등록취소
3. 제38조의 규정에 따른 소방용기계・기구의 형식승인취소
4. 제43조의 규정에 따른 지정기관의 지정취소

제45조(권한의 위임・위탁 등) ①소방방재청장 또는 시・도지사는 이 법에 따른 권한의 일부를 대통령령이 정하는 바에 따라 시・도지사, 소방본부장 또는 소방서장에게 위임할 수 있다.<개정 2005.8.4>

②소방방재청장은 제13조의 규정에 따른 방염성능검사 중 대통령령이 정하는 검사, 제36조의 규정중 제1항・제2항・제3항 및 제8항 전단의 소방용기계・기구의 형식승인 등, 제37조 규정의 형식승인 변경 및 제40조 규정의 우수품질제품에 대한 인증업무를 「소방산업의 진흥에 관한 법률」 제14조에 따른 한국소방산업기술원(이하 "기술원"이라 한다)에 위탁할 수 있다. 이 경우 소방방재청장은 기술원에 소방시설 및 소방용기계・기구에 관한 기술개발・연구 등에 필요한 경비의 일부를 보조할 수 있다.<개정 2005.8.4, 2008.6.5>

③소방방재청장은 제41조의 규정에 따른 방화관리자에 대한 교육업무를 소방기본법 제40조의 규정에 따른 한국소방안전협회(이하 "협회"라 한다)에 위탁할 수 있다.<개정 2005.8.4>

④소방방재청장은 제39조 제1항의 규정에 따른 성능시험업무를 기술원 또는 제

42조 제1항의 규정에 따른 지정기관에 위탁할 수 있다.<개정 2005.8.4, 2008.6.5>

⑤제1항 내지 제4항의 규정에 따라 위탁받은 업무를 수행하는 협회·기술원 및 지정기관이 갖추어야 하는 시설기준 등에 관하여 필요한 사항은 행정안전부령으로 정한다.<개정 2005.8.4, 2008.2.29, 2008.6.5>

⑥제1항의 규정에 따라 위탁받은 업무를 수행하는 협회·기술원 및 지정기관의 담당 임원 및 직원은 형법 제129조 내지 제132조의 적용에 있어서는 공무원으로 본다.<개정 2008.6.5>

제46조(감독) ①소방방재청장, 시·도지사, 소방본부장 또는 소방서장은 다음 각호의 1에 해당하는 자, 사업체 또는 소방대상물 등의 감독을 위하여 필요한 때에는 관계인에게 필요한 보고 또는 자료제출을 명할 수 있으며, 관계공무원으로 하여금 소방대상물·사업소·사무소 또는 사업장에 출입하여 관계서류·시설 및 제품 등을 검사하거나 관계인에게 질문하게 할 수 있다.<개정 2005.8.4>

1. 제25조의 규정에 따라 관리업자가 점검을 실시한 특정소방대상물
2. 제26조의 규정에 따른 관리사
3. 제14조 제1항의 규정에 따른 방염업자 또는 제29조제1항의 규정에 따른 관리업자
4. 제36조 제1항 내지 제3항의 규정에 따른 소방용기계·기구의 형식승인, 제품검사 및 시험시설의 심사를 받은 자
5. 제37조 제1항의 규정에 따라 변경 승인을 얻은 자
6. 제39조 제1항의 규정에 따라 성능시험을 받은 자
7. 제42조 제1항의 규정에 따라 지정을 받은 지정기관
8. 소방용기계·기구를 판매하는 자

②제1항의 규정에 따라 출입·검사업무를 수행하는 관계공무원은 그 권한을 표시하는 증표를 지니고 이를 관계인에게 내보여야 한다.

③제1항의 규정에 따라 출입·검사업무를 수행하는 관계공무원은 관계인의 정당한 업무를 방해하거나 출입·검사업무를 수행하면서 알게 된 비밀을 다른 자에게 누설하여서는 아니된다.

제47조(수수료 등) 다음 각호의 1에 해당하는 자는 행정안전부령이 정하는 수수료 또

는 교육비를 납부하여야 한다.<개정 2005.8.4, 2008.2.29>

1. 제13조의 규정에 따른 방염성능검사를 받고자 하는 자
2. 제14조 제1항의 규정에 따른 방염업의 등록 또는 제16조의 규정에 따른 등록사항의 변경신고를 하고자 하는 자
3. 제14조 제3항의 규정에 따라 방염업의 등록증 또는 등록수첩을 재교부 받고자 하는 자
4. 제17조 제3항의 규정에 따라 방염업자의 지위승계를 신고하는 자
5. 제26조 제1항의 규정에 따른 관리사시험에 응시하고자 하는 자
6. 제29조 제1항의 규정에 따른 관리업의 등록 또는 제31조의 규정에 따른 등록사항의 변경신고를 하고자 하는 자
7. 제29조 제3항의 규정에 따라 관리업의 등록증 또는 등록수첩을 재교부 받고자 하는 자
8. 제32조 제3항의 규정에 따라 관리업자의 지위승계를 신고하는 자
9. 제36조 제1항 내지 제3항, 제37조 제1항, 제39조 제1항 또는 제40조 제1항의 규정에 따른 소방용기계·기구의 형식승인, 제품검사, 시험시설의 심사, 형식승인의 변경, 성능시험 또는 우수품질인증을 받고자 하는 자
10. 제41조의 규정에 따라 강습교육 또는 실무교육을 받고자 하는 자
11. 제42조의 규정에 따라 지정기관으로 지정을 받고자 하는 자

제8장 벌칙

제48조(벌칙) 제9조 제3항 본문을 위반하여 폐쇄·차단 등의 행위를 한 자는 5년 이하의 징역 또는 3천만원 이하의 벌금에 처한다.

[본조신설 2008.6.5]

제48조의 2(벌칙) 다음 각호의 1에 해당하는 자는 3년 이하의 징역 또는 1천500만원 이하의 벌금에 처한다.<개정 2006.3.24>

1. 제9조 제2항·제10조 제2항·제12조 제2항 또는 제36조 제7항의 규정에 따른 명령을 정당한 사유없이 위반한 자
2. 제14조 제1항 또는 제29조 제1항의 규정을 위반하여 방염업 또는 관리업의

등록을 하지 아니하고 영업을 한 자

3. 제36조 제1항 및 제2항의 규정을 위반하여 소방용기계・기구의 형식승인을 얻지 아니하고 소방용기계・기구를 제조 또는 수입한 자
4. 제36조 제3항의 규정을 위반하여 제품검사를 받지 아니한 자
5. 제36조 제6항의 규정을 위반하여 동항 각호의 1에 해당하는 소방용기계・기구를 판매・진열 또는 소방시설공사에 사용한 자
6. 거짓 그 밖의 부정한 방법으로 제42조 제1항의 규정에 따른 지정기관의 지정을 받은 자

제49조(벌칙) 다음 각호의 1에 해당하는 자는 1년 이하의 징역 또는 1천만원 이하의 벌금에 처한다.

1. 정당한 사유없이 제5조의 규정에 따른 명령을 위반한 자
2. 제25조 제1항의 규정을 위반하여 소방시설등에 대한 자체점검을 실시하지 아니하거나 관리업자 등으로 하여금 정기적으로 점검하게 하지 아니한 자
3. 제26조 제5항의 규정을 위반하여 소방시설관리사증을 다른 자에게 빌려주거나 동조 제6항의 규정을 위반하여 동시에 둘 이상의 업체에 취업한 자
4. 제18조 제1항 또는 제33조 제1항의 규정을 위반하여 방염업 또는 관리업의 등록증 또는 등록수첩을 다른 자에게 빌려준 자
5. 제19조 제1항 또는 제34조 제1항의 규정을 위반하여 영업정지처분을 받고 그 영업정지기간 중에 방염업 또는 관리업의 업무를 한 자
6. 제37조 제1항의 규정을 위반하여 형식승인의 변경승인을 얻지 아니한 자

제50조(벌칙) 다음 각호의 1에 해당하는 자는 300만원 이하의 벌금에 처한다.<개정 2008.6.5>

1. 제4조 제6항 또는 제46조 제3항의 규정을 위반하여 관계인의 정당한 업무를 방해하거나 검사업무를 수행하면서 알게 된 비밀을 누설한 자
2. 제13조의 규정을 위반하여 방염성능검사에 합격하지 아니한 물품에 합격표시를 하거나 합격표시를 위조 또는 변조하여 사용한 자

2의 2. 제13조 제2항을 위반하여 허위시료를 제출한 자

3. 제20조 제2항 또는 제21조의 규정을 위반하여 방화관리자를 선임하지 아니한 자

4. 제36조 제4항의 규정을 위반하여 제품검사에 합격하지 아니한 제품에 합격표시를 하거나 합격표시를 위조 또는 변조하여 사용한 자
5. 제39조 제3항의 규정을 위반하여 성능시험에 합격하지 아니한 제품에 합격표시를 하거나 합격표시를 위조 또는 변조하여 사용한 자
6. 제40조 제2항의 규정을 위반하여 우수품질인증을 받지 아니한 제품에 우수품질 인증표시를 하거나 우수품질 인증표시를 위조 또는 변조하여 사용한 자

제51조(벌칙) 다음 각호의 1에 해당하는 자는 100만원 이하의 벌금에 처한다.

1. 제4조 제1항의 규정에 따른 소방검사와 관련하여 보고 또는 자료제출을 하지 아니하거나 거짓으로 보고 또는 자료제출을 한 자 또는 정당한 사유없이 관계공무원의 소방검사를 거부·방해 또는 기피한 자
2. 제46조 제1항의 규정에 따른 명령을 위반하여 보고 또는 자료제출을 하지 아니하거나 거짓으로 보고 또는 자료제출을 한 자 또는 정당한 사유없이 관계공무원의 출입 또는 조사·검사를 거부·방해 또는 기피한 자

제52조(양벌규정) 법인의 대표자나 법인 또는 개인의 대리인, 사용인, 그 밖의 종업원이 그 법인 또는 개인의 업무에 관하여 제48조부터 제51조까지의 어느 하나에 해당하는 위반행위를 하면 그 행위자를 벌하는 외에 그 법인 또는 개인에게도 해당 조문의 벌금형을 과(科)한다. 다만, 법인 또는 개인이 그 위반행위를 방지하기 위하여 해당 업무에 관하여 상당한 주의와 감독을 게을리하지 아니한 경우에는 그러하지 아니하다.

[전문개정 2008.12.26]

제53조(과태료) ①다음 각호의 1에 해당하는 자는 200만원 이하의 과태료에 처한다. <개정 2005.8.4, 2006.3.24, 2008.6.5>

1. 제9조 제1항 또는 제12조 제1항의 규정을 위반한 자
2. 제10조 제1항 각호의 규정을 위반하여 피난시설·방화구획 또는 방화시설의 폐쇄·훼손·변경 등의 행위를 한 자
3. 제20조 제1항의 규정을 위반하여 방화관리업무를 수행하지 아니한 자
4. 삭제<2006.3.24>
5. 제17조 제3항·제20조 제4항·제31조 또는 제32조 제3항의 규정에 따른 신고를 하지 아니한 자 또는 거짓으로 신고한 자

6. 제20조 제6항의 규정에 따른 방화관리업무를 하지 아니한 특정소방대상물의 관계인 또는 방화관리자
7. 제20조 제7항의 규정을 위반하여 지도와 감독을 하지 아니한 자
8. 제22조 제1항의 규정을 위반하여 소방훈련 및 교육을 실시하지 아니한 자
9. 제24조 제1항의 규정을 위반하여 국가 및 지방자치단체와 행정기관 등의 방화관리업무를 하지 아니한 자
10. 제25조 제2항의 규정을 위반하여 소방시설등의 점검결과를 보고하지 아니한 자 또는 거짓으로 보고한 자
11. 제33조 제2항의 규정을 위반하여 지위승계, 행정처분 또는 휴업·폐업의 사실을 특정소방대상물의 관계인에게 알리지 아니하거나 거짓으로 알린 관리업자
12. 제33조 제3항의 규정을 위반하여 관리사의 참여 없이 자체점검을 실시한 자

②제1항의 규정에 따른 과태료는 대통령령이 정하는 바에 따라 관할 시·도지사, 소방본부장 또는 소방서장(이하 "부과권자"라 한다)이 부과·징수한다.

③제2항의 규정에 따른 과태료처분에 불복이 있는 자는 그 처분의 고지를 받은 날부터 30일 이내에 부과권자에게 이의를 제기할 수 있다.

④부과권자는 제2항의 규정에 의한 과태료처분을 받은 자가 제3항의 규정에 따라 이의를 제기한 때에는 지체없이 관할법원에 그 사실을 통보하여야 하며, 그 통보를 받은 관할법원은 비송사건절차법에 따른 과태료의 재판을 한다.

⑤제3항의 규정에 따른 기간 이내에 이의를 제기하지 아니하고 과태료를 납부하지 아니한 때에는 지방세체납처분의 예에 따라 징수한다.

부칙 <제6895호, 2003.5.29>

제1조(시행일) 이 법은 공포 후 1년이 경과한 날부터 시행한다.

제2조(종전의 소방법에 따른 처분 등에 관한 경과조치) 이 법 시행 당시 종전의 소방법 가운데 이 법에 해당하는 규정에 따라 행한 행정기관의 행위 또는 행정기관에 대한 행위는 그에 해당하는 이 법에 따른 행정기관의 행위 또는 행정기관에 대한 행위로 본다.

제3조(소방시설 등의 설치 · 유지 및 관리에 관한 경과조치) 이 법 시행 당시 종전의 소방법에 적합하게 설치 · 유지 및 관리되어 온 소방시설 등은 제9조 제1항의 규정에 적합한 소방시설 등으로 본다. 다만, 지하구의 소방시설 등의 경우에는 제9조 제1항의 규정에 의한 화재안전기준에 적합한 시설 등을 설치 · 유지 및 관리하여야 한다.<개정 2006.3.24>

제4조(소방시설관리사의 결격사유에 관한 경과조치) 이 법 시행전의 행위로 인하여 종전의 소방법에 따른 금고 이상의 실형 또는 집행유예의 선고를 받은 소방시설관리사는 제27조 제3호 또는 제4호의 규정에 불구하고 동조 제3호 또는 제4호의 해당 법률에 따른 금고 이상의 실형 또는 집행유예의 선고를 받은 자로 본다.

제5조(소방시설관리유지업에 관한 경과조치) 이 법 시행 당시 종전의 소방법의 규정에 따라 등록한 소방시설관리유지업은 이 법의 규정에 따라 등록한 관리업으로 본다.

제6조(소방시설관리유지업자의 결격사유에 관한 경과조치) 이 법 시행전의 행위로 인하여 종전의 소방법에 따른 금고 이상의 실형 또는 집행유예의 선고를 받은 소방시설관리유지업자는 제30조 제3호 또는 제4호의 규정에 불구하고 동조 제3호 또는 제4호의 해당 법률에 따른 금고 이상의 실형 또는 집행유예의 선고를 받은 자로 본다.

제7조(행정처분에 관한 경과조치) 이 법 시행전의 행위에 대한 행정처분의 적용에 있어서는 종전의 소방법의 규정에 따른다.

제8조(다른 법령과의 관계) 이 법 시행 당시 다른 법령에서 종전의 소방법의 규정을 인용한 경우 이 법 가운데 그에 해당하는 규정이 있는 때에는 종전의 규정에 갈음하여 이 법의 해당규정을 인용한 것으로 본다.

부칙

이하 생략

Ⅳ 다중이용업소의 안전관리에 관한 특별법

[일부개정 2010.2.4 법률 제10015호]

제1장 총칙

제1조(목적) 이 법은 화재 등 재난 그 밖의 위급한 상황으로부터 국민의 생명 · 신체 및 재산을 보호하기 위하여 다중이용업소의 소방시설 · 안전시설 등의 설치 · 유지 및 안전관리와 화재위험평가에 관하여 필요한 사항을 정함으로써 공공의 안전과 복리증진에 이바지함을 목적으로 한다.

제2조(정의) ①이 법에서 사용하는 용어의 정의는 다음과 같다.

1. "다중이용업"이라 함은 불특정 다수인이 이용하는 영업 중 화재 등 재난발생시 생명 · 신체 · 재산상의 피해가 발생할 우려가 높은 것으로서 대통령령이 정하는 영업을 말한다.
2. "소방시설 등"이라 함은 소방시설과 비상구 그 밖의 소방관련 시설로서 「소방시설설치유지 및 안전관리에 관한 법률」 제2조 제1항 제2호의 규정에 의한 시설을 말한다.
3. "실내장식물"이라 함은 건축물 내부의 천장 또는 벽에 설치하는 것으로서 대통령령이 정하는 것을 말한다.
4. "화재위험평가"라 함은 다중이용업의 영업소(이하 "다중이용업소"라 한다)가 밀집한 지역 또는 건축물에 대하여 화재의 가능성과 화재로 인한 불특정 다수인의 생명 · 신체 · 재산상의 피해 및 주변에 미치는 영향을 예측 · 분석하고 이에 대한 대책을 강구하는 것을 말한다.

②이 법에서 사용하는 용어의 정의는 제1항에서 규정하는 것을 제외하고는 「소방기본법」 · 「소방시설공사업법」 · 「소방시설설치유지 및 안전관리에 관한 법률」 및 「건축법」이 정하는 바에 따른다.

제3조(국가 등의 책무) ①국가 및 지방자치단체는 국민의 생명 · 신체 및 재산을 보호하기 위하여 불특정 다수인이 이용하는 다중이용업소의 소방시설 등 · 안전시설

등의 설치 · 유지 및 안전관리에 필요한 시책을 강구하여야 한다.

②다중이용업을 영위하는 자(이하 "다중이용업주"라 한다)는 국가 및 지방자치단체가 실시하는 다중이용업소의 안전관리 등에 관한 시책에 협조하여야 하며, 다중이용업소를 이용하는 사람들을 화재 등 재난 그 밖의 위급한 상황으로부터 보호하기 위하여 노력하여야 한다.

제4조(다른 법률과의 관계) 이 법은 다중이용업소의 화재 등 재난에 대한 안전관리에 관하여는 다른 법률에 우선하여 적용한다.

제2장 다중이용업소의 안전관리기본계획 등

제5조(안전관리기본계획의 수립 · 시행 등) ①소방방재청장은 다중이용업소의 화재 등 재난 그 밖의 위급한 상황으로 인한 인적 · 물적 피해의 감소, 안전기준의 개발, 자율적인 안전관리능력의 향상 등을 위하여 5년마다 다중이용업소의 안전관리기본계획(이하 "기본계획"이라 한다)을 수립 · 시행하여야 한다.

②기본계획에는 다음 각 호의 사항이 포함되어야 한다.

1. 다중이용업소의 안전관리에 관한 기본방향
2. 다중이용업소의 자율적인 안전관리의 촉진에 관한 사항
3. 다중이용업소의 화재안전에 관한 정보체계의 구축 및 관리
4. 다중이용업소의 안전 관련 법령의 정비 등 제도개선에 관한 사항
5. 다중이용업소의 적정한 유지 · 관리에 필요한 교육과 기술연구 · 개발
6. 다중이용업소의 화재위험평가의 연구 · 개발에 관한 사항
7. 그 밖에 다중이용업소의 안전관리에 관하여 대통령령이 정하는 사항

③소방방재청장은 기본계획에 따라 매년 연도별 안전관리계획(이하 "연도별계획"이라 한다)을 수립 · 시행하여야 한다.

④소방방재청장은 제1항 및 제3항의 규정에 의하여 수립된 기본계획 및 연도별계획을 관계 중앙행정기관의 장과 특별시장 · 광역시장 · 도지사 또는 특별자치도지사(이하 "시 · 도지사"라 한다)에게 통보하여야 한다.

⑤소방방재청장은 기본계획 및 연도별계획을 수립하기 위하여 필요한 경우에는 관계 중앙행정기관의 장 및 시 · 도지사에게 관련된 자료의 제출을 요구할 수

있다. 이 경우 자료제출의 요구를 받은 관계 중앙행정기관의 장 또는 시・도지사는 특별한 사유가 없는 한 이에 응하여야 한다.

제6조(집행계획의 수립・시행 등) ①소방본부장은 기본계획 및 연도별계획에 따라 관할 지역의 다중이용업소에 대한 안전관리를 위하여 매년 안전관리집행계획(이하 "집행계획"이라 한다)을 수립하여 소방방재청장에게 제출하여야 한다.

②소방본부장은 집행계획을 수립하기 위하여 필요한 경우에는 해당 시장・군수・구청장(자치구의 구청장을 말한다. 이하 같다)에게 관련 자료의 제출을 요구할 수 있다. 이 경우 자료제출의 요구를 받은 해당 시장・군수・구청장은 특별한 사유가 없는 한 이에 응하여야 한다.

③집행계획의 수립시기・대상・내용 등에 관하여 필요한 사항은 대통령령으로 정한다.

제3장 허가관청의 통보 등

제7조(관련 행정기관의 통보사항) ①다른 법률에 의하여 다중이용업의 허가・인가・등록・신고수리(이하 "허가 등"이라 한다)를 하는 행정기관(이하 "허가관청"이라 한다)은 허가 등을 한 날부터 14일 이내에 행정안전부령이 정하는 바에 따라 다중이용업의 소재지를 관할하는 소방본부장 또는 소방서장에게 다음 각 호의 사항을 통보하여야 한다.<개정 2008.2.29>

1. 다중이용업주의 성명 및 주소
2. 다중이용업소의 상호 및 주소
3. 다중이용업의 업종 및 영업장 면적

②허가관청은 다중이용업주가 다음 각 호의 어느 하나에 해당하는 행위를 하는 때에는 그 신고를 수리한 날부터 30일 이내에 소방본부장 또는 소방서장에게 통보하여야 한다.

1. 휴・폐업을 한 때 또는 휴업 후 영업을 재개한 때
2. 영업내용을 변경한 때
3. 다중이용업주의 성명 또는 주소를 변경한 때
4. 다중이용업소의 상호 또는 주소를 변경한 때

제8조(소방안전교육) ①다중이용업주와 종업원은 소방방재청장 · 소방본부장 또는 소방서장이 실시하는 소방안전교육을 받아야 한다. 다만, 당해 연도에 「소방시설설치유지 및 안전관리에 관한 법률」 제41조의 규정에 의한 방화관리자 강습 · 실무교육 또는 「위험물안전관리법」 제28조의 규정에 의한 위험물안전관리자 교육을 받은 경우에는 그러하지 아니하다.

②다중이용업주는 제4항의 규정에 의한 종업원에 대하여 소방안전교육을 받도록 하여야 한다.

③소방방재청장 · 소방본부장 또는 소방서장은 제1항의 규정에 의하여 소방안전교육을 받은 자에게는 교육이수를 증명하는 서류(이하 "소방안전교육이수증명서"라 한다)를 발급하여야 한다.

④제1항의 규정에 의한 소방안전교육의 대상자, 교육의 횟수 및 시간 그 밖에 교육에 관하여 필요한 사항은 행정안전부령으로 정한다.<개정 2008.2.29>

제9조(다중이용업소의 안전관리기준 등) ① 다중이용업주 및 다중이용업을 하고자 하는 자는 영업장에 대통령령이 정하는 소방시설 등 및 영업장 내부 피난통로 그 밖의 안전시설(이하 "안전시설 등"이라 한다)을 행정안전부령이 정하는 기준에 따라 설치 · 유지하여야 한다. 이 경우 대통령령으로 정하는 숙박을 제공하는 형태의 다중이용업소의 영업장에는 소방시설 중 간이스프링클러설비를 행정안전부령으로 정하는 기준에 따라 설치하여야 한다.<개정 2008.2.29, 2009.1.7>

②소방본부장 또는 소방서장은 안전시설 등이 행정안전부령이 정하는 기준에 적합하게 설치 또는 유지되어 있지 아니한 때에는 그 다중이용업주에게 안전시설 등에 대하여 보완 등 필요한 조치를 명할 수 있다.<개정 2008.2.29>

③다중이용업을 하고자 하는 자(다중이용업을 하고 있는 자를 포함한다)는 다음 각 호의 어느 하나에 해당하는 때에는 안전시설 등을 설치하기 전에 미리 소방본부장 또는 소방서장에게 행정안전부령으로 정하는 안전시설 등의 설계도서를 첨부하여 행정안전부령으로 정하는 바에 따라 신고를 하여야 한다.<개정 2009.1.7>

1. 안전시설 등을 설치하고자 하는 때
2. 영업장 내부구조를 변경(영업장 면적의 증감 · 영업장의 구획된 실의 증감 및 내부통로의 구조를 변경하는 것을 말한다)하고자 하는 때

3. 안전시설 등의 공사를 마친 때

④소방본부장 또는 소방서장은 제3항 제1호와 제2호에 따라 신고를 받은 때에는 설계도서가 행정안전부령이 정하는 기준에 적합한지의 여부를 확인하고, 그에 적합하도록 지도하여야 한다.<개정 2008.2.29, 2009. 1.7>

⑤소방본부장 또는 소방서장은 제3항 제3호에 따라 공사완료의 신고를 받은 때에는 안전시설 등이 행정안전부령이 정하는 기준에 적합하다고 인정하는 경우에는 행정안전부령이 정하는 바에 따라 안전시설 등 완비증명서를 발급하여야 하며, 그에 적합하지 아니한 때에는 시정될 때까지 안전시설 등 완비증명서를 발급하여서는 아니된다.<개정 2008.2.29, 2009.1.7>

제10조(다중이용업의 실내장식물) ①다중이용업소에 설치 또는 교체하는 실내장식물(반자돌림대 등의 너비가 10센티미터 이하인 경우를 제외한다)은 불연재료 또는 준불연재료로 설치하여야 한다.<개정 2009.1.7>

②제1항의 규정에 불구하고 합판 또는 목재로 실내장식물을 설치하는 경우로서 그 면적이 영업장의 천장과 벽을 합한 면적의 10분의 3(스프링클러설비 또는 간이스프링클러설비가 설치된 경우에는 10분의 5) 이하의 부분은 「소방시설설치유지 및 안전관리에 관한 법률」 제12조 제3항의 규정에 따른 방염성능기준 이상의 것으로 설치할 수 있다.

제11조(피난시설 및 방화시설의 유지·관리) 다중이용업주는 해당 영업장에 설치된 「건축법」 제49조 제1항의 규정에 의한 피난시설과 같은 법 제50조부터 제53조까지의 규정에 의한 방화벽·내부 마감재료 등(이하 "방화시설"이라 한다)을 「소방시설설치유지 및 안전관리에 관한 법률」 제10조제1항의 규정에 따라 유지하고 관리하여야 한다.<개정 2008.3.21>

제12조(피난안내도의 비치 또는 피난안내 영상물의 상영) ①다중이용업주는 화재 등 재난 그 밖의 위급한 상황의 발생시에 이용객들이 안전하게 피난할 수 있도록 피난계단·피난통로, 피난설비 등이 표시되어 있는 피난안내도를 비치하거나 피난안내에 관한 영상물을 상영하여야 한다.

②제1항의 규정에 의하여 피난안내도를 비치하거나 피난안내에 관한 영상물을 상영하여야 하는 대상, 피난안내도를 비치하여야 하는 위치, 피난안내에 관한 영상물의 상영시간, 피난안내도 및 피난안내에 관한 영상물에 포함되어야 할

내용 그 밖에 필요한 사항은 행정안전부령으로 정한다.<개정 2008.2.29>

제13조(다중이용업주의 안전시설 등에 대한 정기점검 등) ①다중이용업주는 다중이용업소의 안전관리를 위하여 정기적으로 안전시설 등을 점검하고 그 점검결과서를 1년간 보관하여야 한다.<개정 2010.2.4>

②다중이용업주는 제1항에 따른 정기점검을 행정안전부령으로 정하는 바에 따라 「소방시설설치유지 및 안전관리에 관한 법률」 제29조에 따른 소방시설관리업자에게 위탁할 수 있다.<개정 2008.2.29, 2010.2.4>

③제1항에 따른 안전점검의 대상, 점검자의 자격, 점검주기, 점검방법 그 밖에 필요한 사항은 행정안전부령으로 정한다.<개정 2008.2.29, 2010.2.4>

제4장 다중이용업소 안전관리를 위한 기반조성

제14조(다중이용업소의 방화관리) 다중이용업주는 「소방시설설치유지 및 안전관리에 관한 법률」 제20조 제6항 제3호 · 제5호 내지 제7호의 규정에 따라 방화관리업무를 수행하여야 한다.

제15조(다중이용업소에 대한 화재위험평가 등) ①소방방재청장 · 소방본부장 또는 소방서장은 다음 각 호의 어느 하나에 해당하는 지역 또는 건축물에 대하여 화재예방과 화재로 인한 생명 · 신체 · 재산상의 피해를 방지하기 위하여 필요하다고 인정되는 경우에는 화재위험평가를 실시할 수 있다.

1. 2천제곱미터 지역 안에 다중이용업소가 50개 이상 밀집하여 있는 경우
2. 5층 이상인 건축물로서 다중이용업소가 10개 이상 있는 경우
3. 하나의 건축물에 다중이용업소로 사용하는 영업장 바닥면적의 합계가 1천제곱미터 이상인 경우

②소방방재청장 · 소방본부장 또는 소방서장은 화재위험평가의 결과 그 위험유발지수가 대통령령이 정하는 기준 이상인 경우에는 해당 다중이용업주에 대하여 「소방시설설치유지 및 안전관리에 관한 법률」 제5조의 규정에 의한 조치를 명할 수 있다.

③소방방재청장 · 소방본부장 또는 소방서장은 제2항의 규정에 따른 명령으로 인하여 손실을 받은 자가 있는 경우에는 대통령령이 정하는 바에 따라 이를 보상

하여야 한다. 다만, 법령을 위반하여 건축 또는 설비된 다중이용업소에 대하여는 그러하지 아니하다.

④소방방재청장 · 소방본부장 또는 소방서장은 화재위험평가의 결과 그 위험유발지수가 대통령령이 정하는 기준 미만인 다중이용업소에 대하여는 안전시설 등의 일부를 설치하지 아니하게 할 수 있다.

⑤소방방재청장 · 소방본부장 또는 소방서장은 화재위험평가를 제16조 제1항의 규정에 의한 화재위험평가대행자로 하여금 대행하게 할 수 있다.

제16조(화재위험평가대행자의 등록 등) ① 제15조 제5항의 규정에 의하여 화재위험평가를 대행하고자 하는 자는 대통령령이 정하는 기술인력 · 시설 및 장비를 갖추고 행정안전부령이 정하는 바에 따라 소방방재청장에게 화재위험평가대행자(이하 "평가대행자"라 한다)로 등록하여야 한다. 등록사항 중 대통령령이 정하는 중요사항을 변경하는 때에도 또한 같다.<개정 2008.2.29>

②다음 각 호의 어느 하나에 해당하는 자는 평가대행자로 등록할 수 없다.

1. 금치산자 또는 한정치산자
2. 파산선고를 받은 자로서 복권되지 아니한 자
3. 제17조 제1항의 규정에 의하여 등록이 취소된 후 2년이 경과되지 아니한 자
4. 이 법, 「소방기본법」, 「소방시설공사업법」, 「소방시설설치유지 및 안전관리에 관한 법률」, 「위험물안전관리법」에 위반하여 징역 이상의 실형의 선고를 받고 그 형의 집행이 종료되거나 집행을 받지 아니하기로 확정된 후 2년이 경과되지 아니한 자
5. 임원 중 제1호 내지 제4호의 어느 하나에 해당하는 자가 있는 법인

③평가대행자는 다음 각 호의 사항을 준수하여야 한다.<개정 2008.2. 29>

1. 평가서를 허위로 작성하지 아니할 것
2. 다른 평가서의 내용을 복제하지 아니할 것
3. 평가서를 행정안전부령이 정하는 기간 동안 보존할 것
4. 평가대행자는 등록증이나 명의를 다른 사람에게 대여하거나 도급받은 화재위험평가 업무를 하도급하지 아니할 것

④평가대행자는 업무를 휴지 또는 폐지하고자 하는 때에는 소방방재청장에게 신고하여야 한다.

⑤제4항의 규정에 따른 휴지 또는 폐지의 신고에 관하여 필요한 사항은 행정안전부령으로 정한다.<개정 2008.2.29>

제17조(평가대행자의 등록취소 등) ①소방방재청장은 평가대행자가 다음 각 호의 어느 하나에 해당하는 경우에는 그 등록을 취소하거나 6월 이내의 기간을 정하여 업무의 정지를 명할 수 있다. 다만, 제1호 내지 제4호의 어느 하나에 해당하는 경우에는 그 등록을 취소하여야 한다.<개정 2008.2.29>

1. 제16조 제2항 각 호의 어느 하나에 해당하는 경우. 다만, 법인의 임원 중 제16조 제2항 제5호에 해당하는 자가 있는 경우에는 6월 이내에 그 임원을 개임한 때에는 그러하지 아니하다.
2. 거짓 그 밖의 부정한 방법으로 등록한 경우
3. 최근 1년 이내에 2회의 업무정지처분을 받고 다시 업무정지처분 사유에 해당하는 행위를 한 경우
4. 다른 사람에게 등록증이나 명의를 대여한 경우
5. 제16조 제1항의 규정에 의한 등록기준에 미달하게 된 경우
6. 제16조 제3항 제2호의 규정을 위반하여 다른 평가서의 내용을 복제한 경우
7. 제16조 제3항 제3호의 규정을 위반하여 평가서를 행정안전부령이 정하는 기간 동안 보존하지 아니한 경우
8. 제16조 제3항 제4호의 규정을 위반하여 도급받은 화재위험평가 업무를 하도급한 경우
9. 평가서를 허위로 작성하거나 고의 또는 중대한 과실로 평가서를 부실하게 작성한 경우
10. 등록 후 2년 이내에 화재위험평가 대행업무를 개시하지 아니하거나 계속하여 2년 이상 화재위험평가 대행실적이 없는 경우

②제1항의 규정에 의하여 등록취소 또는 업무정지의 처분을 받은 자는 그 처분을 받은 날부터 화재위험평가 대행업무를 수행할 수 없다.

③제1항의 규정에 의한 행정처분의 기준 그 밖에 필요한 사항은 행정안전부령으로 정한다.<개정 2008.2.29>

제17조의 2(청문) 소방방재청장은 제17조 제1항에 따라 평가대행자의 등록을 취소하려는 경우에는 청문을 실시하여야 한다.

[본조신설 2010.2.4]

제18조(평가서의 작성방법 및 평가대행비용의 산정기준) 소방방재청장은 평가서의 작성방법 및 화재위험평가의 대행에 필요한 비용의 산정기준을 정하여 고시하여야 한다.

제19조(안전관리에 관한 전산시스템의 구축 · 운영) ①소방방재청장은 허가 등 또는 그 변경 사항과 관련 통계 등 업무수행에 필요한 행정정보를 다중이용업소의 안전관리에 관한 정책수립, 연구 · 조사 등에 활용하기 위하여 전산시스템을 구축 · 운영하여야 한다.

②소방방재청장은 제1항의 규정에 의한 전산시스템의 구축 · 운영을 위하여 허가관청에게 필요한 자료 또는 정보의 제공을 요청할 수 있다.

③소방방재청장은 허가관청이 제1항의 규정에 의한 전산시스템을 다중이용업소의 안전관리에 관한 업무에 활용할 수 있도록 하여야 한다.

제20조(법령위반업소의 공개) ①소방방재청장 · 소방본부장 또는 소방서장은 다중이용업주가 제9조 제2항 및 제15조 제2항의 규정에 의한 조치 명령을 2회 이상 받고도 이를 이행하지 아니하는 때에는 그 조치 내용(동 위반사항에 대하여 수사기관에 고발된 경우에는 그 고발된 사실을 포함한다)을 인터넷 등에 공개할 수 있다.

②제1항의 규정에 의하여 위반업소를 공개하는 경우 그 내용 · 기간 및 방법 등에 관하여 필요한 사항은 대통령령으로 정한다.

제21조(안전관리우수업소표지 등) ①소방본부장 또는 소방서장은 다중이용업소의 안전관리업무 이행실태가 우수하여 대통령령이 정하는 요건에 해당한다고 인정하는 때에는 그 사실을 해당 다중이용업주에게 통보하고 이를 공표할 수 있다.

②제1항의 규정에 의하여 통보받은 다중이용업주는 당해 사실을 나타내는 표지(이하 "안전관리우수업소표지"를 한다)를 영업소의 명칭과 함께 영업소의 출입구에 부착할 수 있다.

③소방본부장 또는 소방서장은 제1항의 규정에 해당하는 다중이용업소에 대하여는 행정안전부령이 정하는 기간동안 「소방시설설치유지 및 안전관리에 관한 법률」 제4조의 규정에 의한 소방검사 및 제8조의 규정에 의한 소방안전교육을 면제할 수 있다.<개정 2008.2.29>

④안전관리우수업소표지에 관하여 필요한 사항은 행정안전부령으로 정한다.<개정 2008.2.29>

제5장 보칙

제22조(권한의 위탁 등) ①소방방재청장 · 소방본부장 또는 소방서장은 제8조 제1항의 규정에 의한 다중이용업주 및 그 종업원에 대한 소방안전교육업무를 대통령령이 정하는 바에 따라 관련 법인 또는 단체에 위탁할 수 있다.

②제1항의 규정에 의하여 위탁받은 업무에 종사하는 법인 또는 단체의 임원 및 직원은 「형법」 제129조 내지 제132조의 적용에 있어서는 이를 공무원으로 본다.

③제1항의 규정에 의하여 위탁받은 법인 또는 단체의 장은 행정안전부령이 정하는 바에 의하여 위탁받은 업무의 수행에 소요되는 경비를 교육대상자로부터 징수할 수 있다.<개정 2008.2.29>

④제1항의 규정에 의하여 소방안전교육을 위탁받은 자가 갖추어야 할 시설기준, 교수요원의 자격 등에 관하여 필요한 사항은 행정안전부령으로 정한다.<개정 2008.2.29>

제6장 벌칙

제23조(벌칙) 제16조 제1항의 규정을 위반하여 화재위험평가대행자로 등록하지 아니하고 화재위험평가 업무를 대행한 자는 1년 이하의 징역 또는 1천만원 이하의 벌금에 처한다.

제24조(양벌규정) 법인의 대표자나 법인 또는 개인의 대리인, 사용인, 그 밖의 종업원이 그 법인 또는 개인의 업무에 관하여 제23조의 위반행위를 하면 그 행위자를 벌하는 외에 그 법인 또는 개인에게도 해당 조문의 벌금형을 과(科)한다. 다만, 법인 또는 개인이 그 위반행위를 방지하기 위하여 해당 업무에 관하여 상당한 주의와 감독을 게을리하지 아니한 경우에는 그러하지 아니하다.

[전문개정 2008.12.26]

제25조(과태료) ①다음 각 호의 어느 하나에 해당하는 자에게는 200만원 이하의 과태료를 부과한다.<개정 2010.2.4>

1. 제8조 제1항 및 제2항의 규정을 위반하여 소방안전교육을 받지 아니하거나

종업원에 대하여 소방안전교육을 받도록 하지 아니한 다중이용업주

2. 제9조 제1항의 규정을 위반하여 안전시설 등을 기준에 따라 설치 · 유지하지 아니한 자
3. 제10조의 규정을 위반하여 실내장식물을 기준에 따라 설치 · 유지하지 아니한 자
4. 제11조의 규정을 위반하여 피난시설 또는 방화시설을 폐쇄 · 훼손 · 변경 등의 행위를 한 자
5. 제12조 제1항의 규정을 위반하여 피난안내도를 비치하지 아니하거나 피난안내에 관한 영상물을 상영하지 아니한 자
6. 제13조 제1항의 규정을 위반하여 정기점검결과서를 보관하지 아니한 자
7. 제14조의 규정에 따른 방화관리업무를 하지 아니한 자

②제1항에 따른 과태료는 대통령령으로 정하는 바에 따라 소방방재청장 · 소방본부장 또는 소방서장이 부과 · 징수한다.<개정 2010.2.4>

제26조(이행강제금) ①소방방재청장 · 소방본부장 또는 소방서장은 제9조 제2항 및 제15조 제2항에 따라 조치 명령을 받은 후 그 정한 기간 이내에 그 명령을 이행하지 아니하는 자에게는 1천만원 이하의 이행강제금을 부과한다.

②소방방재청장 · 소방본부장 또는 소방서장은 제1항에 따른 이행강제금을 부과하기 전에 제1항에 따른 이행강제금을 부과 · 징수한다는 것을 미리 문서로 알려주어야 한다.

③소방방재청장 · 소방본부장 또는 소방서장은 제1항에 따라 이행강제금을 부과할 때에는 이행강제금의 금액, 이행강제금의 부과사유, 납부기한, 수납기관, 이의 제기 방법 및 이의 제기 기관 등을 기재한 문서로 하여야 한다.

④소방방재청장 · 소방본부장 또는 소방서장은 최초의 조치 명령을 한 날을 기준으로 매년 2회의 범위에서 그 조치 명령이 이행될 때까지 반복하여 제1항에 따른 이행강제금을 부과 · 징수할 수 있다.

⑤소방방재청장 · 소방본부장 또는 소방서장은 조치 명령을 받은 자가 명령을 이행하면 새로운 이행강제금의 부과를 즉시 중지하되, 이미 부과된 이행강제금은 징수하여야 한다.

⑥소방방재청장 · 소방본부장 또는 소방서장은 제1항에 따라 이행강제금 부과처

분을 받은 자가 이행강제금을 기한까지 납부하지 아니하면 국세 또는 지방세 체납처분의 예에 따라 징수한다.

⑦제1항에 따라 이행강제금을 부과하는 위반행위의 종류와 위반 정도에 따른 금액과 이의 제기 절차, 그 밖에 필요한 사항은 대통령령으로 정한다.

[전문개정 2010.2.4]

부칙 <제7906호, 2006.3.24>

이하 생략

V 저탄소 녹색성장 기본법

[법률 제9931호 신규제정 2010. 01. 13.]

제1장 총칙

제1조(목적) 이 법은 경제와 환경의 조화로운 발전을 위하여 저탄소(低炭素) 녹색성장에 필요한 기반을 조성하고 녹색기술과 녹색산업을 새로운 성장동력으로 활용함으로써 국민경제의 발전을 도모하며 저탄소 사회 구현을 통하여 국민의 삶의 질을 높이고 국제사회에서 책임을 다하는 성숙한 선진 일류국가로 도약하는 데 이바지함을 목적으로 한다.

제2조(정의) 이 법에서 사용하는 용어의 뜻은 다음과 같다.

1. "저탄소"란 화석연료(化石燃料)에 대한 의존도를 낮추고 청정에너지의 사용 및 보급을 확대하며 녹색기술 연구개발, 탄소흡수원 확충 등을 통하여 온실가스를 적정수준 이하로 줄이는 것을 말한다.
2. "녹색성장"이란 에너지와 자원을 절약하고 효율적으로 사용하여 기후변화와 환경훼손을 줄이고 청정에너지와 녹색기술의 연구개발을 통하여 새로운 성장동력을 확보하며 새로운 일자리를 창출해 나가는 등 경제와 환경이 조화를 이루는 성장을 말한다.
3. "녹색기술"이란 온실가스 감축기술, 에너지 이용 효율화 기술, 청정생산기술, 청정에너지 기술, 자원순환 및 친환경 기술(관련 융합기술을 포함한다) 등 사회·경제 활동의 전 과정에 걸쳐 에너지와 자원을 절약하고 효율적으로 사용하여 온실가스 및 오염물질의 배출을 최소화하는 기술을 말한다.
4. "녹색산업"이란 경제·금융·건설·교통물류·농림수산·관광 등 경제활동 전반에 걸쳐 에너지와 자원의 효율을 높이고 환경을 개선할 수 있는 재화(財貨)의 생산 및 서비스의 제공 등을 통하여 저탄소 녹색성장을 이루기 위한 모든 산업을 말한다.
5. "녹색제품"이란 에너지·자원의 투입과 온실가스 및 오염물질의 발생을 최소

화하는 제품을 말한다.

6. "녹색생활"이란 기후변화의 심각성을 인식하고 일상생활에서 에너지를 절약하여 온실가스와 오염물질의 발생을 최소화하는 생활을 말한다.
7. "녹색경영"이란 기업이 경영활동에서 자원과 에너지를 절약하고 효율적으로 이용하며 온실가스 배출 및 환경오염의 발생을 최소화하면서 사회적, 윤리적 책임을 다하는 경영을 말한다.
8. "지속가능발전"이란 「지속가능발전법」 제2조 제2호에 따른 지속가능발전을 말한다.
9. "온실가스"란 이산화탄소(CO_2), 메탄(CH_4), 아산화질소(N_2O), 수소불화탄소(HFCs), 과불화탄소(PFCs), 육불화황(SF_6) 및 그 밖에 대통령령으로 정하는 것으로 적외선 복사열을 흡수하거나 재방출하여 온실효과를 유발하는 대기 중의 가스 상태의 물질을 말한다.
10. "온실가스 배출"이란 사람의 활동에 수반하여 발생하는 온실가스를 대기 중에 배출·방출 또는 누출시키는 직접배출과 다른 사람으로부터 공급된 전기 또는 열(연료 또는 전기를 열원으로 하는 것만 해당한다)을 사용함으로써 온실가스가 배출되도록 하는 간접배출을 말한다.
11. "지구온난화"란 사람의 활동에 수반하여 발생하는 온실가스가 대기 중에 축적되어 온실가스 농도를 증가시킴으로써 지구 전체적으로 지표 및 대기의 온도가 추가적으로 상승하는 현상을 말한다.
12. "기후변화"란 사람의 활동으로 인하여 온실가스의 농도가 변함으로써 상당 기간 관찰되어 온 자연적인 기후변동에 추가적으로 일어나는 기후체계의 변화를 말한다.
13. "자원순환"이란 「자원의 절약과 재활용촉진에 관한 법률」 제2조 제1호에 따른 자원순환을 말한다.
14. "신·재생에너지"란 「신에너지 및 재생에너지 개발·이용·보급 촉진법」 제2조 제1호에 따른 신에너지 및 재생에너지를 말한다.
15. "에너지 자립도"란 국내 총소비에너지량에 대하여 신·재생에너지 등 국내 생산에너지량 및 우리나라가 국외에서 개발(지분 취득을 포함한다)한 에너지량을 합한 양이 차지하는 비율을 말한다.

제3조(저탄소 녹색성장 추진의 기본원칙) 저탄소 녹색성장은 다음 각 호의 기본원칙에

따라 추진되어야 한다.

1. 정부는 기후변화 · 에너지 · 자원 문제의 해결, 성장동력 확충, 기업의 경쟁력 강화, 국토의 효율적 활용 및 쾌적한 환경 조성 등을 포함하는 종합적인 국가 발전전략을 추진한다.
2. 정부는 시장기능을 최대한 활성화하여 민간이 주도하는 저탄소 녹색성장을 추진한다.
3. 정부는 녹색기술과 녹색산업을 경제성장의 핵심 동력으로 삼고 새로운 일자리를 창출 · 확대할 수 있는 새로운 경제체제를 구축한다.
4. 정부는 국가의 자원을 효율적으로 사용하기 위하여 성장잠재력과 경쟁력이 높은 녹색기술 및 녹색산업 분야에 대한 중점 투자 및 지원을 강화한다.
5. 정부는 사회 · 경제 활동에서 에너지와 자원 이용의 효율성을 높이고 자원순환을 촉진한다.
6. 정부는 자연자원과 환경의 가치를 보존하면서 국토와 도시, 건물과 교통, 도로 · 항만 · 상하수도 등 기반시설을 저탄소 녹색성장에 적합하게 개편한다.
7. 정부는 환경오염이나 온실가스 배출로 인한 경제적 비용이 재화 또는 서비스의 시장가격에 합리적으로 반영되도록 조세(租稅)체계와 금융체계를 개편하여 자원을 효율적으로 배분하고 국민의 소비 및 생활 방식이 저탄소 녹색성장에 기여하도록 적극 유도한다. 이 경우 국내산업의 국제경쟁력이 약화되지 않도록 고려하여야 한다.
8. 정부는 국민 모두가 참여하고 국가기관, 지방자치단체, 기업, 경제단체 및 시민단체가 협력하여 저탄소 녹색성장을 구현하도록 노력한다.
9. 정부는 저탄소 녹색성장에 관한 새로운 국제적 동향(動向)을 조기에 파악 · 분석하여 국가 정책에 합리적으로 반영하고, 국제사회의 구성원으로서 책임과 역할을 성실히 이행하여 국가의 위상과 품격을 높인다.

제4조(국가의 책무) ①국가는 정치 · 경제 · 사회 · 교육 · 문화 등 국정의 모든 부문에서 저탄소 녹색성장의 기본원칙이 반영될 수 있도록 노력하여야 한다.

②국가는 각종 정책을 수립할 때 경제와 환경의 조화로운 발전 및 기후변화에 미치는 영향 등을 종합적으로 고려하여야 한다.

③국가는 지방자치단체의 저탄소 녹색성장 시책을 장려하고 지원하며, 녹색성장

의 정착·확산을 위하여 사업자와 국민, 민간단체에 정보의 제공 및 재정 지원 등 필요한 조치를 할 수 있다.

④국가는 에너지와 자원의 위기 및 기후변화 문제에 대한 대응책을 정기적으로 점검하여 성과를 평가하고 국제협상의 동향 및 주요 국가의 정책을 분석하여 적절한 대책을 마련하여야 한다.

⑤국가는 국제적인 기후변화대응 및 에너지·자원 개발협력에 능동적으로 참여하고, 개발도상국가에 대한 기술적·재정적 지원을 할 수 있다.

제5조(지방자치단체의 책무) ①지방자치단체는 저탄소 녹색성장 실현을 위한 국가시책에 적극 협력하여야 한다.

②지방자치단체는 저탄소 녹색성장대책을 수립·시행할 때 해당 지방자치단체의 지역적 특성과 여건을 고려하여야 한다.

③지방자치단체는 관할구역 내에서의 각종 계획 수립과 사업의 집행과정에서 그 계획과 사업이 저탄소 녹색성장에 미치는 영향을 종합적으로 고려하고, 지역주민에게 저탄소 녹색성장에 대한 교육과 홍보를 강화하여야 한다.

④지방자치단체는 관할구역 내의 사업자, 주민 및 민간단체의 저탄소 녹색성장을 위한 활동을 장려하기 위하여 정보 제공, 재정 지원 등 필요한 조치를 강구하여야 한다.

제6조(사업자의 책무) ①사업자는 녹색경영을 선도하여야 하며 기업활동의 전 과정에서 온실가스와 오염물질의 배출을 줄이고 녹색기술 연구개발과 녹색산업에 대한 투자 및 고용을 확대하는 등 환경에 관한 사회적·윤리적 책임을 다하여야 한다.

②사업자는 정부와 지방자치단체가 실시하는 저탄소 녹색성장에 관한 정책에 적극 참여하고 협력하여야 한다.

제7조(국민의 책무) ①국민은 가정과 학교 및 직장 등에서 녹색생활을 적극 실천하여야 한다.

②국민은 기업의 녹색경영에 관심을 기울이고 녹색제품의 소비 및 서비스 이용을 증대함으로써 기업의 녹색경영을 촉진한다.

③국민은 스스로가 인류가 직면한 심각한 기후변화, 에너지·자원 위기의 최종적인 문제해결자임을 인식하여 건강하고 쾌적한 환경을 후손에게 물려주기 위하여 녹색생활 운동에 적극 참여하여야 한다.

제8조(다른 법률과의 관계) ①저탄소 녹색성장에 관하여는 다른 법률에 우선하여 이 법을 적용한다.

②저탄소 녹색성장과 관련되는 다른 법률을 제정하거나 개정하는 경우에는 이 법의 목적과 기본원칙에 맞도록 하여야 한다.

③국가와 지방자치단체가 다른 법령에 따라 수립하는 행정계획과 정책은 제3조에 따른 저탄소 녹색성장 추진의 기본원칙 및 제9조에 따른 저탄소 녹색성장 국가전략과 조화를 이루도록 하여야 한다.

제2장 저탄소 녹색성장 국가전략

제10조(중앙행정기관의 추진계획 수립 · 시행) ①중앙행정기관의 장은 녹색성장국가전략을 효율적 · 체계적으로 이행하기 위하여 대통령령으로 정하는 바에 따라 소관분야의 추진계획(이하 "중앙추진계획"이라 한다)을 수립 · 시행하여야 한다.

②중앙행정기관의 장은 중앙추진계획을 수립하거나 변경하는 때에는 대통령령으로 정하는 바에 따라 제14조에 따른 녹색성장위원회에 보고하여야 한다. 다만, 대통령령으로 정하는 경미한 사항을 변경하는 경우에는 그러하지 아니하다.

제11조(지방자치단체의 추진계획 수립 · 시행) ①특별시장 · 광역시장 · 도지사 또는 특별자치도지사(이하 "시 · 도지사"라 한다)는 해당 지방자치단체의 저탄소 녹색성장을 촉진하기 위하여 대통령령으로 정하는 바에 따라 녹색성장국가전략과 조화를 이루는 지방녹색성장 추진계획(이하 "지방추진계획"이라 한다)을 수립 · 시행하여야 한다.

②시 · 도지사는 지방추진계획을 수립하거나 변경하는 때에는 제20조에 따른 지방녹색성장위원회의 심의를 거친 후 지방의회에 보고하고 지체 없이 이를 제14조에 따른 녹색성장위원회에 제출하여야 한다. 다만, 대통령령으로 정하는 경미한 사항을 변경하는 경우에는 그러하지 아니하다.

제12조(추진상황 점검 및 평가) ①국무총리는 대통령령으로 정하는 바에 따라 녹색성장국가전략과 중앙추진계획의 이행사항을 점검 · 평가하여야 한다. 이 경우 국무총리는 평가의 절차, 기준, 결과 등에 대하여 제14조에 따른 녹색성장위원회와 협의하여야 한다.

②시 · 도지사는 대통령령으로 정하는 바에 따라 지방추진계획의 이행상황을 점검 · 평가하여 그 결과를 지방의회에 보고하고 지체 없이 이를 제14조에 따른 녹색성장위원회에 제출하여야 한다.

제13조(정책에 관한 의견제시) ①제14조에 따른 녹색성장위원회는 제12조에 따른 추진상황 점검 · 평가 결과 등에 따라 필요하다고 인정되는 경우에는 관계 중앙행정기관의 장 또는 시 · 도지사에게 의견을 제시할 수 있다.

②제1항에 따른 의견을 제시받은 관계 중앙행정기관의 장 또는 시 · 도지사는 해당 기관의 정책 등에 이를 반영하기 위하여 노력하여야 한다.

제9조(저탄소 녹색성장 국가전략) ①정부는 국가의 저탄소 녹색성장을 위한 정책목표 · 추진전략 · 중점추진과제 등을 포함하는 저탄소 녹색성장 국가전략(이하 "녹색성장국가전략"이라 한다)을 수립 · 시행하여야 한다.

② 녹색성장국가전략에는 다음 각 호의 사항이 포함되어야 한다.

1. 제22조에 따른 녹색경제 체제의 구현에 관한 사항
2. 녹색기술 · 녹색산업에 관한 사항
3. 기후변화대응 정책, 에너지 정책 및 지속가능발전 정책에 관한 사항
4. 녹색생활, 제51조에 따른 녹색국토, 제53조에 따른 저탄소 교통체계 등에 관한 사항
5. 기후변화 등 저탄소 녹색성장과 관련된 국제협상 및 국제협력에 관한 사항
6. 그 밖에 재원조달, 조세 · 금융, 인력양성, 교육 · 홍보 등 저탄소 녹색성장을 위하여 필요하다고 인정되는 사항

③정부는 녹색성장국가전략을 수립하거나 변경하려는 경우 제14조에 따른 녹색성장위원회의 심의 및 국무회의의 심의를 거쳐야 한다. 다만, 대통령령으로 정하는 경미한 사항을 변경하는 경우에는 그러하지 아니한다.

제3장 녹색성장위원회 등

제14조(녹색성장위원회의 구성 및 운영) ①국가의 저탄소 녹색성장과 관련된 주요 정책 및 계획과 그 이행에 관한 사항을 심의하기 위하여 대통령 소속으로 녹색성장위원회(이하 "위원회"라 한다)를 둔다.

②위원회는 위원장 2명을 포함한 50명 이내의 위원으로 구성한다.

③위원회의 위원장은 국무총리와 제4항 제2호의 위원 중에서 대통령이 지명하는 사람이 된다.

④위원회의 위원은 다음 각 호의 사람이 된다.

1. 기획재정부장관, 교육과학기술부장관, 지식경제부장관, 환경부장관, 국토해양부장관 등 대통령령으로 정하는 공무원
2. 기후변화, 에너지・자원, 녹색기술・녹색산업, 지속가능발전 분야 등 저탄소 녹색성장에 관한 학식과 경험이 풍부한 사람 중에서 대통령이 위촉하는 사람

⑤위원회의 사무를 처리하게 하기 위하여 위원회에 간사위원 1명을 두며, 간사위원의 지명에 관한 사항은 대통령령으로 정한다.

⑥위원장은 각자 위원회를 대표하며, 위원회의 업무를 총괄한다.

⑦위원장이 부득이한 사유로 직무를 수행할 수 없는 때에는 국무총리인 위원장이 미리 정한 위원이 위원장의 직무를 대행한다.

⑧제4항 제2호의 위원의 임기는 1년으로 하되, 연임할 수 있다.

제15조(위원회의 기능) 위원회는 다음 각 호의 사항을 심의한다.

1. 저탄소 녹색성장 정책의 기본방향에 관한 사항
2. 녹색성장국가전략의 수립・변경・시행에 관한 사항
3. 기후변화대응 기본계획, 에너지기본계획 및 지속가능발전 기본계획에 관한 사항
4. 저탄소 녹색성장 추진의 목표 관리, 점검, 실태조사 및 평가에 관한 사항
5. 관계 중앙행정기관 및 지방자치단체의 저탄소 녹색성장과 관련된 정책 조정 및 지원에 관한 사항
6. 저탄소 녹색성장과 관련된 법제도에 관한 사항
7. 저탄소 녹색성장을 위한 재원의 배분방향 및 효율적 사용에 관한 사항
8. 저탄소 녹색성장과 관련된 국제협상・국제협력, 교육・홍보, 인력양성 및 기반구축 등에 관한 사항
9. 저탄소 녹색성장과 관련된 기업 등의 고충조사, 처리, 시정권고 또는 의견표명
10. 다른 법률에서 위원회의 심의를 거치도록 한 사항
11. 그 밖에 저탄소 녹색성장과 관련하여 위원장이 필요하다고 인정하는 사항

제16조(회의) ①위원장은 위원회의 회의를 소집하고 그 의장이 된다.

②위원회의 회의는 정기회의와 임시회의로 구분하며, 임시회의는 위원장이 필요하다고 인정하는 경우 또는 위원 5명 이상의 소집요구가 있을 경우에 위원장이 소집한다.

③위원회의 회의는 위원 과반수의 출석으로 개의하고, 출석위원 과반수의 찬성으로 의결한다. 다만, 대통령령으로 정하는 경우에는 서면으로 심의·의결할 수 있다.

④제1항부터 제3항까지에서 규정한 사항 외에 정기회의의 시기 등 위원회의 운영에 필요한 사항은 대통령령으로 정한다.

제17조(분과위원회) ①위원회의 업무를 효율적으로 수행·지원하고 위원회가 위임하는 업무를 검토·조정 또는 처리하기 위하여 대통령령으로 정하는 바에 따라 위원회에 분과위원회를 둘 수 있다.

②분과위원회는 위촉위원으로 구성하며, 분과위원회의 위원장은 분과위원회의 위원 중에서 호선(互選)한다.

③중앙행정기관의 고위공무원단에 속하는 공무원은 관계 분야의 안건에 대하여 해당 분과위원회에 참석하여 의견을 제시할 수 있다.

④제1항부터 제3항까지에서 규정한 사항 외에 분과위원회의 운영에 필요한 사항은 위원회의 의결을 거쳐 위원회의 위원장이 정한다.

제18조(녹색성장기획단) ①위원회 및 분과위원회의 운영 및 업무를 효율적으로 지원하기 위하여 위원회에 녹색성장기획단(이하 "기획단"이라 한다)을 둔다.

②기획단의 구성 및 운영 등에 필요한 사항은 대통령령으로 정한다.

제19조(공무원 등의 파견 요청) 위원회는 위원회의 운영 또는 기획단의 업무수행을 위하여 필요한 경우에는 중앙행정기관, 지방자치단체 소속의 공무원 및 관련 민간기관·단체 또는 연구소, 기업 임직원 등의 파견 또는 겸임을 요청할 수 있다.

제20조(지방녹색성장위원회의 구성 및 운영) ①지방자치단체의 저탄소 녹색성장과 관련된 주요 정책 및 계획과 그 이행에 관한 사항을 심의하기 위하여 시·도지사 소속으로 지방녹색성장위원회(이하 "지방녹색성장위원회"라 한다)를 둘 수 있다.

②지방녹색성장위원회의 구성, 운영 및 기능 등에 필요한 사항은 대통령령으로

정한다.

제21조(녹색성장책임관의 지정) 저탄소 녹색성장의 원활한 추진을 위하여 중앙행정기관의 장 및 시·도지사는 소속 공무원 중에서 녹색성장책임관을 지정할 수 있다.

제4장 저탄소 녹색성장의 추진

제22조(녹색경제·녹색산업 구현을 위한 기본원칙) ①정부는 화석연료의 사용을 단계적으로 축소하고 녹색기술과 녹색산업을 육성함으로써 국가경쟁력을 강화하고 지속가능발전을 추구하는 경제(이하 "녹색경제"라 한다)를 구현하여야 한다.

②정부는 녹색경제 정책을 수립·시행할 때 금융·산업·과학기술·환경·국토·문화 등 다양한 부문을 통합적 관점에서 균형 있게 고려하여야 한다.

③정부는 새로운 녹색산업의 창출, 기존 산업의 녹색산업으로의 전환 및 관련 산업과의 연계 등을 통하여 에너지·자원 다소비형 산업구조가 저탄소 녹색산업 구조로 단계적으로 전환되도록 노력하여야 한다.

④정부는 저탄소 녹색성장을 추진할 때 지역 간 균형발전을 도모하며 저소득층이 소외되지 않도록 지원 및 배려하여야 한다.

제23조(녹색경제·녹색산업의 육성·지원) ①정부는 녹색경제를 구현함으로써 국가경제의 건전성과 경쟁력을 강화하고 성장잠재력이 큰 새로운 녹색산업을 발굴·육성하는 등 녹색경제·녹색산업의 육성·지원 시책을 마련하여야 한다.

②제1항에 따른 녹색경제·녹색산업의 육성·지원 시책에는 다음 각 호의 사항이 포함되어야 한다.

1. 국내외 경제여건 및 전망에 관한 사항
2. 기존 산업의 녹색산업 구조로의 단계적 전환에 관한 사항
3. 녹색산업을 촉진하기 위한 중장기·단계별 목표, 추진전략에 관한 사항
4. 녹색산업의 신성장동력으로의 육성·지원에 관한 사항
5. 전기·정보통신·교통시설 등 기존 국가기반시설의 친환경 구조로의 전환에 관한 사항
6. 녹색경영을 위한 자문서비스 산업의 육성에 관한 사항
7. 녹색산업 인력 양성 및 일자리 창출에 관한 사항

8. 그 밖에 녹색경제 · 녹색산업의 촉진에 관한 사항

제24조(자원순환의 촉진) ①정부는 자원을 절약하고 효율적으로 이용하며 폐기물의 발생을 줄이는 등 자원순환의 촉진과 자원생산성 제고를 위하여 자원순환 산업을 육성 · 지원하기 위한 다양한 시책을 마련하여야 한다.

②제1항에 따른 자원순환 산업의 육성 · 지원 시책에는 다음 각 호의 사항이 포함되어야 한다.

1. 자원순환 촉진 및 자원생산성 제고 목표설정
2. 자원의 수급 및 관리
3. 유해하거나 재제조 · 재활용이 어려운 물질의 사용억제
4. 폐기물 발생의 억제 및 재제조 · 재활용 등 재자원화
5. 에너지자원으로 이용되는 목재, 식물, 농산물 등 바이오매스의 수집 · 활용
6. 자원순환 관련 기술개발 및 산업의 육성
7. 자원생산성 향상을 위한 교육훈련 · 인력양성 등에 관한 사항

제25조(기업의 녹색경영 촉진) ①정부는 기업의 녹색경영을 지원 · 촉진하여야 한다.

②정부는 기업의 녹색경영을 지원 · 촉진하기 위하여 다음 각 호의 사항을 포함하는 시책을 수립 · 시행하여야 한다.

1. 친환경 생산체제로의 전환을 위한 기술지원
2. 기업의 에너지 · 자원 이용 효율화, 온실가스 배출량 감축, 산림조성 및 자연환경 보전, 지속가능발전 정보 등 녹색경영 성과의 공개
3. 중소기업의 녹색경영에 대한 지원
4. 그 밖에 저탄소 녹색성장을 위한 기업활동 지원에 관한 사항

제26조(녹색기술의 연구개발 및 사업화 등의 촉진) ①정부는 녹색기술의 연구개발 및 사업화 등을 촉진하기 위하여 다음 각 호의 사항을 포함하는 시책을 수립 · 시행할 수 있다.

1. 녹색기술과 관련된 정보의 수집 · 분석 및 제공
2. 녹색기술 평가기법의 개발 및 보급
3. 녹색기술 연구개발 및 사업화 등의 촉진을 위한 금융지원
4. 녹색기술 전문인력의 양성 및 국제협력 등

②정부는 정보통신 · 나노 · 생명공학 기술 등의 융합을 촉진하고 녹색기술의 지식

재산권화를 통하여 저탄소 지식기반경제로의 이행을 신속하게 추진하여야 한다.

③「과학기술기본법」에 따른 과학기술기본계획에 제1항의 시책이 포함되는 경우에는 미리 위원회의 의견을 들어야 한다.

제27조(정보통신기술의 보급 · 활용) ①정부는 에너지 절약, 에너지 이용효율 향상 및 온실가스 감축을 위하여 정보통신기술 및 서비스를 적극 활용하는 다음 각 호에 대한 시책을 수립 · 시행하여야 한다.

1. 방송통신 네트워크 등 정보통신 기반 확대
2. 새로운 정보통신 서비스의 개발 · 보급
3. 정보통신 산업 및 기기 등에 대한 녹색기술 개발 촉진

②정부는 저탄소 녹색성장을 위한 생활문화를 조속히 확산시키기 위하여 재택근무 · 영상회의 · 원격교육 · 원격진료 등을 활성화하는 등의 방송통신 시책을 수립 · 시행하여야 한다.

③정부는 정보통신기술을 활용하여 전력 네트워크를 지능화 · 고도화함으로써 고품질의 전력서비스를 제공하고 에너지 이용효율을 극대화하며 온실가스를 획기적으로 감축할 수 있도록 하여야 한다.

제28조(금융의 지원 및 활성화) 정부는 저탄소 녹색성장을 촉진하기 위하여 다음 각 호의 사항을 포함하는 금융 시책을 수립 · 시행하여야 한다.

1. 녹색경제 및 녹색산업의 지원 등을 위한 재원의 조성 및 자금 지원
2. 저탄소 녹색성장을 지원하는 새로운 금융상품의 개발
3. 저탄소 녹색성장을 위한 기반시설 구축사업에 대한 민간투자 활성화
4. 기업의 녹색경영 정보에 대한 공시제도 등의 강화 및 녹색경영 기업에 대한 금융지원 확대
5. 탄소시장(온실가스를 배출할 수 있는 권리 또는 온실가스의 감축 · 흡수 실적 등을 거래하는 시장을 말한다. 이하 같다)의 개설 및 거래 활성화 등

제29조(녹색산업투자회사의 설립과 지원) ①녹색기술 및 녹색산업에 자산을 투자하여 그 수익을 투자자에게 배분하는 것을 목적으로 하는 녹색산업투자회사(「자본시장과 금융투자업에 관한 법률」 제9조 제18항의 집합투자기구를 말한다. 이하 같다)를 설립할 수 있다.

②녹색산업투자회사가 투자하는 녹색기술 및 녹색산업은 다음 각호에서 정하는

사업 또는 기업으로 한다.

1. 제2조 제3호에 따른 녹색기술에 대한 연구와 시제품의 제작 및 상용화를 위한 연구개발 또는 기술지원 사업
2. 제2조 제4호에 따른 녹색산업에 해당하는 사업
3. 녹색기술 또는 녹색산업에 대한 투자 또는 영업을 영위하는 기업

③정부는 「공공기관의 운영에 관한 법률」 제4조에 따른 공공기관이 녹색산업투자회사에 출자하려는 경우 이를 위한 자금의 전부 또는 일부를 예산의 범위에서 지원할 수 있다.

④금융위원회는 제3항의 규정에 따라 공공기관이 출자한 녹색산업투자회사(해당 회사의 자산운용회사·자산보관회사 및 일반사무관리회사를 포함한다. 이하 이 조에서 같다)에게 해당 회사의 업무 및 재산 등에 관한 자료의 제출이나 보고를 요구할 수 있으며, 관계 중앙행정기관은 금융위원회에 해당 자료의 제출을 요구할 수 있다.

⑤관계 중앙행정기관은 제4항에 의하여 제출된 자료나 보고 내용에 대하여 검사가 필요하다고 인정하는 경우 금융위원회에게 해당 녹색산업투자회사에 대한 업무 및 재산 등에 관한 검사를 요청할 수 있으며, 해당 검사 결과 중대한 문제가 있다고 여겨지는 경우에는 금융위원회는 관계 중앙행정기관과 협의하여 해당 녹색산업투자회사의 등록을 취소할 수 있다.

⑥제1항 내지 제5항에 따른 녹색산업투자회사의 설립·운영 및 재정지원과 그 밖에 필요한 세부사항은 대통령령으로 정한다.

제30조(조세 제도 운영) 정부는 에너지·자원의 위기 및 기후변화 문제에 효과적으로 대응하고 저탄소 녹색성장을 촉진하기 위하여 온실가스와 오염물질을 발생시키거나 에너지·자원 이용효율이 낮은 재화와 서비스를 줄이고 환경친화적인 재화와 서비스를 촉진하는 방향으로 국가의 조세 제도를 운영하여야 한다.

제31조(녹색기술·녹색산업에 대한 지원·특례 등) ①국가 또는 지방자치단체는 녹색기술·녹색산업에 대하여 보조금의 지급 등 필요한 지원을 할 수 있다.

②「신용보증기금법」에 따라 설립된 신용보증기금 및 「기술신용보증기금법」에 따라 설립된 기술신용보증기금은 녹색기술·녹색산업에 우선적으로 신용보증을 하거나 보증조건 등을 우대할 수 있다.

③국가나 지방자치단체는 녹색기술·녹색산업과 관련된 기업을 지원하기 위하여 「조세특례제한법」과 「지방세법」에서 정하는 바에 따라 소득세·법인세·취득세·재산세·등록세 등을 감면할 수 있다.

④국가나 지방자치단체는 녹색기술·녹색산업과 관련된 기업이 「외국인투자 촉진법」 제2조 제1항 제4호에 따른 외국인투자를 유치하는 경우에 이를 최대한 지원하기 위하여 노력하여야 한다.

제32조(녹색기술 · 녹색산업의 표준화 및 인증 등) ①정부는 국내에서 개발되었거나 개발 중인 녹색기술·녹색산업이 「국가표준기본법」 제3조 제2호에 따른 국제표준에 부합되도록 표준화 기반을 구축하고 녹색기술·녹색산업의 국제표준화 활동 등에 필요한 지원을 할 수 있다.

②정부는 녹색기술·녹색산업의 발전을 촉진하기 위하여 녹색기술, 녹색사업, 녹색제품 등에 대한 적합성 인증을 하거나 녹색전문기업 확인, 공공기관의 구매의무화 또는 기술지도 등을 할 수 있다.

③정부는 다음 각 호의 어느 하나에 해당하는 경우에는 제2항에 따른 적합성 인증 및 녹색전문기업 확인을 취소하여야 한다.

1. 거짓이나 그 밖의 부정한 방법으로 인증이나 확인을 받은 경우
2. 중대한 결함이 있어 인증이나 확인이 적당하지 아니하다고 인정되는 경우

④제1항 내지 제3항에 따른 표준화, 인증 및 취소 등에 관하여 그 밖에 필요한 사항은 대통령령으로 정한다.

제33조(중소기업의 지원 등) 정부는 중소기업의 녹색기술 및 녹색경영을 촉진하기 위하여 다음 각 호의 시책을 수립·시행할 수 있다.

1. 대기업과 중소기업의 공동사업에 대한 우선 지원
2. 대기업의 중소기업에 대한 기술지도·기술이전 및 기술인력 파견에 대한 지원
3. 중소기업의 녹색기술 사업화의 촉진
4. 녹색기술 개발 촉진을 위한 공공시설의 이용
5. 녹색기술·녹색산업에 관한 전문인력 양성·공급 및 국외진출
6. 그 밖에 중소기업의 녹색기술 및 녹색경영을 촉진하기 위한 사항

제34조(녹색기술 · 녹색산업 집적지 및 단지 조성 등) ①정부는 녹색기술의 공동연구개발, 시설장비의 공동활용 및 산·학·연 네트워크 구축 등의 사업을 위한 집적

지와 단지를 조성하거나 이를 지원할 수 있다.

②제1항에 따른 사업을 추진하는 경우에는 다음 각 호의 사항을 고려하여야 한다.

1. 산업단지별 산업집적 현황에 관한 사항
2. 기업 · 대학 · 연구소 등의 연구개발 역량강화 및 상호연계에 관한 사항
3. 산업집적기반시설의 확충 및 우수한 녹색기술 · 녹색산업 인력의 유치에 관한 사항
4. 녹색기술 · 녹색산업의 사업추진체계 및 재원조달방안

③정부는 대통령령으로 정하는 기관 또는 단체로 하여금 녹색기술 · 녹색산업 집적지 및 단지를 조성하게 할 수 있다.

④정부는 제3항에 따른 기관 또는 단체가 같은 항에 따른 녹색기술 · 녹색산업 집적지 및 단지를 조성하는 사업을 수행하는 데에 소요되는 비용의 전부 또는 일부를 출연할 수 있다.

제35조(녹색기술 · 녹색산업에 대한 일자리 창출 등) ①정부는 녹색기술 · 녹색산업에 대한 일자리를 창출 · 확대하여 모든 국민이 녹색성장의 혜택을 누릴 수 있도록 하여야 한다.

②정부는 녹색기술 · 녹색산업에 대한 일자리를 창출하는 과정에서 산업분야별 노동력의 원활한 이동 · 전환을 촉진하고 국민이 새로운 기술을 습득할 수 있는 기회를 확대하며, 녹색기술 · 녹색산업에 대한 일자리 창출을 위한 재정적 · 기술적 지원을 할 수 있다.

제36조(규제의 선진화) ①정부는 자원을 효율적으로 이용하고 온실가스와 오염물질의 발생을 줄이기 위한 규제를 도입하려는 경우에는 온실가스 또는 오염물질의 발생 원인자가 스스로 온실가스와 오염물질의 발생을 줄이도록 유도함으로써 사회 · 경제적 비용을 줄이도록 노력하여야 한다.

②정부는 온실가스와 오염물질의 발생을 줄이기 위한 규제를 도입하려는 경우에는 민간의 자율과 창의를 저해하지 않도록 하고, 기업의 규제에 대한 국내외 실태조사 등을 하여 산업경쟁력을 높일 수 있도록 규제의 중복을 피하는 등 규제체계를 선진화하여야 한다.

제37조(국제규범 대응) ①정부는 외국 정부 또는 국제기구에서 제정하거나 도입하려는 저탄소 녹색성장과 관련된 제도 · 정책에 관한 동향과 정보를 수집 · 조사 · 분석

하여 관련 제도・정책을 합리적으로 정비하고 지원체제를 구축하는 등 적절한 대책을 마련하여야 한다.

②정부는 제1항의 동향・정보 및 대책에 관한 사항을 기업・국민들에게 충분히 제공함으로써 국내 기업과 국민들이 대응역량을 높일 수 있도록 하여야 한다.

제5장 저탄소 사회의 구현

제38조(기후변화대응의 기본원칙) 정부는 저탄소 사회를 구현하기 위하여 기후변화대응 정책 및 관련 계획을 다음 각 호의 원칙에 따라 수립・시행하여야 한다.

1. 지구온난화에 따른 기후변화 문제의 심각성을 인식하고 국가적・국민적 역량을 모아 총체적으로 대응하고 범지구적 노력에 적극 참여한다.
2. 온실가스 감축의 비용과 편익을 경제적으로 분석하고 국내 여건 등을 감안하여 국가온실가스 중장기 감축 목표를 설정하고, 가격기능과 시장원리에 기반을 둔 비용효과적 방식의 합리적 규제체제를 도입함으로써 온실가스 감축을 효율적・체계적으로 추진한다.
3. 온실가스를 획기적으로 감축하기 위하여 정보통신・나노・생명 공학 등 첨단기술 및 융합기술을 적극 개발하고 활용한다.
4. 온실가스 배출에 따른 권리・의무를 명확히 하고 이에 대한 시장거래를 허용함으로써 다양한 감축수단을 자율적으로 선택할 수 있도록 하고, 국내 탄소시장을 활성화하여 국제 탄소시장에 적극 대비한다.
5. 대규모 자연재해, 환경생태와 작물상황의 변화에 대비하는 등 기후변화로 인한 영향을 최소화하고 그 위험 및 재난으로부터 국민의 안전과 재산을 보호한다.

제39조(에너지정책 등의 기본원칙) 정부는 저탄소 녹색성장을 추진하기 위하여 에너지 정책 및 에너지와 관련된 계획을 다음 각 호의 원칙에 따라 수립・시행하여야 한다.

1. 석유・석탄 등 화석연료의 사용을 단계적으로 축소하고 에너지 자립도를 획기적으로 향상시킨다.
2. 에너지 가격의 합리화, 에너지의 절약, 에너지 이용효율 제고 등 에너지 수요관리를 강화하여 지구온난화를 예방하고 환경을 보전하며, 에너지 저소비・

자원순환형 경제 · 사회구조로 전환한다.

3. 친환경에너지인 태양에너지, 폐기물 · 바이오에너지, 풍력, 지열, 조력, 연료전지, 수소에너지 등 신 · 재생에너지의 개발 · 생산 · 이용 및 보급을 확대하고 에너지 공급원을 다변화한다.
4. 에너지가격 및 에너지산업에 대한 시장경쟁 요소의 도입을 확대하고 공정거래 질서를 확립하며, 국제규범 및 외국의 법제도 등을 고려하여 에너지산업에 대한 규제를 합리적으로 도입 · 개선하여 새로운 시장을 창출한다.
5. 국민이 저탄소 녹색성장의 혜택을 고루 누릴 수 있도록 저소득층에 대한 에너지 이용 혜택을 확대하고 형평성을 제고하는 등 에너지와 관련한 복지를 확대한다.
6. 국외 에너지자원 확보, 에너지의 수입 다변화, 에너지 비축 등을 통하여 에너지를 안정적으로 공급함으로써 에너지에 관한 국가안보를 강화한다.

제40조(기후변화대응 기본계획) ①정부는 기후변화대응의 기본원칙에 따라 20년을 계획기간으로 하는 기후변화대응 기본계획을 5년마다 수립 · 시행하여야 한다.

②기후변화대응 기본계획을 수립하거나 변경하는 경우에는 위원회의 심의 및 국무회의 심의를 거쳐야 한다. 다만, 대통령령으로 정하는 경미한 사항을 변경하는 경우에는 그러하지 아니하다.

③기후변화대응 기본계획에는 다음 각 호의 사항이 포함되어야 한다.

1. 국내외 기후변화 경향 및 미래 전망과 대기 중의 온실가스 농도변화
2. 온실가스 배출 · 흡수 현황 및 전망
3. 온실가스 배출 중장기 감축목표 설정 및 부문별 · 단계별 대책
4. 기후변화대응을 위한 국제협력에 관한 사항
5. 기후변화대응을 위한 국가와 지방자치단체의 협력에 관한 사항
6. 기후변화대응 연구개발에 관한 사항
7. 기후변화대응 인력양성에 관한 사항
8. 기후변화의 감시 · 예측 · 영향 · 취약성평가 및 재난방지 등 적응대책에 관한 사항
9. 기후변화대응을 위한 교육 · 홍보에 관한 사항
10. 그 밖에 기후변화대응 추진을 위하여 필요한 사항

제41조(에너지기본계획의 수립) ①정부는 에너지정책의 기본원칙에 따라 20년을 계획기간으로 하는 에너지기본계획(이하 이 조에서 "에너지기본계획"이라 한다)을 5년마다 수립·시행하여야 한다.

②에너지기본계획을 수립하거나 변경하는 경우에는 「에너지법」 제9조에 따른 에너지위원회의 심의를 거친 다음 위원회와 국무회의의 심의를 거쳐야 한다. 다만, 대통령령으로 정하는 경미한 사항을 변경하는 경우에는 그러하지 아니하다.

③에너지기본계획에는 다음 각 호의 사항이 포함되어야 한다.

1. 국내외 에너지 수요와 공급의 추이 및 전망에 관한 사항
2. 에너지의 안정적 확보, 도입·공급 및 관리를 위한 대책에 관한 사항
3. 에너지 수요 목표, 에너지원 구성, 에너지 절약 및 에너지 이용효율 향상에 관한 사항
4. 신·재생에너지 등 환경친화적 에너지의 공급 및 사용을 위한 대책에 관한 사항
5. 에너지 안전관리를 위한 대책에 관한 사항
6. 에너지 관련 기술개발 및 보급, 전문인력 양성, 국제협력, 부존 에너지자원 개발 및 이용, 에너지 복지 등에 관한 사항

제42조(기후변화대응 및 에너지의 목표관리) ①정부는 범지구적인 온실가스 감축에 적극 대응하고 저탄소 녹색성장을 효율적·체계적으로 추진하기 위하여 다음 각 호의 사항에 대한 중장기 및 단계별 목표를 설정하고 그 달성을 위하여 필요한 조치를 강구하여야 한다.

1. 온실가스 감축 목표
2. 에너지 절약 목표 및 에너지 이용효율 목표
3. 에너지 자립 목표
4. 신·재생에너지 보급 목표

②정부는 제1항에 따른 목표를 설정할 때 국내 여건 및 각국의 동향 등을 고려하여야 한다.

③정부는 제1항에 따른 목표를 달성하기 위하여 관계 중앙행정기관, 지방자치단체 및 대통령령으로 정하는 공공기관 등에 대하여 대통령령으로 정하는 바에 따라 해당 기관별로 에너지절약 및 온실가스 감축목표를 설정하도록 하고 그

이행사항을 지도·감독할 수 있다.

④정부는 제1항 제1호 및 제2호에 따른 목표를 달성할 수 있도록 산업, 교통·수송, 가정·상업 등 부문별 목표를 설정하고 그 달성을 위하여 필요한 조치를 적극 마련하여야 한다.

⑤정부는 제1항 제1호 및 제2호에 따른 목표를 달성하기 위하여 대통령령으로 정하는 기준량 이상의 온실가스 배출업체 및 에너지 소비업체(이하 "관리업체"라 한다)별로 측정·보고·검증이 가능한 방식으로 목표를 설정·관리하여야 한다. 이 경우 정부는 관리업체와 미리 협의하여야 하며, 온실가스 배출 및 에너지 사용 등의 이력, 기술 수준, 국제경쟁력, 국가목표 등을 고려하여야 한다.

⑥관리업체는 제5항에 따른 목표를 준수하여야 하며, 그 실적을 대통령령으로 정하는 바에 따라 정부에 보고하여야 한다.

⑦정부는 제6항에 따라 보고받은 실적에 대하여 등록부를 작성하고 체계적으로 관리하여야 한다.

⑧정부는 관리업체의 준수실적이 제5항에 따른 목표에 미달하는 경우 목표달성을 위하여 필요한 개선을 명할 수 있다. 이 경우 관리업체는 개선명령에 따른 이행계획을 작성하여 이를 성실히 이행하여야 한다.

⑨관리업체는 제8항에 따른 이행결과를 측정·보고·검증이 가능한 방식으로 작성하여 대통령령으로 정하는 공신력 있는 외부 전문기관의 검증을 받아 정부에 보고하고 공개하여야 한다.

⑩정부는 관리업체가 제5항에 따른 목표를 달성하고 제8항에 따른 이행계획을 차질 없이 이행할 수 있도록 하기 위하여 필요한 경우 재정·세제·경영·기술지원, 실태조사 및 진단, 자료 및 정보의 제공 등을 할 수 있다.

⑪제5항부터 제9항까지에서 규정한 사항 외에 등록부의 관리, 관리업체의 지원 등에 필요한 사항은 대통령령으로 정한다.

제43조(온실가스 감축의 조기행동 촉진) ①정부는 관리업체가 제42조 제5항에 따른 목표관리를 받기 전에 자발적으로 행한 실적에 대해서는 이를 목표관리 실적으로 인정하거나 그 실적을 거래할 수 있도록 하는 등 자발적으로 온실가스를 미리 감축하는 행동을 하도록 촉진하여야 한다.

②제1항에 따른 실적을 거래할 수 있는 방법 및 절차 등에 필요한 사항은 대통령

령으로 정한다.

제44조(온실가스 배출량 및 에너지 사용량 등의 보고) ①관리업체는 사업장별로 매년 온실가스 배출량 및 에너지 소비량에 대하여 측정 · 보고 · 검증 가능한 방식으로 명세서를 작성하여 정부에 보고하여야 한다.

②관리업체는 제1항에 따른 보고를 할 때 명세서의 신뢰성 여부에 대하여 대통령령으로 정하는 공신력 있는 외부 전문기관의 검증을 받아야 한다. 이 경우 정부는 명세서에 흠이 있거나 빠진 부분에 대하여 시정 또는 보완을 명할 수 있다.

③정부는 명세서를 체계적으로 관리하고 명세서에 포함된 주요 정보를 관리업체별로 공개할 수 있다. 다만, 관리업체는 정보공개로 인하여 그 관리업체의 권리나 영업상의 비밀이 현저히 침해되는 특별한 사유가 있는 경우에는 비공개를 요청할 수 있다.

④정부는 관리업체로부터 제3항 단서에 따른 정보의 비공개 요청을 받았을 때에는 심사위원회를 구성하여 30일 이내에 그 결과를 통지하여야 한다.

⑤명세서의 내용, 보고 · 관리, 공개방법 및 심사위원회의 구성 · 운영 등에 필요한 사항은 대통령령으로 정한다.

제45조(온실가스 종합정보관리체계의 구축) ①정부는 국가 온실가스 배출량 · 흡수량, 배출 · 흡수 계수(係數), 온실가스 관련 각종 정보 및 통계를 개발 · 검증 · 관리하는 온실가스 종합정보관리체계를 구축하여야 한다.

②관계 중앙행정기관의 장은 제1항에 따른 종합정보관리체계가 원활히 운영될 수 있도록 에너지 · 산업공정 · 농업 · 폐기물 · 산림 등 부문별 소관 분야의 정보 및 통계를 작성하여 제공하는 등 적극 협력하여야 한다.

③정부는 제1항에 따른 각종 정보 및 통계를 작성 · 관리하거나 종합정보관리체계를 구축함에 있어 국제기준을 최대한 반영하여 전문성 · 투명성 및 신뢰성을 제고하여야 한다.

④정부는 제1항에 따른 각종 정보 및 통계를 분석 · 검증하여 그 결과를 매년 공표하여야 한다.

⑤제1항부터 제4항까지에서 규정한 사항 외에 세부적인 정보 및 통계 관리방법, 관리기관 및 방법 등은 대통령령으로 정한다.

제46조(총량제한 배출권 거래제 등의 도입) ①정부는 시장기능을 활용하여 효율적으로 국가의 온실가스 감축목표를 달성하기 위하여 온실가스 배출권을 거래하는 제도를 운영할 수 있다.

②제1항의 제도에는 온실가스 배출허용총량을 설정하고 배출권을 거래하는 제도 및 기타 국제적으로 인정되는 거래 제도를 포함한다.

③정부는 제2항에 따른 제도를 실시할 경우 기후변화 관련 국제협상을 고려하여야 하고, 국제경쟁력이 현저하게 약화될 우려가 있는 제42조 제5항의 관리업체에 대하여는 필요한 조치를 강구할 수 있다.

④제2항에 따른 제도의 실시를 위한 배출허용량의 할당방법, 등록・관리방법 및 거래소 설치・운영 등은 따로 법률로 정한다.

제47조(교통부문의 온실가스 관리) ①자동차 등 교통수단을 제작하려는 자는 그 교통수단에서 배출되는 온실가스를 감축하기 위한 방안을 마련하여야 하며, 온실가스 감축을 위한 국제경쟁 체제에 부응할 수 있도록 적극 노력하여야 한다.

②정부는 자동차의 평균에너지소비효율을 개선함으로써 에너지 절약을 도모하고, 자동차 배기가스 중 온실가스를 줄임으로써 쾌적하고 적정한 대기환경을 유지할 수 있도록 자동차 평균에너지소비효율기준 및 자동차 온실가스 배출허용기준을 각각 정하되, 이중규제가 되지 않도록 자동차 제작업체(수입업체를 포함한다)로 하여금 어느 한 기준을 택하여 준수토록 하고 측정방법 등이 중복되지 않도록 하여야 한다.

③정부는 온실가스 배출량이 적은 자동차 등을 구매하는 자에 대하여 재정적 지원을 강화하고 온실가스 배출량이 많은 자동차 등을 구매하는 자에 대해서는 부담금을 부과하는 등의 방안을 강구할 수 있다.

④정부는 하이브리드 자동차, 수소연료전지 자동차 등 저탄소・고효율 교통수단의 제작・보급을 촉진하기 위하여 재정・세제 지원, 연구개발 및 관련 제도 개선 등의 방안을 강구할 수 있다.

제48조(기후변화 영향평가 및 적응대책의 추진) ①정부는 기상현상에 대한 관측・예측・제공・활용 능력을 높이고, 지역별・권역별로 태양력・풍력・조력 등 신・재생에너지원을 확보할 수 있는 잠재력을 지속적으로 분석・평가하여 이에 관한 기상정보관리체계를 구축・운영하여야 한다.

②정부는 기후변화에 대한 감시·예측의 정확도를 향상시키고 생물자원 및 수자원 등의 변화 상황과 국민건강에 미치는 영향 등 기후변화로 인한 영향을 조사·분석하기 위한 조사·연구, 기술개발, 관련 전문기관의 지원 및 국내외 협조체계 구축 등의 시책을 추진하여야 한다.

③정부는 관계 중앙행정기관의 장과 협의하여 기후변화로 인한 생태계, 생물다양성, 대기, 수자원·수질, 보건, 농·수산식품, 산림, 해양, 산업, 방재 등에 미치는 영향 및 취약성을 조사·평가하고 그 결과를 공표하여야 한다.

④정부는 기후변화로 인한 피해를 줄이기 위하여 사전 예방적 관리에 우선적인 노력을 기울여야 하며 대통령령으로 정하는 바에 따라 기후변화의 영향을 완화시키거나 건강·자연재해 등에 대응하는 적응대책을 수립·시행하여야 한다.

⑤정부는 국민·사업자 등이 기후변화 적응대책에 따라 활동할 경우 이에 필요한 기술적 및 재정적 지원을 할 수 있다.

제6장 녹색생활 및 지속가능발전의 실현

제49조(녹색생활 및 지속가능발전의 기본원칙) 녹색생활 및 지속가능발전의 실현을 위한 국가의 시책은 다음 각 호의 기본원칙에 따라 추진되어야 한다.

1. 국토는 녹색성장의 터전이며 그 결과의 전시장이라는 점을 인식하고 현세대 및 미래세대가 쾌적한 삶을 영위할 수 있도록 국토의 개발 및 보전·관리가 조화될 수 있도록 한다.
2. 국토·도시공간구조와 건축·교통체제를 저탄소 녹색성장 구조로 개편하고 생산자와 소비자가 녹색제품을 자발적·적극적으로 생산하고 구매할 수 있는 여건을 조성한다.
3. 국가·지방자치단체·기업 및 국민은 지속가능발전과 관련된 국제적 합의를 성실히 이행하고, 국민의 일상생활 속에 녹색생활이 내재화되고 녹색문화가 사회전반에 정착될 수 있도록 한다.
4. 국가·지방자치단체 및 기업은 경제발전의 기초가 되는 생태학적 기반을 보호할 수 있도록 토지이용과 생산시스템을 개발·정비함으로써 환경보전을 촉진한다.

제50조(지속가능발전 기본계획의 수립 · 시행) ①정부는 1992년 브라질에서 개최된 유엔환경개발회의에서 채택한 의제21, 2002년 남아프리카공화국에서 개최된 세계지속가능발전정상회의에서 채택한 이행계획 등 지속가능발전과 관련된 국제적 합의를 성실히 이행하고, 국가의 지속가능발전을 촉진하기 위하여 20년을 계획기간으로 하는 지속가능발전 기본계획을 5년마다 수립 · 시행하여야 한다.

②지속가능발전 기본계획을 수립하거나 변경하는 경우에는 「지속가능발전법」 제15조에 따른 지속가능발전위원회의 심의를 거친 다음 위원회와 국무회의의 심의를 거쳐야 한다. 다만, 대통령령으로 정하는 경미한 사항을 변경하는 경우에는 그러하지 아니하다.

③지속가능발전 기본계획에는 다음 각 호의 사항이 포함되어야 한다.

1. 지속가능발전의 현황 및 여건변화와 전망에 관한 사항
2. 지속가능발전을 위한 비전, 목표, 추진전략과 원칙, 기본정책 방향, 주요지표에 관한 사항
3. 지속가능발전에 관련된 국제적 합의이행에 관한 사항
4. 그 밖에 지속가능발전을 위하여 필요한 사항

④중앙행정기관의 장은 제1항에 따른 지속가능발전 기본계획과 조화를 이루는 소관 분야의 중앙 지속가능발전 기본계획을 중앙추진계획에 포함하여 수립 · 시행하여야 한다.

⑤시 · 도지사는 제1항에 따른 지속가능발전 기본계획과 조화를 이루며 해당 지방자치단체의 지역적 특성과 여건을 고려한 지방 지속가능발전 기본계획을 지방추진계획에 포함하여 수립 · 시행하여야 한다.

제51조(녹색국토의 관리) ①정부는 건강하고 쾌적한 환경과 아름다운 경관이 경제발전 및 사회개발과 조화를 이루는 국토(이하 "녹색국토"라 한다)를 조성하기 위하여 국토종합계획 · 도시기본계획 등 대통령령으로 정하는 계획을 제49조에 따른 녹색생활 및 지속가능발전의 기본원칙에 따라 수립 · 시행하여야 한다.

②정부는 녹색국토를 조성하기 위하여 다음 각 호의 사항을 포함하는 시책을 마련하여야 한다.

1. 에너지 · 자원 자립형 탄소중립도시 조성
2. 산림 · 녹지의 확충 및 광역생태축 보전

3. 해양의 친환경적 개발·이용·보존
4. 저탄소 항만의 건설 및 기존 항만의 저탄소 항만으로의 전환
5. 친환경 교통체계의 확충
6. 자연재해로 인한 국토 피해의 완화
7. 그 밖에 녹색국토 조성에 관한 사항

③정부는 「국토기본법」에 따른 국토종합계획, 「국가균형발전 특별법」에 따른 지역발전계획 등 대통령령으로 정하는 계획을 수립할 때에는 미리 위원회의 의견을 들어야 된다.

제52조(기후변화대응을 위한 물 관리) 정부는 기후변화로 인한 가뭄 등 자연재해와 물 부족 및 수질악화와 수생태계 변화에 효과적으로 대응하고 모든 국민이 물의 혜택을 고루 누릴 수 있도록 하기 위하여 다음 각 호의 사항을 포함하는 시책을 수립·시행하여야 한다.

1. 깨끗하고 안전한 먹는 물 공급과 가뭄 등에 대비한 안정적인 수자원의 확보
2. 수생태계의 보전·관리와 수질개선
3. 물 절약 등 수요관리, 빗물 이용·하수 재이용 등 순환 체계의 정비 및 수해의 예방
4. 자연친화적인 하천의 보전·복원
5. 수질오염 예방·처리를 위한 기술 개발 및 관련 서비스 제공 등

제53조(저탄소 교통체계의 구축) ①정부는 교통부문의 온실가스 감축을 위한 환경을 조성하고 온실가스 배출 및 에너지의 효율적인 관리를 위하여 대통령령으로 정하는 바에 따라 온실가스 감축목표 등을 설정·관리하여야 한다.

②정부는 에너지소비량과 온실가스 배출량을 최소화하는 저탄소 교통체계를 구축하기 위하여 대중교통분담률, 철도수송분담률 등에 대한 중장기 및 단계별 목표를 설정·관리하여야 한다.

③정부는 철도가 국가기간교통망의 근간이 되도록 철도에 대한 투자를 지속적으로 확대하고 버스·지하철·경전철 등 대중교통수단을 확대하며, 자전거 등의 이용 및 연안해운을 활성화하여야 한다.

④정부는 온실가스와 대기오염을 최소화하고 교통체증으로 인한 사회적 비용을 획기적으로 줄이며 대도시·수도권 등에서의 교통체증을 근본적으로 해결하기

위하여 다음 각 호의 사항을 포함하는 교통수요관리대책을 마련하여야 한다.

1. 혼잡통행료 및 교통유발부담금 제도 개선

2. 버스·저공해차량 전용차로 및 승용차진입제한 지역 확대

3. 통행량을 효율적으로 분산시킬 수 있는 지능형교통정보시스템 확대·구축

제54조(녹색건축물의 확대) ①정부는 에너지이용 효율 및 신·재생에너지의 사용비율이 높고 온실가스 배출을 최소화하는 건축물(이하 "녹색건축물"이라 한다)을 확대하기 위하여 녹색건축물 등급제 등의 정책을 수립·시행하여야 한다.

②정부는 건축물에 사용되는 에너지소비량과 온실가스 배출량을 줄이기 위하여 대통령령으로 정하는 기준 이상의 건물에 대한 중장기 및 기간별 목표를 설정·관리하여야 한다.

③정부는 건축물의 설계·건설·유지관리·해체 등의 전 과정에서 에너지·자원 소비를 최소화하고 온실가스 배출을 줄이기 위하여 설계기준 및 허가·심의를 강화하는 등 설계·건설·유지관리·해체 등의 단계별 대책 및 기준을 마련하여 시행하여야 한다.

④ 정부는 기존 건축물이 녹색건축물로 전환되도록 에너지 진단 및 「에너지이용 합리화법」 제25조에 따른 에너지절약사업과 이를 통한 온실가스 배출을 줄이는 사업을 지속적으로 추진하여야 한다.

⑤정부는 신축되거나 개축되는 건축물에 대해서는 전력소비량 등 에너지의 소비량을 조절·절약할 수 있는 지능형 계량기를 부착·관리하도록 할 수 있다.

⑥정부는 중앙행정기관, 지방자치단체, 대통령령으로 정하는 공공기관 및 교육기관 등의 건축물이 녹색건축물의 선도적 역할을 수행하도록 제1항부터 제5항까지의 규정에 따른 시책을 적용하고 그 이행사항을 점검·관리하여야 한다.

⑦정부는 대통령령으로 정하는 일정 규모 이상의 신도시의 개발 또는 도시 재개발을 하는 경우에는 녹색건축물을 확대·보급하도록 노력하여야 한다.

⑧정부는 녹색건축물의 확대를 위하여 필요한 경우 대통령령으로 정하는 바에 따라 자금의 지원, 조세의 감면 등의 지원을 할 수 있다.

제55조(친환경 농림수산의 촉진 및 탄소흡수원 확충) ①정부는 에너지 절감 및 바이오에너지 생산을 위한 농업기술을 개발하고, 기후변화에 대응하는 친환경 농산물 생산기술을 개발하여 화학비료·자재와 농약사용을 최대한 억제하고 친환경·

유기농 농수산물 및 나무제품의 생산·유통 및 소비를 확산하여야 한다.

②정부는 농지의 보전·조성 및 바다숲(대기의 온실가스를 흡수하기 위하여 바다 속에 조성하는 우뭇가사리 등의 해조류군을 말한다)의 조성 등을 통하여 탄소흡수원을 확충하여야 한다.

③정부는 산림의 보전 및 조성을 통하여 탄소흡수원을 대폭 확충하고, 산림바이오매스 활용을 촉진하여야 한다.

④정부는 기후변화에 적극 대응할 수 있는 신품종 개량 등을 통하여 식량자립도를 높일 수 있는 시책을 수립·시행하여야 한다.

제56조(생태관광의 촉진 등) 정부는 동·식물의 서식지, 생태적으로 우수한 자연환경자산, 지역의 특색 있는 문화자산 등을 조화롭게 보존·복원 및 이용하여 이를 관광자원화하고 지역경제를 활성화함으로써 생태관광을 촉진하고, 국민 모두가 생태체험·교육의 장으로 활용할 수 있도록 하여야 한다.

제57조(녹색성장을 위한 생산·소비 문화의 확산) ①정부는 재화의 생산·소비·운반 및 폐기(이하 "생산 등"이라 한다)의 전 과정에서 에너지와 자원을 절약하고 효율적으로 이용하며 온실가스와 오염물질의 발생을 줄일 수 있도록 관련 시책을 수립·시행하여야 한다.

②정부는 재화 및 서비스의 가격에 에너지 소비량 및 탄소배출량 등이 합리적으로 연계·반영되고 그 정보가 소비자에게 정확하게 공개·전달될 수 있도록 하여야 한다.

③정부는 재화의 생산 등의 전 과정에서 에너지와 자원의 사용량, 온실가스와 오염물질의 배출량 등을 분석·평가하고 그 결과에 관한 정보를 축적하여 이용할 수 있는 정보관리체계를 구축·운영할 수 있다.

④정부는 녹색제품의 사용·소비의 촉진 및 확산을 위하여 재화의 생산자와 판매자 등으로 하여금 그 재화의 생산 등의 과정에서 발생되는 온실가스와 오염물질의 양에 대한 정보 또는 등급을 소비자가 쉽게 인식할 수 있도록 표시·공개하도록 하는 등의 시책을 수립·시행할 수 있다.

제58조(녹색생활 운동의 촉진) ①정부는 국민 및 기업들이 녹색생활에 친숙할 수 있도록 하는 시책을 마련하고 지방자치단체·기업·민간단체 및 기구 등과 협력체계를 구축하며 교육·홍보를 강화하는 등 범국민적 녹색생활 운동을 적극 전개하

여야 한다.

②정부는 녹색생활 운동이 민간주도형의 자발적 실천운동으로 전개될 수 있도록 관련 민간단체 및 기구 등에 대하여 필요한 재정적·행정적 지원 등을 할 수 있다.

제59조(녹색생활 실천의 교육·홍보) ①정부는 저탄소 녹색성장을 위한 교육·홍보를 확대함으로써 산업체와 국민 등이 저탄소 녹색성장을 위한 정책과 활동에 자발적으로 참여하고 일상생활에서 녹색생활 문화를 실천할 수 있도록 하여야 한다.

②정부는 녹색생활 실천이 어릴 때부터 자연스럽게 이루어질 수 있도록 교과용 도서를 포함한 교재 개발 및 교원 연수 등 저탄소 녹색성장에 관한 학교교육을 강화하고 일반 교양교육, 직업교육, 기초평생교육 과정 등과 통합·연계한 교육을 강화하여야 한다.

③정부는 녹색생활 문화의 정착과 확산을 촉진하기 위하여 신문·방송·인터넷 포털 등 대중매체를 통한 교육·홍보 활동을 강화하여야 한다.

④공영방송은 지구온난화에 따른 기후변화 및 에너지 관련 프로그램을 제작·방영하고 공익광고를 활성화하도록 적극 노력하여야 한다.

제7장 보칙

제60조(자료제출 등의 요구) ①위원회는 직무 수행상 필요하다고 인정되는 경우 관계 중앙행정기관·지방자치단체·공공기관의 장에게 저탄소 녹색성장에 관한 정보 또는 자료의 제출을 요구할 수 있다.

②제1항에 따른 요구를 받은 관계 기관의 장은 국방상 또는 국가안전보장상 기밀을 요하는 사항 등 정당한 사유가 없으면 이에 응하여야 한다.

제61조(국제협력의 증진) ①정부는 외국 및 국제기구 등과 저탄소 녹색성장에 관한 정보교환, 기술협력 및 표준화, 공동조사·연구 등의 활동에 참여하여 국제협력, 국외진출의 증진을 도모하기 위한 각종 시책을 마련하도록 한다.

②국가는 개발도상국가가 기후변화에 효과적으로 대응하고 지속가능발전을 촉진할 수 있도록 재정 지원을 하는 등 국제사회의 기대에 맞는 국가적 책무를 성실히 이행하고 국가의 외교적 위상을 높일 수 있도록 노력하여야 한다.

③정부는 국제기구 및 관련 기관에서 발표하는 공신력 있는 기후변화대응 평가에 대한 국가별 지수에서 우리나라의 위상 및 평가가 올라갈 수 있도록 기후변화 대응을 적극 추진하고 국제협력을 강화하며 관련 정보를 충분히 제공하는 등 모든 노력을 기울여야 한다.

제62조(국회 보고) ①정부는 제9조 제1항에 따른 녹색성장 국가전략을 수립하였을 때에는 지체없이 국회에 보고하여야 한다.

②중앙행정기관의 장은 중앙추진계획을 수립하였을 때에는 지체없이 소관 상임위원회(또는 관련 특별위원회)에 보고하여야 하며, 그 이행결과를 다음 해 2월 말일까지 소관 상임위원회(또는 관련 특별위원회)에 보고하여야 한다.

제63조(국가보고서의 작성) ①정부는 「기후변화에 관한 국제연합 기본협약」에서 정하는 바에 따라 국가보고서를 작성할 수 있다.

②정부는 제1항에 따른 국가보고서를 작성하기 위하여 필요한 경우 관계 중앙행정기관의 장에게 자료의 제출을 요청할 수 있다. 이 경우 관계 중앙행정기관의 장은 특별한 사유가 없으면 요청에 따라야 한다.

③정부는 제1항에 따른 국가보고서를 「기후변화에 관한 국제연합 기본협약」의 당사국총회에 제출할 때에는 위원회의 심의를 거쳐야 한다.

제64조(과태료) ①다음 각 호의 자에게는 1천만원 이하의 과태료를 부과한다.

1. 제42조 제6항·제9항 또는 제44조 제1항에 따른 보고를 하지 아니하거나 거짓으로 보고한 자
2. 제42조 제8항에 따른 개선명령을 이행하지 아니한 자
3. 제42조 제9항에 따른 공개를 하지 아니한 자
4. 제44조 제2항에 따른 시정이나 보완 명령을 이행하지 아니한 자

②제1항에 따른 과태료는 대통령령으로 정하는 바에 따라 관계 행정기관의 장이 부과·징수한다.

부 칙[2010.1.13 제9931호]

제1조(시행일) 이 법은 공포 후 3개월이 경과한 날부터 시행한다. 다만, 부칙 제4조 제12항 및 제13항에 따른 환경경영체제인증의 녹색경영체제인증으로의 변경은

공포 후 1년 6개월이 경과한 날로부터 시행한다.

제2조(명세서 작성에 관한 특례) 관리업체는 제44조에도 불구하고 이 법 시행 첫해에는 과거 3년간의 온실가스 배출량 및 에너지 소비량에 대하여 명세서를 작성하여 보고하여야 한다.

제3조(녹색성장 국가전략에 관한 경과조치) 이 법 시행 당시 종전의 대통령 훈령 제239호에 따라 설치된 녹색성장위원회가 수립하여 국무회의의 심의를 거쳐 시행 중인 녹색성장 국가전략은 제9조에 따른 녹색성장국가전략으로 본다.

제4조(다른 법률의 개정) ①대기환경보전법 일부를 다음과 같이 개정한다.

제12조를 삭제한다.

제81조 제1항 제2호를 삭제한다.

②대·중소기업 상생협력 촉진에 관한 법률 일부를 다음과 같이 개정한다.

제12조의 제목 및 같은 조 제1항 중 "환경경영"을 각각 "녹색경영"으로 한다.

③산업기술혁신 촉진법 일부를 다음과 같이 개정한다.

제2조 제1호 중 "「에너지기본법」"을 "「에너지법」"으로 한다.

④산업발전법 일부를 다음과 같이 개정한다.

제4조 제2항 제4호 중 "「에너지기본법」"을 "「에너지법」"으로 한다.

⑤수도권 대기환경개선에 관한 특별법 일부를 다음과 같이 개정한다.

제10조제2호를 다음과 같이 한다.

2. 「저탄소 녹색성장 기본법」 제41조에 따른 에너지기본계획

⑥신에너지 및 재생에너지 개발·이용·보급 촉진법 일부를 다음과 같이 개정한다.

제5조 제2항 제3호의 2 중 "「에너지기본법」 제2조 제10호의 규정에 의한"을 "「에너지법」 제2조 제10호에 따른"으로 한다.

제32조 제2항 중 "「에너지기본법」 제13조에 따른"을 "「에너지법」 제13조에 따른"으로 한다.

⑦에너지기본법 일부를 다음과 같이 개정한다.

제명 "에너지기본법"을 "에너지법"으로 한다.

제3조를 삭제한다.

제5조 본문 중 "기본원칙"을 "「저탄소 녹색성장 기본법」 제39조에 따른 기본원칙"으로 한다.

제6조를 삭제한다.

제7조 제1항 중 "기본계획"을 "「저탄소 녹색성장 기본법」 제41조에 따른 에너지 기본계획(이하 "기본계획"이라 한다)"으로 한다.

제8조 제2항 중 "제9조의 규정에 따른 국가에너지위원회"를 "제9조에 따른 에너지위원회"로 한다.

제9조의 제목 "(국가에너지위원회의 구성 및 운영)"을 "(에너지위원회의 구성 및 운영)"으로 한다.

제9조 제1항 중 "국가에너지위원회"를 "에너지위원회"로 하고, 같은 조 제2항 중 "위원장 및 부위원장 각 1인을 포함한 25인"을 "위원장 1명을 포함한 25명"으로 하며, 같은 조 제3항을 다음과 같이 한다.

③위원장은 지식경제부장관이 된다.

제9조 제4항 중 "중앙행정기관의 장"을 "중앙행정기관의 고위공무원단에 속하는 고위공무원"으로 하고, 같은 조 제5항 전단 중 "대통령"을 "지식경제부장관" 으로 하며, 같은 조 제8항을 다음과 같이 하고, 같은 조 제9항 중 "지식경제부장관"을 "지식경제부차관"으로 한다.

⑧위원장이 부득이한 사유로 직무를 수행할 수 없을 때에는 위원장이 미리 지명한 위원이 그 직무를 대행한다.

제10조 제1호를 다음과 같이 한다.

1. 「저탄소 녹색성장 기본법」 제41조 제2항에 따른 에너지기본계획 수립·변경의 사전심의에 관한 사항

제19조 제1항 중 "제6조의 규정에 의한 국가에너지기본계획"을 "기본계획"으로 하고, 같은 조 제3항을 삭제한다.

⑧에너지이용 합리화법 일부를 다음과 같이 개정한다.

제2조 중 "「에너지기본법」"을 "「에너지법」"으로 한다.

⑨전기·전자제품 및 자동차의 자원순환에 관한 법률 일부를 다음과 같이 개정한다.

제2조 제7호 중 "「에너지기본법」"을 "「에너지법」"으로 한다.

⑩지속가능발전 기본법 일부를 다음과 같이 개정한다.

제명 "지속가능발전 기본법"을 "지속가능발전법"으로 한다.

제3조부터 제6조까지를 각각 삭제한다.

제7조를 다음과 같이 한다.

제7조(국가·지방이행계획의 협의·조정) 중앙행정기관의 장이나 특별시장·광역시장·도지사·특별자치도지사(이하 "시·도지사"라 한다)는 다른 중앙행정기관이나 특별시·광역시·도·특별자치도(이하 "시·도"라 한다)의 「저탄소 녹색성장 기본법」 제50조제4항에 따른 중앙 지속가능발전 기본계획(이하 "국가이행계획"이라 한다) 또는 같은 조 제5항에 따른 지방 지속가능발전 기본계획(이하 "지방이행계획"이라 한다)이 그 중앙행정기관 또는 시·도의 이행계획의 시행에 지장을 초래하거나 초래할 우려가 있다고 인정할 때에는 대통령령으로 정하는 바에 따라 상호 협의·조정하여야 한다. 이 경우 중앙행정기관의 장이나 시·도지사는 그 협의·조정 사항에 관하여 제15조에 따른 지속가능발전위원회(이하 "위원회"라 한다) 또는 「저탄소 녹색성장 기본법」 제20조에 따른 해당 지방녹색성장위원회의 의견을 들을 수 있다.

제8조를 삭제한다.

제9조 제1항 중 "국가위원회"를 "위원회"로 하고, 같은 조 제2항 중 "국가위원회로부터"를 "위원회로부터"로 하며, 같은 조 제3항 및 제4항을 각각 삭제한다.

제10조를 다음과 같이 한다.

제10조(다른 법령에 따른 계획과의 연계) 국가와 지방자치단체는 다른 법령에 따라 수립하는 행정계획과 정책이 「저탄소 녹색성장 기본법」 제49조에 따른 기본원칙과 같은 법 제50조에 따른 지속가능발전 기본계획과 조화를 이루도록 노력하여야 한다.

제11조 제1항, 제2항 및 제5항부터 제8항까지 중 "국가위원회"를 각각 "위원회"로 한다.

제11조 제3항 및 제5항부터 제8항까지 중 "지방위원회"를 각각 "지방 녹색성장위원회"로 한다.

제11조 제2항 중 "국가기본전략"을 "지속가능발전 기본계획"으로 하고, 같은 조 제3항 중 "지방기본전략"을 "지방이행계획"으로 한다.

제12조를 삭제한다.

제13조 및 제14조를 각각 다음과 같이 한다.

제13조(지속가능발전지표 및 지속가능성 평가) ①국가는 지속가능발전지표를 작성하

여 보급하여야 한다.

②제15조에 따른 지속가능발전위원회는 제1항에 따른 지속가능발전지표에 따라 2년마다 국가의 지속가능성을 평가하여야 한다.

③제1항 및 제2항에 따른 지속가능발전지표의 작성·보급 및 지속가능성 평가에 필요한 사항은 대통령령으로 정한다.

제14조(지속가능성보고서) ①제15조에 따른 지속가능발전위원회는 2년마다 제13조제2항에 따른 지속가능성 평가결과를 종합하는 지속가능성보고서를 작성하여 대통령에게 보고한 후 공표(公表)하여야 한다.

②정부는 제1항에 따라 작성한 지속가능성보고서를 국회에 보고하여야 한다.

③제1항에 따른 지속가능성보고서의 작성 등에 필요한 사항은 대통령령으로 정한다.

제4장의 제목 "국가 및 지방 지속가능발전위원회"를 "지속가능발전위원회"로 한다.

제15조 및 제16조를 각각 다음과 같이 한다.

제15조(지속가능발전위원회의 설치) 국가의 지속가능발전을 효율적으로 추진하기 위하여 환경부장관 소속으로 지속가능발전위원회를 둔다.

제16조(위원회의 기능) 위원회는 다음 각 호의 사항을 심의한다.

1. 「저탄소 녹색성장 기본법」 제50조 제2항에 따른 지속가능발전 기본계획 수립·변경의 사전심의에 관한 사항
2. 제7조에 따른 이행계획의 협의·조정에 관한 사항
3. 제9조 제1항에 따른 국가이행계획의 추진상황 점검에 관한 사항
4. 제11조에 따른 법령 및 행정계획에 대한 검토 및 통보 등에 관한 사항
5. 제13조에 따른 지속가능발전지표의 작성 및 지속가능성 평가에 관한 사항
6. 제14조 제1항에 따른 지속가능성보고서의 작성 및 공표에 관한 사항
7. 제20조에 따른 지속가능발전 지식·정보의 보급 등에 관한 사항
8. 제21조에 따른 교육·홍보 등에 관한 사항
9. 제22조에 따른 국내외 협력 등에 관한 사항
10. 그 밖에 지속가능발전을 위하여 고려하여야 할 주요 정책과 이와 관련된 사회적 갈등 해결에 관하여 환경부장관에 대한 자문이 필요한 사항

제17조의 제목 "(국가위원회의 구성 등)"을 "(위원회의 구성 등)"으로 한다.

제17조 제1항 중 "국가위원회"를 "위원회"로 하고, 같은 조 제2항 중 "중앙행정기관의 장과 시·도의 지방위원회 위원장"을 "중앙행정기관의 고위공무원단에 속하는 고위공무원"으로 하며, 같은 조 제3항 중 "대통령"을 "환경부장관"으로 하고, 같은 조 제5항 및 제6항 중 "국가위원회"를 각각 "위원회"로 한다.

제18조를 다음과 같이 한다.

제18조(정책에 관한 의견의 제시) ①위원회는 지속가능발전을 위하여 필요하다고 인정하면 관계 중앙행정기관 또는 지방자치단체의 정책에 관하여 의견을 제시할 수 있다.

②제1항에 따라 의견을 제시받은 관계 중앙행정기관 또는 관계 지방자치단체의 장은 그 의견을 존중하고 이를 관계 법령의 제·개정이나 행정계획의 수립·변경에 반영하기 위하여 노력하여야 한다.

제19조 제1항 및 제2항 중 "국가위원회"를 각각 "위원회"로 한다.

제20조 제2항, 같은 조 제3항 전단 및 같은 조 제4항 중 "국가위원회"를 각각 "위원회"로 한다.

제21조 중 "기본전략의 수립·이행·평가와 그 밖에 지속가능발전을"을 "지속가능발전을"로 한다.

제22조 제1항을 다음과 같이 한다.

①국가와 지방자치단체는 지속가능발전을 위하여 긴밀하게 상호 협력하여야 한다.

⑪폐기물관리법 일부를 다음과 같이 개정한다.

제2조제7호 중 "「에너지기본법」"을 "「에너지법」"으로 한다.

⑫환경기술개발 및 지원에 관한 법률 일부를 다음과 같이 개정한다.

제1조 중 "환경보전"을 "환경보전, 녹색성장 촉진"으로 한다.

제5조의 2 제1항 중 "「친환경상품 구매촉진에 관한 법률」 제2조 제1호에 따른"을 "「저탄소 녹색성장 기본법」 제2조 제5호에 따른"으로 한다.

제5조의 2 제1항 중 "친환경상품"을 각각 "녹색제품"으로 하고, 같은 조 제4항 제3호 중 "환경기술·경영"을 "환경기술 및 녹색경영"으로 하며, 같은 항 제7호 중 "환경산업·기술·경영"을 "환경산업·기술 및 녹색경영"으로 한다.

제5조의 2 제4항 제8호 및 제9호 중 "친환경상품"을 각각 "녹색제품"으로 하고,

같은 항 제10호 중 "환경산업·기술·경영 및 친환경상품"을 "환경산업·기술, 녹색경영 및 녹색제품"으로 하며, 같은 항 제11호 중 "환경경영"을 "녹색경영"으로, "친환경상품 구매촉진과"를 "녹색제품 구매촉진과"로 한다.

제16조의 2의 제목, 같은 조 제1항부터 제5항까지, 제16조의 3의 제목, 같은 조 각 호 외의 부분 및 같은 조 제3호 중 "환경친화기업"을 각각 "녹색기업"으로 한다.

제16조의 2 제1항 전단 중 "환경경영체제"를 "녹색경영체제"로 한다.

제16조의 2 제1항 후단 중 "환경경영체제인증"을 "녹색경영체제인증"이라 한다.

⑬환경친화적 산업구조로의 전환촉진에 관한 법률 일부를 다음과 같이 개정한다.

제2조 제5호를 다음과 같이 한다.

5. "녹색경영"이란「저탄소 녹색성장 기본법」제2조제7호에 따른 녹색경영을 말한다.

제2조 제7호 중 "환경경영체제"를 "녹색경영체제"로, "환경경영을"을 "녹색경영을"로 하고, 같은 조 제8호 중 "환경경영체제인증"을 "녹색경영체제인증"으로, "환경경영체제가"를 "녹색경영체제가"로 한다.

제6조의 2의 제목 "(환경경영컨설팅사업의 육성 등)"을 "(녹색경영컨설팅사업의 육성 등)"으로 한다.

제6조의 2 제1항 각 호 외의 부분 중 "환경경영을"을 "녹색경영을"로, "환경경영컨설팅사업"을 "녹색경영컨설팅사업"으로 하고, 같은 항 제3호 및 같은 조 제2항 후단 중 "환경경영컨설팅사업"을 각각 "녹색경영컨설팅사업"으로 한다.

제7조 제2항 제4호 중 "환경경영체제구축"을 "녹색경영체제구축"으로 한다.

제12조 제1항 제3호 중 "환경친화적 산업구조전환 추진본부"를 "녹색경영 추진본부"로 하고, 같은 항 제4호 중 "환경경영촉진"을 "녹색경영 촉진"으로 한다.

제13조의 제목 "(환경친화적 산업구조전환 추진본부)"를 "(녹색경영 추진본부)"로 한다.

제13조 제1항 중 "환경친화적 산업구조전환 추진본부"를 "녹색경영 추진본부"로 하고, 같은 조 제2항 제5호 중 "환경경영활동"을 "녹색경영 활동"으로 한다.

제3장의 제목 중 "환경경영"을 "녹색경영"으로 한다.

제15조의 제목 "(환경경영 촉진시책의 마련 등)"을 "(녹색경영 촉진시책의 마련 등)"으로 한다.

제16조의 제목 "(환경경영체제의 인증 등)"을 "(녹색경영체제의 인증 등)"으로

한다.

제16조의2의 제목 "(환경경영체제인증의 신뢰성 제고 등)"을 "(녹색경영체제인증의 신뢰성 제고 등)"으로 한다.

제18조의 제목 "(환경경영에 관한 교육 · 홍보 등)"을 "(녹색경영에 관한 교육 · 홍보 등)"으로 한다.

제19조의 제목 "(환경경영에 관한 진단 · 지도)"를 "(녹색경영에 관한 진단 · 지도)"로 한다.

제2조 제1호, 제4조 제2항 제4호, 제6조 제1항 제4호, 같은 조 제3항 각 호 외의 부분 및 제15조 제1항 · 제2항 중 "환경친화적인 제품"을 각각 "녹색제품"으로 한다.

제2조 제9호, 제16조 제1항 각 호 외의 부분, 같은 항 제1호부터 제3호까지 및 같은 조 제2항, 같은 조 제3항 전단, 같은 조 제7항 중 "환경경영체제"를 각각 "녹색경영체제"로 한다.

제3조 제2항 제5호, 제7조 제1항, 제15조 제1항, 제16조의 2 제1항 각 호 외의 부분, 제17조 제1항 제2호, 제18조 제1항 · 제2항, 제19조 및 제28조 제2항 중 "환경경영"을 각각 "녹색경영"으로 한다.

제16조의 2 제1항 각 호 외의 부분, 같은 조 제1호 · 제3호, 제16조의 3 전단 및 제27조 제2항 중 "환경경영체제인증"을 각각 "녹색경영체제인증"으로 한다.

⑭친환경상품 구매촉진에 관한 법률 일부를 다음과 같이 개정한다.

제2조 제1호를 다음과 같이 한다.

1. "친환경상품"이란 「저탄소 녹색성장 기본법」 제2조 제5호에 따른 녹색제품으로서 다음 각 목의 어느 하나에 해당하는 것을 말한다.
   가. 「환경기술개발 및 지원에 관한 법률」 제17조 제1항에 따른 환경표지의 인증을 위한 대상품목으로서 인증을 받은 상품 또는 같은 조 제3항에 따라 환경부장관이 정하여 고시하는 대상품목별 인증기준에 적합한 상품
   나. 「자원의 절약과 재활용촉진에 관한 법률」 제33조 및 「산업기술혁신 촉진법」 제15조에 따라 지식경제부장관이 정하여 고시하는 재활용제품의 품질인증 대상품목으로서 인증을 받은 상품 또는 인증기준에 적합한 상품
   다. 그 밖에 녹색제품으로서 환경부장관이 지식경제부장관과 협의하여 고시하는 대상품목별 판단기준에 적합한 상품

VI 신에너지 및 재생에너지 개발 · 이용 · 보급 촉진법

[시행 2010. 4.14] [법률 제9931호, 2010. 1.13, 타법개정]

제1조(목적) 이 법은 신에너지 및 재생에너지의 기술개발 및 이용 · 보급 촉진과 신에너지 및 재생에너지 산업의 활성화를 통하여 에너지원을 다양화하고, 에너지의 안정적인 공급, 에너지 구조의 환경친화적 전환 및 온실가스 배출의 감소를 추진함으로써 환경의 보전, 국가경제의 건전하고 지속적인 발전 및 국민복지의 증진에 이바지함을 목적으로 한다.

[전문개정 2010.4.12]

제2조(정의) 이 법에서 사용하는 용어의 뜻은 다음과 같다.

1. "신에너지 및 재생에너지"(이하 "신 · 재생에너지"라 한다)란 기존의 화석연료를 변환시켜 이용하거나 햇빛 · 물 · 지열(地熱) · 강수(降水) · 생물유기체 등을 포함하는 재생 가능한 에너지를 변환시켜 이용하는 에너지로서 다음 각 목의 어느 하나에 해당하는 것을 말한다.
   가. 태양에너지
   나. 생물자원을 변환시켜 이용하는 바이오에너지로서 대통령령으로 정하는 기준 및 범위에 해당하는 에너지
   다. 풍력
   라. 수력
   마. 연료전지
   바. 석탄을 액화 · 가스화한 에너지 및 중질잔사유(重質殘渣油)를 가스화한 에너지로서 대통령령으로 정하는 기준 및 범위에 해당하는 에너지
   사. 해양에너지
   아. 대통령령으로 정하는 기준 및 범위에 해당하는 폐기물에너지
   자. 지열에너지
   차. 수소에너지
   카. 그 밖에 석유 · 석탄 · 원자력 또는 천연가스가 아닌 에너지로서 대통령령

으로 정하는 에너지

2. "신·재생에너지 설비"란 신·재생에너지를 생산하거나 이용하는 설비로서 지식경제부령으로 정하는 것을 말한다.
3. "신·재생에너지 발전"이란 신·재생에너지를 이용하여 전기를 생산하는 것을 말한다.
4. "신·재생에너지 발전사업자"란「전기사업법」제2조 제4호에 따른 발전사업자 또는 같은 조 제19호에 따른 자가용전기설비를 설치한 자로서 신·재생에너지 발전을 하는 사업자를 말한다.

[전문개정 2010.4.12]

제3조 삭제<2010.4.12>

제4조(시책과 장려 등) ①정부는 신·재생에너지의 기술개발 및 이용·보급의 촉진에 관한 시책을 마련하여야 한다.

②정부는 지방자치단체,「공공기관의 운영에 관한 법률」제4조에 따른 공공기관(이하 "공공기관"이라 한다), 기업체 등의 자발적인 신·재생에너지 기술개발 및 이용·보급을 장려하고 보호·육성하여야 한다.

[전문개정 2010.4.12]

제5조(기본계획의 수립) ① 지식경제부장관은 관계 중앙행정기관의 장과 협의를 한 후 제8조에 따른 신·재생에너지정책심의회의 심의를 거쳐 신·재생에너지의 기술개발 및 이용·보급을 촉진하기 위한 기본계획(이하 "기본계획"이라 한다)을 수립하여야 한다.

②기본계획의 계획기간은 10년 이상으로 하며, 기본계획에는 다음 각 호의 사항이 포함되어야 한다.

1. 기본계획의 목표 및 기간
2. 신·재생에너지원별 기술개발 및 이용·보급의 목표
3. 총전력생산량 중 신·재생에너지 발전량이 차지하는 비율의 목표
4. 「에너지법」제2조 제10호에 따른 온실가스의 배출 감소 목표
5. 기본계획의 추진방법
6. 신·재생에너지 기술수준의 평가와 보급전망 및 기대효과
7. 신·재생에너지 기술개발 및 이용·보급에 관한 지원 방안

8. 신 · 재생에너지 분야 전문인력 양성계획
9. 그 밖에 기본계획의 목표달성을 위하여 지식경제부장관이 필요하다고 인정하는 사항

③지식경제부장관은 신 · 재생에너지의 기술개발 동향, 에너지 수요 · 공급 동향의 변화, 그 밖의 사정으로 인하여 수립된 기본계획을 변경할 필요가 있다고 인정하면 관계 중앙행정기관의 장과 협의를 한 후 제8조에 따른 신 · 재생에너지 정책심의회의 심의를 거쳐 그 기본계획을 변경할 수 있다.

[전문개정 2010.4.12]

제6조(연차별 실행계획) ①지식경제부장관은 기본계획에서 정한 목표를 달성하기 위하여 신 · 재생에너지의 종류별로 신 · 재생에너지의 기술개발 및 이용 · 보급과 신 · 재생에너지 발전에 의한 전기의 공급에 관한 실행계획(이하 "실행계획"이라 한다)을 매년 수립 · 시행하여야 한다.

②지식경제부장관은 실행계획을 수립 · 시행하려면 미리 관계 중앙행정기관의 장과 협의하여야 한다.

③지식경제부장관은 실행계획을 수립하였을 때에는 이를 공고하여야 한다.

[전문개정 2010.4.12]

제7조(신 · 재생에너지 기술개발 등에 관한 계획의 사전협의) 국가기관, 지방자치단체, 공공기관, 그 밖에 대통령령으로 정하는 자가 신 · 재생에너지 기술개발 및 이용 · 보급에 관한 계획을 수립 · 시행하려면 대통령령으로 정하는 바에 따라 미리 지식경제부장관과 협의하여야 한다.

[전문개정 2010.4.12]

제8조(신 · 재생에너지정책심의회) ①신 · 재생에너지의 기술개발 및 이용 · 보급에 관한 중요 사항을 심의하기 위하여 지식경제부에 신 · 재생에너지정책심의회(이하 "심의회"라 한다)를 둔다.

②심의회는 다음 각 호의 사항을 심의한다.

1. 기본계획의 수립 및 변경에 관한 사항. 다만, 기본계획의 내용 중 대통령령으로 정하는 경미한 사항을 변경하는 경우는 제외한다.
2. 신 · 재생에너지의 기술개발 및 이용 · 보급에 관한 중요 사항
3. 신 · 재생에너지 발전에 의하여 공급되는 전기의 기준가격 및 그 변경에 관한

사항

4. 그 밖에 지식경제부장관이 필요하다고 인정하는 사항

③심의회의 구성·운영과 그 밖에 필요한 사항은 대통령령으로 정한다.

[전문개정 2010.4.12]

제9조(신·재생에너지 기술개발 및 이용·보급 사업비의 조성) 정부는 실행계획을 시행하는 데에 필요한 사업비를 회계연도마다 세출예산에 계상(計上)하여야 한다.

[전문개정 2010.4.12]

제10조(조성된 사업비의 사용) 지식경제부장관은 제9조에 따라 조성된 사업비를 다음 각 호의 사업에 사용한다.

1. 신·재생에너지의 자원조사, 기술수요조사 및 통계작성
2. 신·재생에너지의 연구·개발 및 기술평가
3. 신·재생에너지 이용 건축물의 인증 및 사후관리
4. 신·재생에너지 공급의무화 지원
5. 신·재생에너지 설비의 성능평가·인증 및 사후관리
6. 신·재생에너지 기술정보의 수집·분석 및 제공
7. 신·재생에너지 분야 기술지도 및 교육·홍보
8. 신·재생에너지 분야 특성화대학 및 핵심기술연구센터 육성
9. 신·재생에너지 분야 전문인력 양성
10. 신·재생에너지 설비 설치전문기업의 지원
11. 신·재생에너지 시범사업 및 보급사업
12. 신·재생에너지 이용의무화 지원
13. 신·재생에너지 관련 국제협력
14. 신·재생에너지 기술의 국제표준화 지원
15. 신·재생에너지 설비 및 그 부품의 공용화 지원
16. 그 밖에 신·재생에너지의 기술개발 및 이용·보급을 위하여 필요한 사업으로서 대통령령으로 정하는 사업

[전문개정 2010.4.12]

제11조(사업의 실시) ①지식경제부장관은 제10조 각 호의 사업을 효율적으로 추진하기 위하여 필요하다고 인정하면 다음 각 호의 어느 하나에 해당하는 자와 협약을

맺어 그 사업을 하게 할 수 있다.

1. 「특정연구기관 육성법」에 따른 특정연구기관
2. 「기술개발촉진법」에 따른 기업연구소
3. 「산업기술연구조합 육성법」에 따른 산업기술연구조합
4. 「고등교육법」에 따른 대학 또는 전문대학
5. 국공립연구기관
6. 국가기관, 지방자치단체 및 공공기관
7. 그 밖에 지식경제부장관이 기술개발능력이 있다고 인정하는 자

②지식경제부장관은 제1항 각 호의 어느 하나에 해당하는 자가 하는 기술개발사업 또는 이용·보급 사업에 드는 비용의 전부 또는 일부를 출연(出捐)할 수 있다.

③제2항에 따른 출연금의 지급·사용 및 관리 등에 필요한 사항은 대통령령으로 정한다.

[전문개정 2010.4.12]

제12조(신·재생에너지사업에의 투자권고 및 신·재생에너지 이용의무화 등) ①지식경제부장관은 신·재생에너지의 기술개발 및 이용·보급을 촉진하기 위하여 필요하다고 인정하면 에너지 관련 사업을 하는 자에 대하여 제10조 각 호의 사업을 하거나 그 사업에 투자 또는 출연할 것을 권고할 수 있다.

②지식경제부장관은 신·재생에너지의 이용·보급을 촉진하고 신·재생에너지 산업의 활성화를 위하여 필요하다고 인정하면 다음 각 호의 어느 하나에 해당하는 자가 신축·증축 또는 개축하는 건축물에 대하여 대통령령으로 정하는 바에 따라 그 설계 시 산출된 예상 에너지사용량의 일정 비율 이상을 신·재생에너지를 이용하여 공급되는 에너지를 사용하도록 신·재생에너지 설비를 의무적으로 설치하게 할 수 있다.

1. 국가 및 지방자치단체
2. 「공공기관의 운영에 관한 법률」 제5조에 따른 공기업(이하 "공기업"이라 한다)
3. 정부가 대통령령으로 정하는 금액 이상을 출연한 정부출연기관
4. 「국유재산법」 제2조 제6호에 따른 정부출자기업체
5. 지방자치단체 및 제2호부터 제4호까지의 규정에 따른 공기업, 정부출연기관 또는 정부출자기업체가 대통령령으로 정하는 비율 또는 금액 이상을 출자한 법인

6. 특별법에 따라 설립된 법인

③지식경제부장관은 신 · 재생에너지의 활용 여건 등을 고려할 때 신 · 재생에너지를 이용하는 것이 적절하다고 인정되는 공장 · 사업장 및 집단주택단지 등에 대하여 신 · 재생에너지의 종류를 지정하여 이용하도록 권고하거나 그 이용설비를 설치하도록 권고할 수 있다.

[전문개정 2010.4.12]

제12조의 2(신 · 재생에너지 이용 건축물에 대한 인증 등) ①대통령령으로 정하는 일정 규모 이상의 건축물을 소유한 자는 그 건축물에 대하여 지식경제부장관이 지정하는 기관(이하 "건축물인증기관"이라 한다)으로부터 총에너지사용량의 일정 비율 이상을 신 · 재생에너지를 이용하여 공급되는 에너지를 사용한다는 신 · 재생에너지 이용 건축물인증(이하 "건축물인증"이라 한다)을 받을 수 있다.

②제1항에 따라 건축물인증을 받으려는 자는 해당 건축물에 대하여 건축물인증기관에 건축물인증을 신청하여야 한다.

③지식경제부장관은 제31조에 따른 신 · 재생에너지센터나 그 밖에 신 · 재생에너지의 기술개발 및 이용 · 보급 촉진사업을 하는 자 중 건축물인증 업무에 적합하다고 인정되는 자를 건축물인증기관으로 지정할 수 있다.

④건축물인증기관은 제2항에 따른 건축물인증의 신청을 받은 경우 지식경제부와 국토해양부의 공동부령으로 정하는 건축물인증 심사기준에 따라 심사한 후 그 기준에 적합한 건축물에 대하여 건축물인증을 하여야 한다.

⑤지식경제부장관은 제27조 제1항에 따른 보급사업을 추진하는 데에 있어 건축물인증을 받은 자를 우대하여 지원할 수 있다.

⑥건축물인증기관의 업무 범위, 건축물인증의 절차, 건축물인증의 사후관리, 그 밖에 건축물인증에 관하여 필요한 사항은 지식경제부와 국토해양부의 공동부령으로 정한다.

[본조신설 2010.4.12]

제12조의 3(건축물인증의 표시 등) ①제12조의 2에 따라 건축물인증을 받은 자는 해당 건축물에 건축물인증의 표시를 하거나 건축물인증을 받은 것을 홍보할 수 있다.

②건축물인증을 받지 아니한 자는 제1항에 따른 건축물인증의 표시 또는 이와 유사한 표시를 하거나 건축물인증을 받은 것으로 홍보하여서는 아니 된다.

[본조신설 2010.4.12]

제12조의 4(건축물인증의 취소) 건축물인증기관은 건축물인증을 받은 자가 다음 각 호의 어느 하나에 해당하는 경우에는 그 인증을 취소할 수 있다. 다만, 제1호에 해당하는 경우에는 그 인증을 취소하여야 한다.

1. 거짓이나 그 밖의 부정한 방법으로 건축물인증을 받은 경우
2. 건축물인증을 받은 자가 그 인증서를 건축물인증기관에 반납한 경우
3. 건축물인증을 받은 건축물의 사용승인이 취소된 경우
4. 건축물인증을 받은 건축물이 제12조의 2 제4항에 따른 건축물인증 심사기준에 부적합한 것으로 발견된 경우

[본조신설 2010.4.12]

제12조의 5(신·재생에너지 공급의무화 등) ①지식경제부장관은 신·재생에너지의 이용·보급을 촉진하고 신·재생에너지산업의 활성화를 위하여 필요하다고 인정하면 다음 각 호의 어느 하나에 해당하는 자 중 대통령령으로 정하는 자(이하 "공급의무자"라 한다)에게 발전량의 일정량 이상을 의무적으로 신·재생에너지를 이용하여 공급하게 할 수 있다.

1. 「전기사업법」 제2조에 따른 발전사업자
2. 「집단에너지사업법」 제9조 및 제48조에 따라 「전기사업법」 제7조제1항에 따른 발전사업의 허가를 받은 것으로 보는 자
3. 공공기관

②제1항에 따라 공급의무자가 의무적으로 신·재생에너지를 이용하여 공급하여야 하는 발전량(이하 "의무공급량"이라 한다)의 합계는 총전력생산량의 10% 이내의 범위에서 연도별로 대통령령으로 정한다. 이 경우 균형 있는 이용·보급이 필요한 신·재생에너지에 대하여는 대통령령으로 정하는 바에 따라 총의무공급량 중 일부를 해당 신·재생에너지를 이용하여 공급하게 할 수 있다.

③공급의무자의 의무공급량은 지식경제부장관이 공급의무자의 의견을 들어 공급의무자별로 정하여 고시한다. 이 경우 지식경제부장관은 공급의무자의 총발전량 및 발전원(發電源) 등을 고려하여야 한다.

④공급의무자는 의무공급량의 일부에 대하여 대통령령으로 정하는 바에 따라 다음 연도로 그 공급의무의 이행을 연기할 수 있다. 이 경우 그 이행을 연기한

의무공급량은 다음 연도에 우선적으로 공급하여야 한다.

⑤공급의무자는 제12조의 7에 따른 신·재생에너지 공급인증서를 구매하여 의무공급량에 충당할 수 있다.

⑥지식경제부장관은 제1항에 따른 공급의무의 이행 여부를 확인하기 위하여 공급의무자에게 대통령령으로 정하는 바에 따라 필요한 자료의 제출 또는 제5항에 따라 구매하여 의무공급량에 충당하거나 제12조의 7 제1항에 따라 발급받은 신·재생에너지 공급인증서의 제출을 요구할 수 있다.

[본조신설 2010.4.12]

제12조의 6(신·재생에너지 공급 불이행에 대한 과징금) ①지식경제부장관은 공급의무자가 의무공급량에 부족하게 신·재생에너지를 이용하여 에너지를 공급한 경우에는 대통령령으로 정하는 바에 따라 그 부족분에 제12조의 7에 따른 신·재생에너지 공급인증서의 해당 연도 평균거래 가격의 100분의 150을 곱한 금액의 범위에서 과징금을 부과할 수 있다.

②제1항에 따른 과징금을 납부한 공급의무자에 대하여는 그 과징금의 부과기간에 해당하는 의무공급량을 공급한 것으로 본다.

③지식경제부장관은 제1항에 따른 과징금을 납부하여야 할 자가 납부기한까지 그 과징금을 납부하지 아니한 때에는 국세 체납처분의 예를 따라 징수한다.

④제1항 및 제3항에 따라 징수한 과징금은 「전기사업법」에 따른 전력산업기반기금의 재원으로 귀속된다.

[본조신설 2010.4.12]

제12조의 7(신·재생에너지 공급인증서 등) ①신·재생에너지를 이용하여 에너지를 공급한 자(이하 "신·재생에너지 공급자"라 한다)는 지식경제부장관이 신·재생에너지를 이용한 에너지 공급의 증명 등을 위하여 지정하는 기관(이하 "공급인증기관"이라 한다)으로부터 그 공급 사실을 증명하는 인증서(전자문서로 된 인증서를 포함한다. 이하 "공급인증서"라 한다)를 발급받을 수 있다. 다만, 제17조에 따라 발전차액을 지원받거나 신·재생에너지 설비에 대한 지원 등 대통령령으로 정하는 정부의 지원을 받은 경우에는 대통령령으로 정하는 바에 따라 공급인증서의 발급을 제한할 수 있다.

②공급인증서를 발급받으려는 자는 공급인증기관에 대통령령으로 정하는 바에

따라 공급인증서의 발급을 신청하여야 한다.

③공급인증기관은 제2항에 따른 신청을 받은 경우에는 신・재생에너지의 종류별 공급량 및 공급기간 등을 확인한 후 다음 각 호의 기재사항을 포함한 공급인증서를 발급하여야 한다. 이 경우 균형 있는 이용・보급과 기술개발 촉진 등이 필요한 신・재생에너지에 대하여는 대통령령으로 정하는 바에 따라 실제 공급량에 가중치를 곱한 양을 공급량으로 하는 공급인증서를 발급할 수 있다.

1. 신・재생에너지 공급자
2. 신・재생에너지의 종류별 공급량 및 공급기간
3. 유효기간

④공급인증서의 유효기간은 발급받은 날부터 3년으로 하되, 제12조의 5 제5항 및 제6항에 따라 공급의무자가 구매하여 의무공급량에 충당하거나 발급받아 지식경제부장관에게 제출한 공급인증서는 그 효력을 상실한다. 이 경우 유효기간이 지나거나 효력을 상실한 해당 공급인증서는 폐기하여야 한다.

⑤공급인증서를 발급받은 자는 그 공급인증서를 거래하려면 제12조의 9 제2항에 따른 공급인증서 발급 및 거래시장 운영에 관한 규칙으로 정하는 바에 따라 공급인증기관이 개설한 거래시장(이하 "거래시장"이라 한다)에서 거래하여야 한다.

⑥지식경제부장관은 다른 신・재생에너지와의 형평을 고려하여 공급인증서가 일정 규모 이상의 수력을 이용하여 에너지를 공급하고 발급된 경우 등 지식경제부령으로 정하는 사유에 해당할 때에는 거래시장에서 해당 공급인증서가 거래될 수 없도록 할 수 있다.

[본조신설 2010.4.12]

제12조의 8(공급인증기관의 지정 등) ①지식경제부장관은 공급인증서 관련 업무를 전문적이고 효율적으로 실시하고 공급인증서의 공정한 거래를 위하여 다음 각 호의 어느 하나에 해당하는 자를 공급인증기관으로 지정할 수 있다.

1. 제31조에 따른 신・재생에너지센터
2. 「전기사업법」 제35조에 따른 한국전력거래소
3. 제12조의 9에 따른 공급인증기관의 업무에 필요한 인력・기술능력・시설・장비 등 대통령령으로 정하는 기준에 맞는 자

②제1항에 따라 공급인증기관으로 지정받으려는 자는 지식경제부장관에게 지정을 신청하여야 한다.

③공급인증기관의 지정방법·지정절차, 그 밖에 공급인증기관의 지정에 필요한 사항은 지식경제부령으로 정한다.

[본조신설 2010.4.12]

제12조의 9(공급인증기관의 업무 등) ①제12조의 8에 따라 지정된 공급인증기관은 다음 각 호의 업무를 수행한다.

1. 공급인증서의 발급, 등록, 관리 및 폐기
2. 거래시장의 개설
3. 공급인증서 관련 정보의 제공
4. 그 밖에 공급인증서의 발급 및 거래에 딸린 업무

②공급인증기관은 업무를 시작하기 전에 지식경제부령으로 정하는 바에 따라 공급인증서 발급 및 거래시장 운영에 관한 규칙(이하 "운영규칙"이라 한다)을 제정하여 지식경제부장관의 승인을 받아야 한다. 운영규칙을 변경하거나 폐지하는 경우(지식경제부령으로 정하는 경미한 사항의 변경은 제외한다)에도 또한 같다.

③지식경제부장관은 공급인증기관에 제1항에 따른 업무의 계획 및 실적에 관한 보고를 명하거나 자료의 제출을 요구할 수 있다.

④지식경제부장관은 다음 각 호의 어느 하나에 해당하는 경우에는 공급인증기관에 시정기간을 정하여 시정을 명할 수 있다.

1. 운영규칙을 준수하지 아니한 경우
2. 제3항에 따른 보고를 하지 아니하거나 거짓으로 보고한 경우
3. 제3항에 따른 자료의 제출 요구에 따르지 아니하거나 거짓의 자료를 제출한 경우

[본조신설 2010.4.12]

제12조의 10(공급인증기관 지정의 취소 등) ①지식경제부장관은 공급인증기관이 다음 각 호의 어느 하나에 해당하는 경우에는 지식경제부령으로 정하는 바에 따라 그 지정을 취소하거나 1년 이내의 기간을 정하여 그 업무의 전부 또는 일부의 정지를 명할 수 있다. 다만, 제1호 또는 제2호에 해당하는 때에는 그 지정을 취소하여야 한다.

1. 거짓이나 그 밖의 부정한 방법으로 지정을 받은 경우
2. 업무정지 처분을 받은 후 그 업무정지 기간에 업무를 계속한 경우
3. 제12조의 8 제1항 제3호에 따른 지정기준에 부적합하게 된 경우
4. 제12조의 9 제4항에 따른 시정명령을 시정기간에 이행하지 아니한 경우

②지식경제부장관은 공급인증기관이 제1항 제3호 또는 제4호에 해당하여 업무정지를 명하여야 하는 경우로서 그 업무의 정지가 그 이용자 등에게 심한 불편을 주거나 그 밖에 공익을 해칠 우려가 있으면 그 업무정지 처분을 갈음하여 5천만 원 이하의 과징금을 부과할 수 있다.

③제2항에 따라 과징금을 부과하는 위반행위의 종별·정도 등에 따른 과징금의 금액과 그 밖에 필요한 사항은 대통령령으로 정한다.

④지식경제부장관은 제2항에 따른 과징금을 납부하여야 할 자가 납부기한까지 그 과징금을 납부하지 아니한 때에는 국세 체납처분의 예를 따라 징수한다.

[본조신설 2010.4.12]

제13조(신·재생에너지 설비의 인증 등) ①신·재생에너지 설비를 제조하거나 수입하여 판매하려는 자는 지식경제부장관이 신·재생에너지 설비의 인증을 위하여 지정하는 기관(이하 "설비인증기관"이라 한다)으로부터 신·재생에너지 설비에 대하여 인증(이하 "설비인증"이라 한다)을 받을 수 있다.

②제1항에 따라 설비인증을 받으려는 자는 설비인증기관에 그 신·재생에너지 설비에 대한 설비인증을 신청하여야 한다.

③제2항에 따라 설비인증을 신청하는 경우에는 대통령령으로 정하는 지정기준에 따라 지식경제부장관이 지정하는 성능검사기관(이하 "성능검사기관"이라 한다)에서 성능검사를 받은 후 그 기관이 발행한 성능검사결과서를 설비인증기관에 제출하여야 한다.

④지식경제부장관은 제31조에 따른 신·재생에너지센터나 그 밖에 신·재생에너지의 기술개발 및 이용·보급 촉진사업을 하는 자 중 설비인증 업무에 적합하다고 인정되는 자를 설비인증기관으로 지정한다.

⑤설비인증기관은 제2항에 따라 설비인증을 신청받으면 성능검사기관이 발행한 성능검사결과서에 의하여 지식경제부령으로 정하는 설비인증 심사기준에 따라 심사한 후 그 기준에 적합한 신·재생에너지 설비에 대하여 설비인증을 하여야 한다.

⑥설비인증기관의 업무 범위, 설비인증의 절차, 설비인증의 사후관리, 성능검사기관의 지정 절차, 그 밖에 설비인증에 관하여 필요한 사항은 지식경제부령으로 정한다.

⑦지식경제부장관은 지식경제부령으로 정하는 바에 따라 제3항에 따른 성능검사에 드는 경비의 일부를 지원하거나, 제4항에 따라 지정된 설비인증기관에 대하여 지정 목적상 필요한 범위에서 행정상의 지원 등을 할 수 있다.

[전문개정 2010.4.12]

제14조(신·재생에너지 설비 인증의 표시 등) ①제13조에 따라 설비인증을 받은 자는 그 신·재생에너지 설비에 설비인증의 표시를 하거나 설비인증을 받은 것을 홍보할 수 있다.

②설비인증을 받지 아니한 자는 제1항에 따른 설비인증의 표시 또는 이와 유사한 표시를 하거나 설비인증을 받은 것으로 홍보하여서는 아니 된다.

[전문개정 2010.4.12]

제15조(설비인증의 취소 및 성능검사기관 지정의 취소) ①설비인증기관은 설비인증을 받은 자가 거짓이나 부정한 방법으로 설비인증을 받은 경우에는 설비인증을 취소하여야 하며, 설비인증을 받은 후 제조하거나 수입하여 판매하는 신·재생에너지 설비가 제13조 제5항에 따른 설비인증 심사기준에 부적합한 것으로 발견된 경우에는 설비인증을 취소할 수 있다.

②지식경제부장관은 성능검사기관이 다음 각 호의 어느 하나에 해당하는 경우에는 대통령령으로 정하는 바에 따라 그 지정을 취소하거나 1년 이내의 기간을 정하여 업무의 전부 또는 일부의 정지를 명할 수 있다. 다만, 제1호에 해당하는 경우에는 그 지정을 취소하여야 한다.

1. 거짓이나 부정한 방법으로 지정을 받은 경우
2. 정당한 사유 없이 지정을 받은 날부터 1년 이상 성능검사 업무를 시작하지 아니하거나 1년 이상 계속하여 성능검사 업무를 중단한 경우
3. 제13조 제3항에 따른 지정기준에 적합하지 아니하게 된 경우

[전문개정 2010.4.12]

제16조(수수료) ①건축물인증기관, 설비인증기관 또는 성능검사기관은 건축물인증, 설비인증 또는 성능검사를 신청하는 자로부터 지식경제부령으로 정하는 바에 따라

수수료를 받을 수 있다.

②공급인증기관은 공급인증서의 발급을 신청하는 자 또는 공급인증서를 거래하는 자로부터 지식경제부령으로 정하는 바에 따라 수수료를 받을 수 있다.

[전문개정 2010.4.12]

제17조(신 · 재생에너지 발전 기준가격의 고시 및 차액 지원) ①지식경제부장관은 신·재생에너지 발전에 의하여 공급되는 전기의 기준가격을 발전원별로 정한 경우에는 그 가격을 고시하여야 한다. 이 경우 기준가격의 산정기준은 대통령령으로 정한다.

②지식경제부장관은 신·재생에너지 발전에 의하여 공급한 전기의 전력거래가격(「전기사업법」 제33조에 따른 전력거래가격을 말한다)이 제1항에 따라 고시한 기준가격보다 낮은 경우에는 그 전기를 공급한 신·재생에너지 발전사업자에 대하여 기준가격과 전력거래가격의 차액(이하 "발전차액"이라 한다)을 「전기사업법」 제48조에 따른 전력산업기반기금에서 우선적으로 지원한다.

③지식경제부장관은 제1항에 따라 기준가격을 고시하는 경우에는 발전차액을 지원하는 기간을 포함하여 고시할 수 있다.

④지식경제부장관은 발전차액을 지원받은 신·재생에너지 발전사업자에게 결산재무제표(決算財務諸表) 등 기준가격 설정을 위하여 필요한 자료를 제출할 것을 요구할 수 있다.

[전문개정 2010.4.12]

[법률 제10253호(2010.4.12) 부칙 제2조 제1항의 규정에 의하여 이 조는 2011년 12월 31일까지 유효함]

제18조(지원 중단 등) ①지식경제부장관은 발전차액을 지원받은 신·재생에너지 발전사업자가 다음 각 호의 어느 하나에 해당하면 지식경제부령으로 정하는 바에 따라 경고를 하거나 시정을 명하고, 그 시정명령에 따르지 아니하는 경우에는 발전차액의 지원을 중단할 수 있다.

1. 거짓이나 부정한 방법으로 발전차액을 지원받은 경우
2. 제17조 제4항에 따른 자료요구에 따르지 아니하거나 거짓으로 자료를 제출한 경우

②지식경제부장관은 발전차액을 지원받은 신·재생에너지 발전사업자가 제1항

제1호에 해당하면 지식경제부령으로 정하는 바에 따라 그 발전차액을 환수(還收)할 수 있다. 이 경우 지식경제부장관은 발전차액을 반환할 자가 30일 이내에 이를 반환하지 아니하면 국세 체납처분의 예에 따라 징수할 수 있다.

[전문개정 2010.4.12]

제19조(재정 신청) 신·재생에너지 발전사업자는 신·재생에너지 발전에 의하여 생산된 전기를 송전용 또는 배전용 설비를 통하여 「전기사업법」 제35조에 따른 한국전력거래소 또는 전기사용자에게 공급하는 경우 같은 법 제2조제6호에 따른 송전사업자 또는 같은 조 제8호에 따른 배전사업자와 협의가 이루어지지 아니하거나 협의를 할 수 없을 때에는 같은 법 제53조에 따른 전기위원회에 재정(裁定)을 신청할 수 있다.

[전문개정 2010.4.12]

제20조(신·재생에너지 기술의 국제표준화 지원) ①지식경제부장관은 국내에서 개발되었거나 개발 중인 신·재생에너지 관련 기술이 「국가표준기본법」 제3조 제2호에 따른 국제표준에 부합되도록 하기 위하여 설비인증기관에 대하여 표준화기반 구축, 국제활동 등에 필요한 지원을 할 수 있다.

②제1항에 따른 지원 범위 등에 관하여 필요한 사항은 대통령령으로 정한다.

[전문개정 2010.4.12]

제21조(신·재생에너지 설비 및 그 부품의 공용화) ①지식경제부장관은 신·재생에너지 설비 및 그 부품의 호환성(互換性)을 높이기 위하여 그 설비 및 부품을 지식경제부장관이 정하여 고시하는 바에 따라 공용화 품목으로 지정하여 운영할 수 있다.

②다음 각 호의 어느 하나에 해당하는 자는 신·재생에너지 설비 및 그 부품 중 공용화가 필요한 품목을 공용화 품목으로 지정하여 줄 것을 지식경제부장관에게 요청할 수 있다.

1. 제31조에 따른 신·재생에너지센터
2. 그 밖에 지식경제부령으로 정하는 기관 또는 단체

③지식경제부장관은 신·재생에너지 설비 및 그 부품의 공용화를 효율적으로 추진하기 위하여 필요한 지원을 할 수 있다.

④제1항부터 제3항까지의 규정에 따른 공용화 품목의 지정·운영, 지정 요청,

지원기준 등에 관하여 필요한 사항은 대통령령으로 정한다.

[전문개정 2010.4.12]

제22조(신 · 재생에너지 설비 설치전문기업의 신고 등) ①신 · 재생에너지 설비의 설치를 전문으로 하려는 자는 자본금 · 기술인력 등 대통령령으로 정하는 신고기준 및 절차에 따라 지식경제부장관에게 신고할 수 있다.

②지식경제부장관은 제1항에 따라 신고한 신 · 재생에너지 설비 설치전문기업(이하 "신 · 재생에너지전문기업"이라 한다)에 지식경제부령으로 정하는 바에 따라 지체 없이 신고증명서를 발급하여야 한다.

③지식경제부장관은 제27조에 따른 보급사업을 위하여 필요하다고 인정하면 신 · 재생에너지 설비의 설치 및 보수에 드는 비용의 일부를 지원하는 등 신 · 재생에너지전문기업에 대통령령으로 정하는 바에 따라 필요한 지원을 할 수 있다.

[전문개정 2010.4.12]

제23조 삭제<2010.4.12>

제24조(청문) 지식경제부장관은 다음 각 호에 해당하는 처분을 하려면 청문을 하여야 한다.

1. 제12조의 10 제1항에 따른 공급인증기관의 지정 취소
2. 제15조 제2항에 따른 성능검사기관의 지정 취소

[전문개정 2010.4.12]

제25조(관련 통계의 작성 등) ①지식경제부장관은 기본계획 및 실행계획 등 신 · 재생에너지 관련 시책을 효과적으로 수립 · 시행하기 위하여 필요한 국내외 신 · 재생에너지의 수요 · 공급에 관한 통계자료를 조사 · 작성 · 분석 및 관리할 수 있으며, 이를 위하여 필요한 자료와 정보를 제11조 제1항에 따른 기관이나 신 · 재생에너지 설비의 생산자 · 설치자 · 사용자에게 요구할 수 있다.

②지식경제부장관은 지식경제부령으로 정하는 바에 따라 전문성이 있는 기관을 지정하여 제1항에 따른 통계의 조사 · 작성 · 분석 및 관리에 관한 업무의 전부 또는 일부를 하게 할 수 있다.

[전문개정 2010.4.12]

제26조(국유재산 · 공유재산의 임대 등) ①국가 또는 지방자치단체는 신 · 재생에너지 기술개발 및 이용 · 보급에 관한 사업을 위하여 필요하다고 인정하면 「국유재산

법」 또는 「공유재산 및 물품 관리법」에도 불구하고 수의계약(隨意契約)에 따라 국유재산 또는 공유재산을 신·재생에너지 기술개발 및 이용·보급에 관한 사업을 하는 자에게 대부계약의 체결 또는 사용허가(이하 "임대"라 한다)를 하거나 처분할 수 있다.

②국가 또는 지방자치단체가 제1항에 따라 국유재산 또는 공유재산을 임대하는 경우에는 「국유재산법」 또는 「공유재산 및 물품 관리법」에도 불구하고 자진철거 및 철거비용의 공탁을 조건으로 영구시설물을 축조하게 할 수 있다. 다만, 공유재산에 영구시설물을 축조하려면 조례로 정하는 절차에 따라 지방의회의 동의를 받아야 한다.

③제1항에 따른 국유재산 및 공유재산의 임대기간은 10년 이내로 하되, 국유재산은 종전의 임대기간을 초과하지 아니하는 범위에서 갱신할 수 있고, 공유재산은 지방자치단체의 장이 필요하다고 인정하는 경우 1회에 한하여 10년 이내의 기간에서 연장할 수 있다.

④제1항에 따라 국유재산 또는 공유재산을 임차하거나 취득한 자가 임대일 또는 취득일부터 2년 이내에 해당 재산에서 신·재생에너지 기술개발 및 이용·보급에 관한 사업을 시행하지 아니하는 경우에는 대부계약 또는 사용허가를 취소하거나 환매할 수 있다.

[전문개정 2010.4.12]

제27조(보급사업) ①지식경제부장관은 신·재생에너지의 이용·보급을 촉진하기 위하여 필요하다고 인정하면 대통령령으로 정하는 바에 따라 다음 각 호의 보급사업을 할 수 있다.

1. 신기술의 적용사업 및 시범사업
2. 환경친화적 신·재생에너지 집적화단지(集積化團地) 및 시범단지 조성사업
3. 지방자치단체와 연계한 보급사업
4. 실용화된 신·재생에너지 설비의 보급을 지원하는 사업
5. 그 밖에 신·재생에너지 기술의 이용·보급을 촉진하기 위하여 필요한 사업으로서 지식경제부장관이 정하는 사업

②지식경제부장관은 개발된 신·재생에너지 설비가 설비인증을 받거나 신·재생에너지 기술의 국제표준화 또는 신·재생에너지 설비와 그 부품의 공용화가

이루어진 경우에는 우선적으로 제1항에 따른 보급사업을 추진할 수 있다.

③관계 중앙행정기관의 장은 환경 개선과 신·재생에너지의 보급 촉진을 위하여 필요한 협조를 할 수 있다.

[전문개정 2010.4.12]

제28조(신·재생에너지 기술의 사업화) ①지식경제부장관은 자체 개발한 기술이나 제10조에 따른 사업비를 받아 개발한 기술의 사업화를 촉진시킬 필요가 있다고 인정하면 다음 각 호의 지원을 할 수 있다.

1. 시험제품 제작 및 설비투자에 드는 자금의 융자
2. 신·재생에너지 기술의 개발사업을 하여 정부가 취득한 산업재산권의 무상 양도
3. 개발된 신·재생에너지 기술의 교육 및 홍보
4. 그 밖에 개발된 신·재생에너지 기술을 사업화하기 위하여 필요하다고 인정하여 지식경제부장관이 정하는 지원사업

②제1항에 따른 지원의 대상, 범위, 조건 및 절차, 그 밖에 필요한 사항은 지식경제부령으로 정한다.

[전문개정 2010.4.12]

제29조(재정상 조치 등) 정부는 제12조에 따라 권고를 받거나 의무를 준수하여야 하는 자, 신·재생에너지 기술개발 및 이용·보급을 하고 있는 자 또는 제13조에 따라 설비인증을 받은 자에 대하여 필요한 경우 금융상·세제상의 지원대책이나 그 밖에 필요한 지원대책을 마련하여야 한다.

[전문개정 2010.4.12]

제30조(신·재생에너지의 교육·홍보 및 전문인력 양성) ①정부는 교육·홍보 등을 통하여 신·재생에너지의 기술개발 및 이용·보급에 관한 국민의 이해와 협력을 구하도록 노력하여야 한다.

②지식경제부장관은 신·재생에너지 분야 전문인력의 양성을 위하여 신·재생에너지 분야 특성화대학 및 핵심기술연구센터를 지정하여 육성·지원할 수 있다.

[전문개정 2010.4.12]

제31조(신·재생에너지센터) ①지식경제부장관은 신·재생에너지의 이용 및 보급을 전문적이고 효율적으로 추진하기 위하여 대통령령으로 정하는 에너지 관련 기관

에 신 · 재생에너지센터(이하 "센터"라 한다)를 두어 신 · 재생에너지 분야에 관한 다음 각 호의 사업을 하게 할 수 있다.

1. 제11조 제1항에 따른 신 · 재생에너지의 기술개발 및 이용 · 보급사업의 실시자에 대한 지원 · 관리
2. 제12조의 2에 따른 건축물인증에 관한 지원 · 관리
3. 제12조의 9에 따른 공급인증기관의 업무에 관한 지원 · 관리
4. 제13조에 따른 설비인증에 관한 지원 · 관리
5. 이미 보급된 신 · 재생에너지 설비에 대한 기술지원
6. 제20조에 따른 신 · 재생에너지 기술의 국제표준화에 대한 지원 · 관리
7. 제21조에 따른 신 · 재생에너지 설비 및 그 부품의 공용화에 관한 지원 · 관리
8. 제22조에 따른 신 · 재생에너지전문기업에 대한 지원 · 관리
9. 제25조에 따른 통계관리
10. 제27조에 따른 신 · 재생에너지 보급사업의 지원 · 관리
11. 제28조에 따른 신 · 재생에너지 기술의 사업화에 관한 지원 · 관리
12. 제30조에 따른 교육 · 홍보 및 전문인력 양성에 관한 지원 · 관리
13. 국내외 조사 · 연구 및 국제협력 사업
14. 제1호부터 제6호까지의 사업에 딸린 사업
15. 그 밖에 신 · 재생에너지의 이용 · 보급 촉진을 위하여 필요한 사업으로서 지식경제부장관이 위탁하는 사업

②지식경제부장관은 센터가 제1항의 사업을 하는 경우 자금 출연이나 그 밖에 필요한 지원을 할 수 있다.

③센터의 조직 · 인력 · 예산 및 운영에 관하여 필요한 사항은 지식경제부령으로 정한다.

[전문개정 2010.4.12]

제32조(권한의 위임 · 위탁) ①이 법에 따른 지식경제부장관의 권한은 그 일부를 대통령령으로 정하는 바에 따라 소속 기관의 장, 특별시장 · 광역시장 · 도지사 또는 특별자치도지사(이하 "시 · 도지사"라 한다)에게 위임할 수 있다.

②이 법에 따른 지식경제부장관 또는 시 · 도지사의 업무는 그 일부를 대통령령으로 정하는 바에 따라 센터 또는 「에너지법」 제13조에 따른 한국에너지기술평

가원에 위탁할 수 있다.

[전문개정 2010.4.12]

제33조(벌칙 적용 시의 공무원 의제) 다음 각 호에 해당하는 사람은 「형법」 제129조부터 제132조까지의 규정을 적용할 때에는 공무원으로 본다.

1. 건축물인증 업무에 종사하는 건축물인증기관의 임직원
2. 공급인증서의 발급・거래 업무에 종사하는 공급인증기관의 임직원
3. 설비인증 업무에 종사하는 설비인증기관의 임직원
4. 성능검사 업무에 종사하는 성능검사기관의 임직원

[전문개정 2010.4.12]

제34조(벌칙) ①거짓이나 부정한 방법으로 제17조에 따른 발전차액을 지원받은 자와 그 사실을 알면서 발전차액을 지급한 자는 3년 이하의 징역 또는 지원받은 금액의 3배 이하에 상당하는 벌금에 처한다.

②거짓이나 부정한 방법으로 공급인증서를 발급받은 자와 그 사실을 알면서 공급인증서를 발급한 자는 3년 이하의 징역 또는 3천만원 이하의 벌금에 처한다.

③제12조의 7 제5항을 위반하여 공급인증기관이 개설한 거래시장 외에서 공급인증서를 거래한 자는 2년 이하의 징역 또는 2천만원 이하의 벌금에 처한다.

④법인의 대표자나 법인 또는 개인의 대리인, 사용인, 그 밖의 종업원이 그 법인 또는 개인의 업무에 관하여 제1항부터 제3항까지의 어느 하나에 해당하는 위반행위를 하면 그 행위자를 벌하는 외에 그 법인 또는 개인에게도 해당 조문의 벌금형을 과(科)한다. 다만, 법인 또는 개인이 그 위반행위를 방지하기 위하여 해당 업무에 관하여 상당한 주의와 감독을 게을리하지 아니한 경우에는 그러하지 아니하다.

[전문개정 2010.4.12]

제35조(과태료) ①다음 각 호의 어느 하나에 해당하는 자에게는 1천만원 이하의 과태료를 부과한다.

1. 거짓이나 부정한 방법으로 설비인증을 받은 자
2. 건축물인증기관으로부터 건축물인증을 받지 아니하고 건축물인증의 표시 또는 이와 유사한 표시를 하거나 건축물인증을 받은 것으로 홍보한 자
3. 설비인증기관으로부터 설비인증을 받지 아니하고 설비인증의 표시 또는 이와

유사한 표시를 하거나 설비인증을 받은 것으로 홍보한 자

②제1항에 따른 과태료는 대통령령으로 정하는 바에 따라 지식경제부장관이 부과·징수한다.

[전문개정 2010.4.12]

부칙 <제7284호, 2004.12.31>

제1조(시행일) 이 법은 공포 후 6월이 경과한 날부터 시행한다.

제2조(기본계획 등에 관한 경과조치) ①이 법 시행 당시 종전의 대체에너지개발 및 이용·보급촉진법 제4조의 규정에 의한 기본계획은 이 법 제5조의 규정에 의한 기본계획을 수립할 때까지 이 법 제5조의 규정에 의한 기본계획으로 본다.

②이 법 시행 당시 종전의 대체에너지개발 및 이용·보급촉진법 제5조의 규정에 의한 실행계획은 이 법 제6조의 규정에 의한 실행계획으로 본다.

③이 법 시행 당시 종전의 대체에너지개발 및 이용·보급촉진법 제7조의 규정에 의한 대체에너지정책심의회는 이 법 제8조의 규정에 의한 신·재생에너지정책심의회로 본다.

④이 법 시행 당시 종전의 대체에너지개발 및 이용·보급촉진법 제8조의 규정에 의하여 세출예산에 계상된 사업비는 이 법 제9조의 규정에 의한 사업비로 본다.

⑤이 법 시행 당시 종전의 대체에너지개발 및 이용·보급촉진법 제11조의 2의 규정에 의하여 지정받은 인증기관 및 성능검사기관은 이 법 제13조의 규정에 의한 인증기관 및 성능검사기관으로 본다.

⑥이 법 시행 당시 종전의 대체에너지개발 및 이용·보급촉진법 제11조의 2의 규정에 의하여 산업자원부장관이 지정하는 기관으로부터 대체에너지설비에 대하여 인증을 받은 경우에는 이 법 제13조의 규정에 의한 설비인증을 받은 것으로 본다.

⑦이 법 시행 당시 종전의 대체에너지개발 및 이용·보급촉진법 제16조의 규정에 의한 대체에너지개발보급센터는 이 법 제31조의 규정에 의한 신·재생에너지센터로 본다.

제3조(처분 등에 관한 경과조치) 이 법 시행 당시 종전의 대체에너지개발 및 이용·보

급촉진법에 의한 지정·고시 그 밖의 행정기관의 행위와 신청 그 밖의 행정기관에 대한 행위는 그에 해당하는 이 법에 의한 행정기관의 행위와 행정기관에 대한 행위로 본다.

제4조(다른 법률의 개정) ①백두대간 보호에 관한 법률 중 다음과 같이 개정한다.

제7조 제1항 제6호 중 "대체에너지개발 및 이용·보급촉진법에 의한 대체에너지"를 "신에너지 및 재생에너지개발·이용·보급촉진법에 의한 신·재생에너지"로 한다.

②産業技術基盤造成에 관한 法律 중 다음과 같이 개정한다.

제2조 제1호 중 "代替에너지 開發 및 利用·普及促進法 第2條의 規定에 의한 代替에너지"를 "신에너지 및 재생에너지개발·이용·보급촉진법 제2조 제1호의 규정에 의한 신·재생에너지"로 한다.

③산지관리법 중 다음과 같이 개정한다.

제10조 제7호 중 "대체에너지 개발 및 이용·보급촉진법에 의한 대체에너지"를 "신에너지 및 재생에너지개발·이용·보급촉진법에 의한 신·재생에너지"로 한다.

④生命工學育成法 중 다음과 같이 개정한다.

제13조 제1항 제4호 중 "대체에너지개발"을 "신·재생에너지개발"로 한다.

⑤에너지 및 資源事業特別會計法 중 다음과 같이 개정한다.

제2조 제1호 다목을 다음과 같이 한다.

다. 에너지절약 및 신·재생에너지사업

⑥에너지이용合理化法 중 다음과 같이 개정한다.

제2조 제2호 중 "代替에너지"를 "신·재생에너지"로 한다.

제76조 제3호 및 제5호 중 "代替에너지"를 각각 "신·재생에너지"로 한다.

⑦전기사업법 중 다음과 같이 개정한다.

제31조 제4항 제3호 및 제49조 제1호 중 "대체에너지 개발 및 이용·보급촉진법 제2조의 규정에 의한 대체에너지"를 각각 "신에너지 및 재생에너지개발·이용·보급촉진법 제2조 제1호의 규정에 의한 신·재생에너지"로 한다.

⑧租稅特例制限法 중 다음과 같이 개정한다.

제118조 제1항 제3호 중 "代替에너지開發및利用·普及促進法 제2조의 규정에 의한 대체에너지"를 "신에너지 및 재생에너지개발·이용·보급촉진법 제2조 제1

호의 규정에 의한 신·재생에너지"로 한다.

제5조(다른 법률과의 관계) 이 법 시행 당시 다른 법률에서 종전의 대체에너지 개발 및 이용·보급촉진법의 규정을 인용한 경우에 이 법 중 그에 해당하는 규정이 있는 때에는 이 법의 해당 규정을 인용한 것으로 본다.

부칙 <제7998호, 2006.9.27>

이하 생략

Ⅶ 호텔업 등급결정기관 등록 및 등급결정에 관한 요령

문화체육관광부고시 제2008-24호(2008. 8. 13)

제1조(목적) 이 요령은 관광진흥법 시행령 제66조 제2항 및 관광진흥법 시행규칙 제25조 제3항의 규정에 의거 호텔업 등급결정기관의 등록과 등급결정기준 및 그 절차 등에 관한 세부적인 사항을 정함으로서 호텔업의 등급결정이 합리적이고 효율적으로 이루어지도록 함을 목적으로 한다.

제2조(등급결정기관의 등록) ①관광진흥법 시행령(이하 "영"이라 한다) 제66조의 규정에 의하여 호텔업의 등급결정 업무를 수행하고자 하는 법인(이하 "등급결정기관"이라 한다)은 별지 제1호 서식의 호텔업 등급결정기관 등록신청서에 다음 각 호의 서류를 첨부하여 문화체육관광부장관에게 제출하여야 한다.

1. 등급결정 실시계획서
2. 법인 등기부등본
3. 관광숙박업의 육성과 서비스 개선 등에 관한 연구 및 계몽활동 등의 실적 및 관련 자료
4. 제13조의 규정에 의하여 위촉한 호텔업 등급평가요원(이하 "등급평가요원"이라 한다)의 명단, 이력서, 경력・실적증명서 또는 자격증사본(경력・실적 또는 자격이 있는 경우에 한한다) 및 위촉동의서

②제1항 제1호의 등급결정 실시계획서에는 다음 각 호의 사항이 포함되어야 한다.

1. 등급결정의 실시시기・방법 및 주안점
2. 제12조의 규정에 의한 호텔업 등급평가단(이하 "평가단"이라 한다)의 구성원칙 또는 요령
3. 등급결정에 대한 수수료의 징수방법과 등급결정에 따른 비용 조달방법
4. 등급결정과정에서 나타날 수 있는 이견사항에 대한 조정절차 또는 방법
5. 기타 효과적인 등급결정업무의 수행을 위하여 필요한 사항

제3조(등급결정기관의 등록 고시) ①문화체육관광부장관은 제2조의 규정에 의하여 등급결정기관 등록신청서를 접수한 경우에는 구비요건을 확인하고 등록여부를 결

정한 후 별지 제2호 서식의 호텔업 등급결정기관 등록대장에 이를 기재하고 관리하여야 한다.

②문화체육관광부장관은 제1항의 규정에 의하여 등록한 등급결정기관에 대하여 별지 제3호 서식의 호텔업 등급결정기관 등록증을 교부하고 이를 고시하여야 한다.

제4조(등록사항의 변경등록) 등급결정기관은 제2조 제1항 각 호의 사항을 변경한 경우에는 그 내용을 즉시 문화체육관광부장관에게 변경등록하여야 한다.

제5조(등급결정신청) ①법 제4조 제2항의 규정에 의하여 시장·군수·구청장(이하 "등록관청"이라 한다)에게 호텔업을 등록한 자(이하 "사업자"라 한다)는 관광진흥법 시행규칙(이하 "규칙"이라 한다) 제25조 제1항 각 호의 규정에 의한 호텔업 등급결정 신청사유가 발생한 때에는 별지 제4호 서식의 호텔업 등급결정 신청서(이하 "등급결정 신청서"라 한다)에 다음 각 호의 사항이 기재된 서류를 첨부하여 등급결정기관에 제출하여야 한다.

1. 호텔업 시설의 현황
2. 제7조의 규정에 의한 호텔업 세부등급 평가기준에 의한 자율평가결과(신청자의 간인이 날인되어 있어야 한다)
3. 호텔업 시설에 대한 개·보수 현황(이미 등급심사를 받은 시설을 개·보수한 경우에 한한다)

②사업자는 제1항 제3호의 규정에 의한 호텔업 시설의 개·보수 현황에는 필요한 증빙자료를 함께 제출하여야 한다. 다만, 그 증빙자료가 10면을 초과하는 경우에는 이를 요약하여 제출할 수 있다.

제6조(등급결정 거부 제한) 등급결정기관은 제5조 제1항의 규정에 의하여 사업자가 신청한 등급결정 신청을 거부할 수 없다. 다만, 사업자가 소재한 시(특별시·광역시를 말한다. 이하 이 조에서 같다)·도내에 등급결정기관이 있음에도 불구하고 타 시·도에 소재한 등급결정기관에 신청한 경우에는 그러하지 아니하다.

제7조(등급평가기준) 규칙 제25조 제3항의 규정에 의한 호텔업 세부등급평가기준(이하 "등급평가기준"이라 한다)은 별표와 같다.

제8조(등급평가 실시) ①등급결정기관이 제5조 제1항의 규정에 의한 등급결정신청서를 접수한 때에는 평가단을 구성하여 등급평가를 위한 조사를 실시하여야 한다.

②제1항의 규정에 의한 조사는 사업자가 제출한 자율평가결과와 증빙자료를 참고하여 현지조사를 실시한다.

③제2항의 규정에 의한 현지조사는 사업자의 신청에 의하여 수시로 실시한다. 다만, 신규등록의 경우 외에는 업무의 효율성을 감안하여 분기별로 일괄하여 실시할 수 있다.

④평가단은 사업자에게 필요한 자료의 제출을 요구할 수 있다.

제9조(결과보고서의 제출) 평가단은 현지조사를 완료한 때에는 별지 제5호 서식의 호텔업 등급평가 조사결과보고서(이하 "조사결과보고서"라 한다)를 현장에서 등급결정기관의 인솔자에게 제출하여야 한다.

제10조(등급결정 및 통보) ①등급결정기관은 평가단으로부터 현지조사에 대한 조사결과보고서를 제출 받은 때에는 5일 이내에 규칙 제25조 제2항의 규정을 적용하여 당해 호텔업에 대한 등급을 결정하여야 한다.

②등급결정기관은 제1항의 규정에 의하여 등급을 결정한 경우에는 그 결과를 문화체육관광부장관과 등록관청 및 당해 호텔사업자에게 즉시 통보하여야 한다.

제11조(등급평가 특례) ①등급결정기관은 제7조의 규정에 의한 등급평가기준 중 전기 및 통신부문 또는 소방 및 안전부문시설에 대하여 사업자가 개별법령이 정하는 바에 따라 관계 공무원으로부터 시설에 대한 확인을 받은 경우에는 이를 인용하여 평가할 수 있다.

②제1항의 규정에 의한 시설확인서의 유효기간은 제5조의 규정에 의한 등급결정 신청일을 기준으로 6월 이내에 발급된 것이어야 한다.

제12조(평가단의 구성) ①등급결정기관은 제8조 제1항의 규정에 의한 평가단을 구성하고자 하는 경우에는 등급평가요원 중에서 다음 각 호의 1에 해당하는 자로 구성하되 6인 이상이 되도록 하여야 한다. 다만, 당해 호텔업의 시설이 제11조의 규정에 의한 등급평가 특례에 해당하는 경우에는 그러하지 아니할 수 있다.

1. 서비스상태 또는 소비자 만족도 평가관계자 3인 이상
2. 건축 · 설비 · 주차시설 평가관계자 1인 이상
3. 전기 · 통신시설 평가관계자 1인 이상
4. 소방 · 안전상태 평가관계자 1인 이상

②등급결정기관이 제1항의 규정에 의한 평가단을 구성할 경우에 거리상의 불편

및 비용 소요 등을 고려하여 등급평가 대상호텔이 소재한 시・도와 인접지역에 상주하는 등급평가요원으로 당해 호텔에 대한 평가단을 구성 할 수 있다.

제13조(등급평가요원의 위촉) ①등급결정기관은 제12조 제1항의 평가단을 구성하기 위하여 시행령 제66조 및 시행규칙 제72조의 규정에 의한 자격요건을 갖춘 자 중 각 평가요소별로 10인 이상 등급평가요원을 위촉하여야 한다. 다만, 등급평가요원은 2개 이상의 등급결정기관의 등급평가요원으로 위촉될 수 없다.

②등급결정기관이 제1항의 규정에 의하여 등급평가요원으로 위촉하는 경우에는 다음 각 호의 서류를 제출 받아 관리하여야 한다.

1. 별지 제6호 서식에 의한 호텔업 등급평가요원 위촉동의서
2. 이력서
3. 경력 또는 실적증명서(해당자에 한한다)
4. 자격증사본(해당자에 한한다)

③등급결정기관은 제1항의 규정에 의하여 위촉한 등급평가요원에게는 별지 제7호 서식의 호텔업 등급평가요원 위촉장을 발급하여야 한다.

④제1항의 규정에 의하여 위촉한 등급평가요원은 관광진흥법 제80조 제4항의 규정에 의한 등급결정기관의 임원으로 본다.

제14조(등급평가요원의 임기) ①제13조의 규정에 의하여 위촉된 등급평가요원의 임기는 위촉일부터 5년으로 한다. 다만, 결원을 보충하기 위하여 위촉한 등급평가요원의 임기는 전임자의 잔여기간으로 한다.

②등급평가요원은 연임할 수 있다.

③등급결정기관은 제1항의 규정에 의하여 임기가 만료되는 등급평가요원 중 재위촉하는 등급평가요원의 신분에 변동이 없는 경우에는 제13조 제2항 제1호의 호텔업 등급평가요원 위촉동의서만을 제출받아 재위촉할 수 있다.

제15조(등급평가요원의 위촉제한) 등급결정기관은 제16조의 규정에 의하여 해촉된 경력이 있는 자를 해촉된 날부터 5년이 경과하지 아니한 경우에는 등급평가요원으로 재위촉할 수 없다.

제16조(등급평가요원의 해촉) ①등급결정기관은 제13조 제1항의 규정에 의하여 위촉한 등급평가요원이 다음 각 호의 1에 해당되는 경우에는 이를 해촉하여야 한다.

1. 평가단의 활동과 관련하여 국가공무원법 제56조・제58조・제60조・제61조

및 제63조의 규정에 위반한 행위를 한 때

2. 사망 · 해외이민 · 파산선고 등으로 등급평가요원으로서의 직무를 수행할 수 없을 때

②등급결정기관은 제1항의 규정에 의하여 등급평가요원을 해촉한 경우에는 이를 즉시 문화체육관광부장관에게 통보하여야 한다.

제17조(등급평가요원의 책임) 등급평가요원은 평가단에 참여하여 입수한 호텔업의 시설내용과 자료를 사업자의 동의없이 외부에 누설하여서는 아니된다.

제18조(사업자의 의무) 사업자는 제8조 제4항의 규정에 의하여 평가단으로부터 평가와 관련한 자료의 제출을 요구받은 때에는 성실하게 이에 응하여야 한다.

제19조(수당 등의 지급) 등급결정기관은 평가단에 참여한 등급평가요원에게 예산의 범위 안에서 수당과 여비를 지급할 수 있다.

제20조(시설의 보완요청) 등급결정기관은 평가단의 조사결과 나타난 노후화된 시설의 교체 또는 이용자의 서비스에 장애를 초래하는 사항에 대하여 시정하는 조치를 취할 수 있도록 관할관청에 이를 통보할 수 있다.

제21조(재조사) ①등급결정기관은 동일한 사안에 대하여 등급평가요원 2인 이상이 평가한 결과 평가점수 차이가 20% 이상 발생한 경우 또는 당해 등급평가가 현저하게 잘못되었다는 객관적인 사실이 증명되었거나 서비스의 현격한 불량 등으로 인하여 기존 등급의 유지가 부적합하다고 판단되는 경우에는 당해 등급평가요원 외의 자에게 위촉하여 당해 호텔업 등급평가를 다시 실시할 수 있다.

②제1항의 재조사를 실시하고자 하는 등급결정기관은 재조사에 앞서 문화체육관광부장관에게 그 사실을 통보하여야 한다.

제22조(등급결정기관에 대한 지도점검) ①문화체육관광부장관은 필요하다고 인정하는 경우에는 등급결정기관에 대한 지도점검을 실시할 수 있다.

②문화체육관광부장관은 제1항의 지도점검결과 등급평가가 부당하거나 부정하게 결정된 사실이 확인된 경우에는 등급결정기관의 장에게 호텔업에 대한 등급평가를 다시 실시하게 할 수 있다.

제23조(등록취소 등) ①문화체육관광부장관은 등급결정기관이 다음 각 호의 1에 해당하는 때에는 당해 등급결정기관의 등록을 취소할 수 있다.

1. 제4조의 규정에 의한 등록사항의 변경등록를 하지 아니하여 3회 이상의 독촉

을 받고도 이를 이행하지 아니한 때

2. 제6조의 규정을 위반하여 사업자로부터 등급결정 신청을 정당한 사유 없이 거절한 때
3. 제12조의 규정에 의한 평가단의 구성 및 제13조의 규정에 의한 등급평가요원의 위촉이 부정한 방법에 의하여 이루어진 때
4. 제13조의 규정에 의한 등급평가요원 최소 기준을 미달한 때
5. 제22조의 규정에 의한 지도점검을 거부하거나 명령을 이행하지 아니한 때

②문화체육관광부장관은 등급결정기관의 당해 등급의 평가가 부당하거나 부정하게 결정되는 등 등급결정과 관련한 과실이 발생할 경우에는 등급결정권한의 정지 조치를 6월 이내로 취할 수 있다.

부칙

제1조(시행일) 이 요령은 고시한 날로부터 시행한다.

【별표】 호텔업 등급평가기준(제7조 관련)

1. 현관 · 로비 · 복도(130점)

평가내용	평가기준	평가결과		비고
		자율 평가	심사 평가	
가. 현관로비				
1) 로비의 안락감 및 품위유지 상태 ※ 바닥(또는 카펫트)의 색상, 색조화, 재질 및 관리(청결)상태와 호텔의 테마를 나타낼 수 있는 인테리어 등 고객에게 주는 인상을 중심으로 평가	우수(15.0) 양호(12.0) 보통(9.0) 미흡(6.0)			
2) 현관 및 로비 종사원의 서비스 상태				
가) 종사원의 복장 및 용모 ※ 호텔의 테마와 어울리는 종사원의 복장 및 두발 등 용모 상태, 유니폼 상태(유니폼의 재질, 디자인, 계절별 유니폼 제공 여부)	우수(8.0) 양호(5.0) 보통(3.0) 미흡(2.0)			
나) 고객 수화물 서비스 ※ 고객의 수화물을 신속하고 친절하게 처리하는 과정, 고객의 귀중품에 대한 보관상태, 고객에게 수화물 및 귀중품 보관에 대한 자세한 설명 등	우수(5.0) 양호(4.0) 보통(3.0) 미흡(2.0)			
다) 종사원의 친절성 ※ 친절한 환영인사, 등록데스크로의 안내, 신속한 행동, 상냥한 미소 등	우수(10.0) 양호(8.0) 보통(6.0) 미흡(4.0)			
3) 화장실의 유지관리 상태 ※ 내부시설 및 편의용품의 청결 및 유지관리상태 등 - 내부시설 : 세면대, 거울, 변기, 옷걸이, 화장실 출입문 등 - 편의용품 : 비누, 타월 or 종이타월, 방향제 등	우수(7.0) 양호(5.0) 보통(4.0) 미흡(3.0)			
4) 관광안내 서비스 상태 ※ 관광홍보물의 종류, 다양한 외국어로 된 홍보물 비치 및 무인관광안내시스템 설치상태 등	우수(5.0) 양호(4.0) 보통(3.0) 미흡(2.0) 미제공(0.0)			
5) 호텔시설물 안내표지판 상태 ※ 현관 · 로비 · 복도 내 고객의 눈에 쉽게 띌 수 있는 안내표지판의 적정위치, 색상, 다양한 외국어 표기 등	우수(5.0) 양호(4.0) 보통(3.0) 미흡(2.0) 미설치(0.0)			
6) ATM(현금자동인출기) 설치 유무	유(5.0) 무(0.0)			

평가내용	평가기준	평가결과		비고
		자율 평가	심사 평가	
나. 후론트데스크				
1) 후론트의 기능 가) Check in, check out system 적정여부 및 고객의 이용편의성 ※ 혼잡도 완화를 위한 창구구분(Express, Repeat guest 처리방법) 및 고객의 대기장소 확보, 대기시간의 적정성 등	 우수(10.0) 양호(8.0) 보통(6.0) 미흡(4.0)			
나) Cashier Information Reception 기능의 적정여부 ① 적정인력 확보 - 3교대 근무 이상 - 2교대 근무	 (5.0) (3.0)			
② 환전서비스 여부 - 서비스 제공 및 자동환율시스템 설치 - 서비스 제공 및 환율게시판 설치 - 서비스 미제공	 (5.0) (3.0) (0.0)			
다) 후론트 근무자의 능력 및 근무자세 ① 업무숙지능력, 어학실력(영어 · 일어외의 특수외국어 구사여부)	 우수(10.0) 양호(8.0) 보통(6.0) 미흡(4.0)			
② 근무자의 복장과 용모 및 접객태도	우수(5.0) 양호(4.0) 보통(3.0) 미흡(2.0)			
③ 안전금고 설치 및 운영, 객실 Key의 관리상태 등	우수(5.0) 양호(4.0) 보통(3.0) 미흡(2.0)			
라) 교통 및 문화행사 티켓 예약 서비스 ※ 철도, 버스, 항공 등 교통수단 및 타지역 숙박 예약 가능 ※ 셔틀버스 보유, 택시와 렌트카서비스 가능 ※ 현지 이벤트, 연예공연 등의 예약 가능	우수(5.0) 양호(4.0) 보통(3.0) 미흡(2.0)			
2) 후론트데스크 업무의 전산화 상태 ※ Check in · out의 전산화 상태(내 · 외국인 구분, 이용인원 및 수입금 관리 등), 고객영수증의 전산발급(세부내역 기재)상태 등 전산화 처리가 안될 경우에는 "0점" 처리	우수(10.0) 양호(8.0) 보통(6.0) 미흡(4.0) 미설치(0.0)			

평가내용	평가기준	평가결과		비고
		자율 평가	심사 평가	
다. 복도 및 계단관리				
1) 계단의 관리 및 청결상태	우수(5.0) 양호(4.0) 보통(3.0) 미흡(2.0)			
2) 복도의 관리상태 ※ 복도내 조명시설, 편의시설 등의 유지관리상태 등	우수(5.0) 양호(4.0) 보통(3.0) 미흡(2.0)			
3) 복도의 청결상태 ※ 복도 바닥 및 벽면, 천정의 청결상태 등	우수(5.0) 양호(4.0) 보통(3.0) 미흡(2.0)			

2. 객실부문(190점)

평가내용	평가기준	평가결과		비고
		자율 평가	심사 평가	
가. 객실 수 ㅇ300실 이상 ㅇ300실 미만 : $10\text{점}+(10\text{점}\times\frac{\text{객실수}}{200})=\text{취득점수}$ ※ 수상관광호텔의 경우, 선박의 전장으로 계산 ㅇ100m 이상 ㅇ90m 이상 ㅇ80m 이상 ㅇ70m 이상 ㅇ70m 미만	 (40.0) (취득점수) (30.0) (25.0) (20.0) (15.0) (10.0)			
나. 객실의 종류*표준 객실 이외 객실 다양성 여부 ㅇ5종류 이상 ㅇ4종류 이상 ㅇ3종류 이상 ㅇ2종류 이하	 (10.0) (8.0) (6.0) (4.0)			

평가내용	평가기준	평가결과		비고
		자율 평가	심사 평가	
다. 객실의 면적				
※ 기준면적 표준객실(더블 · 트윈) 19㎡기준 평가				
○기준면적의 130% 이상	(15.0)			
○기준면적의 120% 이상	(13.0)			
○기준면적의 110% 이상	(11.0)			
○기준면적의 100% 이상	(8.0)			
○기준면적 미만	(5.0)			
라. 욕실의 면적				
※ 기준면적 3.3㎡를 기준 평가	(10.0)			
○기준면적의 130% 이상	(8.5)			
○기준면적의 120% 이상	(7.0)			
○기준면적의 110% 이상	(5.0)			
○기준면적의 100% 이상	(3.0)			
○기준면적 미만				
마. 객실의 보안관리 상태				
1) Key handling system(Door Chain lock, Door view, Double lock 등)의 설치 유무				
○4개 설치	(5.0)			
○3개 설치	(4.0)			
○2개 설치	(3.0)			
○1개 설치 ※ 미설치시 '0'점 처리	(2.0)			
2) Key handling system(Door Chain lock, Door view, Double lock 등)의 관리상태	우수(5.0) 양호(4.0) 보통(3.0) 미흡(2.0)			
바. 객실의 안락도				
1) 객실의 바닥, 벽 · 천장 벽지의 관리 및 환기상태	우수(10.0) 양호(8.0) 보통(6.0) 미흡(4.0)			
2) 객실내 가구의 품위 유지상태 ※ 가구의 디자인과 색상 및 객실 분위기와의 조화, 가구의 품질, 훼손정도	우수(10.0) 양호(8.0) 보통(6.0) 미흡(4.0)			
3) 객실의 방음상태 ※ 객실과 객실, 객실과 복도, 객실과 외부간의 방음 상태 ※ 벽의 차음상태, 객실유리, 문 등의 차음상태, 기기 소음 또는 외부의 소음으로부터의 완벽한 방음 등	우수(10.0) 양호(8.0) 보통(6.0) 미흡(4.0)			

평가내용	평가기준	평가결과		비고
		자율 평가	심사 평가	
사. 객실과 욕실의 편의용품 관리상태				
1) 객실의 편의용품 관리상태 ※ 메모지와 볼펜, 화장품, 물통, 유리컵(2개), 전신용 거울 등 편의용품 구비 및 적정위치 비치 ※ 특급호텔 추가비품 : 업무가 가능한 책상과 의자, 실내복, 커피포트, 미니바 등 객실과 욕실의 편의용품 관리상태	우수(10.0) 양호(8.0) 보통(6.0) 미흡(4.0)			
2) 욕실의 편의용품 관리상태 ※ 헤어드라이기, 타월(4종 이상), 티슈, 비누, 샤워캡, toilet paper 등 비치	우수(10.0) 양호(8.0) 보통(6.0) 미흡(4.0)			
3) 침대 및 침구류 관리 상태 ※ 침대의 크기 및 재질, 매트리스와 스프링 상태, 침구류 일체의 유지관리상태	우수(5.0) 양호(4.0) 보통(3.0) 미흡(2.0)			
아. 객실과 욕실의 청결상태				
1) 객실의 청결상태 ※ 객실의 바닥, 벽면, 천장의 청결상태 ※ 침대의 린넨류, 가구류, TV, 창문틀, 조명시설 등의 청결상태	우수(10.0) 양호(8.0) 보통(6.0) 미흡(4.0)			
2) 욕실의 청결상태 ※ 욕실바닥, 벽면, 천장의 청결상태 ※ 조명등, 욕조, 러버매트, 욕조손잡이, 세면대, 비누받침대, 샤워기, 변기 등의 청결상태	우수(10.0) 양호(8.0) 보통(6.0) 미흡(4.0)			
자. 객실내 호텔시설물 및 관광안내 상태				
1) 객실내 TV 또는 안내물을 통해 호텔의 주요시설 및 주변 관광지에 대한 안내를 받을 수 있는지 여부	우수(5.0) 양호(4.0) 보통(3.0) 미흡(2.0) 미제공(0.0)			
2) 한국어를 포함한 3개 이상의 외국어로 안내 가능 여부 (TV, 안내홍보물 등)	우수(5.0) 보통(3.0) 미제공(0.0)			
3) 한국을 소개하는 외국어 TV방송의 시청 가능 여부	유(5.0) 무(0.0)			

평가내용	평가기준	평가결과		비고
		자율 평가	심사 평가	
차. 룸서비스 상태				
1) 룸서비스 가능 시간 ○24시간 ○20시간 이상 ○16시간 이상 ○16시간 미만	 (5.0) (4.0) (3.0) (2.0)			
2) Maid Call의 신속성 ※ 전화벨이 3번 이상 울리기 전에 받는지, 고객의 요구에 대한 신속한 대응능력 등	우수(5.0) 양호(4.0) 보통(3.0) 미흡(2.0)			
3) Maid Call의 접객태도 ※ 전화 받는 사람의 친절성, 고객 요구에 대한 이해 정도, 룸 번호 확인 여부 등	우수(5.0) 양호(4.0) 보통(3.0) 미흡(2.0)			

3. 식당 및 주방부문(130점)

평가내용	평가기준	평가결과		비고
		자율 평가	심사 평가	
가. 식당시설 및 관리				
1) 식당 · 커피숍 설치 유무 가) 식품위생법에 의한 '일반음식점' 설치유무	유(5.0) 무(0.0)			
나) 한식당의 유무 ※ 수상관광호텔은 한식당 또는 해양관련식당의 유무	유(5.0) 무(0.0)			
다) 커피숍의 유무	유(5.0) 무(0.0)			
2) 식당의 구조 및 품위 가) 출입동선의 구조, 집기와 장식(꽃, 그림 등) 의 분위기, 공간의 활용상태, 식당의 종 류에 따른 분위기 등	우수(5.0) 양호(3.0) 보통(2.0) 미흡(1.0)			
나) 식당시설의 품질 (테이블, 의자 등) 및 인테리어 상태	우수(5.0) 양호(3.0) 보통(2.0) 미흡(1.0)			

평가내용	평가기준	평가결과		비고
		자율평가	심사평가	
3) 식당 종사원의 서비스 상태 가) 종사원의 용모 및 복장 ※ 종사원의 두발, 면도, 손톱 등의 청결상태와 유니폼의 재질, 디자인 상태 등	우수(10.0) 양호(7.0) 보통(4.0) 미흡(3.0)			
나) 근무자세(접객태도), 식사메뉴에 대한 지식 등	우수(10.0) 양호(8.0) 보통(6.0) 미흡(4.0)			
다) 외국어의 구사능력 ※ 등급심사자가 외국어로 질문하여 평가	우수(10.0) 양호(8.0) 보통(6.0) 미흡(4.0)			
4) 식당 내부의 관리 및 청결상태 ※ 식당관리체제 및 청결상태 등(식당 바닥의 먼지 등)	우수(10.0) 양호(8.0) 보통(6.0) 미흡(4.0)			
5) 메뉴의 종류 및 메뉴판 상태 ※ 식당 종류에 따른 메뉴판 디자인, 메뉴판에 기록되어 있는 음식의 외국어 표기 상태 등	우수(5.0) 양호(4.0) 보통(3.0) 미흡(2.0)			
나. 주방시설 및 관리				
1) 주방의 업장에 대한 면적점유율 ※ 주방면적/총식당면적×100을 기준으로 비교평가 ○총업장면적의 30% 이상 점유 ○총업장면적의 20% 이상 점유 ○총업장면적의 10% 이상 점유 ○총업장면적의 10% 미만 점유	 (10.0) (8.0) (6.0) (4.0)			
2) 주방의 설비 및 환경상태 가) 식자재의 관리(보관)상태 및 유효기간 준수상태 ※ 식자재 보관시 냉장창고, 냉동창고, 건조한 창고 관리(보관)상태 확인	 우수(10.0) 양호(8.0) 보통(6.0) 미흡(4.0)			
나) 주방설비 및 환경상태 ※ 조리대 주변의 정리상태, 주방의 청결상태, 바닥의 배수상태, 환기상태, 취기 확산방지 상태, 외부인 접근통제 상태 등	우수(10.0) 양호(8.0) 보통(6.0) 미흡(4.0)			
3) 주방근무자의 복장 및 근무태도 가) 주방근무자의 용모 및 복장 상태 ※ 주방근무자의 두발 등 용모상태와 위생복, 위생모, 작업화의 착용 등의 복장상태 등	우수(10.0) 양호(8.0) 보통(6.0) 미흡(4.0)			

평가내용	평가기준	평가결과		비고
		자율 평가	심사 평가	
나) 주방근무자의 근무태도 ※ 안전, 위생의 숙지도, 주방근무인력의 교대 또는 적정인력 확보여부 등	우수(5.0) 양호(4.0) 보통(3.0) 미흡(2.0)			
4) 주방에서 조리한 음식이 고객에게 전달되는 체계 ※ 신속하고 위생적으로 고객에게 전달될 수 있는 동선 확보 여부	우수(5.0) 양호(4.0) 보통(3.0) 미흡(2.0)			
5) 주방쓰레기의 분리수거 상태	우수(5.0) 양호(4.0) 보통(3.0) 미흡(2.0)			
6) 조리법의 비치상태	우수(5.0) 양호(4.0) 보통(3.0) 미흡(2.0)			

4. 부대시설의 관리 · 운영부문(110점)

평가내용	평가기준	평가결과		비고
		자율 평가	심사 평가	
가. 부대시설의 품위 및 서비스상태				
1) 부대시설의 분위기, 내부 색상, 이용시설의 수준 등 ※ 부대시설 : 헬스클럽, 사우나, 수영장, 공연장, 오락실 등	우수(10.0) 양호(8.0) 보통(6.0) 미흡(4.0)			
2) 종사원의 외국어 구사능력	우수(5.0) 양호(4.0) 보통(3.0) 미흡(2.0)			
3) 종사원의 접객태도	우수(5.0) 양호(4.0) 보통(3.0) 미흡(2.0)			

평가내용	평가기준	평가결과		비고
		자율 평가	심사 평가	
나. 국제회의시설				
1) 국제회의(연회장) 가능 시설의 유무 ㅇ 200명 이상 수용 ㅇ 100명 이상 수용 ㅇ 100명 미만 수용 ※ 미설치시 '0'점 처리 ※ 1인당 1.2㎡를 기준으로 산정 평가	 (10.0) (5.0) (3.0)			
2) 동시통역시설 및 시청각시설 가) 동시통역시설 ※ 3개 국어 이상 가능 여부	 유(5.0) 무(0.0)			
나) 시청각 시설 ※ OHP, 프로젝터, 레이저 빔 등 구비 여부	우수(5.0) 양호(4.0) 보통(3.0) 미흡(2.0)			
3) Function room의 능력 ※ 회의실 확보 여부	우수(5.0) 양호(4.0) 보통(3.0) 미흡(2.0)			
다. 예약시스템				
1) 예약시스템의 전산화 여부	유(5.0) 무(0.0)			
2) 예약실의 운영 및 서비스 상태 가) 담당자의 외국어 구사 능력	우수(5.0) 양호(4.0) 보통(3.0) 미흡(2.0)			
나) 담당자의 서비스 상태 ※ 담당자의 접객태도, 서비스 제공시간, 전화의 연결상태, 담당자의 적극성 등	우수(5.0) 양호(4.0) 보통(3.0) 미흡(2.0)			
다) 웹을 이용한 예약 가능 여부 ※ 자체 운영 사이트, 포탈사이트 등 활용	우수(5.0) 양호(4.0) 보통(3.0) 미흡(2.0)			
3) 해외예약망 구축여부 ※ 해외지점의 설치 또는 공동운영 협정체결 등	유(5.0) 무(0.0)			
라. 비즈니스센터 설치 · 운영상태				
1) 비즈니스센터 운영상태	우수(5.0) 양호(4.0) 보통(3.0) 미흡(2.0) 미제공(0.0)			

평가내용	평가기준	평가결과		비고
		자율 평가	심사 평가	
2) 비즈니스센터내 지원시설의 비치 및 운영 · 관리상태 가) 지원시설 비치 및 이용 상태 ※ PC, FAX, 복사기, 인터넷 통신망 등	 우수(5.0) 양호(4.0) 보통(3.0) 미흡(2.0) 미제공(0.0)			
나) 지원시설 지원 및 대여 상태 ※ 핸드폰, 노트북, PDA 등 전산 및 통신기기 지원(대여) 가능 여부	우수(5.0) 양호(4.0) 보통(3.0) 미흡(2.0) 미제공(0.0)			
3) 비즈니스센터 서비스 가능 시간 ㅇ24시간 ㅇ12시간 이상 ㅇ8시간 이상 ㅇ미제공	 (5.0) (3.0) (2.0) (0.0)			
마. 장애인 이용시설 1) 호텔내 장애인 이용시설 가능 여부 ㅇ5종류 이상 ㅇ4종류 이상 ㅇ3종류 이상 ㅇ2종류 이하 ㅇ없음	 (10.0) (8.5) (7.0) (5.0) (0.0)			
2) 시각장애 등 각종 신체장애인이 혼자서 현관에서 객실(장애인 객실이 별도 설치되어 있을 경우에는 장애인 객실)까지 이동의 가능 여부	가능(5.0) 불가능(0.0)			
바. 세탁서비스의 처리가능 시간(세탁 주문을 받아 완료하여 배달되는 시간) ㅇ3시간 내 ㅇ3시간 이상 ㅇ세탁서비스 미제공	 (5.0) (3.0) (0.0)			

5. 종사원 복지 및 관광산업에의 기여 부문 (120점)

평가내용	평가기준	평가결과		비고
		자율 평가	심사 평가	
가. 종사원 후생복지				
1) 종사원 후생복지시설				
가) 종사원식당의 운영상태 ※ 식당의 규모, 시설내용 및 식당의 운영, 종사원의 반응 등	우수(10.0) 양호(8.0) 보통(5.0) 미흡(2.0) 없음(0.0)			
나) 기타 후생복지시설 운영상태 ※ 숙소, 휴게실, 샤워시설, 탈의실(사물보관함) 등 설치 및 관리 · 운영상태	우수(10.0) 양호(8.0) 보통(6.0) 미흡(4.0) 없음(0.0)			
2) 종사원 후생복지제도 운영(최근 2년간) ※ 장학제도, 포상제도, 휴가제도, 건강관리제도(야유회, 체육대회 등), 종사원 친목단체(등산, 합창 등) 지원제도를 평가				
ㅇ5가지 제도 이상 실시	(10.0)			
ㅇ4가지 제도 실시	(8.0)			
ㅇ3가지 제도 실시	(6.0)			
ㅇ2가지 제도 이하 실시	(4.0)			
ㅇ없음	(0.0)			
나. 관광산업에의 기여도				
1) 주요 이벤트의 개최실적(최근 2년간) ※ 국제회의, 학회, 공연, 콘서트, 축제 등 개최횟수 평가				
ㅇ10회 이상	(5.0)			
ㅇ10회 미만 : $(10\text{점} \times \frac{\text{개최횟수}}{20})/2 = \text{산정점수}$	(산정점수)			
2) 지역사회의 기여도(최근 2년간) ※ 지역주민을 위한 대외봉사활동의 전개, 지역주민과의 화합의 장 마련 등 평가				
ㅇ10회 이상	(5.0)			
ㅇ10회 미만 : $5\text{점} \times \frac{\text{개최횟수}}{10} = \text{산정점수}$	(산정점수)			
3) 최근 2년간(결산서 기준) 경영상태				
ㅇ자본금의 10% 이상 이익 발생	(10.0)			
ㅇ자본금의 10% 미만 이익 발생	(5.0)			
ㅇ이익발생이 없음 ※ 개장한 지 3년 이내 호텔의 경우 10점 만점	(2.0)			

평가내용	평가기준	평가결과		비고
		자율 평가	심사 평가	
다. 종사원에 대한 교육 상태(최근 2년간) 1) 교육방법 ㅇ교육기관의 설치 ㅇ전문교육기관(관련협회 포함)위탁 및 외부강사 초청 ㅇ자체강사 활용 ㅇ 미교육 2) 교육 시스템 ※ 직무교육, 계층교육, 교양교육, 서비스교육, 외국어교육 등 실시 여부 ㅇ5종류 이상 ㅇ4종류 이상 ㅇ3종류 이상 ㅇ2종류 이상 ㅇ1종류 이상 ㅇ 미교육	 (10.0) (8.0) (3.0) (0.0) (15.0) (12.0) (9.0) (6.0) (3.0) (0.0)			
라. 종사원의 근무상태 1) 객실 당 종사원 비율 ※ 전체 종사원 수 / 전체 객실 수 ㅇ90% 이상 ㅇ80% 이상 ㅇ70% 이상 ㅇ60% 이상 2) 최근 2년간 종사원의 이직율 ※ 이직한 종사원 수 / 전체 종사원 수 ㅇ10% 이하 ㅇ11% ~ 20% ㅇ21% ~ 30% ㅇ31% ~ 40% ㅇ41% 이상 3) 최근 2년간 유자격 호텔경영사 등의 고용 상태 ㅇ정상고용 ㅇ비정상고용 : 20점×최근 2년간 호텔경영사 및 관리사별 고용월수 합계/(채용해야 할 적정 호텔경영사 및 관리사수×24월) = 취득점수	 (10.0) (8.0) (5.0) (2.0) (5.0) (4.0) (3.0) (2.0) (1.0) (20.0) (취득점수)			
마. 고객 불편처리 시스템 ※ 불편방지 및 대처능력 여부 : 호텔에 불편 신고함 비치, 불편신고엽서 및 인터넷신고의 활용도, 호텔게시판에 불편내용 공시, 당직지배인실 운영 등	 우수(10.0) 양호(7.0) 보통(3.0) 미흡(0.0)			

6. 주차시설부문(50점)

<table>
<tr><th rowspan="2">평가내용</th><th rowspan="2">평가기준</th><th colspan="2">평가결과</th><th rowspan="2">비고</th></tr>
<tr><th>자율 평가</th><th>심사 평가</th></tr>
<tr><td>가. 현관앞 주차공간
○3차선 이상 확보시
○2차선 이상 확보시
○1차선 확보시 ※ 미설치시 ‘0’점 처리</td><td>
(5.0)
(3.0)
(1.0)</td><td></td><td></td><td></td></tr>
<tr><td>나. 보안시설 설치 및 관리
※ 차량 및 고객의 안전관리를 위한 주차장내 보안시설 (폐쇄회로 등) 설치 및 운영상태 등</td><td>우수(10.0)
양호(8.0)
보통(6.0)
미흡(4.0)
미설치(0.0)</td><td></td><td></td><td></td></tr>
<tr><td>다. 방송수신상태
※ 비상시에 대비한 공중파 방송의 수신상태 및 차량호출시스템의 운영 관리상태</td><td>우수(5.0)
양호(4.0)
보통(3.0)
미흡(2.0)</td><td></td><td></td><td></td></tr>
<tr><td>라. 주차시설의 편리성
1) 주차장 진 · 출입의 편리성

2) 주차의 편리성

3) Valet Parking 서비스 상태
※ Valet Parking 서비스 유무, 서비스료의 적정성 등</td><td>
우수(10.0)
양호(8.0)
보통(6.0)
미흡(4.0)
우수(5.0)
양호(4.0)
보통(3.0)
미흡(2.0)
우수(5.0)
양호(4.0)
보통(3.0)
미흡(2.0)
미제공(0.0)</td><td></td><td></td><td></td></tr>
<tr><td>마. 주차장 관리요원의 서비스 상태
※ 주차서비스(차량안내 등)의 신속성 여부, 주차 요원의 친절성 및 복장상태 등</td><td>우수(5.0)
양호(4.0)
보통(3.0)
미흡(0.0)</td><td></td><td></td><td></td></tr>
<tr><td>바. 주차장 유지관리상태
※ 주차면수의 도색상태, 주변의 환경정리상태, 조명상태, 소음상태 및 주차장의 용도를 타용도로 불법전용 여부 등</td><td>우수(5.0)
양호(4.0)
보통(3.0)
미흡(0.0)</td><td></td><td></td><td></td></tr>
</table>

7. 건축 및 설비부문(90점)

평가내용	평가기준	평가결과		비고
		자율 평가	심사 평가	
가. 건축물의 외관 1) 아름답고 특성있는 호텔 외관, 주변 경관과의 조화, 외벽의 유지보수상태 2) 호텔의 안내판 및 고객의 이용 편의성 등	우수(5.0) 양호(4.0) 보통(3.0) 미흡(2.0) 우수(5.0) 양호(4.0) 보통(3.0) 미흡(2.0)			
나. 건축물 구조의 적합성 1) 건물의 구조가 호텔기능 수행을 위하여 적합한가 여부 2) 본래 건축물 용도, 사용자재 여부	우수(5.0) 양호(4.0) 보통(3.0) 미흡(2.0) 우수(5.0) 양호(4.0) 보통(3.0) 미흡(2.0)			
다. 비영업장의 기능 ※ 종사원 복지시설 · 기계실 · 창고 등 호텔내 비영업장의 기능이 호텔의 기능수행에 기여할 수 있는 정도 등	우수(5.0) 양호(4.0) 보통(3.0) 미흡(2.0)			
라. 냉 · 난방 및 환기시설 1) 객실 ○온도 · 습도 · 청정도 유지가 가능한 냉 · 난방시설을 갖추되, 일부 객실에 냉 · 난방 동시가동이 가능한 경우 ○온도 · 습도 · 청정도 유지가 가능한 냉 · 난방 시설을 갖춘 경우 ○온도 · 청정도 유지가 가능한 냉 · 난방시설을 갖춘 경우 ○기타 냉 · 난방시설을 갖춘 경우 2) 식당 및 연회실 ○온도 · 습도 · 청정도 유지가 가능한 냉 · 난방시설을 갖추되, 다른 용도와 분리된 독립 냉 · 난방시설을 갖춘 경우 ○온도 · 습도 · 청정도 유지가 가능한 냉 · 난방시설을 갖춘 경우 ○온도 · 습도 유지가 가능한 냉 · 난방시설을 갖춘 경우 ○기타 냉 · 난방시설을 갖춘 경우	 (10.0) (8.0) (6.0) (4.0) (10.0) (8.0) (6.0) (4.0)			

평가내용	평가기준	평가결과		비고
		자율 평가	심사 평가	
3) 주방 ○냉 · 난방시설을 갖추되, 취기확산방지를 위한 환기 시설 및 주방 배기의 취기가 타 지역으로 확산되지 않도록 타용도(식당포함)와 독립된 냉 · 난방시설 및 주방배기계통에 기름성분을 제거할 수 있는 장치를 한 경우 ○냉 · 난방시설을 갖추되 취기확산방지를 위한 환기 시설을 하고, 타용도(식당 포함)와 독립된 냉 · 난방 시설을 갖춘 경우 ○냉 · 난방시설을 갖추되 취기확산방지를 위한 환기 시설을 한 경우 ○난방시설을 갖추고 환기시설을 한 경우	(10.0) (8.0) (6.0) (4.0)			
마. 위생시설 1) 내식성 배관제 및 수조시설 사용시 시설수준 및 관리 상태 2) 절수기구 사용시 시설수준 및 관리상태 ※ 소변기의 자동급수 세척시설 등	우수(5.0) 양호(4.0) 보통(3.0) 미흡(2.0) 우수(5.0) 양호(4.0) 보통(3.0) 미흡(2.0)			
바. 시설유지관리 1) 공조환기 설비 상태 ※ 공조조화기의 Filter 상태, 주방의 Duct내 Oil 침적물 제거 및 Damper조절 기능, F.C.U.Filter 청결상태 등 2) 급배수 위생시설 ※ 수로의 맨홀이나 연관통의 이물질 침입방지를 위한 관리상태, 고가수조, 저탕조의 도장상태 및 침적물 제거상태, 위생배관 접속부의 누수 및 Scale 방지상태, 위생금구류의 도장상태 등	우수(5.0) 양호(4.0) 보통(3.0) 미흡(2.0) 우수(5.0) 양호(4.0) 보통(3.0) 미흡(2.0)			
사. 객실의 온도조절시설 ○객실별 임의조절 가능시 ○중앙에서 원격제어 및 설정점 조절 가능시 ○기타	(5.0) (4.0) (3.0)			
아. 로비의 면적 ※ 100실 미만은 33㎡, 200실 미만은 66㎡, 300실 미만은 100㎡, 300실 이상은 150㎡을 기준면적으로 적용 ○기준면적의 120%이상 확보 ○기준면적의 110%이상 확보 ○기준면적의 100%이상 확보 ○기준면적의 미만 확보	(10.0) (7.0) (5.0) (3.0)			

8. 전기 및 통신부문(80점)

평가내용	평가기준	평가결과		비고
		자율 평가	심사 평가	
가. 서비스통신 설비 ○Maid Call System 통신망 운용상태	우수(5.0) 양호(4.0) 보통(3.0) 미흡(2.0) 없음(0.0)			
나. 비상전력설비 1) 전체 계약 용량의 가동률 확보 ○100% 이상 ○80% 이상 ○60% 이상 ○40% 이상 2) 비상발전기 연속가동 여부 ○24시간 이상 가동 가능 ○8시간 이상 가동 가능 ○4시간 이상 가동 가능 ○4시간 미만 가동 가능 3) 기타 예비전원 확보 상태 ※ 배터리에 의한 조명설비 구비 및 건전지 등 기타 비상조명 확보상태 등	 (5.0) (4.0) (3.0) (2.0) (5.0) (4.0) (3.0) (2.0) 우수(5.0) 양호(4.0) 보통(3.0) 미흡(2.0) 미확보(0.0)			
다. 객실내 비상호출설비 ※ 비상호출설비 구비 및 비상시 조치체계 등 ○객실과 욕실에 모두 구비 ○객실 또는 욕실에만 구비 ○구비되지 않음	 (5.0) (3.0) (0.0)			
라. 승강기 설비 1) 안전도 및 환경상태 ※ 내부의 실내장치 비상벨 작동시 연락방법, 정기적 안전점검 실시 여부, 승강기 보수책임관리자 지정, 내부조명 및 안락감 등을 평가하되, 지상 3층 이하 건물로써 승강기가 없는 경우에는 "양호(8.0)"으로 평가 ※ 승강기의 정기적 안전점검이 실시되고 있는지의 여부를 파악하도록 함(안전점검에 문제가 있는 경우는 1점) 2) 정전시 비상전원으로 운전되는 승강기의 대수 ○고객용 승강기의 40% 이상 ○고객용 승강기의 30% 이상 ○고객용 승강기의 20% 이상 ○고객용 승강기의 20% 미만	 우수(10.0) 양호(8.0) 보통(6.0) 미흡(4.0) (5.0) (4.0) (3.0) (2.0)			

평가내용	평가기준	평가결과		비고
		자율 평가	심사 평가	
마. 객실의 조명시설 상태 ※ 객실내 부분별 조명밝기, 조명밝기의 조정 가능 여부 등 ○ 3곳 우수 ○ 2곳 우수 ○ 1곳 우수 ○ 모두 미흡 ※ 한국기술표준원에서 제시하는 KS 규정 - 객실 전반 : 60~150 (표준조도 100) - 화장대 주변 : 300~600 (표준조도 400) - 책상 주변 : 300~600 (표준조도 400)	(5.0) (3.0) (1.0) (0.0)			
바. 객실내 TV 및 통신상태 1) TV방송 수신상태 2) 국제전화 사용 상태	우수(5.0) 양호(4.0) 보통(3.0) 미흡(2.0) 미설치(0) 우수(5.0) 양호(4.0) 보통(3.0) 미흡(2.0) 불가능(0)			
사. 객실내 인터넷 연결 상태 1) 객실내에서 인터넷 연결을 위한 시설 가능 여부 ○(인터넷 가능 객실 수/전체 객실 수)×10점 ※ 미설치는 0점 처리 2) 객실 내에 컴퓨터 설치 여부 ○ 객실의 40% 이상 ○ 객실의 25% 이상 ○ 객실의 10% 이상	(10.0) (취득점수) 우수(7.0) 양호(5.0) 보통(3.0) 미설치(0)			
아. 객실내 Wake-up Calls 등의 기능 1) Wake-up Calls의 유무 2) Night Table의 기능 ※ 조명, 공조, 방송, TV, 시계 상태 등 ○ 5개 이상 가능 ○ 4개 가능 ○ 3개 가능 ○ 2개 가능 ○ 1개 가능 ○ 미설치	유(3.0) 무(0.0) (5.0) (4.0) (3.0) (2.0) (1.0) (0.0)			

9. 소방 및 안전부문(100점)

<table>
<tr><th rowspan="2">평가내용</th><th rowspan="2">평가기준</th><th colspan="2">평가결과</th><th rowspan="2">비고</th></tr>
<tr><th>자율 평가</th><th>심사 평가</th></tr>
<tr><td>가. 비상시 안내지침서 구비 여부
※ 객실의 위급사항, 화재시 객실이용지침 등의 내용이 수록되어 있는 지침서가 객실 내에 구비되어 있는지 여부
※ 지침서내에 119 등 비상시 필요한 전화번호안내 포함</td><td>우수(10.0)
양호(8.0)
보통(6.0)
미흡(4.0)</td><td></td><td></td><td></td></tr>
<tr><td>나. 고객 접점 안내시설물 관리상태
1) 객실 내 소방안전시설물
※ 객실 내 감지기, 인명 구조함, 완강기, 구조대등의 작동 여부 및 관리상태
2) 공공지역 내 소방안전시설물 관리상태
※ 현관로비, 복도, 식당, 부대시설 등의 통로유도등, 유도등, 소화전박스, 소화기, 경보설비(비상벨 등) 등의 유지관리(청결) 상태</td><td>우수(5.0)
양호(4.0)
보통(3.0)
미흡(2.0)
우수(5.0)
양호(4.0)
보통(3.0)
미흡(2.0)
미구비(0.0)</td><td></td><td></td><td></td></tr>
<tr><td>다. 종사원의 소방안전 훈련 여부
1) 종사원의 소방 · 안전 훈련 (최근 1년간)
ㅇ4회 이상
ㅇ3회 이상
ㅇ2회 이상
ㅇ1회 이상
※ 기초훈련, 부분훈련을 모두 실시하지 않을 경우 1회로 처리, 미실시는 ‘0’점 처리
2) 소방계획서 작성 및 실행 여부
※ 소방계획서 작성여부, 내용 등
3) 종사원의 소방시설 사용숙지 및 고객 대피 요령
가) 화재의 예방요령, 화재 신고요령, 소방시설의 사용법, 소방시설 사용 · 관리 유지 요령, 화재진압 요령, 인명대피 및 유도요령 등
나) 종사원의 소화기 및 소화시설의 사용 가능 여부</td><td>

(5.0)
(4.0)
(3.0)
(2.0)

우수(5.0)
양호(4.0)
보통(3.0)
미흡(2.0)
우수(5.0)
양호(4.0)
보통(3.0)
미흡(2.0)
우수(5.0)
양호(4.0)
보통(3.0)
미흡(2.0)</td><td></td><td></td><td></td></tr>
<tr><td>라. 종사원의 응급조치 요령
※ 고객의 응급상황에 대한 종사원의 응급조치 요령에 대한 숙지 여부</td><td>우수(5.0)
양호(4.0)
보통(3.0)
미흡(2.0)</td><td></td><td></td><td></td></tr>
</table>

평가내용	평가기준	평가결과		비고
		자율 평가	심사 평가	
마. 호텔출입자 보안관리를 위한 호텔 고객이용시설에 대한 폐쇄회로 설치 및 유지관리상태 1) 폐쇄회로 설치 여부 o5개소 이상 o4개소 o3개소 o2개소 이하 ※ 각층 복도, 엘리베이터, 로비, 후론트데스크, 주차장, 식당, 부대시설 등 ※ 층별 복도, 엘리베이터 등과 같이 성격이 같은 곳은 1개소로 평가 2) 폐쇄회로 시설의 효율성 ※ 설치된 폐쇄회로를 통해 호텔 시설물을 확인할 수 있는지 여부 o호텔 전체의 80% 이상 o호텔 전체의 70% 이상 o호텔 전체의 60% 이상 o호텔 전체의 50% 이상 o호텔 전체의 50% 미만	우수(5.0) 양호(4.0) 보통(3.0) 미흡(2.0) 미설치(0.0) (5.0) (4.0) (3.0) (2.0) (1.0)			
바. 고객을 위한 보험 혜택 여부 ※ 고객을 위한 상해 보험 등 각종 보험 혜택	유(5.0) 무(0.0)			
사. 소방정기점검의 지적사항에 대한 개선 상태 ※ 정기적인 소방점검에서 지적된 사항에 대한 개선자료 제출 (사진 자료 포함)	우수(10.0) 양호(8.0) 보통(6.0) 미흡(4.0)			
아. 동선의 안전성 및 편의성 ※ 출입구(현관)에서부터 후론트데스크, 엘리베이터(에스컬레이터, 계단), 각종 편의 · 부대시설까지의 동선의 안전성 및 편의성, 출입구에서 객실까지의 이동 안전성 및 용이성 등	우수(10.0) 양호(8.0) 보통(6.0) 미흡(4.0)			
자. 대테러대비 안전 매뉴얼 및 장비보유 여부 ※ 테러협박 접수 시 대응요령, 폭발물 등 의심물질 발견 시 대응요령, 테러상황별 대응요령 등 ※ 안전요원용 가스총, 무전기(TRS), 방독면, 차량돌진 대비 바리게이트 등	우수(10.0) 양호(8.0) 보통(6.0) 미흡(4.0)			
카. 테러대비 안전조직 구성 및 운영여부 ※ 테러대비 경비전담 조직 편성 · 운영, 안전상황실 설치 · 운영, 안전교육 실시 여부 등	우수(10.0) 양호(8.0) 보통(6.0) 미흡(4.0)			

10. 부가점수

10-1. 가점 항목 (70점)

평가내용	평가기준	평가결과		비고
		자율 평가	심사 평가	
가. 국제회의시설 1) 국제회의시설(연회장)의 규모 ※ 1인당 1.2㎡를 기준으로 산정하여 평가 ○500명 이상 수용 가능 ○400명 이상 수용 가능 ○300명 이상 수용 가능 2) Receiver 보유상태 ○국제회의장 수용능력에 적합한 수량 보유 ○미보유 3) 국제회의 관련 전문직원의 보유상태 ○3명 이상 ○2명 이상 ○1명 이상 4) 최근 2년 간 국제회의 유치실적 ○10회 이상 ○5~9회 ○1~4회	 (10.0) (6.0) (4.0) (5.0) (0.0) (5.0) (3.0) (2.0) (5.0) (3.0) (2.0)			
나. 운동오락시설 1) 수영장, 헬스클럽, 스쿼시장, 테니스장, 볼링장, 탁구장, 당구장, 오락실, 미니골프장, 파워보트, 제트스키, 스킨스쿠버, 수상스키, 윈드서핑 등 ○5개 이상 ○4개 이상 ○3개 이상 ○2개 이상 2) 헬스클럽, 수영장 등의 전문강사 채용 여부 ※ 체육지도자(생활체육, 경기) 자격증 소지 전문강사(종목에 관계 없음) ○자격증 소지자 1명당 1점(5명까지 인정) ○소지자가 없는 경우 0점	 (10.0) (8.5) (7.0) (5.0) (5.0) (0.0)			

평가내용	평가기준	평가결과		비고
		자율 평가	심사 평가	
다. 편의시설 ※ 제과점, 관광기념품점, 면세점, 이용실, 사우나, 어린이 놀이방, 노래방 등 ○5개 이상 ○4개 이상 ○3개 이상 ○2개 이상	 (10.0) (8.5) (7.0) (5.0)			
라. 옥외조경시설 ※ 외부공간확보, 외부정원, 외부 인테리어, 아름답고 독특한 외부, 다양한 수목과 아름다운 경관, 아름답고 독특한 건축물	우수(10.0) 우수(8.0) 양호(6.0) 보통(4.0)			
마. 종사원 1) 다양한 외국어 제공 여부 ○6개 외국어 이상 ○5개 외국어 이상 ○4개 외국어 이상 ○3개 외국어 이상 ※ 관련 외국어능력 보유자(공인된 언어능력시험에서 일정 수준 이상 - 관광공사 채용기준 참조) 혹은 해당 언어학과 졸업자 및 관련기관 인증서 보유자 2) 종사원의 자격증 소지자 비율 ○ 60% 이상 ○ 50~59% ○ 40~49% ○ 40% 미만 ※ 관광종사원(호텔경영사 등), 조리사 등의 자격증 소지자 비율	 (5.0) (3.0) (2.0) (1.0) (5.0) (4.0) (3.5) (2.5)			

10-2. 감점 항목 (-30점)

평가내용	평가기준	평가결과		비고
		자율평가	심사평가	
가. 화재 및 범죄 발생 여부(최근 3년 간) 1) 호텔내 화재 발생 여부	유(-5.0) 무(0.0)			
2) 호텔내 도난 등 범죄 발생 여부 ※ 종사원이 개입되지 않은 범죄행위만 평가	유(-5.0) 무(0.0)			
나. 호텔 경영주 및 종사원의 불법행위 ※ 호텔 경영과 관련된 불법(범죄)행위(최근 3년간)	유(-5.0) 무(0.0)			
다. 영업상 행정조치 여부(최근 3년간) ○없음 ○1~2회 ○3~5회 ○6회 이상 ※ 위생점검, 소방점검, 노사분규 등 영업상의 행정조치(행정처분, 과태료, 과징금 등)를 받았을 경우	(0.0) (-3.0) (-4.0) (-5.0)			
라. 고객불편신고 처리 상태 1) 시설 및 위생관리	문제없음(0.0) 불량(-1.0) 매우불량(-2.0)			
2) 서비스	문제없음(0.0) 불량(-1.0) 매우 불량(-2.0)			
3) 부당요금징수	문제없음(0.0) 불량(-1.0) 매우 불량(-2.0)			
4) 예약조건 불이행	문제없음(0.0) 불량(-1.0) 매우 불량(-2.0)			
5) 기타 부문	문제없음(0.0) 불량(-1.0) 매우 불량(-2.0)			

[별지 제1호 서식]

<table>
<tr><td colspan="4">호텔업등급결정기관등록신청서</td></tr>
<tr><td>법 인 명</td><td></td><td>대표자</td><td></td></tr>
<tr><td>소 재 지</td><td colspan="3"></td></tr>
<tr><td>법인등록일</td><td></td><td>법인설립근거</td><td></td></tr>
<tr><td rowspan="2">법인구성</td><td>임원의 구성</td><td colspan="2">명
(　　　　　　　　)</td></tr>
<tr><td>법인구성(회원)자격</td><td colspan="2"></td></tr>
<tr><td>법인설립목적</td><td colspan="3"></td></tr>
<tr><td colspan="4">관광진흥법시행령 제66조 및 호텔업 등급결정기관등록 및 등급결정에 관한 요령 제2조의 규정에 의하여 호텔업의 등급결정 업무를 수행하고자 위와 같이 등급결정기관으로 등록을 신청합니다.

년　　월　　일
신청인 :　　　　　　　　(서명 또는 인)</td></tr>
<tr><td colspan="3" rowspan="2"><구비서류>
1. 등급결정실시계획서
2. 법인등기부등본
3. 관광숙박업의 육성과 서비스 개선 등에 관한 연구 및 계몽활동 등의 실적 및 관련 자료
4. 위촉한 호텔업등급평가요원의 명단, 이력서, 경력·실적증명서 또는 자격증 사본(경력·실적 또는 자격이 있는 경우에 한함) 및 위촉동의서</td><td>수수료</td></tr>
<tr><td>없 음</td></tr>
</table>

[별지 제2호 서식]

호텔업등급결정기관등록대장					
등록번호	등록일자	법인명	대표자	소재지	전화번호

[별지 제3호 서식]

호텔업등급결정기관등록증

1. 등록번호 : 제 호

2. 법 인 명 : (대표자 :)

3. 소 재 지 :

관광진흥법시행령 제66조 및 호텔업등급결정기관등록및등급결정에관한요령 제3조의 규정에 의하여 귀 법인을 호텔업의 등급결정기관으로 등록하였음을 증명합니다.

년 월 일

문 화 체 육 관 광 부 장 관

[별지 제4호 서식]

<table>
<tr><th colspan="5">호텔업등급결정신청서</th></tr>
<tr><td rowspan="2">신청인</td><td>사업자(대표자)명</td><td></td><td>주민등록번호
(대표자)</td><td></td></tr>
<tr><td>주 소</td><td colspan="3"></td></tr>
<tr><td rowspan="4">호텔현황</td><td>상호 또는 명칭</td><td></td><td>최초등록일</td><td></td></tr>
<tr><td>영업장 소재지</td><td colspan="3"></td></tr>
<tr><td>현 재 등 급</td><td></td><td>현 등급결정일</td><td></td></tr>
<tr><td>희 망 등 급</td><td colspan="3"></td></tr>
<tr><td colspan="2">신 청 사 유</td><td colspan="3"></td></tr>
<tr><td colspan="5">관광진흥법시행규칙 제25조제1항 및 호텔업등급결정기관등록 및 등급결정에 관한 요령 제5조의 규정에 의하여 위와 같이 호텔업의 등급결정을 신청합니다.

년 월 일
신청인 : (서명 또는 인)
귀하</td></tr>
<tr><td colspan="4" rowspan="2"><구비서류>
1. 호텔업시설의 현황
2. 호텔업세부등급평가기준에 의한 자율평가결과
3. 호텔업시설에 대한 개 · 보수 현황(해당자에 한함)</td><td>수수료</td></tr>
<tr><td>30,000원+매실당 500원</td></tr>
</table>

[별지 제5호 서식]

호텔업등급평가조사결과보고서			
호 텔 명		대표자	
소 재 지			
현 등 급		희망등급	
조사일시		조사자	
조사부문		조사사유	
총 평	※ 잘된 점, 보완할 사항 등 종합의견 제시		
<첨부서류> ㅇ 호텔업등급평가기준			

[별지 제6호 서식]

호텔업등급평가요원위촉동의서

본인은 귀(　　　　　)에서 시행하는 호텔업의 등급평가요원으로 위촉함에 아래와 같이 동의합니다.

○ 참여분야 :
○ 참여기간 : 　　　　~　　　　(　년간)

년　　월　　일

성명 :　　　　　(서명 또는 인)

(주민등록번호 :　　　　　　　)

귀하

<첨부서류>
1. 이력서
2. 경력 또는 실적증명서(해당자에 한함)
3. 자격증 사본(해당자에 한함)

[별지 제7호 서식]

호텔업등급평가요원위촉장

1. 성　　명 :　　　　　　　　　　　　(한문 :　　　　　　　)

2. 주민등록번호 :

3. 주　　소 :

4. 심사분야 :　　　　　　　　　　　　(직업 :　　　　　)

5. 위촉기간 :

귀하를 우리(　　　　)에서 시행하는 호텔업의 등급평가요원으로 위촉합니다.

년　　월　　일

(위촉자)　　　　　(직인)

귀하

참고문헌

강윤진, 산업안전기사총정리, 일진사, 2007.

관광법규교재편집위원회, 관광관련법규집, 백산출판사, 2010.

권오수, 에너지관리실기, 예문사, 2010.

김광철, 호텔객실 경영과 실무, 대왕사, 2003.

김미혜 외, 공중보건학, 백산출판사, 2006.

김봉규, 신호텔인사관리론, 백산출판사, 2003.

김영진 외, 호텔시설관리, 백산출판사, 1998.

김왕상 외, 호텔객실실무관리론, 대왕사, 2001.

김재수, 공조냉동기능사, 구민사, 2005.

김종은 외, 관광지리자원론, 백산출판사, 2009.

송성인 외, 새로운 호텔경영학, 새로미, 2007.

유정남, 호텔경영론, 기문사, 2004.

이보상, 위험물기능사 실기문제, 크라운출판사, 2007.

이정학, 호텔경영의 이해, 기문사, 2010.

이정훈 외, 식품위생학, 백산출판사, 2010.

제주특별자치도, 제주특별자치도 관광진흥계획, 2009.

제주특별자치도, 제주특별자치도 설치 및 국제자유도시 조성을 위한 특별법, 2009.

최복수 외, 사례로 본 호텔프로젝트, 2003.

최풍운, 호텔경영학원론, 백산출판사, 2008.

하용규, 호텔회계실무, 기문사, 2006.

한국식품영양학회, 식품위생관계법규, 문운당, 2008.

Buzby, Water J., and David Paine, Hotel & Motel Security Management, La: Security World Inc., 1988.

Frank D. Borsenik, The Management of Maintenance and Engineering Systems in the Hospitality Industry, John Eiley & Sons, Inc., 1992.

▌저자소개

김 영 진

제주대학교 경상대학 관광경영학과(경영학사)
경희대학교 경영대학원 관광경영 전공(경영학석사)
조선대학교 대학원 경영학과(경영학박사)

전) Hotel Lotte 객실부(사원)
제주 Grand Hotel(객실지배인)
제주 Green관광Hotel(전무이사, 총지배인)
제주특별자치도 관광진흥계획 수립 T/F팀장
사단법인 제주관광학회장

현) 제주산업정보대학 교수(제1618호)
관광호텔 1급 지배인자격
관광 Hotel업 등급심사위원
제주국제자유도시종합계획심의회 위원

[논문]

「관광호텔의 객실요금 실태분석과 개선방안에 관한 연구」
「관광호텔 총지배인의 리더십에 관한 연구」
「제주지역 특급관광호텔의 채용관리에 관한 소고」
「제주지역 관광호텔의 객실안전관리에 관한 사례 연구」
「제주지역 외국인 직접투자유치 확대방안」
「제주지역 특급관광호텔의 아웃소싱에 관한 연구」
「관광호텔연회장과 예식상품에 관한 연구」
「제주지역 관광식당업의 법적 · 제도적 측면과 이미지에 관한 탐색적 연구」
「제주지역 대여자동차의 내비게이션 실태가 제주관광에 미치는 영향에 관한 연구」
「관광목적지로서 제주도의 선호도 탐색과 개선방안에 관한 연구」
「제주지역인적자원개발기본계획」(공동연구, 제주발전연구원)
「제주특별자치도 관광산업 경쟁력 강화를 위한 u-tourism Technology 정책연구」(공동연구, 제주하이테크산업진흥원 제주전략산업기획단)
「레저 · 체험 등 새로운 관광상품 개발 및 활성화에 관한 기본연구」(공동연구, 제주관광학회, 제주특별자치도)
「제주특별자치도 관광진흥계획」(공동연구, 제주관광학회, 제주특별자치도)

[저서]

「호텔시설관리」(김영진 외 공저, 백산출판사, 1998)
「호텔경영론」(김영진 외 공저, 백산출판사, 2002)

저자소개

윤 여 송

경기대학교 대학원 관광경영학과 석사과정 졸업(경영학 석사)
경기대학교 대학원 관광경영학과 박사과정 졸업(관광학 박사)
서울 조선호텔 식음료부, 영접부, 객실부 등 23년 근무
(주)D.M.B 전무이사
(주)Trouble Shooters 대표이사
(국립)공주문화대학 관광과 강사
군장대학 관광영어통역과 겸임교수
호원대학교 관광경영학과 겸임교수
문화관광연구학회 이사
한국관광정책학회 이사
미국호텔협회(AHLA) 총지배인자격증
미국호텔협회(AHLA) 호텔경영자자격증(CEO)
미국호텔협회(AHLA) 한국교육원 자문위원
한국관광산업포럼 부회장
한국관광서비스학회 회장

현) 경동대학교 관광학부 호텔경영학 주임교수

[저서]

호텔경영론, 관광서비스개론, 관광법규, 관광학개론
호텔객실서비스론, 호텔경영학개론, 관광사업론
호텔객실오퍼레이션

최신 호텔시설관리

2011년 3월 5일 초판 인쇄
2011년 3월 10일 초판 발행

공 저 김 영 진 · 윤 여 송

발행인 (寅製) 진 욱 상

발행처 백산출판사

서울시 성북구 정릉3동 653-40
등록 : 1974. 1. 9. 제 1-72호
전화 : 914-1621, 917-6240
FAX : 912-4438
http://www.ibaeksan.kr
editbsp@naver.com

저자와의 합의하에 인지첩부 생략

값 22,000원
ISBN 978-89-6183-387-5